Eisel
Landschaft und Gesellschaft

*die rezeptuelle innere Vernunft
d. Geographie 17*

RAUMPRODUKTIONEN:
THEORIE UND GESELLSCHAFTLICHE PRAXIS

Herausgegeben von Bernd Belina, Boris Michel und Markus Wissen

Band 5

Die Buchreihe bildet ein Forum kritischer Raumforschung im Rahmen kritischer Gesellschaftstheorie. Ihr Ziel ist es, Debatten zugänglicher zu machen, zu bündeln, zu initiieren und zu kritisieren. Kritische Raumforschung untersucht die soziale Produktion von Raum und die je spezifischen gesellschaftlichen Verräumlichungen.

Kritische Raumforschung als Gesellschaftsforschung fragt nach den aktuellen räumlichen Transformationsprozessen, denen der physisch-materielle Raum inklusive seiner sozialen Bedeutungen unterworfen ist. Dazu gehören neue Formen der Inwertsetzung und Politisierung von Natur und gebauter Umwelt, die Umstrukturierung städtischer, staatlicher und globaler Räume, räumliche Strategien der Kontrolle oder die Militarisierung von Grenzregimes.

Kritische Raumforschung als Gesellschaftsforschung fragt zudem nach der Produktion und Veränderung räumlicher Maßstabsebenen. Sie untersucht etwa die community-Orientierung von Polizei- und Sozialarbeit oder Prozesse der Regionalisierung, Europäisierung und Globalisierung von Politik und Ökonomie.

Kritische Raumforschung rückt soziale Kämpfe um und mittels Raumproduktionen und damit gesellschaftliche Widersprüche in den Mittelpunkt. Kritische Raumforschung kritisiert gesellschaftswissenschaftliche Konzepte von Raum, die diesen losgelöst von jeglicher Materialität konstruieren; ebenso kritisiert sie Konzepte, die Gesellschaft an diese Materialität fesseln. Kritische Raumforschung sucht nicht nach einer „Raumtheorie", sondern nach gesellschaftlichen Raumverhältnissen.

In der Reihe erscheinen Monographien, Sammelbände und Reader.
Bisher erschienen:
Band 1:   Bernd Belina & Boris Michel (Hrsg.): Raumproduktionen. Beiträge der *Radical Geography*. Eine Zwischenbilanz
Band 2:   Uwe Kröcher: Die Renaissance des Regionalen. Zur Kritik der Regionalisierungseuphorie in Ökonomie und Gesellschaft
Band 3:   Markus Wissen, Bernd Röttger & Susanne Heeg (Hrsg.): Politics of Scale. Räume der Globalisierung und Perspektiven emanzipatorischer Politik
Band 4:   Henrik Lebuhn: Stadt in Bewegung. Mikrokonflikte um den öffentlichen Raum in Berlin und Los Angeles

Ulrich Eisel, Prof. Dr., geb. 1941, Ausbildung und Studium als Kartograph, studierte Geographie, Soziologie und Politik an der FU Berlin. 1985 bis 2000 Lehrstuhl-Inhaber des Fachgebiets „Sozialwissenschaftliche Humanökologie" an der TU Berlin. Schwerpunkte: Ideengeschichte des Landschafts- und Lebensbegriffs, Paradigmengeschichte und Wissenschaftstheorie der Geographie und Ökologie, Beziehung zwischen Architektur, Landschaftsarchitektur und -planung, Naturerfahrung und kulturelle Identität, Naturschutz.

Ulrich Eisel

Landschaft und Gesellschaft

Räumliches Denken im Visier

WESTFÄLISCHES DAMPFBOOT

Bibliografische Information der Deutschen Bibliothek
Die Deutsche Bibliothek verzeichnet diese Publikation in der Deutschen Nationalbibliografie; detaillierte bibliografische Daten sind im Internet über http://dnb.ddb.de abrufbar.

1. Auflage Münster 2009
© 2009 Verlag Westfälisches Dampfboot
Alle Rechte vorbehalten
Umschlag: Lütke Fahle Seifert AGD, Münster
Druck: Rosch-Buch Druckerei GmbH, Scheßlitz
Gedruckt auf säurefreiem, alterungsbeständigem Papier
ISBN 978-3-89691-772-0

Inhalt

Bernd Belina
Vorwort: Warum ein Band mit frühen Arbeiten
von Ulrich Eisel in dieser Reihe?   7

Benno Werlen
Vorwort: Geographie als kritische Wissenschaft   10

Ulrich Eisel
Die Hintergründe des Raumes
Eine Einführung in die Verflechtung von einigen Gedanken   15

Die Entwicklung der Anthropogeographie von einer
„Raumwissenschaft" zur Gesellschaftswissenschaft   41

1   Einleitung   44

5   Der gesellschaftstheoretische Sinn der
anti-idiographischen Revolution   90

6   Zusammenfassung: Geographischer Wissenschaftsfortschritt   107

Zum Paradigmenwechsel in der Geographie
Über den Sinn, die Entstehung und die Konstruktion
des sozialgeographischen Funktionalismus (1981)   146

Regionalismus und Industrie
Über die Unmöglichkeit einer Gesellschaftswissenschaft
als Raumwissenschaft und die Perspektive einer
Raumwissenschaft als Gesellschaftswissenschaft (1982)   172

Geographie – Die Wissenschaft von den Unterscheidungen
und Korrelationen, die jedem zugänglich sind; oder:
Wie man die Landschaftskunde nicht retten kann
Einige Bemerkungen zu Paul Hoyningens Interpretationsversuch
von Hans Carols „Revolutionierung" der Landschaftskunde (1987)   192

Landschaftskunde als „materialistische Theologie"
Ein Versuch aktualistischer Geschichtsschreibung der Geographie 200

Orte als Individuen
Zur Rekonstruktion eines *spatial turn* in der Soziologie 226

Konkreter Mensch im konkreten Raum
Individuelle Eigenart als Prinzip objektiver Geltung 280

Liste der Originalpublikationsorte der Beiträge diese Bandes 309

Bernd Belina

Vorwort: Warum ein Band mit frühen Arbeiten von Ulrich Eisel in dieser Reihe?

Als Studierender der Geographie in den 1990er Jahren war für mich klar, dass Ulrich Eisel zu den bedeutendsten Theoretikern und Kritikern des Faches gehört. So wurde es mir durch Lehrende nahegelegt, so las ich das bei von mir geschätzten Autor_innen, so habe ich das aus eigener Lektüre seiner nicht immer leicht zu erarbeitenden Beiträge aus den 1980er Jahren für mich geschlossen. Nicht nur schienen mir seine Texte anspruchsvoll und treffend, sie waren vor allem auch in einer Weise kritisch, wie es das in der deutschsprachigen Geographie zu dieser Zeit sonst nicht zu finden gab; kritisch nämlich nicht nur gegenüber den Arbeiten anderer Geograph_innen und geographischem Denken überhaupt, sondern auch gegenüber dessen gesellschaftlicher Funktionen. Und sie argumentierten, was es in der westdeutschen Geographie sonst praktisch gar nicht gab, mit Marx[1] – wenn auch seltsam anders als die von mir verschlungenen marxistischen Arbeiten aus anderen Sozialwissenschaften und der angloamerikanischen Geographie.

Erst später wurde mir klar, dass diese Einschätzungen von den meisten Geograph_innen meiner Generation gar nicht geteilt wurden. Seitdem Ulrich Eisel und ich an der Zusammenstellung dieses Bandes arbeiten, habe ich mich ein bisschen nach den Gründen hierfür umgehört. Diese scheinen, so das Ergebnis der oberflächlichen Recherche, weniger mit etwaigen Aversionen gegenüber Eisels theoretischer Orientierung zu tun zu haben (auch wenn die weitgehende Unkenntnis kritischer Theorie unter Geograph_innen ihren Anteil haben mag) als mit der Tatsache, dass seine Arbeiten in ihrer Sozialisation als Geograph_innen an den meisten Instituten schlicht keine Rolle gespielt haben. Wer doch auf dem einen oder anderen Weg auf sie stieß, verbuchte sie vor allem als schwer verständlich. Die hieraus resultierende Situation ist aus mehreren Gründen misslich, sowohl für die Kritik der Geographie als auch für das Verständnis dessen, was „Raum" ist bzw. (alles) sein könnte.

---

1 Die diversen, v.a. studentischen Publikationsorgane aus den 1970ern, die eine marxistische Kritik der Geographie betreiben – zu nennen sind die Zeitschriften *Geografiker* (unter Ulrich Eisels Beteiligung), *Roter Globus* und *Geographie in Ausbildung und Planung*; vgl. das in Entstehung befindliche Online-Archiv unter http://kritischegeographie.de/index.php/archiv –, waren mir zu diesem Zeitpunkt noch nicht bekannt, was auf deren Marginalisierung und Unsichtbarkeit verweist.

Wo andere Kritiker_innen der traditionellen Geographie seit den späten 1960ern deren Unhaltbarkeit im Lichte der Wissenschaftstheorie herausgearbeitet haben, um sie in modernisierter Form relevanter für die Gesellschaft (sprich: die staatliche Planung) zu machen, zeigt Eisel, dass und warum geographische Ideologien gerade in ihrer Unhaltbarkeit funktional für bestimmbare Kräfte in konkreten historischen Situationen (und in dieser Hinsicht gar nicht irrelevant) sind – und zwar sowohl in ihren traditionellen wie in ihren modernisierten Spielarten.

Ganz in der ideologiekritischen Tradition untersucht er die unterschiedliche Art und Weise, in der in geographischen Paradigmen von der Realität des durchgesetzten Wertgesetzes abstrahiert wird und was das jeweils leistet. Die traditionelle Geographie, so Eisel, „abstrahiert [...] von der Abstraktion durch die Tauschwertform" (1987: 91) und steht für das anti-moderne, konservative „Interesse [...] an einer nicht vom Tauschwert regierten Produktion" (ebd.). Die Modernisierung der Geographie seit den 1960ern mit ihrem Rekurs auf den abstrakten Raum und seine Gesetze hingegen vollzieht die „praktische Abstraktion von konkreter Natur [der maschinellen Fabrikarbeit nach], die [...] einen abstrakten Begriff von Raum als allgemeinem Strukturmuster und eine Vorstellung von der Einheit der Welt in abstrakter Natur (impliziert)" (1981: 177). Die Aktualität dieser Kritiken und ein Grund ihrer Neuauflage in diesem Band liegt in ihrer Übertragbarkeit auf viele im aktuellen *spatial turn* der Sozial- und Kulturwissenschaften modisch gewordene Denkweisen.

Dasselbe gilt für Eisels These zur Verwendung des Begriffes „Raum". Dieser sei gegenständlich nicht zu bestimmen, sondern „die äußere Form der Anschauung" (2005: 60), weshalb es „keine Möglichkeit [gibt], in einem vernünftigen Sinne von Gesellschaftswissenschaft als 'räumlicher' Wissenschaft zu sprechen" (1982: 129). Auch wenn diese Auffassung sich auf Kant bezieht, nicht auf Marx, so trifft sie sich in ihrer Negation einer Bestimmung dessen, was Raum *ist* nicht nur mit Engels, für den Raum und Zeit „leere Vorstellungen, Abstraktionen, die nur in unsrem Kopf existieren" (1971: 503) sind, sondern auch mit der Diskussion in der *Radical Geographie*, für die es „keine philosophischen Antworten auf philosophische Fragen [gibt], die das Wesen des Raums betreffen – die Antworten liegen in der menschlichen Praxis" (Harvey 1973: 13). Jenseits der geteilten Ontologisierungskritik jedoch unterscheidet sich Eisels Ansatz deutlich von der an Marx orientierten Geographie von Harvey, Smith und anderen (vgl. Belina/Michel 2007). Wo diese konkrete gesellschaftliche Raumverhältnisse untersuchen und Ideologiekritik und Theoriearbeit primär als Mittel zu diesem Zweck betreiben, rekonstruiert Eisel vor allem Denkweisen, für die „Raum" (und „Natur") konstitutiv sind, sowie deren Entwicklung und politische Grundannahmen. Wie er dies insbesondere in älteren Texten getan hat, ist in der hier vorliegenden Auswahl nachzulesen.

In die Textauswahl, auf die Ulrich Eisel und ich uns nach langem, stets produktivem (und für mich mitunter lehrreichem) Ringen einigen konnten, ist vor allem

Vorwort: Warum ein Band mit frühen Arbeiten von Ulrich Eisel in dieser Reihe? 9

die Überlegung eingegangen, dass für die Themen „Paradigmen der Geographie" und „Raum" – und damit für die Buchreihe – vor allem seine älteren Arbeiten von Interesse sind, die institutionell noch im Kontext der Geographie und dort u.a. im Rahmen der Diskussionen um Raumbegriffe entstanden. Der Originalbeitrag „Orte als Individuen", der in dieser Fassung im Rahmen einer Publikation 1993 entstand, sowie der jüngere Text „Konkreter Mensch im konkreten Raum" von 2004 führen diese älteren Überlegungen einerseits zusammen, andererseits auch fort. Viele der hier versammelten Arbeiten sind zudem an eher abgelegenen Orten erschienen und deshalb nicht immer leicht zugänglich. Ihre nähere Kenntnis, so die mit der Neuauflage verbundene Hoffnung, kann helfen, diverse Untiefen aktueller „Neuentdeckungen" des Raums und *spatial turns* zu vermeiden.

Frankfurt am Main, 8. März 2009

Literatur

Belina, B./Michel, B. (Hrsg.)(2007): Raumproduktionen. Beiträge der *Radical Geography*. Münster.

Eisel, U. (2005): Das Leben im Raum und das politische Leben von Theorien in der Ökologie. In: Weingarten, M. (Hrsg.) Strukturierung von Raum und Landschaft. Münster: 42-62.

– (1987): Landschaftskunde als „materialistische Theologie". In: Bahrenberg, G. et al. (Hrsg.): Geographie des Menschen. Bremen: 89-109.

– (1982): Regionalismus und Industrie. In: Sedlacek, Peter (Hrsg.): Kultur-/Sozialgeographie. Paderborn et al.: 125-150.

– (1981): Zum Paradigmenwechsel in der Geographie. In: Geographica Helvetica 36: 176-184.

Engels, Friedrich (1971 [1873-83]): Dialektik der Natur. In: Marx-Engels-Werke Bd. 20. Berlin: 307-570.

Harvey, D. (1973): Social Justice and the City. London.

Benno Werlen
Vorwort: Geographie als kritische Wissenschaft

Dietrich Bartels äußerte anlässlich eines geographischen Kolloquiums in Kiel Anfang 1981 sowohl konstatierend als auch kommentierend, dass wahrer wissenschaftlicher Fortschritt wohl nur im Generationenwechsel vollzogen werden könne. Was Bartels – als eine der Hauptfiguren und gleichzeitig profunder Kenner der innergeographischen Theoriedebatte der sechziger und siebziger Jahre – damit genau meinte, ist mir damals nicht auf Anhieb klar geworden. Zu gering war mein Einblick in die Theoriegeschichte unseres Faches und zu eng war der Zeithorizont, den ich aufgrund seiner Einschätzung spontan in Betracht zog. Aufgrund des Kolloquiumskontextes dachte ich an den Wechsel von der raum- zur sozialwissenschaftlichen Geographie, der sich zunächst im (unmittelbaren) Übergang von Bartels eigener zu der jüngeren Generation und darüber hinaus in den folgenden Jahren – formal ganz im Sinne der von Ulrich Eisel gemachten Beobachtung der Fachentwicklung der „Anthropogeographie von einer ‚Raumwissenschaft' zu einer Gesellschaftswissenschaft" – vollziehen könnte.

Blickt man heute – rund dreißig Jahre später – auf die Fachentwicklung seit dem Ende des Zweiten Weltkrieges und die bis dahin beinahe unumstritten dominierende traditionelle, landschaftskundliche Geographie, dann nimmt man damit sicher keinen falschen Zeithorizont ins Visier, um sich dem Schlüssel- und Schlüssigkeitsgehalt von Bartels' Aussage angemessen nähern zu können. Akzeptiert man Eisels Beurteilung der Fachentwicklung, gemäß deren Bobeks Entwurf der Sozialgeographie in „Die Stellung und Bedeutung der Sozialgeographie" im Jahre 1948 als – gleichwohl von ihm selbst keineswegs als Umsturzversuch in der Geographie gemeinter und sicher auch nicht vollends gelungener – Aufbruch in Richtung gesellschaftswissenschaftlicher Geographie gewertet werden kann, dann wird nicht nur erkennbar, als wie persistent sich ein bis in die Schulbücher aller Stufen hinein sedimentierter geographischer Tatsachenblick erweisen kann, sondern auch aufgrund welcher historischer Bedingungen, mit welchen Mechanismen und Mitteln diese Beharrungskraft sich entfalten konnte.

Was das Verstehen des historischen Kontextes betrifft, kann man bei genauer Lektüre im bereits zuvor genannten Artikel von Bobek fündig werden. Die Spuren der eher staatstragenden denn kritischen Bedeutung der Geographie unter dem Naziregime sind bis in die gegenwartsnahe Zeit verfolgbar. Dieser fachhistorische

Vorwort: Geographie als kritische Wissenschaft

Eintrag behinderte eine kritische Auseinandersetzung oder genauer: Dieses historische Erbe war einer der entscheidenden Gründe für die Verhinderung sowohl einer kritischen Auseinandersetzung mit der Vergangenheit, als auch der Entfaltung einer sich als kritische Wissenschaft verstehenden Geographie. Dafür ist es völlig unerheblich, ob und in welchem Ausmaße eine direkte Verstrickung der etablierten Geographie mit der herrschenden Diktatur der historischen Wahrheit entspricht. Für die tonangebenden Fachvertreter war es wohl vielmehr entscheidend, eine kritisch-reflexive Auseinandersetzung mit dem fachkonstitutiven geographischen Tatsachenblick allein schon deswegen zu verhindern, weil eine Gefährdung der bis dahin erreichten und etablierten gesellschaftlichen Bedeutung des Faches – von der Raumordnung(spolitik) bis hin zum unbestrittenen Schulfach – um jeden Preis vermieden werden sollte. Wie sehr diese strikte Abneigung gegen jede reflexive und rekonstruktive, wissenschafts- und sozialtheoretisch informierte Auseinandersetzung mit der Fachgeschichte auch noch in den 1980er und frühen 1990er Jahren institutionell wirksam bleiben konnte, bekam insbesondere der primär von Eisels Arbeiten inspirierte, internationale Arbeitskreis „Wissenschaftstheorie und Wissenschaftskritik" zu spüren, von dessen Mitgliedern es kaum jemand – trotz in den meisten Fällen hervorragender Qualität ihrer wissenschaftlichen Abschlussarbeiten – zu einer universitären Festanstellung bringen konnte.

Noch heftiger traf diese Ablehnung jedoch die Mitglieder der so genannten „Geografiker Gruppe", die sich im Kontext der Studentenbewegung Ende der 1960er Jahre am Geographischen Institut der Freien Universität Berlin formiert hat und in der Ulrich Eisel eine wichtige Rolle spielte. Die von der Bewegung geforderte Universitätsreform implizierte freilich auch die Reform der Studiengänge; und für diese wiederum war eine angemessene Vertrautheit mit dem Fach und seiner Geschichte erforderlich. „Kann die Geographie Wissenschaft im strengen Sinne sein oder ist sie per se als 'bloß' beschreibende Disziplin denk- und legitimierbar?", lautete eine der Kernfragen, um welche die Publikationen in der Zeitschrift „Geografiker" vor und unmittelbar nach dem fachhistorisch so ereignisreichen Kieler Geographentag von 1969 kreisten. Mit dieser und ähnlich gelagerten Fragen geriet primär das Ganzheitsdenken der „idiographischen" Länder- und Landschaftskunde auf den Prüfstand. Gleichzeitig wird Dietrich Bartels' im Jahr zuvor publizierte Habilitationsschrift „Zur wissenschaftstheoretischen Grundlegung einer Geographie des Menschen", welche auf Poppers kritisch-rationale Wissenschaftstheorie der strengen Naturwissenschaften Bezug nimmt, als bejahende Antwort auf die von den „Geografikern" gestellte Frage nach den Möglichkeiten der Geographie verstanden, die Anforderungen an eine erklärende Wissenschaft zu erfüllen. Gerhard Hards kritische Auseinandersetzung mit der Landschaftsgeographie, die in „Die 'Landschaft der Geographen' und die 'Landschaft der Sprache'" 1970 publiziert wurde, verstärkte – wenn auch von einem völlig anderen theoretischen Hintergrund als die

Geografiker Gruppe ausgehend – die Stoßrichtung der in Gang gekommenen Kritik am konservativen Paradigma nachhaltig.

Bartels' Vorschlag der kritisch-rationalen Neuorientierung, Hards sprachanalytische Kritik an der Landschaftsgeographie und die Fragen der von der Kritischen Theorie der Frankfurter Schule inspirierten Geografiker Gruppe an den landschaftskundlichen Mainstream des Faches wurden groteskerweise in denselben Topf geworfen. De facto hätte man diesen Topf wohl aber am liebsten insgesamt und in einem Zuge aus der wissenschaftlichen Diskussion eliminiert. Beide Ansinnen gehören jedenfalls zu den bizarrsten Vorgehensweisen, welche in der jüngeren Fachgeschichte ausgemacht werden können. Gleichwohl sind sie mit äußerst weitreichenden Folgen und Implikationen verbunden. Die erste Implikation besteht sicher darin, dass jede Form der Kritik so weit wie möglich aus der wissenschaftlichen Debatte ferngehalten wurde. Geht man davon aus, dass – ganz allgemein – ursprünglich der „kritische Zweifel" das Kernargument für die Etablierung der Institution „Wissenschaft" ausmachte, die „Geographie" als wissenschaftliche Disziplin gelten und als solche auch von den landschaftskundlich orientierten „Bewahrern" des Faches erhalten bleiben sollte, dann wird die Widersprüchlichkeit dieser fachhistorischen „Bemühungen" nur allzu deutlich. Zudem drängt die Tatsache, dass in der geographischen Konstellation die beiden kontroversen Positionen des Positivismusstreits – namentlich der Kritischen Theorie der Frankfurter Schule einerseits (Geografiker) und des Kritischen Rationalismus andererseits (Bartels und z.T. auch Hard) – nicht mit unterschiedlichen Gegenargumenten belegt wurden, die Vermutung auf, dass es nicht eigentlich um Inhalte und die Art der Neuorientierung ging, sondern ganz formal um die Beibehaltung des Bisherigen. Das Fach konnte mit dieser Kritik schlicht nicht umgehen. In der beschriebenen Konstellation scheint es mit ihr überfordert gewesen zu sein. Die Vehemenz der Ablehnungen und die persönlichen Diffamierungen, die mit dieser Auseinandersetzung einhergingen, stützen diese Vermutung. Dies ist nicht nur ein trauriges Kapitel der Fachgeschichte der Nachkriegszeit, sondern darüber hinaus auch einer der wichtigsten Gründe dafür, weshalb es in der breiteren Rezeption der fachtheoretischen Weiterentwicklung der deutschsprachigen Geographie über mehrere Jahrzehnte hinweg zum Stillstand kam. Das war es wohl, was Dietrich Bartels im erwähnten Kolloquium ansprach und zugleich mit der ihm eigenen vornehmen Zurückhaltung – möglicherweise aber auch ein Stück weit resigniert und eben nicht kämpferisch – zur Kenntnis nahm.

Mit diesem Stillstand büßte die deutschsprachige Geographie im internationalen Kontext die zuvor hervorragende Rolle weitgehend ein. Jedenfalls spielten die fachkonzeptionellen Entwürfe der deutschsprachigen Geographie von da an für längere Zeit in der internationalen Debatte kaum mehr eine Rolle. Selbst bei der Verwendung von Walter Christallers „Theorie der zentralen Orte" als Grundlage der Quantifizierung geographischer Forschung im Rahmen des Auf- und Ausbaus des *spatial approach*, der raumwissenschaftlichen Geographie im angelsächsischen Raum, konnte sich außer Bartels niemand mehr Gehör verschaffen. Dieses Minimum konnte nicht verhindern, dass sich die deutschsprachige Theoriedebatte und entsprechende Lehr- und Forschungsorientierungen immer tiefer in die Bedeutungslosigkeit manövrierten. Zu schwach war die institutionelle Position der erwähnten Theoretiker, welche der internationalen Anstrengungen der wissenschaftlichen Fachentwicklung wichtige Impulse hätten verleihen können. Dies ist als die bittere Konsequenz von Kritikfeindlichkeit bzw. fataler Missachtung der wissenschaftlichen Triebfeder „Kritikfähigkeit" zu betrachten.

Noch folgenreicher wurde die geschilderte Konstellation für die Entwicklung dessen, was im deutschsprachigen Kontext begann und im angelsächsischen mit der raumgreifenden Positionierung des *spatial approach* weiter verhindert wurde: die Entwicklung des Faches in Richtung einer gesellschaftswissenschaftlichen Geographie. Die von Hans Bobek, Wolfgang Hartke und der Münchner Schule gemachten Vorschläge der Neuorientierung spielten in der internationalen Debatte kaum eine Rolle und im deutschsprachigen Kontext wurde aus den oben angesprochenen Gründen die notwendige weitere Vertiefung der sozialtheoretischen Einbettung humangeographischer Forschung als Sozialgeographie verunmöglicht. Eine der Konsequenzen dieses Vollzugs bestand darin, dass eine offene und systematische Diskussion des von Ulrich Eisel vorgeschlagenen Neuverständnisses des geographischen Paradigmas ausblieb.

Die Vermeidung der Auseinandersetzung beruhte auf einer ganzen Reihe von „Missverständnissen" bzw. gerne in Kauf genommener Unverständnisse, mit denen man das Fach vor dem „Unheil" der Kritischen Theorie bewahren konnte. Doch Eisel ging es gerade nicht darum, die Kritische Theorie der Frankfurter Schule in die Geographie zu „importieren". Die Bedeutung der Frankfurter Schule und des Positivismusstreits bestand für Eisel wohl eher darin, dass es einen wissenschaftstheoretischen Diskurs über die Bedingungen kritischer Gesellschaftswissenschaft gab. Zur inhaltlichen Vorlage für eine *geographische* Forschungsorientierung konnte dieser Diskurs nicht dienen. Eisels Programm hat sich – wie er das insbesondere in der Auseinandersetzung mit Hans Bobek gezeigt hat – vielmehr darauf ausgerichtet, das kritische Potenzial des geographischen Paradigmas selbst offen zu legen; es sollte unverstellt zum Tragen gebracht werden. Um dieses zu entfalten, ist insbesondere das Abgrenzungskriterium gegenüber allen anderen Wissenschaften – als „Raumwissenschaft" – als Primärbegrifflichkeit aufzulösen. Konsequenterweise wären solche Tatbestände zum Gegenstand geographischen Forschens zu machen, die bisher durch ihren „räumlichen Aspekt" eher verschleiert wurden.

Betrachtet man im Vergleich dazu die Entwicklung der internationalen geographischen Theoriediskussion und die darauf aufbauende Neuorientierung geographischer Interessen- und Forschungsfelder, dann fällt auf, dass dort zunächst die

Grundlagen kritischer Gesellschaftsforschung in die Geographie einbezogen werden. Diese Entwicklung setzte mit David Harveys Wandel vom Raum- zum kritischen Gesellschaftsforscher ein. Dieser Ausgangspunkt wurde von Edward Soja, Doreen Massey, Neil Smith u.a. weiter ausgebaut. Ab Mitte der 1980er Jahre erweiterten Derek Gregory, Nigel Thrift, John Agnew, Dennis Cosgrove, John Pickles u.a. die Perspektive, die dann mit der kulturtheoretischen Wende und den postmodernen Orientierungen eine vielfältige Differenzierung erfahren hat.

Doch bei aller Vielfalt des Theorieangebots der angelsächsischen Sozialgeographie kann nicht darüber hinweggesehen werden, dass bei diesen Neuorientierungen ein gewisser Mangel an profunder Kenntnis der metatheoretischen Grundlagen des Faches, die im 19. und 20. Jh. im Wesentlichen in den deutsch- und französischsprachigen Entwicklungslinien gelegt wurden, herrscht. Das hat Folgen. So ist es insbesondere nicht unproblematisch, den Kerngegenstand der traditionellen Geographie – den „Raum" – in seiner kategoriellen Position unverändert zu belassen und lediglich in sozialtheoretischer Einbettung zu thematisieren. Wie bereits Ulrich Eisel gezeigt hat, muss eine profunde gesellschaftstheoretisch gedachte und praktizierte Geographie tiefer ansetzen. Dieser Weg wurde aber in der deutschsprachigen Geographie aus den erwähnten Gründen nicht gegangen. Das ist um so bedauerlicher, als in den Sozialwissenschaften eine Hinwendung zum „räumlichen Denken" zu beobachten ist, die in vielen Punkten in breiter interdisziplinärer Diskussion zu hinterfragen wäre, weil sie Perspektiven zu erfinden vorgibt, die längst zum Repertoire der Geographie gehören und deren problematischer oder gar widersinniger Gehalt seit Eisel und Hard Gegenstand innergeographischer Kritik ist. Die Vertreter des *spatial turn* indes nehmen diese bereits seit Jahrzehnten – primär und zumeist von Sozialgeographen – geleistete Arbeit nicht oder zumindest nicht systematisch zur Kenntnis.

Umso wichtiger ist es, dass nun – mit rund dreißigjähriger Verspätung – die Anfänge einer deutschsprachigen Konzeption kritischer Geographie und deren systematische Weiterentwicklung außerhalb einschlägiger geographischer Diskussionsforen einer breiteren Leserschaft – und vor allem auch einer neuen Generation von theoretisch informierten Geographinnen und Geographen sowie den Protagonisten des *spatial turn* – verfügbar gemacht werden. Die hier vorgelegte Textsammlung gibt vielfältige Anregungen, wie eine sinnvolle Weitung der sozialwissenschaftlichen Perspektive aussehen könnte, ohne in die (alten) Fallen verräumlichter Diskurse zu tappen.

Jena, im Mai 2009

Die Hintergründe des Raumes
Eine Einführung in die Verflechtung von einigen Gedanken

In Erinnerung an Hartwig Böttcher

Mein wissenschaftliches Arbeitsprogramm hat recht unterschiedliche Quellen; der Leser wird das feststellen können und erstaunt darüber sein, wie weit sich die Themen, an denen ich gearbeitet habe, zeitweilig von dem entfernen, was ich als mein Fachinteresse bezeichne: die Geographie. Deshalb habe ich mich der Mühe unterzogen, darauf zu reflektieren, wie die scheinbar weit abtriftenden Gedanken und Themen miteinander zusammenhängen und sich dabei um eine Art Urinteresse gruppieren – in diesem Falle um zwei solcher intellektueller Vorlieben. Diese Reflexion ergab eine Ansammlung von ineinander verflochtenen Geschichten, die ich erzählen werde.

Erstes Interesse: die Geographie. Der Ausgangspunkt meiner Arbeit in der Geographie war es, die Lehren der Geographie nicht nur zu befolgen, sondern auch über sie nachzudenken. Ich habe versucht, die Geographie von innen nach außen zu kehren, sie gewissermaßen solidarisch aufzubrechen. Dies ist auch der Tenor dieses Buches. Die Textsammlung stellt eine – wenn auch ungewöhnliche – Würdigung der Geographie dar, denn es wird nicht der Kanon des geographischen Wissens zusammengefasst. Stattdessen handelt sie erstens von dem, was die Geographie verschweigt, obwohl es ihr Wesen ausmacht und zweitens von dem, was außerhalb des Faches an Geographie heimlich betrieben wird.

Ich habe dieses Fach wie keine andere empirische Denkweise gemocht. Dies gilt aber nur insoweit, als mich ihre Denkweise über die Natur immer stimuliert und auf vielen Wanderungen bereichert hat. Weniger angeregt war ich von den Theorien der Kulturgeographie. An ihr interessierten mich eher die Gründe für ihre Einfalt. Das führte mich – in Zeiten der Kritik am Establishment – zur Rekonstruktion ihres Paradigmas. Denn ich wollte den Kralshütern des Faches mit vernünftigen Argumenten vor Augen führen, wie ihre Denktradition mit ihnen umspringt.

Zweites Interesse: Meine andere Liebe gilt der Erkenntnistheorie, d.h. der Frage danach, wie objektive Geltung von Wissen zustande kommt. Dieses zweite Interesse kann man in zwei große Untergruppen unterteilen: erstens in die Frage danach, wie die Objektivität von Hypothesen bestätigt werden kann, d.h., wie der *context of justification* aussehen muss, damit Beobachtungen intersubjektiv kommuniziert werden können; zweitens gibt es die Frage danach, welche objektiven Gründe überhaupt Hypothesen über das Verhalten der Dinge in der Welt ermöglichen, d.h., wie der *context of discovery* funktioniert. Mich hat allein die zweite Frage interessiert.

Wenn man nun die eine Liebe mit der anderen zusammenbringt, und dies unter Berücksichtigung des zweiten Aspekts der Erkenntnistheorie, dann ergibt sich zwanglos meine Art und Weise Geographie zu betreiben: Man untersucht dann nicht einfach irgendeinen Aspekt des Objekts des Faches, sondern die Bedingungen, unter denen das Fach irgendetwas auf der Welt für sein – und nur sein – Objekt hält, so als sei es erstens ein von sich aus abgegrenzter Ausschnitt dieser Welt und dränge sich zweitens gewissermaßen durch sein ihm eigenes Wesen auf, es in der besonderen Art, wie das Fach (Geographie) funktioniert, zu betrachten und zu beschreiben.

Im Falle der Geographie heißt dieses Objekt Landschaft, und die Funktionsweise des Faches wurde dementsprechend als eine raumwissenschaftliche begriffen.

Zwei Tatbestände wurden nun für die weitere Entwicklung meiner Arbeit wichtig:
1. Es gab außerhalb der Geographie keine auch nur ansatzweise ausgearbeitete Wissenschaftstheorie für Fächer wie die Geographie und schon gar nicht eine solche, die jenen Raumaspekt als eine metatheoretische Fragestellung zur Kenntnis genommen hätte. Respektable Wissenschaftstheorie war entweder am Gegenstand der Wissenschaft Physik entwickelt worden oder gerade als Kritik des Alleinvertretungsanspruchs der Wissenschaftstheorie der Erfahrungswissenschaften. Diese Kritik (an Positivismus und Kritischen Rationalismus) bezog sich auf den Status der Sozialwissenschaften, nicht auf den der Naturwissenschaften, und hatte erst recht solche undeutlichen Gebilde wie die Geographie (oder z.B. die Ökologie) nicht im Blick. Andererseits enthielt die klassische Erkenntnistheorie wie z.B. die von Kant oder alternativ die der hermeneutischen Wissenschaften nur da und dort knappe Bemerkungen zur Geographie.
2. Es gab auch in der Geographie keine angemessene Wissenschaftstheorie des Faches. Es gab zwar eine große Anzahl von Selbstreflexionen des Faches und seiner Besonderheiten, aber sie standen alle unter dem Stern der reinen Selbstbestätigung des Tuns der Fachgemeinde. Insofern funktionierte die Wissenschaftstheorie des Faches von der Landschaft nicht nach dem Maßstab einer Begründung ihres Objekts unter wissenschaftstheoretischen Standards, sondern ausschließlich nach dem Maßstab der Loyalität zum Fach. (Diesen Problemkontext hat Gerhard Hard in vielen Schriften ausführlich untersucht und kritisiert; vgl. 1970, 1971, 1971a, 1973.)

Somit existierte die unfruchtbare Alternative, entweder die in der vorhandenen Wissenschaftstheorie üblichen Standards einfach auf die Geographie anzuwenden, ohne dass sie gepasst hätten. Das geschah teilweise – vor allem von studentischer Seite aus – in so genannten kritischen Seminaren. Es ergab vollständig abstrakte

Hohngesänge auf eine hinterwäldlerische Geographie. Oder man konnte seine Loyalität bekunden, auf Karriere setzen und die Gebetsmühlen des Fachs brav mitdrehen. Wissenschaftstheoretisch gesehen war auch das nicht sehr überzeugend.

Eine dritte Möglichkeit boten mir meine beiden Liebschaften. Ich entschloss mich, beide zu pflegen und jene – wissenschaftstheoretisch lachhaften – reflexionslosen Selbstheiligungen der Landschaftskundler in jedem Falle ernst zu nehmen, d.h. sie für signifikant statt antiquiert und einfältig zu halten – auch wenn sie das andere durchaus waren. Somit diente die ungelenke Theorie und Methodologie der Geographie mir nicht dazu, sie mit Maßstäben der allgemeinen Wissenschaftstheorie zu konfrontieren, sondern umgekehrt: Sie bildete mein Material zur Konstruktion einer bisher in der allgemeinen Wissenschaftstheorie vernachlässigten Wissenschaftstheorie „räumlicher" Wissenschaften einerseits und „hermeneutischer" Naturwissenschaften andererseits. Ich versuchte nicht, die Geographie an den methodologischen Normen bzw. Praktiken anderer Wissenschaften zu messen, sondern habe ihr ein so genanntes Paradigma zugebilligt, das ihre Vertreter haben, aber nicht wirklich kennen. Ein Paradigma stimuliert und begrenzt jede Fachgemeinde in ihrer Heuristik. Es verschließt die Horizonte des Denkens und drängt die Wissenschaftler, in diesem Rahmen alle Arbeit sorgfältig zu erledigen. Dieses Paradigma schienen die Außenstehenden und Kritiker zu übersehen, weil der herrschende Diskurs in der Wissenschaftstheorie sie blind gemacht hat. Es konnte nicht sein, dass ein Fach zweihundert Jahre Bestand hatte, ohne dass ihm eine gesellschaftliche Funktion einerseits und eine respektable innere Vernunft andererseits zukamen. Diese Verbindung zwischen äußerem und innerem Sinn galt es zu finden, wenn die Geographie nicht abstrakt, sondern angemessen kritisiert werden sollte. Diese Ebene der Überlegung zur Geographie entsprach genau demjenigen allgemeinen Aspekt in der Erkenntnistheorie, der mich interessierte: der Frage nach dem Objektivitätsstatus des *context of discovery*.

Im Folgenden werde ich ein paar Sätze zum Paradigmenkonzept in der Wissenschaftstheorie sagen. Der Begriff des Paradigmas stammte aus einer in jener Zeit „boomenden" Variante der Wissenschaftstheorie. Er kommt von Thomas S. Kuhn, einem Wissenschaftshistoriker auf dem Gebiet der Physik (und der Chemie) (Kuhn 1967). Es würde hier zu weit führen, diese Theorie systematisch zu referieren; es ist eher (bis heute) empfehlenswert, das Buch *Die Struktur wissenschaftlicher Revolutionen* sowie einige der Entgegnungen seitens der Kuhn-Gegner und einige seiner Erwiderungen selbst zu lesen. Dennoch sind einige Erläuterungen zur Problemlage, auf die Kuhn reagierte, unerlässlich.

Das Verhältnis der Paradigmentheorie zur rationalistischen und positivistischen Wissenschaftstheorie

Rationalismus und Positivismus

Entscheidend für mich war, dass diese Theorie eine Art strategischer Umkehr in der Wissenschaftstheorie darstellte, die meinem eigenen Interesse sehr entgegenkam: Obwohl Kuhn den Erfolg und die methodologischen Standards der experimentellen Erfahrungswissenschaften vollständig anerkannte, kündigte er doch den naiven Glauben an ein (für die Naturwissenschaften) durch die Natur und ihre „Daten" *vorgegebenes* Objekt auf. Das ähnelte zunächst der Strategie von Karl R. Popper gegenüber den Neopositivisten, der ebenfalls von einem durch Hypothesen hervorgebrachten Objekt ausgeht, das dann – durch Widerlegungsversuche von Theorien über die verschiedenen Eigenschaften des Objekts – theoretisch stabilisiert wird (Popper 1935). Dies geschieht laut Popper solange, wie keiner der Widerlegungsversuche Erfolg hat. Dieser „Widerlegungswunsch" des Wissenschaftlers ist eine konsequente Unterstellung, falls man – wie Popper – davon ausgeht, dass Hypothesen *vor* jeder Beobachtung spekulativ gebildet werden; denn dann ist es für einen kritischen wissenschaftlichen Geist zwingend, diesen unsicheren Boden durch explizite Selbstwiderlegungsversuche zu befestigen. Popper ging davon aus, dass die Naturwissenschaften so erfolgreich gearbeitet hatten, weil die Wissenschaftler ihren theoretischen Phantasien bei der empirischen Arbeit *entgegen*zuwirken trachteten – wenn auch immer in der Hoffnung, der Gegenbeweis möge nicht gelingen.

Demgegenüber vertritt der Positivismus bzw. Empirismus, dass wissenschaftliche Erkenntnis dadurch zustande kommt, dass durch möglichst vorurteilsfreie, „reine" Beobachtung von Einzelereignissen Theorien gebildet werden, indem diese gewissermaßen „gesammelten" Beobachtungen durch den Verstand induktiv generalisiert werden. In der Folge müssen dann für diese theoretischen Generalisierungen immer wieder unter wechselnden Bedingungen Bestätigungen gesucht werden; dadurch erhält die Theorie größere Gewissheit. Auch das ist konsequent, denn wenn die Verallgemeinerung zu Gesetzesaussagen durch theoretische Interpretation der Beobachtung *nach*geordnet ist, dann erhöht die Menge der gleichlautenden Generalisierungen unter wechselnden Bedingungen die Verlässlichkeit der Theorie.

Exkurs zur Theologie der Erkenntnis

Den Streit zwischen Rationalismus und Empirismus gab es seit dem 17. Jahrhundert, und er ging bereits damals auf den so genannten Universalienstreit in der Scholastik zurück, auf die Frage nämlich, ob den Allgemeinbegriffen eine Wirklichkeit zukommt, d.h., ob Ideen real existieren und erkennbar sind (dann ist die Idee der Wahrheit strategisch sinnvoll), oder ob es sich bloß um namentliche Kenn-

Die Hintergründe des Raumes

zeichnungen von regelmäßigen Einzelbeobachtungen durch den Verstand handelt, nicht aber um das wesensmäßige Verhalten der Dinge selbst (dann ist Wahrheit ein unsinniger Begriff); daher standen sich Realismus (Rationalismus) und Nominalismus (Empirismus) gegenüber. Dieser Streit war damals nicht etwa rein akademisch, denn an ihm hing das Seelenheil der Menschheit. Aus dem Universalienrealismus folgt nämlich, dass die Menschen ihres Heils, d.h. der Erlösung durch einen guten Gott, gewiss sein können, denn die erkennbare Ordnung der Schöpfung verweist auf dessen guten Willen. Allerdings war dann nicht mehr erklärlich, warum es das Böse in der Welt gibt. Demgegenüber folgt aus dem Nominalismus, dass es keinerlei Heilsgewissheit gibt, denn man konnte aus der Regelhaftigkeit jener Ordnung auf nichts schließen; sie war ja durch den Verstand selbstgeschaffen. Gott war in seiner Allmacht unergründlich, und somit zwar die Existenz des Bösen nicht erklärungsbedürftig, aber auch das Heil ungewiss. In beiden Fällen war also für Zündstoff gesorgt.

Popper und auf der Gegenseite der so genannte Wiener Kreis der Wissenschaftstheorie (vgl. Kraft 1997) hatten diesen alten Streit in der ersten Hälfte des 20. Jahrhunderts in einer erneuten direkten Konfrontation zugespitzt. Poppers Vorstellung einer Selbstwiderlegungsstrategie der Wissenschaftler (Falsifikationsprinzip) kann leicht auf das theologische Urmuster zurückgeführt werden – wenngleich Popper das nicht wusste und dergleichen nicht im Sinn hatte: Wenn die Welt „an sich" gut und geordnet ist, dann kann man im Vertrauen darauf das Böse und Falsche provozieren, um sich von der Güte Gottes überraschen und abermals überzeugen zu lassen. Dagegen muss man, wenn man überhaupt nichts über die „wirklichen" *Zusammenhänge* der Welt, d.h. ihre Gesetzmäßigkeiten, weiß und wissen kann, also einfach ihren Ereignissen „ausgeliefert" ist, möglichst das Gute, das, was sich bereits bewährt hat als Ordnungsmuster, suchen (Verifikationsprinzip). Auch die Empiristen der Neuzeit wussten nicht, dass sie immer noch das „Theodizeeproblem", das der Heilsgewissheit, wälzten, aber sie taten es. Das wirft ein Licht darauf, warum ich mich für Erkenntnistheorie interessiere: Es ist die exakteste Form des Diskurses über alle „Grundfragen", wenn man in der Lage ist, sie so zu lesen. Die eigentliche Relevanz dieses Zusammenhangs zwischen Epistemologie und Theologie ist aber darin begründet, dass die Aufklärung (und in abgewandelter Form der Konservatismus) die politische Theorie des Rationalismus ist, während der Liberalismus die politische Theorie des Empirismus ist. Daraus folgt, dass die Grundkonstruktion des modernen demokratischen Staatswesens im Untergrund sich aus der Kombination von Lösungsversuchen zur Frage der Heilsgewissheit zusammensetzt. Der Feudalismus als Produktionsweise und die Monarchie als Staatsform wurden zwar durch den Kapitalismus und die Demokratie abgelöst, aber eine Variante von christlicher Kultur ist diese säkularisierte Welt noch immer.

Kuhns Integration der Gegensätze

Zurück zur Ausgangsfrage nach dem Sinn des Paradigmenkonzepts.

Kuhn hat sowohl zum Rationalismus als auch zum Empirismus „jain" gesagt. Mit Popper hat er die Ansicht gemeinsam, dass Erkenntnis nicht aus Einzelbeobachtungen hervorgeht, sondern zunächst immer mit einem vorgegebenen Konstrukt beginnt. Aber er teilt nicht die Meinung, dass die empirischen Wissenschaften am erfolgreichsten operieren, wenn sie dieses hypothetische Konstrukt nun zu widerlegen versuchen. In dieser Hinsicht entspricht seine Theorie der Philosophie der Empiristen, der zufolge Wissenschaftler leidenschaftlich Bestätigungen suchen.

Wenn man diese beiden Haltungen in der Weise vermischt, wie Kuhn es tut, ergibt sich aber eine weitere Differenz zu beiden Gegnern: Der normative Impetus des Rationalismus und des Empirismus verwandelt sich in einen deskriptiven. Popper *fordert*, dass empirische Wissenschaftler Hypothesen (und ihre Widerlegungen) *suchen sollen*, und der Empirismus verlangt, dass Bestätigungen von Theorien *gesucht* werden *sollen*. Demgegenüber hält Kuhn beides für völlig naiv. Er beobachtet die Wissenschaftler und bemerkt, dass jene Hypothesen *immer schon da sind* – gesucht wird da gar nichts. Und er bemerkt weiterhin, dass in einem Fach auf Gedeih und Verderb alles auf Bestätigung ausgerichtet ist, nicht auf Widerlegung. Aber auch diese Bestätigungen werden nicht gesucht für eine Theorie, sondern gestalten sich in der Forschungspraxis als kleine isolierte Rätsellösungen im Wissenschaftleralltag. Das bedeutet: Die Wissenschaftler wissen in normalen Zeiten der Wissenschaft auf der einen Seite schon immer irgendwie, was sie suchen, ohne zu wissen, woher sie das wissen, und auf der anderen Seite bestätigen sie dieses Wissen de facto so gut und solange sie können gegen alle Einwände, weil sie Einwände eher als von ihrer eigenen Arbeit leicht abweichende Messergebnisse eines anderen Wissenschaftlers interpretieren und assimilieren, nicht als Angriff einer andersartigen Theorie auf ihre Arbeit. Sie sagen allenfalls „ja aber" und suchen einen neuen Weg, durch Differenzierung die alten „Vor-urteile" zu bestätigen. Kuhn hat das anhand von Beispielen aus der Physik und der Chemie demonstriert.

Mir war das bestens aus der Geographie bekannt.

Kuhn geht aber bei der Charakterisierung jener forschungsleitenden Hypothesen weiter als Popper. Er begreift das vorurteilsgeladene Denken der Wissenschaftler als eine komplexe *Praxis*, die aus drei Aspekten besteht:

1. Sie ist eine Art von „Metaphysik", d.h., sie hat den Status einer theoretischen Verarbeitung von erfahrungsunabhängigen „Offenbarungen".
2. Sie ist eine soziale und institutionelle Handlungsgepflogenheit einer Arbeitsgemeinschaft von Wissenschaftlern, eine Art von kommunikationsbestimmendem Handlungscode am Arbeitsplatz.
3. Sie ist ein unbewusster „Kniff", d.h. eine Struktur oder ein Bild von einer professionellen Arbeitspraxis, die jedes Fachmitglied beherrscht bzw. das jedes von

Die Hintergründe des Raumes

ihnen kennt, ohne zu ahnen, dass es danach handelt. Man richtet sich unbewusst nach dem gemeinsamen Kern von *Beispielen*. (In diesem Sinne habe ich z.b. Physiker von anderen Physikern sagen hören „Er weiß, was Physik ist", wenn sie einen Kollegen lobend hervorkehren wollten, und sie meinten damit nicht einfach nur, dass er die Theorien des Faches parat habe oder seriöse Experimente mache.) Dieses Strukturbild ist in der Regel durch ein „Artefakt" gegenwärtig, aber es ist nichts, wonach bewusst gesucht wurde und nun gehandelt wird, sondern die kognitive Kraft einer latenten Logik der Typisierung von Welt – ein Beispiel könnte die Maschine für die klassische Physik sein. Für die Geographie ist es vermutlich die Landkarte. Geographie wäre dann einfach alles Denken und Handeln, was zuletzt zu einer Landkarte führen könnte.

Die Einheit der drei Aspekte nannte Kuhn ein „Paradigma", weil er dem dritten Aspekt – dem Beispiel – die größte Bedeutung beimaß.

Ich begann also die Metaphysik und das Artefakt bzw. den Kniff der Geographie zu suchen. (Andere haben – ohne zu wissen, dass sie ergänzend an meinem Projekt teilhatten – stärker den zweiten Aspekt bearbeitet.)

Hier endet die erste Geschichte des Zustandekommens meines Rekonstruktionsprogramms für die Geographie.

Überleitung: Ähnlichkeiten zwischen der Paradigmentheorie und der Geographie

Die zweite Geschichte ist schneller erzählt. Sie betrifft das Verhältnis der Paradigmen zu ihrem gesellschaftlichen Hintergrund. Die Theorie von Kuhn kam mir gelegen, weil sie eine vernünftige Operationalisierung anbot, um Wissenschaftstheorie *konkret* zu betreiben, nämlich ausgehend von den inneren Strukturen eines Faches und nicht nach Maßgabe allgemeiner Wissenschaftstheorie, die aufgrund ganz anderer Fachtraditionen zustande gekommen war. Kuhn beansprucht zwar – zurecht – ebenfalls die Allgemeingültigkeit seiner Theorie für alle strengen Erfahrungswissenschaften, aber die inhaltliche Pointe seiner Idee ist gerade, dass das Allgemeine jeweils in einer ganz *speziellen* Handlungs- und Denkweise liegt. Das bedeutet: Die allgemeingültige Aussage, die Kuhns Wissenschaftstheorie macht, lautet: Jede Wissenschaft funktioniert nach einem *besonderen* Modus und erfüllt *damit* die *allgemeinen* Bedingungen von Wissenschaft – nicht umgekehrt.

Damit hatte sich die allgemeine Wissenschaftstheorie dem erheblich angenähert, was die Geographie als empirische Wissenschaft für sich schon immer in Anspruch nahm: die Wissenschaft von den (örtlichen) Besonderheiten der Welt zu sein; sie nannte sich daher auf der wissenschaftstheoretischen Ebene „idiographisch" nach einem Begriff, den Windelband in der Philosophie geprägt hatte. (Der Geschichtswissenschaft wurde – parallel – der gleiche Status für alle zeitlichen Besonderheiten zugeordnet.) Kuhn hatte nicht eine Wissenschaftstheorie für idiographische Wissenschaften vorgelegt (obwohl man ihn auch so lesen kann, vgl. Krausser 1968), aber eine idiographische Wissenschaftstheorie. Denn er zeigte, dass das Allgemeine, die neu erkannten und universellen Naturgesetze, sich individuell, in besonderen Ausdrucksformen, durchsetzt. Dieser Durchsetzungsprozess der allgemeinen Erkenntnisse vollzieht sich, indem das Paradigma bis zu einer Art Vollkommenheit „reift". Das entspricht vollständig der idiographischen Idee vom Menschen und der geographischen Idee vom Land. Allerdings geht es bei den Menschen und Ländern nicht um den Entwicklungsprozess der Erkenntnisse, sondern von dessen Seele bzw. der „Seele" der Landschaften jener Länder.

War der Paradigmenwechsel in der Geographie ein Paradigmenwechsel?

Die Kuhnsche Operationalisierung des Wissenschaftsprozesses deckte aber nicht eine andere Fragestellung ab, die für mich wesentlich war. Das war die Frage nach der Entstehung jener Paradigmen. Diese Frage hat Kuhn – getreu seinem eigenen Paradigma – immanent behandelt. Er beschreibt – nach jenem Reifungsprozess – das „Absterben" und die Geburt sowie Neuformierung solcher in sich geschlossenen Denk- und Handlungssysteme als krisenhafte Revolutionen in der Wissenschaft. Da jedes gut funktionierende Paradigma jegliche andersartige Erfahrung ausschließt, sind die historisch einander nachgefolgten Paradigmen inkommensurabel. Sie handeln in verschiedenen Welten. Damit gibt Kuhn – auch explizit – die Idee des Forschungsfortschritts auf.

Abgesehen davon, dass mir diese Vorstellung ganz allgemein nicht passte, widersprach sie einer Beobachtung von mir in der Geographie (ich hatte offenbar ein etwas anderes Paradigma als Kuhn), die mit meiner paradigmentheoretischen Rekonstruktion unmittelbar zu tun hatte. In der Geographie lag die Situation vor, dass in der angelsächsischen und skandinavischen Fachtradition die klassische Landschafts- und Länderkunde fundamental kritisiert wurde; man war zu einer ganz neuen Geographie aufgebrochen. Geographie sollte nicht mehr in der erschöpfenden, systematischen Beschreibung der Besonderheiten einzelner Orte (verschiedenster Größenordnung) bestehen, nicht mehr in der idiographischen Perspektive, sondern – wie überall in respektablen Wissenschaften – im Finden allgemeiner Gesetze (des „räumlichen Verhaltens"), also in der Nomothetik. Die Rede vom Paradigmenwechsel ging um. Auch ich hielt das für einen fundamentalen Bruch. Aber andererseits konnte ich nicht sehen, wieso sich ein Paradigma gegenüber einem anderen verflüchtigt haben sollte, wenn *beide* Traditionen lauthals den „Raum" bzw. den „räumlichen Aspekt" von allem und jedem auf der Welt als ihr Objekt bezeichneten, um sich von allen anderen Wissenschaften zu unterscheiden. Gerade weil es beiden Traditionen um diesen Unterschied zum Rest der Wissenschaft zu tun war, und dieser Unterschied daher etwas mit jenem speziellen „Kniff" zu tun haben musste, der für Paradigmen fundamental ist, konnte es entweder kein Paradigmenwechsel sein, oder aber es musste eine Kontinuität bei Paradigmenwechseln geben, die Kuhn überhaupt nicht in Rechnung gestellt hatte. Diese musste auf einer allgemeineren, die sich ausschließenden Metaphysiken und Kniffe übergreifenden, Ebene liegen. Ich entschloss mich für diese Variante bzw. eigentlich war es umgekehrt: Davon war ich – noch bevor ich von Kuhn je gehört hatte – schon immer ausgegangen; Kuhn hatte mir nur die *paradoxe* „Binnenstruktur" des Prozesses geliefert, in dem Wissensproduktionen vorankommen, *ohne* dass irgendjemand die hehren Ziele bewusst verfolgt, die die bisherige Wissenschaftstheorie den Wissenschaftlern immer unterstellte. Denn von diesem Ethos hatte ich im Wissenschaftsalltag noch nie etwas bemerken können. Die wussten von solchen Auflagen überhaupt nichts, weil sie Popper nie gelesen und von Carnap – demjenigen exponierten Vertreter des Wiener Kreises, mit dem Popper seine Kontroverse ausfocht – nicht einmal etwas gehört hatten, und intuitiv taten sie genau das, was Kuhn beschrieb: täglich ihre Pflicht in einem Institut – und dies auf eine diffuse, aber irgendwie kongruente Weise.

Raum als Metapher für Naturbindung

Die übergreifende Ebene im Verhältnis zu den Raumparadigmen konstituiert sich in der Geographie durch die Idee der Einheit der Natur, und zwar in der Weise, dass im Idealfalle das Universum einschließlich der menschlichen Geschichte eine natürliche Einheit bildet, die sich aber einzeln, in „typischen" Räumen, verwirklicht. Ich begann also nach der Differenz der Naturbegriffe bezüglich jener Einheit zu suchen, die offenbar zwischen der alten und der neuen Geographie bestehen musste, welche im so genannten Paradigmenwechsel in Streit geraten waren.

In dieser Erzählung habe ich zuletzt einen Schritt vor dem vorherigen getan. Wieso „Einheit der Natur"? Es war davor von einer gemeinsamen *raum*wissenschaftlichen Perspektive die Rede gewesen. Das wird nur verständlich, wenn man die Argumentationsebene wechselt.

Eine Differenzierung in der gemeinsamen raumwissenschaftlichen Programmatik ließ sich nur einführen, wenn man „Raum" und „räumlich" als Metaphern für eine inhaltliche Hypothese begriff. Diese Hypothese betraf die Relevanz von menschlicher bzw. gesellschaftlicher Anpassung an die Natur, also die letztendliche Bindung gesellschaftswissenschaftlicher Fragen an die Geschichtsphilosophie. Das war die Domäne der Geographie: zwar Gesellschaftstheorie zu betreiben, wie alle anderen einschlägigen Wissenschaften, aber dabei nie den Aspekt der Relevanz der Naturanpassung für die innergesellschaftliche Dynamik zu vernachlässigen, gleichgültig, auf welchem Niveau eine Zivilisation sich befindet. Daher gab es während des Paradigmenwechsels einen bedingungslosen Kampf der traditionellen Geographie für die *Einheit* von Physischer und Anthropogeographie und damit für das Objekt Landschaft. Die Koppelung der Anthropogeographie an die Physische symbolisierte institutionell die Bindung der Geographie an den inhaltlichen Sinn ihres Raumparadigmas, nämlich jene Fixierung auf die Relevanz von Naturanpassung für lebendige Entwicklungen. Das wissenschaftliche Abgrenzungskriterium „Raum" bzw. „räumlich" im Sinne des Objekts Landschaft bedeutete also theoretisch, gesellschaftliche Prozesse stets im Rahmen ihres Naturbezugs zu denken – was aber nicht umstandslos identisch mit einer so genannten geodeterministischen Denkweise ist, in der die Natur die Entwicklung der Gesellschaft strikt vorbestimmt. Es konnte ebenso gut mit einem Primat gesellschaftlichen Handelns gegenüber der Natur konzipiert werden; aber auch dann war das *Thema* der Naturbezug. Demgegenüber hatte die neue Geographie die Einheit der Geographie leichterdings aufgegeben und damit auch die „Landschaft"; aber sie war beim Raum und bei „räumlich" geblieben. Was konnte das dann noch auf der inhaltlichen Ebene, die die Relevanz der Adaption im gesellschaftlichen Prozess betrifft, heißen?

Diese Frage hat mich zur Unterscheidung zwischen abstrakter und konkreter Natur geführt. Die Landschaftskunde war eine Theorie der Einheit allen Seins in konkreter Natur und ist es bis heute. Was konnte aber demgegenüber Einheit in abstrakter Natur bedeuten?

Natur als Metapher für Modi der Subjektivität: konkrete und abstrakte Individualität

An dieser Stelle musste erneut die Ebene gewechselt werden. Auch der Begriff der Natur stellte sich als eine Metapher heraus. Alles, was je über das Wesen der Natur ausgesagt wurde, ist ein Versuch, die Stellung des *Subjekts* in der Welt zu ergründen. Wenn man diese Perspektive einnimmt, ergibt sich, dass die Landschaftskunde der These folgt, dass Subjektivität aus Individualität besteht und dass Individualität sich aus freiwilliger Bindung an höhere Maßstäbe und ursprüngliche Naturgegebenheiten ergibt und erhält. Das ist jenes oben bereits erwähnte „idiographische" Weltbild, das die klassische Geographie für sich reklamierte. Eine Einheit in *konkreter* Natur ist das deshalb, weil das *allgemeine* Wesen (der Subjektivität) in der einmaligen *Besonderheit* des beschriebenen Brückenschlags zwischen natürlichem Ursprung und freiwilliger Bindung liegt. Das Besondere ist aber immer das *konkret* Signifikante. Nur einmalige Subjekte sind Individuen; Klone sind keine. Formale Gleichheit widerspricht dieser Idee der Individualität. Und wenn bzw. wo immer Landschaften im Weltmaßstab völlig gleichförmig gestaltet sind, sind es eigentlich keine mehr; sie heißen dann z.B. in bestimmten Fällen „Agrarwüsten".

Die der idiographischen entgegenstehende abstrakte Definition von Subjektivität, die den Hintergrund jenes *abstrakten Naturbegriffs der neuen Geographie darstellte*, ist wohlbekannt und soll hier nur zur Illustration der Alternative erwähnt werden. Auch die bezeichnet eine Idee von Individualität. Aber dieses Individuum gilt vor dem Gesetz – und auf dieser Ebene *auch* an allen Orten – gleich viel. Es ist der moderne „Bürger", während das andere mit der „Person" assoziiert wird. Seine Besonderheiten interessieren nicht vor dem Gesetz. Mord ist Mord für Dicke und für Dünne und für Charakterlose wie für edle Menschen. Das politische Individuum wird nicht daraufhin beurteilt, dass es durch seine Besonderheiten einerseits ein allgemeines Bildungsgesetz (von respektabler Subjektivität) sowie andererseits Niveaus von Individualität ausdrückt, sondern gerade die Abstraktion von inhaltlichen Besonderheiten konstituiert seine gesellschaftliche Geltung sowie den Sieg einer ganzen Staatsform: die der Volksherrschaft.

Wenn die bürgerliche Revolution ein „Paradigmenwechsel" der Staatsformen gewesen war, dann war die so genannte Analytische Geografie mit ihrer Suche nach allgemeingültigen Gesetzen auch ein Paradigmenwechsel in der Geografie. Die Kontinuität bestand in der hohen Bedeutung von Individualität für die Definition des Subjekts. Die Definitionen von Individualität hatten aber gewechselt und im Gefolge davon die Definition der Metapher „Natur" und wiederum davon abhängig die Definitionen der Metaphern „Raum" und „räumlich". Der Raumbegriff bezeichnete nun metaphorisch die Perspektive, jeden empirischen Einzelfall angesichts allgemeiner (räumlicher) Strukturmuster und allgemeiner (räumlicher) Bewegungsabläufe zu beurteilen. Der Einzelfall wurde durch *Subsumtion* unter Strukturen bzw. Gesetze objektiviert. Das konnte nicht mehr die Suche nach und Abgrenzung von räumlichen Besonderheiten betreffen, sondern nur die Suche nach allem, was *nicht* besonders war an einem Einzelfall.

Die geographischen Raumbegriffe als Spiegel industrieller Arbeitsteilung und der Niedergang des Raumparadigmas

Da aber die Ebene der Relevanz der Naturadaption das hintergründige „Urthema" der Geografie darstellt, das sie mit der Metapher „Raum" belegt, musste für die damit abgehandelte Subjektproblematik eine geeignete Ebene der Gegenstandsbestimmung gesucht werden, die dem politischen Umbruch im geografischen Paradigmenwechsel, nämlich dem Übergang auf eine demokratiekonforme Ebene der Theoriebildung, entsprach. Das markiert einen erneuten gedanklichen Ebenenwechsel. Das Subjekt musste dort thematisiert werden, wo der „Stoffwechsel" mit der Natur gesellschaftlich organisiert wird. Demzufolge musste es ökonomisch bestimmt werden.

Das Subjekt des ökonomischen Prozesses ist das Kapital. Die Art und Weise, wie dieses Subjekt Anpassung an Natur vollzieht, wird analog in der Geografie in der Definition ihres Raumbegriffes gespiegelt. Da das Industriekapital die Verwertungsform von Wert ist, die in der Produktion auf die Organisation von Arbeit als allgemeine abstrakte Kraft in *maschinenanalogen Bewegungs*prozessen übergeht, war es konsequent, dass die neue Geographie ihren Raum nun abstrakt als „Geometry" und „Movement" (Bunge 1966) definierte. Das Paradigma hatte also gewechselt; aber die Paradigmen hatten sich als Variationen eines tieferliegenden Themas, das der Wissensproduktion Kontinuität verleiht, herausgestellt.

Die Ausgestaltung des neuen Paradigmas bestand erstens in einer Verschärfung der neuen Tendenz und zweitens in einer Gegenbewegung.

1. Es entwickelte sich eine Wahrnehmungs-, Verhaltens- bzw. „humanistische" Geographie. Das war eine Richtung, die für die Geographie zuletzt den Raum als Perspektive ganz abschaffte und Geographie nur noch durch menschliches Handeln begründete. Das bedeutet: Es wurde nicht nur von der konkreten Natur abstrahiert, sondern auch von der abstrakten. Das entsprach – im metatheoretischen Untergrund auf der ökonomischen Ebene – der Abwendung von der so genannten objektiven Wertlehre zugunsten reiner Preis- bzw. Konsumtheorien bei der Beschreibung der industriellen Kapitalverwertungsmechanismen sowie einer Aufkündigung der Naturadaptionsproblematik in der Geographie. Es verschaffte dieser den ersehnten unkomplizierten Anschluss an die Theorien der übrigen Gesellschaftswissenschaften. Aber die Strategie litt und leidet bis heute unter dem Problem, entweder Geographie nicht mehr definieren zu können (das Paradigma war weg) oder aber dann doch mit allerlei inkonsistenten Argumenten einen Raumbezug in diese Raumlosigkeit hineingeheimnissen zu wollen; das läuft meist auf irgendeinen alten Wein in neuen Schläuchen hinaus.

2. Gegen den verhaltenstheoretischen Trend wenden sich diejenigen Bestrebungen, die zwar jederzeit sagen, dass sie die Landschaft als Objekt der Geographie für überwunden halten, aber – inspiriert durch die „ökologische Krise" in Verbindung mit einem Problemorientierungsanspruch für die Geographie oder durch eine „humanistische" Attitüde (hier ergab sich eine Verbindung zum vorher beschriebenen Trend) – die Mensch-Umwelt-Beziehung doch theoretisch weiterführen wollen. Es handelt sich hierbei um die Reformulierung des alten konservativen Standpunktes der Geographie mit Mitteln und unter Bedingungen industrieller und demokratischer Vergesellschaftung. Das spiegelt abermals den allgemeinpolitischen Untergrund des geographischen Paradigmas: Auch der Konservatismus bzw. der Antimodernismus, die beide auf der politischen Ebene mit dem landschaftskundlichen Paradigma einhergehen, stellen den Versuch dar, im Rahmen industriekapitalistischer und demokratischer Vergesellschaftung eine zu dieser sie umgebenden gesellschaftlichen Synthesis alternative Entwicklungskonzeption von Vernunft, Freiheit, Individualität, Ordnung usw., d.h. von Subjektivität, zu verwirklichen. Merkwürdigerweise nannte sich dieser zweite Trend, d.h. die Rückkehr zur Vormoderne mit modernen Mitteln, in der

Die Hintergründe des Raumes 27

Geographie zeitweilig „postmodern", nämlich solange dieses Modewort karrierewirksam war.

Überleitung: Konkrete Menschen in konkreten Räumen passen nicht in die Welt der Erkenntnis durch Abstraktion

Nun hat die zweite Geschichte doch viel länger gedauert, als ich dachte. Aufgrund der in ihr gewonnenen Unterscheidungen kann aber die dritte Geschichte der Entstehung meiner Denkweise erzählt werden.

Mit der Unterscheidung zwischen der Einheit in konkreter Natur und der Einheit in abstrakter Natur war ein Schlüssel gewonnen worden, um einerseits die Idee der Landschaft zu verstehen und sie andererseits auf einer ganz anderen Ebene zu formulieren. Man konnte auf diese Weise die naiven Selbstreflexionen der Geographen „theoretisch aufladen" und an die allgemeine ideengeschichtliche Reflexion von Gesellschaftstheorie anschließen. (Die konservative politische Indizierung, die damit einherging, war nicht als politische Standpauke gemeint, sondern diente der theoretischen Klassifikation auf einer anderen als der rein wissenschaftstheoretischen Ebene. Der Rückbezug auf politische Weltbilder war ein heuristisches Mittel, ein Such- und Überprüfungsmechanismus für fehlende bzw. undeutliche Komponenten geographischer Theoriesegmente; vgl. dazu Eisel 2004.)

Mit diesem Verständnis war klar, warum die Maßstäbe der allgemeinen Wissenschaftstheorie der Erfahrungswissenschaften, die letztlich alle von der Physik inspiriert waren, völlig unangemessene Mittel zur Beurteilung der traditionellen Geographie sein mussten, falls man davon ausgeht, dass es normal und damit vernünftig ist, jenes allgemeine übergreifende Anliegen, die Stellung des Subjekts in der Welt zu formulieren, in jeder nur erdenklichen Variante des Realitätsbezugs zu betreiben. Die Geographie war für eine dieser Varianten zuständig: für die seit der Neuzeit möglichen „landschaftlichen" Erfahrungsweisen, d.h. für die Kombination des ästhetischen und teleologischen Urteils, mittels der sich das Subjekt als Individualität in und gegenüber der Umwelt wiederfindet und bestätigt. Sie hat diese neuen Möglichkeiten brav und umsichtig in spezifischen Metaphern verkleidet genutzt. Sie hat die Idee der konkreten Individualität, der „Person" und deren Werts für ein richtig gelebtes Leben, im Koordinatensystem räumlicher Konkretheit von Erfahrung, d.h. in der Mischung von ästhetischen und teleologischen Urteilen über Umgebungen, die in ihrer Distanz zum Subjekt dennoch der Anpassung dienen sollen, ausgearbeitet. Diese Perspektive nannte und nennt sich „physiognomisch". Ihr entspricht die „morphologische" Methode (vgl. dazu Eisel 1997). Das war – auftragsgemäß – das Gegenteil des Anliegens derjenigen Naturwissenschaften, die die Wissenschaft von allen ästhetischen Eindrücken und zweckgebundenen Anliegen zu befreien trachteten und deshalb von konkreten Umständen und Verständlichkeiten des beobachteten

Ereignisses abstrahierten. Damit haben diese (experimentellen) Wissenschaften nicht etwa den unterschwelligen Standpunkt verlassen, vermittelt über ein Paradigma die Idee des richtig gelebten Lebens der Subjekte zu thematisieren, sie befolgen nur eine andere Idee vom richtigen Leben als z.B. die Geographie.

Das Konkrete ist ein Abstraktionsprozess: Landschaftserfahrung als Säkularisation des Heiligen – Natur als ungeregelte Ausbeutung

Mit der Rückführung der Idee der konkreten Natur auf die gesellschaftliche Relevanz einer von den Abstraktionsprozessen der industriellen Welt unbeeindruckten Individualität warf sich ein fundamentales Problem auf. Die Rekonstruktion des geographischen Paradigmas hatte ergeben, dass die konkrete Natur, also das Allerunmittelbarste, was wir als Welt zur Verfügung haben als Subjekte, selbst ein Abstraktum ist. Sie ist ein „Paradigma", d.h. ein uns unbewusster, erfolgreicher theoretischer und praktischer „Kniff", unsere sehnsüchtigen Bemühungen um eine möglichst umfassende Individualität und Persönlichkeit in die Welt zu projizieren. Landschaften stehen nicht auf der Erdoberfläche herum. Sie sind vielmehr Projektionsergebnisse von spezifischen Selbstvergewisserungsprozessen neuzeitlicher Menschen. Wenn aber Konkretheit im Sinne konkreter Gegenständlichkeit in ästhetischer und teleologischer Erfahrung selbst ein abstraktes Ideal von subjektiven Zuständen ist, wovon wird dann dabei abstrahiert?

Dieser Frage bin ich auf den zwei schon beschrittenen Wegen nachgegangen: erstens im Hinblick auf die Idee der Landschaft, und zweitens im Hinblick auf das ökonomische Subjekt, das Kapital.

1. Hinsichtlich der Landschaft abstrahiert die Idee unverblümter und eindringlich gegenständlicher Gegebenheit von der Idee des Heiligen (vgl. auch Eisel 2001). Sinnlichkeit, Materie und konkrete Raumerfahrung sind Säkularisationserscheinungen von Transzendenz. Die beobachtbare „einleuchtende" Zuhandenheit einzelner Tatsachen abstrahiert vom Sinn des Ganzen, dem sie angehören. Wird aber das Ganze selbst konkret erfahren, wie in der Landschaft, dann abstrahiert dieser Bezug zur Welt von der ehedem geistigen Vereinigung mit dem Absoluten. Landschaftserfahrung korreliert mit Anbetung und ersetzt sie. Dass die Landschaft, vor allem in ihrer Erhabenheit, Gefühle über die Existenz höherer Mächte wachruft, wird im wissenschaftlichen Bewusstsein zwar anerkannt, aber als Atavismus abgetan. Sich damit zu beschäftigen, führte auf das Feld der Magie. Die Geographie hat es sich immer zugute gehalten, dass sie – nach Carl Ritter – die physikotheologische Weltsicht überwunden habe, d.h. das Heilige aus der Idee der Einheit in konkreter Natur verbannt habe. Genau das hat sie tatsächlich getan.

Für den Rahmen meiner Argumentation über die konstitutive Abstraktion, die zur Konkretheit der Welt führt, muss man somit beachten, dass die Begriffe „abstrakt"

Die Hintergründe des Raumes 29

und „konkret" zeitweilig auf dem Kopf stehen, d.h. in ihrer Bedeutung – durch Ebenenwechsel – umgekehrt werden. Denn das, was für das moderne Bewusstsein das Abstrakte *wäre*, die Ideen von transzendenten Realitäten und höherer Macht, wie sie der Idee der Landschaft hintergründig anhaften, wäre unter vormoderner z.b. stammeskultureller Perspektive das Allerkonkreteste. Es war das, woran die Gemeinschaften unmittelbar ausgerichtet waren und was jedes Mitglied als Erfahrungsgewissheit besaß. Die Vorstellung, ein bestimmter Zauber sei nichts anderes als nur ein Ding, das sich z.b. Stein nennt, wäre eine undurchführbare Abstraktion gewesen – „Dinge" gab es gar nicht. Insofern war das nunmehr Abstrakte das Konkrete und umgekehrt. Es bedurfte eines fundamentalen kulturellen Umbruchs, um diese Verhältnisse umzukehren. Nachdem er erfolgt ist, kann konkrete Dinglichkeit erstens als Abstraktion „durchgeführt" werden, d.h., es kann ihr in der Erfahrung begegnet werden, und zweitens – dem naiven empirischen Bewusstsein – als Nicht-Abstraktion erscheinen.

Natürlich ist es legitim zu sagen: Ein Glück ist dieser Zustand erreicht; das ist eine Sache der Aufklärung, also wo liegt das Problem? – wir wissen jetzt einfach besser Bescheid. Aber die Sache ist komplizierter. Wir können nun dreierlei: das konkret Gegebene *erfahren* und auch *wissen*, dass es für uns noch mehr in sich trägt, als die gegenständliche Erfahrung; und das, was wir da wissen, nämlich den alten Gehalt an höherem Sinn, können wir zudem – ästhetisch und teleologisch – erfahren. Beides nennen wir „konkret": die banale Dinglichkeit im Allgemeinen in ihrer Opposition zur Transzendenz und auch jene spezifische Naturerfahrung, in der das Heilige noch schwelt. Das eine – meinetwegen eine Kaffeetasse oder ein Rindersteak – nennen wir ein konkretes Ding, weil es nichts mehr mit mehr als ihm selbst zu tun hat, das andere – z.B. die schöne und erhabene Landschaft – nennen wir so, weil es gerade eine Dinglichkeit der höheren Art als die banalen Gegenstände ist. Das eine ist eine nüchterne Konkretheit, das andere eine weihevolle. (Deshalb bildet die zweite Variante jederzeit das Einfallstor für esoterische Lehren und Praxen, die *dem Konkreten metaphysische Kraft beimessen*, d.h. für die „Sinnlichkeit" etwas Höheres – und umgekehrt – ist.)

Diese Ambivalenz in der Haltung gegenüber dem Konkreten zeigt, dass in ihm eine Paradoxie der Moderne ausgedrückt wird: In einem einzigen Phänomen, dem der so genannten sinnlichen Gewissheit, sind zwei gegenläufige Prozesse akkumuliert. Der eine Prozess besteht aus der (modernen) Säkularisation des Heiligen, der andere Prozess besteht aus der (modernen) sehnsüchtigen Remystifikation des Säkularisierten. Beides sind Abstraktionsprozesse, deren kulturelle Normalität beweist, dass „Dinglichkeit" ebenso wie die verheißungsvolle Vorgängigkeit landschaftlicher Natur vor allem, was ihr nachträglich an Versündigung angetan werden könnte, eine Konstitutionsleistung modernen Bewusstseins ist. Dass das kulturelle Bewusstsein sich (evtl. vorteilhaft) *verändert* hat, heißt nicht, dass seine nüchternen ebenso wie seine euphorischen *Leistungen* nicht immer auch eine implizite *Antwort* auf den alten Gegenspieler wären, und damit die *Erfahrung* von Konkretheit (durch die Landschaft) nicht implizit de facto immer noch eine Abstraktion vom Heiligen wäre.

2. Ich habe die Abstraktion, die zum Wahn des Konkreten führt, ökonomisch zu bestimmen versucht. Anlass und Material hierfür bot mir eine geographische Theorie. Hans Bobek hat zur Charakterisierung der Rolle der Stadtbildung in orientalischen Gesellschaften innerhalb der Anthropogeographie eine Theorie des so genannten Rentenkapitalismus entworfen (Bobek 1959). Diese Theorie hat meine Überlegungen über die ökonomische Ebene der Idee der konkreten Natur wesentlich beeinflusst. Sie widerspricht der gängigen Periodisierung der Produktionsweisen von Kapital, die zwischen die Stammesgesellschaften und den Industriekapitalismus die antike Sklavenhaltergesellschaft und den Feudalismus stellt. Bobek diagnostiziert dagegen für den Orient eine Zwischenform, die gewissermaßen einen Kurzschluss zwischen Feudalismus und Kapitalismus darstellt und somit keiner der drei Zivilisationsformen entspricht. Das entspricht in der Tradition des Historischen Materialismus ebenfalls einer Ketzerei. Dort wurde eine – von Stalin verbotene – ganz ähnliche Theorie der „Asiatischen Produktionsweise" oder „Orientalischen Despotie" formuliert (vgl. dazu in der Geographie Müller 1983).

Durch Bobek ebenso wie in jener marxistischen Tradition wurde versucht zu zeigen, dass der Modus von ökonomischer Ausbeutung von Arbeitskraft aus der Art der Organisation von politischer Herrschaft folgte und nicht umgekehrt die Art der Organisation von Herrschaft aus den Bedingungen von Kapitalbildung. Das läuft darauf hinaus, dass das Bewusstsein das Sein bestimmt, der Überbau die Basis usw. – ein Sakrileg in der materialistischen Tradition. Denn die gesellschaftliche Organisation der materiellen Überlebensbedingungen leiteten sich nicht aus der Gestaltung des Arbeitsprozesses durch einen Nutznießer ab, der Anrechte auf menschliche Arbeitstiere (Sklaverei) oder Bodenbearbeitung (Feudalismus) oder Anteile beliebiger Arbeitskraft (Industriekapitalismus) besaß, sondern, ohne jede Existenz eines solchen „Produktionsverhältnisses" zwischen „Klassen", aus blanker Macht über kriegerisch unterlegene ländliche Siedler. Städtische Herrscher, die als Nomaden Regionen sesshafter Bauern besetzt und sich in städtischen Siedlungen niedergelassen hatten, bis sie selbst von anderen kriegerischen Nomaden verdrängt wurden, plünderten diese Bauerngesellschaften aus, ohne jede Regelung von Ausbeutungsbedingungen – zumindest ohne direkte Regelung mit den Bauern. Stattdessen existierte eine Hierarchie von „Satrapen", das waren – in Personalunion – Händler und Steuereintreiber, die die Bauern ausraubten, und deren Mehrprodukt in einer eigenen Tauschsphäre in ökonomischen Wert verwandelten, der teils bei ihnen blieb und zu großen Teilen an die städtischen Herrscher abgeführt werden musste. Diese hatten auf diese Weise mit den Bauern gar nichts zu tun, sondern lebten in dem Bewusstsein, dass Gewinn durch Tausch entsteht, nicht in letzter Instanz aus ange-

Die Hintergründe des Raumes 31

eigneten Arbeitsanteilen. (Dieser Wahn ist die Basislüge des Kapitalismus und narrt bis heute die Menschen.) Und Arbeit, d.h. die gesamten kulturellen Lebenswelten und ländlichen Regionen der – gewissermaßen gratis – produzierenden Bauern, war eine *vor* dem gesellschaftlichen Handeln der Händler/Steuereintreiber liegende, wertlose Welt.

Eine solche Welt, alles, was wert- und zwecklos außerhalb der herrschenden Kultur existiert, ist das konkrete Erste, das bedingungslos Gegebene. Es wurde später „Natur" genannt, nachdem die Produktionsweise der Sklaverei die Ausbeutung der Menschen isolierte und auf die Seite der gesellschaftlich nützlichen Dinge gezogen hatte. Die nicht-subjektive Seite der Gratisproduktion war übrig geblieben und konnte exklusiv bezeichnet werden. (In der Umweltökonomie heißt sie deshalb noch heute „freies Gut".) Sie entstand als *Ebene* der Seinsweise im Sinne einer frei verfügbaren Ressource durch gesamtgesellschaftliche Abstraktion (von der Eigenständigkeit einer noch im Heiligen sich begreifenden Lebensweise) zum Zwecke der Kapitalbildung und wurde in der daran anschließenden Produktionsweise der Antike praktisch und theoretisch von ihrem „subjektiven Faktor" gereinigt. Im Phänomen der Abstraktion von einer gesellschaftlichen Synthesis im Heiligen berührt die Rekonstruktion der Idee der Landschaft die ökonomische Rekonstruktion der Idee konkreter Natur.

Die historische Ebene des Verständnisses der Asiatischen Produktionsweise war hilfreich gewesen, die strukturelle Ebene der Idee der konkreten Natur als eine Abstraktion, nämlich ihren durch Ausbeutung konstituierten Status als hemmungslos genutzte und strukturell geleugnete Basisagentur von gesellschaftlicher Produktivität, zu bestimmen. Auf diese Weise ließ sich die ökonomische Stellung der so genannten konkreten Natur als gesellschaftliche Größe funktional bestimmen und war zugleich auf den kulturellen Entwicklungsprozess bezogen: So wie in der Neuzeit die Landschaft – durch das ästhetische Urteil zustande gekommen als reine, distanzierte Gestalt auf der Objektseite – das Heilige in allen Dingen aus der Zeit der Stammeskulturen ersetzt und zugleich wach hält (vgl. Eisel 2001), repräsentiert heute das ökologische System – mit den Begriffen Vielfalt, Stabilität, Nachhaltigkeit usw. im Schlepptau – die konkrete materielle Natur im Verhältnis zu der Welt, die durch die Physik beschrieben wird. Das ökologische System steht nun für ausgeraubte Produktivität. In diesem modernen Surrogat ist reflektiert, wie das unmittelbar und wertlos Gegebene, Konkrete, d.h. das beliebig Ausbeutbare, *gesellschaftlich konstituiert* wurde: durch Abstraktion vom Eigenwert einer Produktionsweise, die das Leben auf Transzendenz gründete. Die Abstraktion wurde als vertragslose Aneignung praktiziert. Alles, was dieser Bedingung unterliegt, heißt seitdem Natur. Die Zivilisation hat sich seit den orientalischen Despotien – mit Stufen des Übergangs – einmal ganz auf den Kopf gestellt und verkauft nun das Konkrete im Sinne blanker Materialität bzw. individueller Ganzheit als das Erste und sinnlich Gewisse, als das, wovon abstrahiert werden kann bzw. muss oder aber – wie die Kritiker der Moderne sagen – nicht abstrahiert werden sollte. Sie hat vergessen, dass es als das letzte Ende eines langen Abstraktionsprozesses von einer – gesellschaftlich hervorgebrachten – alles durchwaltenden Transzendenz ist.

Die Pointe ist natürlich, dass *beides* gilt. Die moderne Gesellschaft wird von zwei gegenläufigen Prozessen zerrissen. Die politische Berufung auf jeden der beiden ist jederzeit möglich und empirisch valide – und so streiten sich die Fortschrittlichen und die Konservativen unausgesetzt um des Kaisers Bart.

Die Transformation der Sozialphysik in eine Theorie des Patriarchats

Diese Geschichte hat eine theoretische Verbindung zur vorherigen und führt zur vierten: Die konkrete Natur im Sinne eines ideellen Abstraktionsprodukts von natürlicher Lebendigkeit und Produktivität findet sich bestätigt durch die Analogie zwischen Physik und ökonomischer Theorie. Ich habe die These, dass auch die so genannten exakten Naturwissenschaften Projektionen der Stellung eines Subjekts im gesellschaftlichen System auf die Natur sind, an Theorien der Physik zu erläutern versucht. Ein guter Hinweis existierte durch die Geographie selbst. Die erste Generation der Paradigmenwechsler hatte sich explizit mit der so genannten Sozialphysik identifiziert bzw. diese z. T. mitbegründet (vgl. Stewart 1950, Stewart, Warntz 1958). In der Sozialphysik der angelsächsischen Sozialwissenschaften waren physikalische Theorien als Modelle räumlicher Strukturierung adaptiert worden und zur Erklärung für räumliche Muster bzw. Bewegungspfade auch in die Geographie übernommen worden. Ich hatte diese Theorien der Einheit in abstrakter Natur, insoweit sie als Anpassungstheorien an die Natur zu begreifen waren, analog zur ökonomischen Ebene des Nachdenkens über den Wert des Subjekts in der Gesellschaft beurteilt – wie oben bereits angedeutet. Das Kapitalsubjekt war die „handelnde Person" hierbei. Das sind nicht „die Unternehmer", sondern die Systemfunktionen der Selbstverwertung des Werts. Wenn die physikalischen Modelle nützlich waren (oder schienen), die *Außenwelt* der Subjekte in ihrer Strukturierung zu erklären, und dies eigentlich unbewusst heuristisch wirkende gedankliche Übertragungen von Wissen über Kapitalbildungsmechanismen in eine andere Welt waren, dann war es naheliegend, ökonomische Theorien über die Kapitalbildung auch direkt auf die Physik zu beziehen und so die physikalischen Paradigmen in einem gleichen Sinne verständlich zumachen, wie die Geographie. Das habe ich anhand von drei Beispielen versucht. Eines der Beispiele ist die Thermodynamik.

Die Thermodynamik ist eine Theorie über Austauschverhältnisse zwischen geschlossenen Systemen, die Arbeit leisten. Durch ihre Gesetze wird die Ebene der Produktivität, die die Voraussetzung für die Möglichkeit bietet, relativen Mehrwert durch einen Tauschvertrag (über Lohn gegen Arbeit) hervorzubringen, aufgedeckt.

Die Hintergründe des Raumes

Der von Marx beschriebene Prozess, durch den im Austausch der Wertäquivalente in der Zirkulationssphäre implizit de facto ein Ausbeutungsvorgang in der Produktionssphäre erreicht wird, erweist sich als die Oberfläche einer noch „tiefer" angesiedelten Ausbeutung, die ihrerseits strukturell eine solche Implikation enthält. Das bedeutet, die Analyse des Kapitalverwertungsprozesses erweist sich aus der Perspektive der Natur als einer ökonomischen Instanz, die einen Input in den Wertbildungsvorgang leistet, als unzureichend; sie ist aus der Perspektive der Ausbeutung von Arbeit (und abstrakter Natur) durchgeführt worden, nicht aus der Perspektive der gesellschaftlichen Konstitution und Stellung des Konkreten. Ich habe versucht, anhand der Thermodynamik, die genau diesen Ebenenunterschied zwischen Oberfläche und „Tiefenstruktur" des ökonomischen Prozesses zur Voraussetzung hat und in exakter modelltheoretischer Form spiegelt, den gesellschaftlichen Charakter der konkreten Natur (anders als durch moralisches Gejammer über Naturzerstörung und durch esoterische Höhenflüge) zur Geltung zu bringen.

Diese Tiefenstruktur ökonomischer Ausbeutung und kultureller Sinnkonstruktion bezeichnet die Ebene der Gesellschaft, auf der sie als „Patriarchat" organisiert ist. Diesen Aspekt habe ich zeitweilig in den Vordergrund gerückt und auf diese Weise versucht, ohne schale Stellvertretermoral für „die Frauen" und ohne Betroffenheitsrhetorik, Stellung zum Geschlechterverhältnis zu nehmen.

Überleitung: Konstanz der Paradigmen, Wechsel der Metaphern – vom Raum zum Leben

Die vorläufig letzte und fünfte Geschichte der Entwicklung meines Denkens war durch äußere Umstände geprägt. Der Wechsel von der Geographie in die Landschafts- und Umweltplanung sowie den Naturschutz hat oberflächlich den Gegenstand, das Textmaterial für die weitere Beschäftigung mit dem geographischen Paradigma, nicht aber das Paradigma, verschoben. Auch diese gesellschaftlichen Praxisfelder operieren mit der Idee der Landschaft und der Sehnsucht nach konkreter Natur(erfahrung) – die ja die Sehnsucht nach dem Heiligen ist. Die Differenzen, die es zur Geographie durchaus gibt, sind hier unwichtig und werden vernachlässigt.

Der Gegenstand nennt sich nun zwar – vor allem in der Landschaftsarchitektur und der Landschaftsplanung – immer noch „Raum" (und ist – zumindest in der Landschaftsplanung – Metapher für die Relevanz eines angepassten Lebens), aber er wird – im Natur- und Umweltschutz – durch eine andere Perspektive dominiert: die Idee des Lebens. Dieser Begriff ist Metapher für die Relevanz einer eigenständigen inneren Entwicklungskraft jedes Wesens, das durch Anpassung seine Existenz sichert. Bezogen auf die Natur ist die Biologie für dieses Thema zuständig. Auch dieser theoretische Begriff ist gesteuert durch das allgemeine Anliegen, der Individualität Geltung zu verschaffen. Aber diese Dimension der Individualität erstreckt sich – anders als der Raum – in der Zeit. Der ihr angemessene Prozess nennt sich „organisch". Lebende Wesen sind Organismen im Unterschied zu Maschinen. Das allgemeine Funktionieren, das der Organismus mit der Maschine gemein hat, ist keine ausreichende Definition für ihn. Hinzu kommt, dass jedes Lebewesen eine individuelle Entwicklungsgeschichte durchläuft, in der es eine seinen Lebensumständen entsprechende Vollkommenheit „anstrebt". Jedes Lebewesen ist ein seinen konkreten Lebensbedingungen geschuldetes, besonderes Exemplar seiner Art.

Die Idee der Individualität hat hier die gleiche grundlegende Funktion wie im geographischen Paradigma, nur bezieht sie sich nicht auf die Strukturierung des Raumes als Anpassungsmöglichkeit, sondern auf die Entwicklung innerer Antriebe in der Zeit. Wenn dieses Thema ebenfalls – wie in der Geographie – auf die Funktion der Anpassung an äußere Umgebungen für diese Entwicklung bezogen wird, liegt der Zweig der Biologie vor, der Ökologie genannt wird.

Possibilismus und Synökologie: politische Verwirrung durch die Persistenz der christlichen Wurzeln in der Moderne

Es gibt in der Ökologie Theorieschulen, die jenes innere Entwicklungsstreben, das der Idee des Lebens anhaftet, als räumlichen Ausbreitungsmechanismus konzipieren, also eine geographische Lösung für die richtige Lebensweise anvisieren. Diese Theorien haben mich am meisten interessiert. Sie bestimmen ihr Objekt, genauso wie die klassische Geographie die Landschaft, als ganzheitliches Individuum höherer Art. Organismen im ökologischen Sinne sind dann Lebensgemeinschaften, nicht die Einzelexemplare einer Art. Diese „Individuen" bestehen aus einem wohlkoordinierten Gemeinschaftsleben verschiedener Arten und passen sich ihrer Umgebung an, indem sie sie als Möglichkeit interpretieren, eine gemeinschaftsinterne Höchstleistung zu erbringen: ein stabiles Endstadium von Überleben zu erreichen. Die theoretische Konstruktion dieser Anpassungstheorie ist dadurch bestimmt, dass die Idee der Anpassung als Bewährung der in der Ganzheit der Lebensgemeinschaft prädisponierten Entwicklungsmöglichkeiten konzipiert ist. Die subjektive Sphäre wird nicht durch die konkrete Naturumgebung „bestimmt", sondern schöpft deren Bedingungen durch Interpretation als gemeinschaftsinternes Potenzial aus. Das entspricht dem – in der gleichen Zeit aufgekommenen – „Possibilismus" in der Anthropogeographie.

Dieses „possibilistische" Paradigma, das in der Ökologie unter Bezug auf die Art und Weise, wie Anpassung definiert wird, als holistische „Synökologie" (im Unterschied zur „Autökologie") bezeichnet wurde und in der „Monoklimaxtheorie" seine radikalste Ausformulierung erfahren hat, habe ich in zwei Richtungen interpretiert: erstens als biologietheoretische Spiegelung des politischen Rassismus und zweitens im Hinblick auf seine christlichen Wurzeln.

Die Hintergründe des Raumes

Beides erhält seine Relevanz durch die Funktion der Synökologie im Natur- und Umweltschutz. Diese Art des Holismus wird zwar in der ökologischen Wissenschaft als längst überholt abgetan, aber die gesamte Naturschutzdiskussion in der politischen Sphäre wird von dieser Denkfigur bestimmt; jedes Vor- und Nachwort in tausenden von Fernsehfilmchen über Uhus im Elbsandsteingebirge oder die Fische des Great Barrier Reef usw. legt über die teleologische synökologische Basisphilosophie Zeugnis ab.

Mit dieser Art des Denkens und entsprechendem politischem Krisenmanagement ist aber das Anliegen eines fortschrittlichen „Umbaus der Industriegesellschaft" verbunden, der in der Regel von multikulturell ambitionierten und emanzipationsorientierten politischen Bewegungen, Parteien und Einzelpersonen vertreten wird. Sie würden nicht vermuten, dass die gedankliche Grundkonstruktion, die sie vertreten, ihrer Lebenshaltung und ihren politischen Zielen diametral entgegensteht. Sie fördern in der Praxis das, was sie bekämpfen wollen. Genauso wenig ist ihnen bewusst, dass ihr objektiver Ausgangspunkt, nämlich die wissenschaftlichen Beobachtungen über die Funktionsweise der Natur einschließlich deren Zerstörung, eine Projektion theologischer Dogmen aus der christlichen Lehre in die Natur ist. Das wollten schon die Geographen nie glauben, warum sollten die Naturschützer gewitzter sein?

Das christlich-humanistische Weltbild erzeugt mit seiner Konzeption sowie dem moralischen Gewicht von Individualität – und dem damit einhergehenden speziellen Begriff von Freiheit im Verhältnis zu Anpassung – eine Problemlage, die alle wissenschaftlichen Theorien, in denen es in irgendeiner Weise um Anpassung (oder auch um die Irrelevanz von Anpassung) geht, durchzieht. Alle diese Wissenschaften kämpfen anhand der ihrem speziellen Objekt „anhaftenden" Daten um eine angemessene Lösung des Problems, eine vernünftige Organisation von Leben zu finden; diese Organisation bestünde in einer Balance von Freiheit und Anpassung, welche Individualität voll zur Geltung brächte. Das bedeutet, jene „Daten" und Objekte realisieren nur die Projektionsbilder eines weltanschaulichen Konstitutionsvorgangs im Rahmen der christlichen Kultur. Dieses kulturelle Denk- und Handlungsmuster schließt mechanische Funktionserfüllung sowie völlig beliebige Entscheidungen als akzeptable menschliche Handlungsweise aus. Das eine enthält gar keine Freiheitsgrade für Individualität, das andere keine objektiven Maßstäbe für die allgemeine Geltung von individueller Freiheit. Für nichtmenschliche Lebewesen können diese Kriterien natürlich nicht veranschlagt werden. Aber da sie die allgemeine Idee des Lebens bestimmen, färben sie gewissermaßen in der Weise auf die biologische Ebene des Lebens ab, dass auch dort die „Wesen", um die es geht, nur als angemessen begriffen empfunden werden, wenn ihnen allen eine individuelle Entwicklung ihrer spezifischen Eigenart unterstellt wird. Jede Art besteht aus vielen Biographien ihrer Individuen.

Mit dieser Vormachtstellung des christlichen Paradigmas für die Theorie des Lebens gehen zwei Phänomene einher:

1. Es gibt in der Moderne eine radikale Absage an und Bewegungen gegen dieses Paradigma. Auch diese Seite spiegelt sich in wissenschaftlichen Theorien und kann nur verstanden werden, wenn man begreift, wogegen angedacht wird. In den beiden konträren Paradigmen, dem holistisch-idiographischen ebenso wie in den alternativen mechanistischen und darwinistischen, bezeichnen die gleichen Begriffe die gleichen zentralen Grundideen wie Individualität, Freiheit, Ordnung, Organismus, Anpassung usw. Aber die Begriffe bedeuten jeweils das strikte Gegenteil.
2. Der Tod gilt nichts mehr. Mit dem zweiten Aspekt ergibt sich abermals eine Verbindung zu den Themen, die die konkrete Natur als ideelle Abstraktion behandeln. Damit sollen die einleitenden Geschichten über den Werdegang meiner Arbeit abgeschlossen werden. Die theologische Ebene, auf der sich die Idee der Individualität, die sich der Theorien der Geographie und der Ökologie bemächtigt hat, kulturell verankert sieht, soll angedeutet werden.

Exkurs zur Theologie der guten Lebensführung durch Bewährung

Gott hat in seiner Gnade die Menschen erlöst, indem er seinen Geist als Sohn Fleisch werden ließ und dessen Leben opferte. Durch das Leben und die Auferstehung Jesu wurde der Tod überwunden. Durch seinen Tod wurde den Menschen das Leben, d.h. die Möglichkeit, in die Welt des Heiligen einzutreten, geschenkt. So wurde der Tod das Tor zum Leben.

Diese Vorstellung ist auch den vorchristlichen Kulturen nicht fremd, im Gegenteil: Die Apotheose, d.h. der glorreiche Übergang in den Zustand eines heiligen, höheren Lebens durch den Opfertod, war das Grundprinzip der gesellschaftlichen Synthesis. Aber dennoch gibt es eine fundamentale Differenz: Die christliche Religion überträgt jedem einzelnen Menschen die Selbstverantwortung dafür, dass er sich durch die Art seiner irdischen Lebensführung das Anrecht auf ein höheres Leben erwirbt. Er kann und muss freiwillig nach einem „erfüllten" Leben trachten – nur dann hat er Gottes Gnade, die ihn erlöste, nicht mit Füßen getreten. Die Vorstellung eines erfüllten Lebens wäre den Stammeskulturen völlig fremd gewesen. Ein individuelles Leben stand den Mitgliedern einer solchen Gemeinschaft gar nicht zur Verfügung. Sie waren einem System von Verboten unterworfen, das sich aus der Existenz höherer Mächte ergab. In der christlichen Kultur folgt aus der Existenz der höheren Macht (Gottes) gerade das Gegenteil, nämlich die paradoxe Verpflichtung auf Freiwilligkeit. Diese begründet sich durch die Idee der Gnade. Nur weil Gott – angesichts des Sündenfalls – Gnade vor Recht ergehen ließ und den Sohn durch ein irdisches Leben sowohl Vorbild für eine freiwillig gestaltete Unterwerfung unter Gottes Plan sein ließ, als auch überhaupt dem Tod überantworten konnte (um ihn durch die Auferstehung besiegen zu können), kann nun ein Leben eigenständig richtig oder falsch organisiert werden. Weil Gott eine Vorleistung erbrachte, die aus einer richtig verstandenen Lebensführung (seines Sohnes) bestand, ist nicht die richtige und ehrenvolle Art des Sterbens, sondern das richtige Leben nun das, was zuvor der Opfertod war: die Voraussetzung für den Eintritt ins Heilige. Die Vorleistung wird mit der Taufe erworben und zwingt jeden Besitzer, sich zu bewähren, d.h. der Gnade Gottes würdig zu erweisen.

In der Moderne wurde das Heilige profan. Erfüllung liegt nun in materiellem Wohlstand, Prestige und Glück. Die Seele wurde durch den Körper ersetzt, da Gott abgeschafft wurde; an seine Stelle trat die Natur. Deshalb ging es nun um die Gesundheit der Körper. Und selbst wenn es um die Seelen ging, so wurde das im Rahmen eines „Volkskörpers" gedacht, der den natürlichen Anlagen einer Rasse Ausdruck verlieh. Die waren es, die sich zu bewähren hatten, nicht mehr das Selbstverantwortungsgefühl des Christenmenschen. Seit es auch darum nicht mehr geht, geht es um Fitness, und die Seelen werden mit Pillen und vielen langen Gesprächen beruhigt. Das Leben hat keinen höheren Sinn mehr, deshalb wird es nun durch irgendeine Ideologie mit hohen Zielen versehen oder durch das Gegenteil versüßt: Spaß an der Sinnlosigkeit.

Ökologisches Weltverständnis: Sieg der konkreten Natur?

Als Sinnspender hat die Idee der konkreten Natur nun ihren Platz. Eines der hohen Ziele ist die Rettung der Natur vor ihrem Untergang durch Menschenhand. Die Ökologie wird zur Religion des richtigen Lebens erhoben, denn sie lehrt, wie Natur als Zusammenleben von Lebewesen funktioniert, wenn sie sich vernünftig aufeinander einlassen. Allerdings unterscheiden sich die Theorien der Ökologie darin, was sie als die vernünftigen Zusammenhänge thematisieren. Hier wird eine alte Schlacht auf neuem Felde geschlagen: Die Verteidigung ebenso wie die Kritik des christlichen Individualitätsprinzips spielt sich nun anhand von Naturbeobachtungen ab. Jener synökologische Holismus verteidigt das organische Prinzip (der konkreten Lebensgestaltung) gegen die mechanischen Prozesse eintöniger Funktionserfüllung und beliebiger Lebensaktivitäten, auf die die verschiedenen Theorieschulen der modernen Ökologie die Idee des Lebens aus Gründen der Wissenschaftlichkeit reduzieren wollen. Der Naturalismus der Moderne ist so ambivalent wie die Metaphysik, die er ummäntelt. Die Ökologen sind gezwungen, den teleologischen „Vitalismus" der holistischen Synökologie durch kausale Erklärungsmuster zu ersetzen. Das sind sie der Wissenschaft schuldig. Aber irgendwie scheint es einen unauflösbaren Rest zu geben. Wann immer über den *Schutz* der Natur geredet wird, zeigt sich nämlich, dass vom „Leben" mehr erwartet wird, als das, was die moderne Wissenschaft Ökologie beschreibt. Denn sie reduziert die lebendige Welt durch das kausale und experimentelle Paradigma auf das, was auch Maschinen leisten können.

Leben scheint aber mehr zu sein (vgl. Eisel 2002). Das organische Prinzip, das in der Natur für Individualität (der Entwicklungen und Formen) sorgt, ist den Menschen der christlichen Kultur nicht auszureden. „Richtiges" Leben gestaltet sich auch in der Natur konkret und in individuellen Entwicklungsprozessen, die vom mechanistischen Paradigma nicht angemessen gewürdigt werden können. Wenn man *dieses* Leben erhalten kann, dann hat das eigene Leben auch wieder Sinn.

Es gäbe noch weitere Geschichten zu erzählen. Vieles spielt in das Zustandekommen und vor allem in die Wandlungen eines langfristigen Arbeitsprogramms hinein. Aber die fünf Geschichten mögen genügen, um diese Arbeit als sinnvoll erscheinen zu lassen. Auch sind die Geschichten „geschönt" im Hinblick auf diesen Sinn. Sie sind – wie es so meine Art ist – eher rationale Rekonstruktionen von Motiven als Motive. Die Erkenntnisprozesse verliefen zum Teil ganz anders. Aber wenn das Leben rational verliefe, dann hätte sich alles ganz gut so wie beschrieben auseinanderentwickelt haben können. Immerhin war es so ähnlich. Auf meine Lebensgeschichte kommt es aber ohnehin hier nicht an. Es geht vielmehr um die Erläuterung einer Möglichkeit, mit Widersprüchen umzugehen: in diesem Falle z.B. mit dem Widerspruch, ein Fach (und sein Objekt) zu lieben, ohne ihm in irgendeiner Weise dienen zu wollen oder zu können. Oder – was das gleiche auf einer anderen Ebene ist – sich im Inneren eines Faches (theoretisch und institutionell) anzusiedeln, um es *ganz* verlassen und von außen beobachten zu können. Oder aber – in einer anderen Variante dasselbe – dort Arbeitsperspektiven zu suchen, wo man völlig ignoriert und abgelehnt wird.

Die fachpolitische Ebene, das Fach zu verstehen, um ihm nicht auf Gedeih und Verderb angehören zu müssen, hat ein Äquivalent auf der allgemeinpolitischen Ebene: Ich versuche den Widerspruch zu etablieren und fruchtbar zu machen, eine politische Philosophie zu realisieren, ohne einen politischen „Standpunkt" einzunehmen, d.h. sie ganz als theoretische Rekonstruktionsmethode zu gestalten. Das hat schon manche Verwirrung gestiftet.

Jede der fünf Geschichten wird sich – mehr oder weniger ausgeprägt – in den ausgewählten Textbeiträgen wiederfinden. Die wissenschaftstheoretische Problematik durchzieht alle Arbeiten.

Abschließend sei noch bemerkt, dass ich natürlich Einiges aus den älteren Texten heute nicht mehr so denke und formulieren würde wie damals. Da es sich aber – zumindest auch – um den Versuch einer *Dokumentation* kritischen Denkens in der deutschen Geographie jener Zeit handelt, wurden die Texte nicht inhaltlich überarbeitet. Ausgenommen sind einige formale redaktionelle Verbesserungen (wie die Veränderung von Absätzen, Hervorhebungen oder Anführungszeichen) und – ganz selten – der Austausch oder Wegfall eines irreführenden Begriffs sowie die

Überarbeitung einiger allzu langer Sätze. Falls geringfügige inhaltliche Veränderungen, damit einhergingen, sind sie mit # gekennzeichnet.

Der inhaltliche Abstand von der damaligen Position betrifft vorrangig die Charakterisierung des Konservatismus sowie die Darstellung und Typisierung der Geographie als Bestandteil dieser politischen Philosophie und in Verbindung damit die Haltung der Geographie gegenüber der industriellen Arbeitsteilung und der technischen Revolution. Es ergibt sich daraus eine differenziertere Vorstellung von der Idee der Naturbestimmtheit des Menschen bzw. der Gesellschaft, so dass ich die Geographie in den älteren Texten noch recht undifferenziert charakterisiert habe. Neueres zu diesem Thema findet man in zahlreichen späteren Texten, so in knapper Form z.B. auch in „Orte als Individuen" und „Konkreter Mensch im konkreten Raum" (dort in den Abschnitten 3 und 4 sowie 6 und 7) in diesem Band und speziell in Eisel 2008. Dort wird genau dieser Aspekt kontrovers mit Hans-Dietrich Schultz diskutiert. (Eine Replik auf den Beitrag von Schultz wird in absehbarer Zeit erfolgen.)

Mein Dank für die Initiative zu diesem Buch gilt Bernd Belina und Benno Werlen; für die Digitalisierung der gedruckten Texte danke ich Tino Petzolt.

Literatur

Bobek, H. (1959): Die Hauptstufen der Gesellschafts- und Wirtschaftsentwicklung in geographischer Sicht. Die Erde: 259-298.

Bunge, W. (1966) (2. Aufl.): Theoretical geography. Lund Studies in Geography, Ser. C, No. 1, Lund.

Eisel, U. (1997): Triumph des Lebens. Der Sieg christlicher Wissenschaft über den Tod in Arkadien. In: Eisel, U., Schultz, H.-D. (Hrsg.): Geographisches Denken. Urbs et Regio, Kasseler Schriften zur Geographie und Planung, Bd. 65, Kassel: 39-160.

– (2001): Angst vor der Landschaft. Erdkunde, Bd. 55, H. 2: 152-171.

– (2002): Das Leben ist nicht einfach wegzudenken. In: Lotz, A., Gnädinger, J. (Hrsg.): Wie kommt die Ökologie zu ihren Gegenständen? Gegenstandskonstitution und Modellierung in den ökologischen Wissenschaften. Beiträge zur Jahrestagung des Arbeitskreises Theorie in der Ökologie in der Gesellschaft für Ökologie vom 21.-23. Feb. 2001, Theorie der Ökologie, Bd. 7, Frankfurt am Main: 129-151.

– (2004): Politische Schubladen als theoretische Heuristik. Methodische Aspekte politischer Bedeutungsverschiebungen in Naturbildern. In: Fischer, L. (Hrsg.): Projektionsfläche Natur. Zum Zusammenhang von Naturbildern und gesellschaftlichen Verhältnissen. Hamburg: 29-43.

– (2008): Moderne Geographie mit atavistischen Methoden. Über die undeutliche Wahrnehmung eines deutlichen Paradigmas. In: Klassische Geographie. Geschlossenes Paradigma oder variabler Denkstil? Eine Kritik von Ulrich Eisel und eine Replik von Hans-Dietrich Schultz. Berliner Geographische Arbeiten 111, Geographisches Institut der Humboldt-Universität (Hrsg.), Berlin: 1-37.

Hard, G. (1970): Die „Landschaft" der Sprache und die „Landschaft" der Geographen. Semantische und forschungslogische Studien. Collocuium Geographicum, Band 11, Bonn.

– (1971): Über die Gleichzeitigkeit des Ungleichzeitigen. Anmerkungen zur jüngsten methodologischen Literatur in der deutschen Geographie. Geografiker, H. 6: 12-24. Nachgedruckt in: Gerhard Hard (2002): Landschaft und Raum. Aufsätze zur Theorie der Geographie, Band 1, Osnabrücker Studien zur Geographie 22, Osnabrück: 155-170.

– (1971a): Ärger mit Kurven. Geographische Zeitschrift 59, H. 4: 277-289.

– (1973): Die Geographie. Eine wissenschaftstheoretische Einführung. Berlin.

Kraft, V. (1997): Der Wiener Kreis. Der Ursprung des Neopositivismus. Wien/New York.

Krausser, P. (1968): Kritik der endlichen Vernunft. Diltheys Revolution der allgemeinen Wissenschafts- und Handlungstheorie. Frankfurt am Main.

Kuhn, Th. S. (1967): Die Struktur wissenschaftlicher Revolutionen. Frankfurt am Main.

Müller, K.-P. (1983): Unterentwicklung durch „Rentenkapitalismus"? Geschichte, Analyse und Kritik eines sozialgeographischen Begriffs und seiner Rezeption. Urbs et Regio 29, Kasseler Schriften zur Geographie und Planung, Kassel.

Popper, K. R. (1935): Logik der Forschung. Tübingen.

Stewart, J. Q. (1950): The developement of social physics. American Journal of Physics 18: 239-253.

–, Warntz, W. (1958): Macrogeography and social science. The Geographical Review 48: 167-184.

Ein Verzeichnis aller Publikationen des Autors findet sich unter http://www.ueisel.de sowie unter http://www.tu-berlin.de/fak7/ilaup/fg_kultnat.

Die Entwicklung der Anthropogeographie von einer „Raumwissenschaft" zur Gesellschaftswissenschaft

Die folgenden drei Texte sind enthalten in: Die Entwicklung der Anthropogeographie von einer Raumwissenschaft zur Gesellschaftswissenschaft. Es handelt sich um: Kapitel 1 Einleitung (gekürzt); Kapitel 5 Der gesellschaftstheoretische Sinn der anti-idiographischen Revolution (gekürzt) und Kapitel 6 Zusammenfassung (gekürzt).

Das Inhaltsverzeichnis des gesamten Bandes wird wiedergegeben, damit der Kontext der ausgewählten Teile transparent wird. Die Literaturliste befindet sich am Ende des dritten Textes: Kapitel 6 Zusammenfassung.

Inhaltsverzeichnis

1 Einleitung
  1.1 Wissenschaftstheoretische Aspekte der Rekonstruktion der geographischen Wissenschaftsgeschichte als „Paradigmenwechsel"
    1.1.1 Zur Situation einer unvollständigen „Revolution" in der Geographie
    1.1.2 Über den Widerspruch zwischen „Heterogenität" und Paradigmenkonzept
    1.1.3 Die Funktion der Programmatik für eine „rationale" Revolution
    1.1.4 Thesen zur Geschichte der Oberfläche des anthropogeographischen Paradigmas
  1.2 Über die Realität von Ideologien
2 Die idiographische Geographie im Widerspruch zwischen „räumlichem" und gesellschaftstheoretischem Objekt
  2.1 Die plausible Einheit von gesellschaftlichem Auftrag, Objektdefinition, Heuristik und Methodologie zum Beginn der neuzeitlichen Geographie
    2.1.1 Die heuristische Verbindung des systematischen und des regionalistischen Theorieaspekts in den Reisebeschreibungen der Entdecker und Kolonialisten
    2.1.2 Das überdeterminierte Mittel-Ziel-Verfahrensschema der Länderkunde als Ursache des geographischen Realismus
    2.1.3 Folgen der Spezialisierung in der länderkundlichen Forschung für das Mensch-Natur-Objekt

2.2 Die räumliche Evolution: Die raumwissenschaftliche Behandlung des Mensch-Natur- Verhältnisses (Zur Logik der Ratzelschen Anthropogeographie als raumwissenschaftlicher Legitimationsideologie)
   2.2.1 Programmatische Prämissen zur Abgrenzung der Anthropogeographie gegenüber den Nachbarwissenschaften vom Menschen
   2.2.2 Die „Einheit des Menschengeschlechts" durch „Mischung von Arten" und „Migration" von europäischen „Kolonisten"
   2.2.3 Von der Naturdetermination zum freien Willen des Kapitalisten: Das „erscheinende Bewußtsein" des Weltmarktes
   2.2.4 Die Durchführung der Theorie der Geschichte als raumwissenschaftliche
2.3 Regionalistische Gesellschaftstheorie
   2.3.1 „Räumliche" Theorie und regionalistische Klassifikationspraxis
   2.3.2 Zur internen Logik der landschaftskundlichen Erweiterung der Geographie und zu den internen und externen Bedingungen der Entstehung der Kulturlandschaftskunde
   2.3.3 Die Logik des landschaftskundlichen Realismus
   2.3.4 Der inhaltliche Dualismus von Evolution und Freiheit in regionalistischer Form (Das „Grenzproblem")
2.4 Kulturlandschaftskundliche Sozialgeographie (Exemplarische Analyse eines Plädoyers in der neueren klassischen Geographieentwicklung für gesellschaftstheoretische Forschung in der Anthropogeographie)
   2.4.1 Zur Logik der kulturlandschaftskundlichen Siedlungsgeographie bei Bobek
   2.4.2 Die Logik der kulturlandschaftskundlichen Reflexion der Wissenschaftsentwicklung
   2.4.3 Die possibilistische Sozialgeographie (Die immanenten Argumente der Kulturlandschaftskunde für eine allgemeine Gesellschaftstheorie in der Anthropogeographie)
   2.4.4 Die sozialgeographische „Gesellschaftstheorie" I
3 Die Oberfläche der anti-idiographischen Revolution
  3.1 Der *spatial approach*
    3.1.1 Die methodologische Transformation des Form-Genese-Schemas
    3.1.2 Regionalismus und Bewegung
    3.1.3 „Räumliches Verhalten"
    Die Aufwertung der inhaltlichen Seite der Modelle
  3.2 Der *behavioral approach* im *spatial approach*
    3.2.1 Das Programm des *behavioral approach*: Die Umkehrung der Ableitungsfolge von Form und Prozeß und verhaltenswissenschaftliche Theoriebildung

Die Entwicklung der Anthropogeographie 43

    3.2.2 *Environmental perception* im Widerspruch zwischen
           Reiz-Reaktion und subjektiver Handlungsdetermination
           (Die fallweise Umkehrung)
  3.3 Der *behavioral approach*
     Neue Perspektiven, alte Probleme
    3.3.1 Formale Schwierigkeiten der veränderten Folgerungsbeziehung:
           Die Fiktion der Möglichkeit einer „Raumwissenschaft"
    3.3.2 Strategisches Handeln als Adaption: Kurzschluß im
           gesellschaftlichen Entscheidungssystem
    3.3.3 „Permanente Revolution" statt disziplinäre „Normalwissenschaft"
4 Der gesellschaftstheoretische Inhalt des idiographischen Paradigmas
  4.1 Anti-industrielle Utopien: Die Geschichtsphilosophie der
     idiographischen Geographie
  4.2 Pro-industrielle Teleologie im Nationalismus: Fortschritt durch
     konkrete Subjektivität
    4.2.1 Die Reduktion der Klassen auf die Fiktion eines Subjekts
           des industriellen Fortschritts
    4.2.2 Vom „freien Willen" in der Geschichte zum völkischen Subjekt
    4.2.3 Geographischer Subjektivismus und die Art der Vermittlung
           des konservativen Weltbildes mit dem aufgeklärten Weltbild
           durch „konkrete Natur" im faschistischen Syndrom
  4.3 Anti-industrielle Utopien und pro-industrielle Legitimationsideologie: Die
     sozialgeographische Gesellschaftstheorie II
    4.3.1 Differenzierungsversuche im länderkundlichen Paradigma zur
           Behandlung industriegesellschaftlicher Phänomene
    4.3.2 Der geographische Sinn einer vollständigen Stufentheorie der
           Geschichte
    4.3.3 Gesellschaft als Lebensform, Natur als Lebensraum
    4.3.4 Vorindustrielle Warenproduktion unter städtischer
           Hirtenmentalität (Orientalische Produktionsweise)
       4.3.4.1 Die Entstehung einer spezifischen Klassenlage
              (Die historischen Bedingungen der Stagnation)
       4.3.4.2 Die Realität einer Klassenmentalität
              (Die Ökonomie der Stagnation)
       4.3.4.3 Gemeineigentum in einer herrschaftlichen
              Warengesellschaft: Produktionsverhältnis gegen
              Besitzverhältnis (Stagnation durch „realen Schein")
       4.3.4.4 Religiöser und logischer Idealismus
              (Die formale Struktur der Stagnation)
    4.3.5 „Rationalität" in der Produktion

Die Tauschabstraktionsform der industriellen Arbeit
4.3.6 Industrielle Produktion als städtische Lebensform
4.3.7 Geist ersetzt lebendige Arbeit, Stadt ersetzt Geist –
eine doppelte Verschleierung in der
kulturlandschaftskundlichen Stadt-Land-Theorie
4.3.8 Exkurs
Realer Idealismus: „Fortschrittlicher" Kurzschluß in der Geschichte
5 Der gesellschaftstheoretische Sinn der anti-idiographischen Revolution
5.1 Reduktion auf abstrakte Natur: Die anti-idiographische Revolution in der Raumwissenschaft
5.2 Reduktion auf „den Menschen": Die anti-idiographische Revolution im Regionalismus
5.3 Der Sinn des logischen Reduktionismus
6 Zusammenfassung: Geographischer Wissenschaftsfortschritt
Anhang
Literatur

1 Einleitung*

1.1 Wissenschaftstheoretische Aspekte der Rekonstruktion der geographischen Wissenschaftsgeschichte als „Paradigmenwechsel"

1.1.1 Zur Situation einer unvollständigen „Revolution" in der Geographie

Der Status der vorliegenden Arbeit ist mit klassischen Termini nicht leicht anzugeben. Sie kann gewissermaßen als Vorarbeit für eine rationale Rekonstruktion der Zukunft interpretiert werden. Das soll heißen, daß Voraussetzungen geschaffen werden sollen, Forschungsperspektiven der Geographie wissenschaftstheoretisch und politisch und nicht rein pragmatisch zu behandeln.

Das Verfahren vollzieht sich nach einem Schema, das bisher in der Wissenschaftstheorie nicht vollständig reflektiert und entworfen ist, sondern, wie offensichtlich alle anderen, intuitiv gehandhabt wurde, denn es bestehen erhebliche Differenzen in der normativen Festlegung dessen, was das Wesentliche einer angemessenen Methode zur Rekonstruktion der Geschichte und der Logik exakter Forschung ist. Diese Differenzen entfalten sich derzeit am fruchtbarsten in der Kontroverse, die

---

* Diese Einleitung setzt die Kenntnis der klassischen und der modernen Geographieentwicklung voraus, ist also eine Einleitung für „Insider". Es wird (mit Ausnahme der „Thesen") nicht der Inhalt der vorliegenden Arbeit komprimiert dargestellt, sondern in wissenschaftstheoretische Probleme der aktuellen Situationsbewältigung, zu der die Arbeit ein inhaltlicher Beitrag sein soll, eingeführt.

Die Entwicklung der Anthropogeographie 45

aus Anlaß von Kuhns Paradigmenwechselschema revolutionärer wissenschaftlicher Entwicklung entstanden ist.[1]

Man kann die Entwicklung der Anthropogeographie wie die jeder anderen Wissenschaft zu rekonstruieren versuchen.[2] Es handelt sich jedoch nicht um eine Fallanalyse einer expliziten wissenschaftstheoretischen Hypothese, weil – wie man der wissenschaftstheoretischen Diskussion entnehmen kann – keine der angebotenen Konzeptionen widerspruchsfrei als Schema verwendbar ist. Daher können lediglich die verschiedensten richtigen Aspekte der verschiedenen Konzeptionen als Anweisung übernommen werden. Somit kann kein unkompliziertes deduktives Beweisschema aufgebaut werden, in dem die Geographie als „Fall" auftaucht. Deshalb soll vorweg lediglich ein Teil der wissenschaftstheoretischen Problematik unter Aspekten der aktuellen Perspektivendiskussion in der Geographie rekonstruiert werden.

Die Rekonstruktion geschieht unter einer theoretischen Perspektive. Im Gegensatz dazu soll „pragmatisch" affirmative Legitimationsstrategien der Vertreter irgendeiner Tradition ohne Rücksicht auf wissenschaftsinterne und wissenschaftstheoretische Fortschrittsnachweise, also gemeinhin unkritische Relevanz- oder dogmatische Traditionsberufungen, bezeichnen; „politisch" meint die Verbindung wissenschaftstheoretischer Argumente mit den politischen Philosophien und deren Realität als politische Interessen bzw. ideologiekritische Kriterien. Somit wird „theoretisch" in unserem Zusammenhang meist die auf die Theoriebildung des Faches bezogenen, bewußten Versuche der Rekonstruktion der Theorieveränderung (oder Theoriekontinuität) nach Kriterien der Verbesserung dieser Theorien entsprechend ihrem eigenen Ideal, „Abbildfunktion" zu haben, bezeichnen. Diese theoretische Perspektive wird daher in ihrem Anteil, ein theoretischer Anspruch der Geographie und ein entsprechender Vorschlag zu sein, nicht erfunden oder konstruiert, sondern als programmatische Forderung der Geographie selbst entnommen. Dazu wird die Unterstellung gemacht, daß diese Forderung nicht Ausgeburt reiner Phantasie ist, sondern eine Reaktion auf Verwertungsfunktionen geographischer Wissenschaft. Es wird also auf den Teil der geographischen bzw. der die Geographie umfassenden jüngeren Tradition abgestellt, der nicht schon vorweg als der traditionskonforme, klassische, letztlich auf länderkundliche Reisebeschreibung ausgerichtete, schulbezogene festliegt (denn auch der lebt ja im angelsächsischen Sprachbereich, genauso wie

---

1 Vgl. als umfassende Zusammenfassung Böhme 1975. Die dort entwickelten Perspektiven und wissenschaftstheoretischen Forschungsaufgaben entsprechen weitgehend den strategischen und inhaltlichen Maximen, die in der vorliegenden Arbeit als leitende Einschätzungen maßgebend waren.

2 Dabei soll hier vernachlässigt werden, daß es sich in dieser wissenschaftstheoretischen Kontroverse fast immer um die Forschungslogik der Physik oder „physikalischer" Wissenschaften handelt.

im deutschen und französischen Sprachbereich bisher weiter), sondern auf den die Fach*entwicklung* auch offiziell repräsentierenden und interdisziplinär konkurrenzfähigen Anteil. Daß das anfänglich zumeist einen quantitativ geringeren Teil und im Verwertungskontext oft weniger eindeutig legitimierten Teil der Forschergemeinde umfaßt, ist selbstverständlich und für die Logik einer „rationalen Rekonstruktion" (Lakatos 1974) von Forschungsfortschritt irrelevant.

Theoretisch sind die so augewählten programmatischen Maximen in ihrer Auswahl nicht unmittelbar zu rechtfertigen, denn sie genügen zunächst primär dem Kriterium der Modernität und dem Metakriterium, das neuere Entwicklungsstadium einer Wissenschaft zu sein, also einer unausgesprochenen Metatheorie der Logik des „erscheinenden Bewußtseins". Dennoch wird ihnen normative Funktion verliehen, denn die „rationale Rekonstruktion" bezieht sich ja auf sie. Daher sollte sich erweisen lassen, in welchem Sinne sie theoretischen Fortschritt repräsentieren oder produzieren könnten, und theoretischer Fortschritt müßte offenkundige Mängel der alten Theorie und Heuristik beseitigen.

Es ist die Strategie der vorliegenden Arbeit, zu zeigen, wie Tendenzen, die heute als fortschrittlich bezeichnet werden können, entstanden sind, wovon sie verstärkt wurden, und was ihre verbliebenen Mängel sind. Sie soll die Struktur (Mechanik) und innere Logik des theoretischen Fortschritts der Anthropogeographie rekonstruieren und an einigen besonders günstigen Fällen belegen und nicht die Geschichte der Institution.

Betrachtet man den Erkenntnisfortschritt als disziplinären Entwicklungsprozeß, so ist die Macht der wissenschaftspolitisch konservativen Teile der Forschergemeinde sicherlich soziologisch relevant und könnte in diesem wissenschaftssoziologischen Sinne für die „historische Erklärung" von theoretischen Entwicklungen (besser aber für deren Ausbleiben) benutzt werden, aber forschungslogisch gesehen ist die Theorieentwicklung unabhängig von den Macht- und Mengenverhältnissen der paradigmatischen Schulen in der Forschergemeinde.

Alternative Strategien sind durchaus denkbar, sie würden dann aber eine völlig andere Frage beantworten. Zum Beispiel kann die Geschichte der Anthropogeographie nicht nur anhand der These rekonstruiert werden, daß diese konservative Tradition forschungslogisch und gesellschaftstheoretisch gesehen gewagte Theoriekonstruktionen vertreten mußte, um die aktuelle gesellschaftstheoretische Aufgabe aus ihrer geographischen Weltanschauung heraus bewältigen zu können, sondern auch anhand der These, daß sie diese Konstruktionen so leicht legitimieren konnte, weil sie dem Common Sense von der unmittelbar wahrgenommenen Realität dermaßen gut entsprechen, daß sie bereits als *Wissenschaft* der Funktion einer „Didaktik" der meisten restlichen Wissenschaften nahe kommen,[3] sowie anhand der These, daß

---

3   Diese Interpretation habe ich von G. Hard übernommen. Sie war Inhalt eines Vortrags auf der Tagung „10 Jahre nach Kiel" am 11.11. und 12.11.1978 in Münster.

die Geographie daher ihren Relevanzbereich in der Schule hat, diese Verbindung besonders gepflegt hat und durch diesen Verwertungszusammenhang zirkulär gestützt wurde. Die Schule garantierte also nicht nur die Abnahme der Ergebnisse und der ausgebildeten Wissenschaftler (was bei einem Fach, das keine Theorien bilden will, nahezu dasselbe ist), sondern determinierte bzw. perpetuierte mit dem geforderten Output auch die Heuristik und Systematik der Wissenschaft;[4] analog könnte man rekonstruieren, daß die Stadt- und Regionalplanung das neue Paradigma prägt.

Diese Beweisführung würde an einem Fall genau belegen, wann die Gesellschaft Wissenschaft wie in Dienst genommen hat, aber sie könnte unmöglich wissenschaftlich entscheiden, ob Forschungsfortschritt stattgefunden hat und wenn ja, worin er besteht. Es bliebe bei respektablen Denkfiguren, und eine Entscheidung könnte nur eine politische, zugunsten der einen oder der anderen Ideologie oder des einen oder des anderen Verwertungskontextes sein. Nicht, daß diese Entscheidung als für Wissenschaftler unzumutbar bezeichnet werden soll, aber ein wissenschaftliches Entscheidungskriterium für Theorien, wenigstens aber für Trends, wäre zumindest wünschenswert; andernfalls wäre die letzte Station wissenschaftlicher Rationalität die Alternative zwischen metatheoretischem Dogmatismus (klassische Geographie) und pragmatischem Dogmatismus (Dezisionismus).[5]

Programmatische Forderungen – und seien sie noch so unkonventionell für die Tradition – knüpfen an Elementen dieser Tradition an, d.h., sie stellen ein folgerichtiges Stadium von Wissenschaftsentwicklung dar. „Folgerichtig" bezieht sich dabei sowohl auf die Verwertungsfunktion als auch auf die „interne" Wissenschaftsentwicklung, die Eigendynamik der Theoriebildung. Denn gerade der Nachweis der

---

4 Vgl. dazu Schultz 1978. Die Differenz zu der hier vorliegenden Arbeit ist die zwischen einer ideologiekritischen Geschichtsschreibung der Institution (Schultz) und einer ideologiekritischen Rekonstruktion des disziplinären Fortschritts (Eisel). Die letztere ist also nicht an der ausführlichen Schilderung des Einflusses der Institution Schule auf die Geschichte der Institution „geographische Wissenschaft" interessiert, sondern an der Kontinuität und Veränderung primär aber an der Abbildfunktion der längst vor diesem Verwertungszusammenhang gebildeten Theorie, Methodologie und Heuristik sowie an den Veränderungen dieser Abbilder. Die beiden Strategien bilden keinen Widerspruch, sind aber auch nicht so aufeinander verwiesen, daß sie alleine nicht verfolgt werden könnten. Die Geschichtsschreibung des Paradigmas in Verbindung mit der Institution Schule ohne Bezug auf den relevanten Anteil von Fortschritt in den als Ideologie kritisierten theoretischen Abbildern ergibt allerdings eine abstrakte Kritik des Wissens, auch wenn sie als Behandlung institutioneller Zusammenhänge („Praxis") „konkret" erscheint. Sie „versteht" die Institutionen und klassifiziert das erscheinende Bewußtsein relativ zu übergeordneten Ideologien, entwickelt aber dabei keine Anknüpfungspunkte für theoretische Perspektiven.

5 Vgl. dazu Bartels' 4. Stufe der Rationalität in Bartels 1970: 456-457, sowie Hards Interpretation in Hard 1973: 33-43.

Kontinuität dieser Programmatik mitsamt der daraus folgenden Lösungsversuche innerhalb verschiedener Verwertungsanforderungen, Methodologien und Wissenschaftsauffassungen der Geographietradition wäre ja eine gute Möglichkeit, ihre Funktion und ihre Differenzen genauer zu bestimmen. Das läuft auf die Bearbeitung der oben erhobenen Forderung hinaus, den normativen Bezugspunkt der „rationalen Rekonstruktion" nicht nur historisch plausibel zu machen, sondern auch theoretisch zu kontrollieren, indem er gesellschaftstheoretisch ernst genommen wird.

Das ist ein extrem „kumulatives" Schema von Forschungsfortschritt und widerspricht zunächst Kuhns Revolutionsschema und vor allem seinem erklärten Ziel, Wissenschaftsfortschritt *nicht* kumulativ zu interpretieren (vgl. Kuhn 1967: 19 und 139-142; 1974: 133/142). Andererseits zieht Kuhns Revolutionsschema einige Widersprüche und Zirkel nach sich (vgl. Eisel 1972: 3-38; Masterman 1974: 69), die Kuhn dazu geführt haben, in der Präzisierung seiner Theorie wesentliche Erklärungsaspekte von Forschungsfortschritt (Forschungsentwicklung) aus der internen Wissenschaftsgeschichte hinaus in die soziologische Gruppenstruktur der Forschergemeinde zu verlagern (d.h. die forschungslogische Fragestellung zu umgehen), wobei er selbst es ablehnt, Revolutionen als Fortschritt zu werten.[6]

In der vorliegenden Arbeit sollen solche Zirkel vermieden werden, jedoch unter Beibehaltung eines höheren Anteils „interner", „rationaler", forschungslogischer Argumente. Daraus ergeben sich differenziertere Argumente für die Behandlung der Übergangsstellen zu den äußeren Faktoren der Wissenschaftsentwicklung und ein gänzlich anderes Verständnis der internen Entwicklungsstruktur, bzw. es ergibt sich überhaupt eine verständliche Struktur. Da sich unter dieser kombinierten Perspektive zunächst prinzipiell ein konzeptioneller Widerspruch ergibt, nämlich der zwischen Kuhns Ablehnung der Fortschrittsvorstellung[7] und der des „rationalen", d.h. letztlich theoretisch konsistenten, Übergangs zwischen Paradigmen (sogar als Übergang konstruierbar im Paradigmenwechsel), soll im folgenden primär die Perspektive der Behandlung dieses Widerspruchs unter Bezug auf die Situation der Geographie vorweggenommen werden.

Die modernen Regionalwissenschaften gehören zu den Wissenschaften, deren beschleunigter Entwicklungsprozeß aus der unmittelbaren Verbindung von Auftragsforschung und institutioneller Aufwertung erklärt werden kann. Die Dringlichkeit

---

6 Kuhn 1974a: 21/22. Vgl. die bibliographischen Hinweise in Diederich, Einleitung zu Diederich (Hrsg.) 1974: 17 und 26 ff. Vgl. auch Krüger 1974: 226-232; Lakatos 1974a: 91. Als differenzierte Stellungnahme Kuhns vgl. Kuhn 1974b: 227-233 und 265 ff.

7 Vgl. dazu Krüger 1974: 215: „Er leugnet keineswegs das Unleugbare, nämlich einen Fortschritt in der problemlösenden Kraft und damit der technischen Anwendbarkeit der Wissenschaft. Als 'Instrumente' sind spätere Theorien im allgemeinen besser als frühere, aber nicht als 'Darstellungen dessen, wie die Natur wirklich beschaffen ist'".

Die Entwicklung der Anthropogeographie

regionaler Strukturentwicklung hat am Selbstverständnis und Berufsausbildungsziel mehrerer Wissenschaften angeknüpft und diese zu Veränderungen in ihrem Paradigma veranlaßt.

Eine dieser Wissenschaften ist die Geographie. Für sie war die fundamentalste und einen tatsächlich relevanten Teil ihres Paradigmas betreffende Ursache, daß eine veränderte gesellschaftliche Zwecksetzung der wissenschaftlichen Ergebnisse prognostisches Wissen erforderte. Gemäß dieser formalen Dimension der „Finalisierung"[8] der Theorie mußte die Methodologie der Geographie ausgewechselt werden. Dieser Vorgang wurde in Anlehnung an Kuhn die „quantitative Revolution" der Geographie genannt.

Paradigmen im Sinne Kuhns oder analoge Konzeptualisierungen desselben Sachverhalts wie Lakatos' „Forschungsprogramme" (Lakatos 1974 und 1974a) oder Stegmüllers „Strukturkern" (Stegmüller 1974: 182 ff.) verlangen aber den Nachweis einer weitergehenden Veränderung der Forschungspraxis als nur einer methodologischen. Zumindest muß eine fundamentale theoretische Umstrukturierung stattgefunden haben, weil letztlich die Veränderung des gesellschaftlichen Bedürfnisses nach Wissen sich nicht auf die instrumentelle Veränderung immer gleicher Gesetze, sondern auf die Präzisierung der Gesetze bezieht. Dennoch ist nicht zu leugnen, daß der Übergang von einem klassifikatorischen zu einem experimentellen Wissenschaftsideal zumindest äußerlich der Krisensituation echter wissenschaftlicher Revolutionen entspricht. So ist es nicht verwunderlich, daß der Einschnitt als ausreichend tief empfunden wurde, um der Geographie einen gänzlich neuen Status zuzuschreiben.

Die Diskussion über Forschungsfortschritt aus Anlaß des Paradigmenkonzepts unterschied lange nicht zwischen Typen von Revolutionen, etwa indem Paradigmenwechsel innerhalb experimenteller Wissenschaften von Paradigmenwechseln, die von klassifikatorischen zu experimentellen Wissenschaftsstufen überleiten, unterschieden worden wären. Die präzise ausgeführten Umbruchsbeispiele spielen sich innerhalb der gleichen Methodologie ab. Daher kann aus diesen Beispielen keine Information über die Funktion der Dynamik, die aus der Methodologie für den Wissenschaftsfortschritt folgt, gewonnen werden.[9] In der Geographie ist es plausibel, das zu einem Aspekt der Fallanalyse zu machen, da sich die Rolle der Methodologie in dreierlei Hinsicht als wichtig aufdrängt:

---

8 Böhme, Daele v.d., Krohn 1974. Vgl. resümierend im Kontext der Modelle der Wissenschaftsentwicklung Böhme 1975: 26 ff.

9 Die „Finalisierungsthese" und die „Funktionalisierungsthese" können allerdings als theoretische Spezialisierung dieses Problems anhand einer ausgewählten Klasse von Wissenschaften aufgefaßt werden (vgl. Böhme, Daele v.d., Krohn 1974 sowie 1977).

1) Sie ist der Teil des Paradigmas, der als dominierender Aspekt des Paradigmenwechsels erkennbar ist und das größte normative Gewicht innerhalb der Forschergemeinde hatte.
2) Die Methodologie ist ein Paradigmenteil, der relativ leicht vom externen gesellschaftlichen Interesse in Dienst genommen werden kann, also zumindest in bestimmten Situationen der Wissenschaftsentwicklung ein wichtiges Bindeglied zwischen externen und internen Faktoren darstellen dürfte. (Die als „Funktionalisierung" bezeichnete Situation dürfte dafür typisch sein, so daß sich umgekehrt die Geographie als ein Fallbeispiel für wissenschaftstheoretische Analysen anbietet, die dieser These folgen.)
3) Paradigmenwechsel sind nur schwer anders als zirkulär als Fortschritt zu erklären. Wenn neue Ideen nicht einfach aus dem kreativen Bewußtsein von Genies abgeleitet werden sollen (die sich zudem noch immer rein zufällig gerade auf der Höhe der Zeit befinden), dann müssen sie aus wissenschaftsexternen Faktoren abgeleitet werden. Dazu muß es sowohl Mechanismen geben, die gesellschaftliche Forderungen in die Forschung transformieren, als auch wissenschaftsinterne Mechanismen, die diese eingebrachten Forderungen auf jeden Fall in den Paradigmenteil „Theorie" einbauen, ohne daß nur die Möglichkeit direkter Auftragsforschung in Betracht gezogen wird.

In der Geographie erfüllt heute die Methodologie eine wichtige Funktion in diesem Sinne, und es ist zu überprüfen, ob sie im gleichen Sinne den Wechsel bewirkt hat. Damit ist aber der methodologische Neubeginn der Geographie weniger auf- als abgewertet. Denn die „quantitative Revolution" erhält so einen reduzierten, wenn auch analytisch brauchbaren Status. Es wird deutlich, daß das wichtigste Element eines Paradigmenwechsels die Veränderung der Theorie ist.

Das ist der formale Ausgangspunkt der vorliegenden Arbeit, sozusagen der offizielle Anlaß, denn nach anfänglicher Zufriedenheit mit den Bewegungs- und Raumwirtschaftstheorien wird der Paradigmenwechsel in dieser Hinsicht von den „Revolutionären" wenig euphorisch eingeschätzt. Dieser Ausgangspunkt benennt zunächst insgesamt einen Mangel an Theorie. Ein solcher Zustand ist bekannt als „funktionalistische" Phase von Wissenschaftsentwicklung. Es handelt sich um einen Abschnitt der Paradigmenbildung von Wissenschaften, die bereits unter erfahrungswissenschaftlichem Methodenideal arbeiten, sich unter externem Verwertungsdruck als Disziplin auszudifferenzieren beginnen, aber Theorien weniger bilden, als durch Black-Box-Modelle ersetzen und mittels geeigneter Methoden empirisch-deskriptiv, prognostisch arbeiten (Böhme, Daele v.d., Krohn 1974; Daele v.d. 1975; Eisel 1977).

Darin liegt der Widerspruch: Die Tendenz der Paradigmenbildung und disziplinären Ausdifferenzierung fordert verstärkte Theoriebildungsbemühungen, die Problemorientierung, die ja der Motor der Ausdifferenzierung ist, verstärkt die funktionalisierte Produktion von Ergebnissen unter Umgehung von theoretischer Grundlagenforschung. Der Widerspruch löst sich im allgemeinen dadurch in seine Bestandteile auf, daß ein Teil der disziplinären Forschergemeinde innerhalb des überwiegend naturwüchsig sich verändernden und relevanzorientiert arbeitenden Fachs diese Entwicklung permanent reflektiert und unter Verbindung mit den Traditionsbeständen in disziplinäre Theorie überzuführen versucht. Dieser Konstitutionsprozeß eines „Objekts" mittels Theorie ist identisch mit dem Ausdifferenzierungsvorgang der Disziplin; das Gelingen des einen ist das Gelingen des anderen.

In der Anthropogeographie spiegelt sich neuerdings diese widersprüchliche Entwicklung im relativ disparaten Verfolgen der extremen Verfeinerung des funktionalistischen Methodenapparats (im Sinne der Wortbedeutung der Finalisierungstheoretiker) und dem gleichzeitigen Irrelevanzvorwurf gegenüber diesem Unterfangen, verbunden mit der Forderung nach disziplinärer Theoriebildung. Dort, wo die Revolution begonnen hat, in der amerikanischen, englischen und skandinavischen Geographie und wo die Maxime der Theoriebildung am aktivsten in Angriff genommen wurde, zeigt sich, daß nicht nur die naturwüchsige problemorientierte Arbeit der indirekte Motor für die Theorieproduktion als disziplinäre ist, sondern daß andererseits auch die erfolgreiche Theoriearbeit (d.h. ihre disziplinäre Etablierung) Voraussetzung für längerfristige erfolgreiche Problemlösung ist. (Daraus ergibt sich die Relevanz dieser Metatheoretiker für die Disziplin, aber auch für wissenschaftstheoretische und wissenschaftshistorische Arbeiten.)

Da der genannte Ausdifferenzierungsprozeß eine bis dahin längst etablierte Disziplin betrifft, und in diesem Falle „Ausdifferenzierung" die Umorientierung einer bestehenden Institution meint,[10] knüpft der mit Theoriebildung beschäftigte Teil der Forschergemeinde mittels Re-Interpretation der Tradition im Lichte der veränderten Wissenschaftsideale an den Zielrichtungen der klassischen Disziplin an.

Im Paradigmenwechsel wurde anfänglich ein Teil der traditionellen Fachprogrammatik unberührt gelassen, weil er als vereinbar mit den neuen Methoden und zugleich auch als konstitutiv für das Fach galt. Die Theoriebildungsbemühungen geraten aber zunehmend in Diskrepanz zu den überkommenen Theorieinhalten, wenn die mit der veränderten Methodologie gegebenen Wissenschaftlichkeitsnormen beachtet werden, und wenn das separatistische Abgrenzungskriterium des „Räumlichen" gleichzeitig beachtet wird. Das hat zu zwei folgenreichen Entwicklungen (bzw. programmatischen Postulaten) geführt:
1. Die klassische Operationalisierung der geographischen Welt, die Beobachtung und Klassifikation von „Formen" oder „Mustern" und die „Erklärung" derselben durch ihr Zustandekommen (historisch oder gesellschaftstheoretisch) mit

---

10 Daraus ergibt sich die relative Berechtigung, diesen Vorgang als einen „Paradigmenwechsel" wahrzunehmen.

allen im Verfahren enthaltenen Zirkeln wird umgekehrt oder tendenziell ganz zugunsten einer normalen gesellschaftstheoretischen Perspektive aufgegeben, d.h., die klassische „Raum"-Programmatik der Anthropogeographie wird zurückgedrängt.
2. Die dadurch notwendig werdende inhaltliche Theoriebildung knüpft offiziell an moderne Entwicklungen der umgebenden Gesellschaftswissenschaften an, und sie sah das dabei entstehende Theorieprogramm des *behavioral approach* als befriedigend und quasi automatisch den „eigentlichen" Revolutionsakt, die quantitative Revolution, vervollständigend an.

Diese Einschätzung erweist sich für einige Theoretiker der Revolutionszeit als falsch.

Das ist der inhaltliche Ausgangspunkt der vorliegenden Arbeit. Offensichtlich können Theorien auch falsch sein, gerade wenn sie einem Methodenideal zuliebe ausgewählt werden – zumindest gelten sie zunehmend als irrelevant im Kontext der Legitimation dieses Methodenideals für empirische Prognosen.

Es soll daher rekonstruiert werden, daß nach dem entstandenen Unbehagen über die Fruchtbarkeit der neuen Methoden selbst der weitgehende Schritt, die Raum-Perspektive aufzugeben, noch nicht ausreicht, um relevante inhaltliche Theorien zu gewährleisten. Es ist keine hinreichende Bedingung, auch wenn damit die gesellschaftstheoretische Seite der Geographie stärker explizit zur Geltung kommt.

Es ist eine engere Hypothese der vorliegenden Arbeit, daß es in der Anthropogeographie, die folgerichtig als „Raumwissenschaft" entstanden ist, von Anbeginn an die ad-hoc-Verwendung von Gesellschaftstheorien, aber auch eine konsistente, eigene Gesellschaftstheoriebildung gab, die im Gegensatz zur Selbstwahrnehmung das einzig wirklich theoretische Element war. Es gibt eine innere Logik der permanenten Präsenz, der Veränderung und (nach dem Paradigmenwechsel) der Verstärkung dieser inhaltlichen Theorieseite bis zum heutigen Entwicklungsstand. (Innerhalb dieses Verstärkungsprozesses ist die Rolle der erfahrungswissenschaftlichen Methodologie zu bestimmen.)

Die Auswahl der relevanten Elemente des Paradigmenwechsels basiert auf einigen Meta-Auswahlkriterien, die selbst nicht vollständig der Situation entnommen werden können, sondern Bestandteil einer Wissenschaftstheorie und Wissenschaftsmoral sind, deren Legitimation also im Erfolg der Auswahlkriterien liegt. In diesem Sinne bestimmend waren:
1. „Neues Wissen" muß abgeleitet werden, d.h., daß es eine religiöse und nicht eine wissenschaftliche Einstellung ist, wenn Ideen als Bewußtseinsrealität zum ersten Ausgangspunkt einer Ableitung gemacht werden. (In diesem Falle würde die Realität durch den „Geist" „erschaffen".) Das heißt nicht, daß Ideen nicht Ursachen von Entwicklungsprozessen sein können.
2. Erfahrungswissenschaftliche Wissenschaftsentwicklungen sind progressiv. Damit ist lediglich gemeint, daß, wenn eine Fachentwicklung beginnt, eine expe-

Die Entwicklung der Anthropogeographie

rimentelle Forschung zu etablieren, die Abwehr dieses Programms eine falsche und naive Wissenschaftsmoral repräsentiert. Daraus läßt sich kein theoretisches Plädoyer für die analytische Philosophie ableiten, sondern nur, daß die einseitige Behandlung der Instrumentalisierung der Wissenschaft und der Gesellschaft als Hypostasierung der „Beherrschung" und „Zweckrationalität" die darin enthalten ist, eine falsche Gesellschaftstheorie zur Voraussetzung hat.

3. Im Gegensatz zu einer in der Geographie häufiger vertretenen Ansicht kann es für bestimmte Fragen relativ irrelevant sein, was Wissenschaftler *tun*, dagegen sehr aufschlußreich, was sie tun *wollen* und was sie zu tun *vorgeben*. Die Programmatik eines Faches oder eines Forschungsvorhabens besteht meist aus mehreren hierarchischen Postulaten. Diese sind wissenschaftstheoretisch gesehen dem gesellschaftlichen Funktionskontext näher als die Forschungsergebnisse, denn sie formulieren die Spezifizierung einer allgemeinen Metaphysik und Wissenschaftlichkeitsnorm für einen gesellschaftlichen Relevanzbereich; sie sind der theoretische Ausdruck eines gesellschaftlichen Interesses. Die Diskrepanz zwischen Programmteilen repräsentiert historische Verschiebungen auf der Seite der gesellschaftlichen Interessen, auf die die Wissenschaft nicht schnell genug reagieren konnte (meist aus organisationssoziologischen und sozialpsychologischen, aber auch aus technischen Gründen) oder aktuell widerstreitende Interessen.

Daraus folgt, daß die Programmatik Informationen über die Auswahl externer Faktoren der Wissenschaftsentwicklung enthält. Vermutlich gibt es aus forschungspraktischen, forschungslogischen und theoretischen Gründen eine Tendenz zum Abbau von solchen Diskrepanzen. In dieser Tendenz ist sicherlich wiederum eine metatheoretische und theoretische Dynamik angelegt, die fachinterne, aktive Fortschrittsversuche stimuliert.

Die Teile des Paradigmas, die identifiziert wurden, weil sie innerhalb der anthropogeographischen Revolution von den Revolutionären als die wesentlichen Veränderungen bzw. Bestätigungen der Tradition bezeichnet wurden, oder weil ihnen im nachhinein diese Bedeutung wieder abgesprochen wurde, sind:

- die Ablehnung einer idiographischen Zielsetzung und die Einführung einer erfahrungswissenschaftlichen Wissenschaftsauffassung,
- die Bewertung von „Regionalisierung" als ein Klassifikationsverfahren,
- die Definition von „Raum" als geometrisches Muster,
- die Verstärkung und institutionelle Absicherung einer regional- bzw. raumwissenschaftlichen Perspektive,
- die Aufwertung des Verhaltensbegriffs im Zusammenhang mit der raumwissenschaftlichen und einer regionalwissenschaftlichen Perspektive in einer „Theorie der Bewegung",
- die Übernahme des erfahrungswissenschaftlichen Methodenideals,

- die Festlegung auf regionalplanerische Relevanz,
- die Aufwertung des Begriffs „der Mensch" als metatheoretisches/theoretisches/moralisches Theoriezentrum,
- die Festlegung auf das „Form-Prozeß"-Schema,
- die Abwertung der „räumlichen" Theorieperspektive,
- die Abwertung und Aufgabe des „Form-Prozeß"-Schemas,
- die Verstärkung der verhaltenswissenschaftlichen Theorieperspektive,
- die Hervorhebung einer evolutionstheoretischen Metatheorie,
- die Überleitung von „Landschaft" in ein „subjektives Image",
- die Relativierung und Abwertung der Modelltheorie und der quantitativen Verfahren,
- die Ablehnung des Abstraktionsgrades der bisherigen Theorien unter Bezug auf die prognostische und sozialplanerische Relevanz,
- die Relativierung des mathematischen und logischen Instrumentariums.

Die enthaltenen Widersprüche sind entwicklungsgeschichtliche Differenzen.

Als ungewichtete Aufzählung repräsentiert dieser Katalog definitionsgemäß das anthropogeographische Paradigma,[11] wenn man unterstellt, daß die Gesamtheit der geographischen Forschergemeinde mit ihren programmatischen Ideen in der Lage sein müßte, einen vollständigen Katalog zu entwickeln. Damit ist jedoch noch nicht der Wechsel des Paradigmas *konstruiert*.

Für diese Konstruktion sind die besten Hinweise in den Widersprüchen enthalten, deren entwicklungsgeschichtlich *spätere* Seite deutlich und relativ offiziell mit allem, was intuitiv als „geographisch" empfunden wird, bricht, die also die „Gestalt" der Geographie verletzen. Denn wenn man davon ausgeht, daß die abermalige, aktuelle Veränderung einiger Paradigmenelemente nicht private Marotten von Forschern sind, sondern Konsequenzen, die sich aus dem Mißverhältnis zwischen Ansprüchen und Realisationschancen ergeben (und als solche werden sie auch benannt), dann muß die anfängliche Kombination von alten Paradigmenelementen bzw. ihren Begriffen mit dem „nomothetischen" Ideal sowie der empirischen Forschungspraxis Widersprüche etabliert haben, die eine Dynamik zur weiteren Umgestaltung des angeschlagenen Paradigmas entfalteten. Daher ist zu erwarten, daß die jüngsten und die „Gestalt" der Geographie am sichtbarsten verletzenden Veränderungen, in dem Maße wie sie als Konsequenz der ersten Revolutionsphase begriffen werden können, der Schlüssel auch zur Interpretation dieser Phase sind, sowohl als theoretischer, damals noch unbekannter, Zielpunkt einer nachfolgenden Entwicklung, als auch als Kernphänomen eines davon – durch die Revolutionäre – ganz abweichend interpretierten Paradigmenwechsels.

---

11 Da es sich um eine Revolution handelt, ist es explizit überbestimmt. Vgl. im politischen Kontext Althusser 1968: 52 ff. und 146 ff.

Die Entwicklung der Anthropogeographie

Diese Dynamik soll in der vorliegenden Arbeit rekonstruiert und mit der Tradition verbunden werden als „rationale", „interne" Wissenschaftsgeschichte.[12]

1.1.2 Über den Widerspruch zwischen „Heterogenität" und Paradigmenkonzept

In der Geographie gibt es unter den modernen Fachvertretern allerdings Einwände gegen den Wert einer Auflösung der irrationalen Beliebigkeit von wissenschaftlichen Revolutionen unter dem Motto der Bekämpfung eines unfruchtbaren und dogmatischen Traditionsfetischismus, der aktuelles Wissenschaftsgeschehen als Ausdruck einer langen Tradition einheitlicher Theorie und Metatheorie (in der Geographie meist abgeleitet aus der *Existenz* eines Objekts), begriffen sehen möchte. Dieser Beschwörung der Tradition durch die Landschaftskundler wird dreierlei entgegengehalten:
1. Kuhns anti-kumulatives Revolutionsschema,
2. die faktische Heterogenität der Geographietradition und
3. eine plausible Erklärung, die den falschen Dogmatismus als funktionales Sozialverhalten verständlich macht und nach Bekanntwerden dieser Erklärung jedoch nach Kriterien der Wissenschaftsmoral obsolet werden läßt.

Argument 1 ist eine nachgelieferte theoretische Legitimation für Argument 2, das als Therapie angeboten wird, während das 3. Argument die Erfahrung der letzten Jahre benennt. Wissenschaftstheoretisch ist die damit im Ganzen angebotene Strategie bedenklich, denn sie führt zu einem relativ hilflosen wissenschaftspolitischen Pragmatismus, der seine affirmative Grundtendenz nur durch deren jeweilige Aktualität kaschieren kann.

Zunächst fällt ein Widerspruch auf. Für die Geographie wird ein Paradigmenwechsel in Anspruch genommen. Die „quantitative Revolution" in der Geographie hat die Ablösung der idiographischen Landschafts- und Länderkunde bewirkt, und die Verständnislosigkeit der Landschafts- und Länderkundler im deutschen Sprachraum (vgl. dazu Bobek 1970; Schmithüsen 1970; Wirth 1970, 1972; Dörrenhaus 1971, 1971a; Otremba 1975) gegenüber durchaus differenziert und zartfühlend vorgetragener Kritik seitens der deutschen Innovatoren der analytischen Geographie kann als Beleg für die Typik einer solchen Wechselsituation dienen. Im Kontext dieser typischen Situation wird nun der klassischen Geographie Dogmatismus vorgeworfen, der sich aus „(mehr oder weniger unbewußte(m)) 'Rechtfertigungsdenken' einer Interessengruppe" (Hard 1973: 11) erklärt:

---

12 „Was immer das Problem ist, das der Wissenschaftshistoriker lösen will, er muß zuerst den relevanten Abschnitt des Wachstums objektiver wissenschaftlicher Kenntnisse rekonstruieren – und das ist der relevante Abschnitt der 'internen Geschichte'" (Lakatos 1974: 82).

> „Natürlicherweise neigt jede Forschungsrichtung dazu, sich selbst als die Krönung eines jahrhunderte-, ja jahrtausendelangen Bemühens um die gleichen Gegenstände zu betrachten, und die Disziplingeschichte so zu interpretieren, als bestünde sie (zumindest in ihrem Kern) aus immer besseren Antworten auf die (wenigstens im wesentlichen) immer gleichen Fragen.
> Ein solches Geschichtsbewußtsein hat zweifellos sozialpsychologisch sehr wichtige Funktionen: Es vermittelt unter anderem die doppelte Selbstbestätigung und Legitimation der eigenen Tätigkeit (1.) durch eine große Tradition und (2.) durch eine noch größere Gegenwart, welche in dieser Betrachtungsweise ja immer den Höhepunkt dieser Tradition darstellt. Die Konstruktion einer großen gemeinsamen Vergangenheit ist darüberhinaus natürlich auch einer der sozialen Mythen, die den Zusammenhang einer sozialen Gruppe sichern helfen" (Hard 1973: 15).

Diese Erklärung ist zunächst durchaus stichhaltig. Zugleich wird aber auch versucht, den Mechanismus zu analysieren, wie sich solche sozialen und ständischen Motive in die Form wissenschaftstheoretischer Argumente kleiden.

> „Indem eine partikulare Forschergemeinde 'ihren' Forschungsgegenstand als durch die Wirklichkeit verbindlich vorgegeben darstellt, versucht sie *ihr* Forschungsinteresse zu tabuisieren und zu stabilisieren – indem sie es eben im stabilsten aller metaphysischen Fundamente verankert, in einer bleibenden Wirklichkeitsstruktur. Sie versieht ihre partikularen, menschlichen, historisch bedingten und historisch gefährdeten Zwecke und Interessen dergestalt mit einem falschen Schein von Ewigkeit, gibt etwas historisch Bedingtes (etwa das Interesse an der 'Landschaft') als etwas Unbedingtes aus, das 'seinsmäßig' und im Wesen geschichtlichen Veränderungen entzogen sei. Diese Methodologen verwandeln die Produkte der Geschichte in Wesenheiten – offensichtlich zu dem Zweck, die Welt an dieser Stelle unbeweglich zu machen" (Hard 1973: 11/12).

Zum Interesse, „(d)iesen geliebten 'Gegenstand', dieses historisch bedingte Forschungsinteresse der eigenen Gruppe zu erhalten" (ebd.: 12) durch „Hinweis auf seine Kongruenz mit der Struktur der Wirklichkeit selbst" (ebd.), kommt noch die Exklusivität des geographischen Ansatzes hinzu, der unter allen Forschungsansätzen der einzige ist, der „letzthinnige(n) Einzigartigkeit" (ebd.) von Ländern und Landschaften gerecht zu werden.

> „Letztlich gehören solche Fachideologien natürlich zu den längst bekannten (und in jüngerer Zeit von Topitsch immer wieder beschriebenen) kosmologischen Selbstbespiegelungen menschlicher Gruppen, zu den überall verbreiteten Bestrebungen menschlicher Gruppen, sich selbst, die eigene Struktur, die eigenen Ideen als Abbilder und Symbole kosmologischer Strukturen, ja des Kosmos selbst erscheinen zu lassen, sich dergestalt 'ontologisch' zu überhöhen und sozusagen zu sakralisieren" (ebd.).

Auch dem ist wenig entgegenzuhalten.[13] Sodann wird als wissenschaftspolitische Gegenstrategie, als gesunder Schuß Pragmatismus und moderne Skepsis gegenüber

---

13 Daß die neopositivistische Ontologisierung der Sprache als Weltkonstituent nichts anderes ist als eine solche Selbstbespiegelung, die nicht die Wörter, sondern den ideali-

Traditionen, zur Abkürzung des Modernisierungsverfahrens eine gegenteilige wissenschaftstheoretische und wissenschaftshistorische Hypothese vorgeschlagen, und zwei der wichtigsten neueren deutschsprachigen theoretischen Arbeiten verstehen sich nicht zuletzt als Begründung für diese Hypothese (Bartels 1968; Hard 1973). Sie lautet etwa:

„Es ist klar, daß in die Frage, was Geographie (schlechthin und eigentlich) sei, eine ganze Reihe von stillen Voraussetzungen eingegangen ist: ähnlich wie auch in die verwandten Fragen nach *dem* System, *dem* Gegenstand, *der* Methode und *den* Aufgaben *der* geographischen Wissenschaft. *Zunächst* die Annahme, daß solche zugleich absoluten und globalen, auf ein zugleich zeitloses und ewiges 'Wesen der Sache' gerichteten Was-ist-Fragen überhaupt sinnvoll beantwortet werden können; *dann* zweitens die Annahme, daß es so etwas wie *die* Geographie gebe, *eine* Geographie, wie sie heute ist, früher war und künftig sein wird (und sein sollte): daß also die Geographie, die man selber betreibt und/oder vertritt, auch 'die unserer Vorgänger (ist), die seit etwa 2500 Jahren zu dem Gedankengebäude, an dem wir arbeiten, beigetragen haben (vgl. Schmithüsen 1970a)' (J. Schmithüsen 1970, S. 431). Die Geschichte berührt nur ganz an der Oberfläche diese 'ewige Geographie' und ihre 'ewigen Objekte', nämlich die Länder und Landschaften (als 'die geographische Realität'): 'Es werden Fortschritte, Neuerungsbewegungen auch unsere Wissenschaft betreffen, aber eben diese Wissenschaft von den Ländern und Landschaften' (F. Dörrenhaus 1971, S. 105).

Mit diesem Gedanken einer Übergeschichtlichkeit der Geographie verbindet sich durchweg die Vorstellung, diese eine und wenigstens in ihrem Wesenskern ewige Geographie sei durch ihren Gegenstand (der als ein zumindest im Wesen immer gleicher Gegenstand gedacht wird) in der Struktur der Wirklichkeit selbst verankert: Die vorgegebene Wirklichkeit, wie sie nun einmal ist, zeichnet der Geographie vor, was sie ist, war und sein wird; ja, die Realität 'erzwingt' und 'verlangt' eine solche geographia perennis als eine 'Pflicht und Schuldigkeit' (E. Otremba 1970, S. 16; vgl. E. Wirth 1970, S. 448 und H. Uhlig 1970, S. 23)" (Hard 1973: 10/11).

Dem entgegen steht jedoch das bekannte Faktum der unterschiedlichsten Selbstdefinitionen von „Geographie", die Bartels in Anlehnung an Winkler aufzählt (vgl. Bartels 1968: 2/3).

„Das Moment der Tradition einer Wissenschaft umfaßt somit nicht nur die Tatsache gespeicherten Wissens, sondern ist vor allem Ausdruck und Folge der Entwicklungsdynamik, welche jeder freien Einzeldisziplin innewohnt: Fragestellungen werden geklärt oder abgelöst, Beobachtungstechniken und Begriffsinhalte wandeln sich, die Fachsprache wird detaillierter und präziser. Besonders die Theoriebildung und -umbildung übt in diesem genetischen Prozeß auf den institutionellen Zusammenhang der Fächer eine starke integrative oder dissoziierende Wirkung aus; je nachdem, ob sich Problemkreise entweder identifizieren, parallelisieren bzw. reduzieren lassen oder ob sie aufgespalten

---

stischen Konstitutionsgedanken, d.h. das Bewußtsein als ideelle Produktionsinstanz, hypostasiert, und damit zuletzt das Transzendentalsubjekt und zuallerletzt Gott an den Anfang des „Real-seins" stellt, entgeht den nominalistischen Wissenschaftstheoretikern leider.

werden und dann getrennte Wege vor sich haben, mit Erfolgen oder Fehlschlägen ihrer jeweiligen Ansätze.

Die entwicklungsgeschichtliche Perspektive zeigt in allen diesen Fällen mehr oder weniger ausgeprägte Anpassungsverzögerungen in der institutionellen Formierung der Einzeldisziplinen, die sich über Rezeptionen 'fachfremder Anschauungen und Begriffe' oder über 'Abwanderungs'erscheinungen 'eigener' Fragebereiche anzeigen. Dies führt leicht zu der Beobachtung, daß im allgemeinen mit der Tradition einer Einzeldisziplin ihre inhaltliche Heterogenität ansteigt. Solche tatsächliche Heterogenität heutiger Forschungsansätze in einer Disziplin läßt sich also jeweils entwicklungsgeschichtlich erklären, verursacht aber der auf systematische Integration und Abgrenzung gerichteten Selbstdeutung des Faches u.U. erhebliche Schwierigkeiten, besonders wenn von der Voraussetzung einer 'natürlichen' Gliederung aller Wissenschaften, zumal im Sinne einer ontologisch interpretierten Aufteilung des 'Weltganzen' in eine geordnete Summe von Teilgebieten, ausgegangen wird. Und erst recht ergeben sich Schwierigkeiten für das geschlossene Selbstverständnis eines Faches, wo in Nachbarbereichen sich parallele Problemansätze entdecken lassen. Für die Art der innerdisziplinären geistigen Bewältigung solcher Situationen wie auch für die etwa als notwendig erachteten wissenschaftsorganisatorischen Folgerungen lassen sich allgemeine Voraussagen selten geben.

Es dürfte im Lichte der vorstehenden Überlegungen nicht unzweckmäßig, wenn auch vielleicht ungewöhnlich sein, bei einer kritischen Analyse der geographischen Disziplin einmal die Annahme solcher *Heterogenität* der interessierenden Problemkreise wie auch Methoden voranzustellen, zumal die spezielle geschichtliche Entwicklung wie auch die innere Organisation gerade dieses Faches die Erwartung mehrschichtigen Aufbaus, konglomerativen Charakters und damit einer allenfalls pluralistisch möglichen Abgrenzung des gegenwärtigen Tätigkeitsbereiches besonders nahelegen. In solcher Annahme bestärken dabei sowohl die gehaltvollsten unter den älteren wie die neueren Versuche rationaler Beschreibung *der* geographischen Wissenschaft. Sie alle sind deshalb unbefriedigend, weil sie von einem – als individueller Entwurf selten zugleich gruppenverbindlichen – Idealbild des Faches ausgehen und von diesem Angelpunkt aus die Pluralität der faktisch gegebenen Ansätze zu ordnen versuchen, ja zu Urteilen über die Zugehörigkeit oder 'Verkehrtheit' dieser und jener im Organisationsrahmen der geographischen Disziplin tatsächlich betriebenen Forschungen zur 'echten' Geographie gelangen."[14]

---

14 Bartels 1968 4/5. Die Begriffe Identifikation, Parallelisierung und Reduktion werden von Bartels in Anm. 15 definiert. Vgl. auch Bartels 1970: 454. Hard übernimmt Bartels' These: „Die diachrone Pluralität von 'Geographien' aber läßt den Verdacht aufkommen, daß man auch mit einer synchronen Heterogenität zu rechnen hat – ein Ansatz, den D. Bartels aus guten Gründen sogar als Grundannahme seinen Überlegungen 'Zur wissenschaftstheoretischen Grundlegung einer Geographie des Menschen' vorangestellt hat. (...) Die Angemessenheit dieser 'Pluralismus-Annahme' wird sich auch im Rahmen der folgenden Überlegungen erweisen" (Hard 1973: 16, 237 ff.). Vgl. auch Hard 1971: 20 sowie Bartels und Hard 1975: 90, 165/166.

Ich gehe davon aus, daß bei Hard ein Sinneswandel zu beobachten ist, so daß der Widerspruch zwischen Hard 1970a und Hard 1973 keiner ist. In der Habilitationsschrift wird (249) – wohl ausgehend von Chorley, Haggett, 1967 – ein klassisches Paradigma in der Form der Landschaftskunde eingestanden (vgl. allerdings bereits im Sinne von 1973,

Die Entwicklung der Anthropogeographie 59

Damit ergibt sich aber die Frage: Worin besteht eigentlich das Paradigma, das kürzlich so erkennbar gewechselt hat? Denn ein Paradigma sollte ja eine sehr weitgehende, etablierte *Einheit* von Metatheorie, Fragen und Problemen, Theorie (bzw. Teiltheorien), Methoden, experimentellen (bzw. in irgendeiner Form verifikationistischen) Praktiken samt geläufigem Gerätepark sein.[15] Selbst wenn man von den ersten, relativ diffusen Definitionen Kuhns absieht und sich auf spätere Präzisierungen bezieht, die im allgemeinen letztlich einen formalen Minimalkonsensus mit seinen Kritikern darin finden, daß ein Paradigma oder ein „Forschungsprogramm" aus einem relativ festen, konservativen „Kern" (vgl. Lakatos 1974: 69; Stegmüller 1974: 182 ff., dort „Strukturkern") und aus einer relativ flexiblen Umgebung (z.B. „Heuristiken" (vgl. Lakatos 1974: 69 ff. sowie Stegmüller 1973 und 1974 in Anlehnung an Sneed)) besteht (auch wenn Kuhn die Teile, die nicht der eigentliche „Kern" sind, nicht als „Umgebung" zu betrachten scheint), ergibt sich das Problem, die Gemeinsamkeit zu formulieren, die den Kern als sich selbst und seine Umgebung strukturierende Dimension charakterisiert. Denn der Vorteil solcher Unterscheidung in konservative und flexible Paradigmenteile, der darin besteht, daß „wissenschaftsinterne" (Lakatos 1974, insbesondere 109 ff.; vgl. dazu Kuhn 1974: 124 ff.) Bewegungen der „normalen Wissenschaft" in ihrem Verhältnis zu ihrer eigenen paradigmatischen Basis beschrieben werden können, enthebt nicht der Aufgabe, den „Strukturkern" zu charakterisieren. Dabei ist es jedoch wichtig, daß der Strukturkern nicht, wie bei Stegmüller, nur aus einer Theorie besteht, sondern auch methodologisch und metatheoretisch charakterisierbar ist, weil die *Verbindung* mit der „Menge der intendierten Anwendungen"[16], innerhalb derer ja die Umstrukturierung des Kerns vorbereitet wird, gerade auf den scheinbar belangloseren Ebenen die nicht fest definierten Dimensionen des Kerns affizieren können muß, um ihn theoretisch verändern zu können. (Das meint Lakatos mit „interner"

1970a: 24). Zugleich wird dort sehr viel weniger resignativ als 1973 die Möglichkeit des rationalen Diskurses über Grundperspektiven ins Auge gefaßt (wodurch sollte sich auch sonst diese Habilitationsschrift rechtfertigen?) und deren Notwendigkeit suggeriert (gegenüber dem wenig „edle(n) intellektuelle(n) Waidwerk, ... tote Hunde totzuschlagen" (Hard 1973: 252)).

15 Zu den Teilen dieser Einteilung, in der Kuhns Theorie dargestellt und im wesentlichen eigentlich als bekannt vorausgesetzt wird, vgl. Kuhn 1967 sowie Kuhn 1969, deutsch in Weingart (Hrsg.) 1972, Bd. I: 287-319. Aus der umfänglichen Sekundärliteratur vgl. Stegmüller 1973: 153-169; Scheffler 1974: 137-166. Vgl. zum „Paradigma" Masterman 1974: 59-88 sowie Stegmüller 1973: 195-207. Eine detaillierte, explizite Aufnahme der einzelnen Kuhnschen Argumente und Beispiele würde in eine verwickelte wissenschaftstheoretische Diskussion eingreifen und einmünden, die nicht Gegenstand dieser Arbeit ist.

16 Stegmüller 1974: 187. Diesen Teil nennt Stegmüller das „Paradigma".

Geschichte, und für die Folgezeit hat sicherlich Kuhn Recht, wenn er den Wechsel des bereits veränderten Paradigmas als Diffusionsprozeß beschreibt.) Diese Trennung bei Stegmüller stimmt einigermaßen mit Kuhns neuer Fassung insofern überein, als auch Kuhn, neben den gemeinsam benutzten Symbolen, Modellen und Werten, das alte Paradigma als vierte, wenn auch für die Forschergruppe dominierende, Komponente nennt, nämlich als „Standartbeispiel von Problemlösungen" (Diederich, Einleitung zu Diederich (Hrsg.) 1974: 28. Vgl. Kuhn 1974b: 263 ff.). Wichtig an beiden Konzeptionen ist, daß das Paradigma einerseits Teilmenge und andererseits Obermenge dieser Teilmenge ist, denn diese Problemlösungen oder Anwendungen (daran ändert auch das vorsichtige „intendierte" nichts) umfassen ja in der Praxis immer die von ihnen abgelösten Komponenten als *Aspekte* (z.B. sind in einer konkreten Problemlösung die „Werte" ja wirksam). Dieser Widerspruch (der sicherlich noch viele analytische Philosophen zu neuen Konzeptionen treiben wird) repräsentiert vermutlich eine der wichtigsten positiven Eigenschaften von Forschungsprogrammen bezogen auf ihre Veränderbarkeit.[17] Denn sicherlich werden die Problemlösungen von dem, was Stegmüller als Strukturkern (oder Lakatos als „harten Kern") bezeichnet, strukturiert; da dieser Kern aber nirgends anders existiert als in der normalen empirischen Forschung, ist er immer Bestandteil eines Vorgangs, der sich so vollzieht, wie Kuhn die normale Wissenschaft beschreibt. Für den Kern ist gerade typisch, daß er nur dadurch strukturierend wirkt, daß er *nicht* rein als Kern*theorie* existiert, sondern auch in „Standardbeispielen", obwohl das, was als qualitativer Wechsel empfunden wird und was gesellschaftliche Neuerungen hervorruft, die veränderte *Theorie* ist (vgl. Kuhn 1974b; Masterman 1974: 61-78).

Somit muß eine Arbeit über einen Paradigmenwechsel beides rekonstruieren, das Paradigma, das mehr als eine Theorie ist, und den Strukturkern, der weniger als ein Paradigma ist und dennoch letztlich alleine maßgebend für dessen Struktur und für die Kriterien des Wechsels ist (vgl. auch Masterman 1974: 69).

Das bedeutet, daß die „heterogenen" Teile der Geographie *mindestens eine* Gemeinsamkeit haben müssen, die sie als Teiltheorien einschließlich zugehöriger Metatheorien und Methoden durchzieht, wenn ein Paradigmenwechsel stattgefunden haben soll. Damit wird aber die Heterogenitätsthese marginal; sie benennt einen relativ trivialen Tatbestand, der für viele Wissenschaften gilt, nämlich daß Wissenschaftsteile unterschiedlich gewichtete Implikationen einer Grundperspektive thematisieren, je nach Herkunft der Theoretiker (die dann „Schulen" bilden) und nach Verwertungszweck der Wissenschaftsunterabteilung. Die Heterogenität der Tradition gegen die konservative Landschaftskunde zu bemühen, wird so eher zu

---

17 Vgl. dazu, wie M. Masterman Kuhns „Paradigma" zerlegt. (Masterman 1974). Im Prinzip liegt darin bereits eine Auflösung des Widerspruchs.

einer wissenschaftspolitischen Gegenstrategie, die eine ähnliche, nämlich soziale, Funktion hat wie die entgegengesetzte Strategie der klassischen Geographen. Es wird Toleranz, Pluralismus und Pragmatismus herausgestellt. Man versucht, für die nachwachsende Forschergeneration eine flexible Grund*stimmung* wissenschaftshistorisch zu legitimieren. Das erscheint von einer Gegenposition aus leichter und einleuchtender als von der klassischen Position aus. Man kann zu diesem Zweck natürlich sinnvollerweise den Standpunkt einnehmen, daß tatsächlich ein Paradigma gewechselt hat, und dieser Standpunkt wird zunehmend eingenommen, ist aber nichts weiter als eine formale Sympathiekundgebung für Kuhn. Man müßte dann nämlich den Strukturkern dieses alten Paradigmas herausschälen können – gerade im Verhältnis zu seinen heterogenen Formen. Das führte aber zu Schwierigkeiten: Man müßte dann sogleich zugeben, daß das Kriterium für einen Paradigmenwechsel nicht so recht erfüllt ist, weil die „quantitative Revolution" offiziell primär ein methodologischer Wechsel ist, der neue Verwertungskriterien der Wissenschaft (also etwas Außerparadigmatisches) zur Voraussetzung hat, also durchaus viel zu wenig für einen Paradigmenwechsel. Das hätte wieder soziale Folgen, denn dann wäre doch nicht alles so neu an der neuen Geographie und die Analogie zu Kuhns „Revolution" formal und eine Übertreibung. Zudem würde sich der Widerspruch ergeben, daß die typische Verständnislosigkeit zwischen den Geographien, die ein so guter Indikator für einen vollständigen Paradigmenwechsel gewesen war, nicht mehr erklärt werden könnte.[18]

Würde man mehr als einen methodologischen Wechsel rekonstruieren und sich damit Kuhns Kriterien wieder nähern, wäre damit implizit eine Anerkennung der Argumentationsstrategie der klassischen Geographen gegeben, die ja gerade einen solchen Strukturkern herausarbeiten wollen. (Dabei ist es in diesem Kontext völlig unerheblich, ob dabei eine klassisch landschaftskundliche oder eine „revolutionäre" Strategie verfolgt wird.) Dennoch hätte der in die entgegengesetzte Richtung weisende Nachweis der Anhänger der Heterogenitätsvorstellung, daß es auf einer falschen Projektion beruht, wenn man das *Objekt* „Landschaft" als durchgängigen Strukturkern des geographischen Paradigmas rekonstruiert, ja eigentlich nicht dazu führen müssen, daß man daraus ableitet, es habe überhaupt einen durchgängigen

---

18 Dabei darf nicht übersehen werden, daß Hard, als Betroffener solcher Kontroversen, zwar das Bild der Hoffnungslosigkeit auch nur eines Versuchs der Kommunikation durch seine Distanz-in-der-Situation suggeriert, daß er sich aber oft nur beiläufig auf Kuhn beruft, und seine diesbezügliche Metatheorie eigentlich eine Übertragung der Wissenschaftstheorie der radikalen Konventionalisten auf die modischere Paradigmenvorstellung ist. Kuhn jedenfalls geht von einer „partiellen Kommunikation" aus (vgl. Kuhn in Weingart 1972: 307 ff.).

Kern nie gegeben, bzw. er sei nicht dominierend für die Typik der Wissenschaft Geographie gewesen.

Um den beiden überspitzten Konsequenzen zu entgehen, wäre es notwendig, die Rekonstruktion auf andere Art zu machen; sie müßte zum einen ihre Abgeschlossenheit und Konsistenz nicht aus einer *Legitimation* des bestehenden klassischen Geographiebildes per se gewinnen, sondern aus einem funktionalen Bezug zwischen innerer Logik und äußerer Relevanz, und zum anderen müßte das neue Paradigma unabhängig benannt werden können. Das erstere ist für Wissenschaftler, die sich dem positivistischen Normenkodex einordnen, relativ suspekt, selbst wenn es Widersprüche vermeiden helfen würde. Das letztere wird zusätzlich zur quantitativen Revolution durchaus versucht, nun aber gerade doch unter Bezug auf die klassische Tradition (vgl. Bartels 1968: 121-182; Hard 1973: 79-254), wenn auch mit dem Argument, daß gerade *weil* die Tradition heterogen sei, deren moderne *Fortführung* möglich, unproblematisch und nicht nur in einem einzigen Sinne (nämlich dem landschaftskundlichen) möglich sei, sondern pragmatisch nach Relevanzkriterien (Hard 1973: 252 ff.; Bartels und Hard 1975: 85 ff.) sowie gemäß den bekannten Möglichkeiten empirischer Verifikationstechniken zu entscheiden sei.

Zusätzlich geht Bartels einen Schritt weiter in der Rekonstruktion eines allgemeinen Paradigmenelements und konstatiert auch eine Veränderung der Metatheorie der Kontextwissenschaften (Bartels 1968: 124-126), die einen Automatismus in den Paradigmenwechsel bringt, der den Wissenschaftlern nicht mehr die Wahl einer alten Teiltradition frei überläßt, sondern eigentlich vorweg das neue Paradigma im Verhältnis zu einem – für Bartels – dominierenden Aspekt des alten definiert und dann tatsächlich nur noch Akzeptieren oder Ablehnung seitens der Forschergemeinde zuläßt. Dann taucht aber nicht nur das Problem auf, woher diese Kontextänderung kommt, sondern auch, wie sie wirkt, d.h., wie die ersten Innovatoren, die ja innerwissenschaftlich nicht irgendetwas zum Akzeptieren vorgesetzt bekamen, diese Transformation vorgenommen haben. Es fragt sich, wie wissenschaftliche Traditionen unter subjektiv vermeintlicher Fortführung einer Tradition nach akzeptierten Standards von Wissenschaftlichkeit in Wirklichkeit ein Paradigma wechseln.[19]

Unter dieser Fragestellung wird die Heterogenitätsthese theoretisch eingeschränkt, weil der Paradigmenwechsel *als Wechsel* gerade als ein Übergangsmechanismus im Wechselverhältnis subjektiver Orthodoxie und objektiver Relevanz- und Kontextveränderungen dargestellt werden muß. Die Heterogenität ermöglicht lediglich innerhalb der Umgebung des Strukturkerns Innovationen, und das ist dann der theoretische Ort dieser These. Die Heterogenität hat ihre Funktion also nur mit Bezug auf das „eigent-

---

19 Das entspricht der Strategie Lakatos', einen möglichst großen Anteil des Wechsels „intern" zu erklären und nicht gruppenpsychologisch. Zur Verbindung von „intern" und „rational" bei Lakatos vgl. Diederich, Einleitung zu Diederich (Hrsg.) 1974: 18-22.

Die Entwicklung der Anthropogeographie   63

liche Paradigma", und für dessen Wechsel muß nicht das Auswählen einer Teiltheorie typisch sein (obwohl auch das ein denkbarer Fall ist), so daß die Aufforderung zur Offenheit und Beliebigkeit bei der Interpretation der Tradition moralisch progressiv sein mag, theoretisch jedoch relativ irreführend ist. Entsprechend ambivalent ist auch die Haltung der Vertreter der „Heterogenität" und „Pluralität" der Geographien, denn sie befinden sich ja in dem Widerspruch zwischen Paradigmenwechsel und Heterogenität. Bartels tendiert widersprüchlicherweise entgegen seiner aufgestellten Hypothese in seiner Forschungspraxis eher dahin, der Landschaftskunde einen klassischen (letztlich tieferen) Paradigmenkern entgegenzustellen,[20] was ja eine notwendige Folge ist, wenn man zu zeigen versucht, wie ein externer Faktor (Pragmatismus) eine interne Tradition (Possibilismus) verstärkt. Damit erhält die Heterogenität, so wie sie oben angegeben wurde, notwendig eine verschobene theoretische Bedeutung, auch wenn sie wissenschaftspolitisch anders benutzt wird.

Hard verfolgt dagegen konsequenter die Heterogenität, indem er das „geographische Paradigma" nur als mögliche Meinung übernimmt (Hard 1973: 45, 47) und in eigener Sache es implizit als „forschungslogisches Paradigma" einschränkt[21] (was für Kuhn ein Widerspruch wäre).

So ist durch die Unterstellung der Gültigkeit von Kuhns Theorie für die Geographie[22] (bzw. für die Wissenschaftstheorie überhaupt) und der notwendigen Konsequenzen hinsichtlich der Vollständigkeit des Wechsels in den Paradigmenteilen auch über die Methodologie hinaus sowie durch die Bewertung der Hauptargumente *für* den Paradigmenwechsel in diesem Sinne (handlungstheoretische Orientierung, Problemorientierung, Quantifizierung) – die als Argumente gerade von den Vertretern vorgetragen werden, die diese Charakterisierung des alten Paradigmas offensichtlich zugunsten der Heterogenitätsthese trotzdem verdrängen möchten – eine Aufwertung

---

20 Vgl. Bartels 1968: 121 ff. In diesem Fall steht dann weniger eine Korrektur des Verfahrens zur Diskussion als eine inhaltlich richtige oder falsche Rekonstruktion bzw. ihre Reichweite.

21 Hard 1973: 25 ff. Auf Seite 252 und 253 bezieht er sich in diesem Zusammenhang auf „Methodologie". Eine formale Kontinuität macht allerdings auch Hard geltend. Sie wurde als Kontinuität der klassischen Geographie in bezug auf den Beobachtungsmaßstab schon eingehend beschrieben (vgl. zuletzt Hard 1973: 241-248) und wird hier nicht mehr behandelt. Daß es sich um ein abgeleitetes Kriterium handelt, scheint sicher zu sein, da es sich mit der Hinwendung zur gesellschaftswissenschaftlichen oder naturwissenschaftlichen Perspektive in der Geographie von selbst erledigt, andererseits aber diese Hinwendung kaum aus Anlaß der Veränderung des Maßstabs vermutet werden kann.

22 Formal scheint damit die nicht-landschaftskundliche Tradition überwiegend einig zu gehen, denn auch die Kritiker der erfahrungswissenschaftlichen Geographie akzeptieren die Metapher vom Paradigmenwechsel für die Geographie (vgl. Schultz 1972: 55; Eisel 1972; Harvey 1972b).

der forschungslogischen Strategie der klassischen Geographen zu verzeichnen[23] sowie eine Einordnung der Heterogenitätsvorstellung.

Ausgehend von der letzteren, bezogen auf die sich ergebenden Widersprüche, scheint es sinnvoll, das theoretisch am wenigsten abgesicherte Element, nämlich die wissenschaftspolitische Aufforderung, im Zweifelsfalle einfach lieber einen neuen Trend pragmatisch zu wählen, statt lange über das Wesen der Geographie nachzudenken (vgl. Bartels und Hard 1975: 164 ff.) zu eliminieren. Es widerspricht der ernsthafteren *Praxis* dieser Autoren, die in einem hohen Maße metatheoretisch arbeiten, obwohl die Aufforderung durchaus Kuhns These konform ist, daß Paradigmen durch soziologisch beschreibbare Entscheidung und nicht durch rationalen Diskurs über Theorien oder gar falsifizierende Experimente gewechselt werden. Da diese These selbst genau in Frage steht, weil sie das Phänomen des Forschungsfortschritts oder dessen Zusammenhang zur technologischen Entwicklung nicht ansatzweise beschreiben kann, ist die genannte Aufforderung zu wenig abgesichert.[24] Sie beruht lediglich auf der Erfahrung, daß die Überzeugung älterer Fachkollegen meist nicht gelingt und wird unzulässig darauf übertragen, daß jüngere Fachkollegen deshalb keine Chance hätten, rational aus der Entwicklung und Situation des Faches eine zukünftige theoretische Perspektive zu extrapolieren. Das erstere ist sicherlich richtig, das letztere wäre 1. ein theoretischer Bankrott und 2. objektiv eine überhebliche Haltung.[25]

---

23 Das ist nicht zu verwechseln mit deren wissenschaftstheoretischem Realismus.

24 Die Klarstellung Kuhns hinsichtlich zahlreicher falscher Unterstellungen seitens seiner Kritiker zeigt einerseits, daß Kuhn es sich nicht so leicht macht, wie ihm oft vorgehalten wurde und daß er viel kleinlicher und genauer das Kommunikationsproblem zwischen Wissenschaftlern in wissenschaftlichen Revolutionen analysiert (und daß ihm sein Paradigmenbegriff dafür offensichtlich paradoxerweise bessere Mittel an die Hand gibt als die normalen Fortschrittstheorien), zeigt andererseits aber auch die Lächerlichkeit der ganzen vorgesehenen Lösungen des Fortschrittsproblems, sofern die *community of investigators* als soziale Gruppe einbezogen wird. Was an Statements und Selbstwahrnehmung (oder Mangel an beidem) bezüglich der Wirksamkeit und Ausübung von gesellschaftlicher Macht, von ideologischen Idiosynkrasien, von institutionellen Zwängen, von karrierepolitischen Affirmationsstrategien, von interaktionistischen Kommunikationsbarrieren, von sozialisationsbedingten Verhaltensdifferenzen, von psychisch notwendigen Kompensationsstrategien, die als Sachargumente ausgegeben werden usw. angesprochen wird, wenn denn tatsächlich die „soziologische" Seite des Paradigmenwechsels stärker berücksichtigt werden soll, ist nicht ausreichend. (Vor diesem Hintergrund nimmt sich Feyerabends normativer Anarchismus reichlich naiv und genauso exotisch aus, wie er beabsichtigt zu sein scheint.) Das brauchbarste zum Thema „Kommunikationsprobleme" hat Kuhn in 1974b: 268 beigetragen, und das ist eben angesichts der Erkenntnisse der klassischen Hermeneutik, der Soziolinguistik, der pragmatischen Kommunikationsforschung und der soziologischen Rollentheorie leider wenig.

25 Es wäre sicherlich eine falsche Unterstellung, diese Anweisung als Strategie für weniger berufene Geister aufzufassen, sie beruht eher auf dem genannten Trugschluß.

Die Entwicklung der Anthropogeographie 65

Somit verbleibt als relativ konsistente Metatheorie in Übereinstimmung mit der Wissenschaftspraxis der Versuch, die jüngste Geschichte der Geographie als Paradigmenwechsel, der zunächst vorwiegend methodologisch und forschungslogisch beschrieben wurde, mit Bezug auf einen gemeinsamen Kern traditioneller Forschungen, der nach dem Wechsel verändert ist, zu beschreiben. Ob dieser Kern von der jüngeren klassischen Fachentwicklung der Landschaftskunde für die Lösung des Paradigmenwechselproblems fruchtbringend, und das heißt allgemein letztlich, ob er in seinen wesentlichen Elementen richtig rekonstruiert wurde, ist damit in der Tat nicht notwendig gesagt. Allerdings nützt es nichts, diesen Landschaftskundlern mit „Heterogenität" zu begegnen und alles, was nicht deutlich als landschaftskundlich erkennbar ist, zunächst als mögliches neues Paradigmenelement zu definieren, denn damit wäre hinterrücks die abgelehnte Rekonstruktion mit der „Landschaft" als Zentrum zum Maßstab geraten und der mögliche Rekonstruktionsfehler würde sich auch in der Paradigmendiskussion (bzw. im neuen Paradigma) fortsetzen.

Es besteht also die Frage, ob ein Paradigmenwechsel stattgefunden hat oder ob eine Neu-Gewichtung bereits existierender Schulen plus Quantifizierung eine lockere Kontinuität durch „Pluralismus" gewährleistet — oder ob beides vorliegt (was sehr wahrscheinlich ist); dann ist aber bisher unklar geblieben, worin der Teil des Paradigmenwechsels bestand, der über die Methodologie hinaus geht (wenn es nicht die Abschaffung der „Landschaft" war), denn für die Metatheorie und für die Theorie wird ja gerade eine pluralistische Kontinuität proklamiert.

Die Frage, ob ein Paradigmenwechsel stattgefunden hat, soll beantwortet werden anhand eines Rekonstruktionsversuchs dessen, wie er stattgefunden hat. Das hat den Vorteil, daß der Vorgang so zergliedert wird, dass die Bezugspunkte der Entscheidung (d.h. bezogen worauf man einen Wechsel konstatiert und bezogen worauf möglicherweise nicht) deutlich werden. Zudem müßten typische Verbindungsstellen zwischen methodologischen Normen, Theorien und Metatheorien als Schema erkennbar werden, die den Transformationsmechanismus in der „normalen Wissenschaft" zur „Revolution" hin beschreiben.[26] Und schließlich sind außerwissenschaftliche Faktoren vermutlich besser in einen so aufgegliederten Prozeß einzuordnen als in das grobe Revolutionsschema, wo entweder die Wirkung „der Gesellschaft" platt behauptet wird, weil Forschungsfortschritt sonst eine idealistische These wäre, oder aber ignoriert wird.

Ob dann noch der Begriff „Revolution" brauchbar bleibt, scheint zunächst unsicher, weil er als Metapher ja von der unkontrollierten, bezogen auf das Alte illegalen, kurzlebigen und im alten System irrational erscheinenden, also letztlich gewaltsamen

---

26 Lakatos spricht von der „Feinstruktur des Übergangs von Normalwissenschaft zur Revolution" (vgl. Feyerabend 1974: 196).

Form lebt, also stark an Kuhns „externe" Interpretation gebunden ist, und die geplante Strategie möglichst nichts von diesen Attributen übrig lassen sollte.[27]

Was nicht behauptet werden soll, ist, daß Kuhn – etwa im Gegensatz zum Kritischen Rationalismus – eine falsche These aufstellt, wenn er davon ausgeht, daß die Forschergemeinde nicht ständig rational diskutiert, um Fortschritt mittels ausgedachten Falsifikationsexperimenten zu erzielen, sondern nahezu bewußtlos und sehr brav irgendwelche kleinen „Rätsel" verfolgt, indem sie sich dogmatisch daran orientiert, wie bisher Probleme behandelt wurden. Denn die empirische Forschung hat natürlich nicht primär ein wissenschaftstheoretisches Diskussionsziel („Wie falsifiziere ich alle meine schönen Hypothesen?"), sondern empirische Einzelziele, die vornehmlich Bestandteil einer Strategie zur schnellstmöglichen Erreichung eines Berufskarriereziels sind – man bestätigt also lieber seine Hypothesen, als daß man zeigt, daß man nichts herausgefunden hat (vgl. Kuhn 1974: 14 und 22). (Dieses subjektive Motiv ist die *Form*, in der die Technologie und die Sozialtechnologie ihre notwendigen wissenschaftlichen Anregungen kontinuierlich durch Karrierenormen gesichert bekommen.)

Damit ist aber auch die Behauptung Kuhns anerkannt, daß Paradigmen durch persönliche, unkontrollierte Entscheidungen, also letztlich in Form eines sozialpsychologischen Diffusionsvorgangs, wechseln und nicht durch rationalen Diskurs. Beides spricht jedoch – wenn es auch die Wissenschaftspraxis mit Bezug auf die subjektive Irrationalität und Ignoranz der Empiriker richtig beschreibt – noch nicht dafür, daß es keine Kontinuität des Forschungsfortschritts gibt, die man beschreiben könnte.

Für dieses Vorhaben bietet sich zunächst an, von Kuhns Beschreibung der „normalen Wissenschaft" auszugehen. Diese hat die Eigenschaft, gerade auf der Basis eines Paradigmas zu funktionieren und während ihres Funktionierens sowohl zunehmende Inkompetenz oder Sterilität gegenüber den von ihr seit langem ungelösten und verdrängten Fragen zu entwickeln, als auch anfangs irgendwann mindestens eine originelle, evtl. für eine gewisse vorherige Zeit verdrängte und verkannte, Problemlösung entwickelt zu haben – im allgemeinen wohl durch eine unkonventionelle Lösung eines normalen Kleinproblems, die auf ein größeres, ungelöstes Problem

---

27 Die irrationalistischen Merkmale von Revolutionen könnten als Situationscharakterisierung der Forscheraktivitäten Gültigkeit behalten, wenn die andere Bedeutung von „Revolution", das Etablieren einer neuen Grundstruktur durch Reduktion einer überdeterminierten Struktur, damit verbunden wird und sich zeigen ließe, inwiefern beide Aspekte verständliche Handlungen und folgerichtige Veränderungen in einem „darwinistischen" (vgl. Böhme 1975: und 22-27) Wissenschaftsprozeß sind. Es liegt dann die Hypothese nahe, daß es eine Superstruktur der Wissenschaftsentwicklung gibt, in der die Oberflächenmechanismen, die Kuhn beschreibt, „rational" sind, d.h. eine Entwicklungsfunktion haben. Diese „Superstruktur" (bzw. ihr Paradigma) ist natürlich nur von einem neuen Paradigma *dieser* Ebene aus erkennbar.

übertragen an Gewicht gewinnt, aber auch zunehmend an Verständnislosigkeit und Ablehnung hervorruft. Die „Normalwissenschaft" beginnt und endet also mit einer Revolution.[28] Kuhn belegt nun historisch, daß in solchen Fällen die viel beschworene Rationalität der Forscher und die für unumstößlich gehaltene Doktrin, daß Theorien an Tatsachen scheitern (genauer: an Sätzen über Experimente), nie funktioniert, sondern nur ein Wunschtraum in den wissenschaftstheoretischen Phantasien von Generationen erfahrungswissenschaftlicher Philosophen ist.

Diese These interessiert jedoch nicht primär, sondern wird als hinlänglich gut zugunsten Kuhns entschieden betrachtet (vgl. Lakatos' Zusammenfassung in Lakatos 1974a), wenn auch zum Teil mit ganz anderen Begründungen, als Kuhn sie bereit hält. Für unsere Fragestellung wichtig ist der Hintergrund der Formulierung „unkonventionelle Lösung eines normalen Kleinproblems" bzw. die Erweiterung dieser einen Möglichkeit für nichtexperimentelle Wissenschaften. Hierbei wird zwar die „Funktion", eine Revolution vorzubereiten, aus gutem Grund ausgespart, aber der Fortschritt, der erst abgeleitet werden soll, ist genaugenommen bereits vorausgesetzt, denn selbst wenn eine solche Lösung erst im nachhinein als paradigmatisch betrachtet wird, so muß sie irgendwann als gänzlich andere Idee, als das alte Paradigma sie normalerweise hätte suggerieren oder erlauben können, in ihm entstanden sein.[29] Es muß also zusätzliche Faktoren geben, die auf den Korpus des Paradigmas einer normalen Wissenschaft wirken können und diesen durchdringen können. Daher ist es sinnvoll anzunehmen, daß die Form bzw. die Verbindung der Gedanken und Normen innerhalb eines etablierten Paradigmas Anknüpfungspunkte bietet, die selbst nicht als problematisch erkennbar sind, die aber dennoch diesen Charakter haben, das Paradigma angreifbar zu machen.[30]

Diese Form könnte z.B. in den bereits genannten Widersprüchen, aber auch in Doppel- oder Mehrfachbedeutungen von Begriffen und Modellen, sowie im Verhältnis der Wissenschaftlichkeitsnormen zu ihrer Realisationschance bei gegebener

---

28 Kuhn spricht davon, „daß die Funktion des Versagens der Normalwissenschaft gerade darin besteht, die Bühne für die Revolution vorzubereiten" (Kuhn 1974b: 239). Damit ist auf andere Art als in der klassischen Fortschrittslogik ein Zweck eingeführt und die Chance des Paradigmenkonzepts, Wissenschaftsentwicklung nicht-teleologisch zu beschreiben, gefährdet. Da die These vermutlich richtig ist, muß diese „Funktion" in die Struktur eines Prozesses übersetzt werden, der eine Entwicklung nicht „auf ein Ziel hin", sondern „von den Anfängen weg" (Böhme 1975: 14) beschreibt, was ja im Ganzen die Intention Kuhns ist.

29 Dieser Zirkel ist der Preis für eine nicht-teleologische und nicht-fortschrittslogische Entwicklungstheorie.

30 Es wird hier nicht die theologische Lösung, daß „der Geist" eines Wissenschaftlers einfach eine „neue" „geniale Idee" hatte, in Betracht gezogen (vgl. dagegen z.B. Kuhn 1974: 12 über Kuhn und Popper.)

Fachdefinition, in Widersprüchen im System der Wissenschaft (bezogen auf ihre Programmatik) oder im Verhältnis der Heuristik zur Theorie des Faches bestehen. Faktoren, die sich mit einer oder mehreren solcher widersprüchlichen oder überbestimmten Formen der forschungspraktischen Ausübung der normalen Wissenschaft verbinden, können sowohl interne Umdeutungen wie externe Einflüsse sein. Externe Faktoren sollen als metaphysische „Realität" zunächst als Formentwicklung *im* Paradigma beschrieben werden (vgl. Hard 1973: 53), da ein möglichst hoher Anteil an „rationaler Rekonstruktion" erreicht werden soll.

Das weite Feld der Metatheorie wird daher als Bestandteil des Paradigmas (bzw. eines Forschungsprogramms) betrachtet:

> „Die Methodologie der Forschungsprogramme zieht eine Grenze zwischen interner und externer Geschichte, die sich von der anderer Rationalitätstheorien wesentlich unterscheidet. Was z.B. für den Falsifikationisten wie ein (leider häufiges) Phänomen irrationalen Festhaltens an einer 'widerlegten' oder an einer inkonsistenten Theorie aussieht und was er daher der *externen* Geschichte zuschreibt, kann auf Grund meiner Methodologie *intern*, als eine rationale Verteidigung eines vielversprechenden Forschungsprogramms, erklärt werden. (...) Für den Falsifikationismus ist eine unwiderlegbare 'Metaphysik' ein externer intellektueller Einfluß, bei mir ist sie ein lebenswichtiger Teil der rationalen Rekonstruktion der Wissenschaft" (Lakatos 1974: 75/76 und 77). „Eine 'eindrucksvolle', 'umfassende', 'weitreichende' externe Erklärung ist oft das Zeichen eines schwachen methodologischen Unterbaus; und es ist auch das Kennzeichen einer relativ schwachen internen Geschichte (die die meiste wirkliche Geschichte entweder unerklärt oder anormal läßt), wenn sie der externen Geschichte zuviel zur Erklärung überläßt."[31]

Dem steht nicht entgegen, daß wesentliche oder die wesentlichen, „letztlichen" Faktoren außerwissenschaftlicher Art sein mögen. Da sie ihre wissenschaftliche Kraft als innerwissenschaftliche Form (z.B. als Programm oder als Methodologie) erhalten, macht erst eine wissenschaftstheoretische Rekonstruktion dieser Form die historische Korrelation von gesellschaftlichen Anforderungen mit wissenschaftlichen Paradigmen oder Paradigmenteilen ertragreich. Eine solche nach außen verbindbare interne Rekonstruktion eines Paradigmas wäre dann die Rekonstruktion des „erscheinenden Bewußtseins" zu nennen.[32]

---

31 Lakatos 1974: 109. Für Kuhn handelt es sich dabei ohnehin um einen wesentlichen Teil des Paradigmas.

32 Vgl. zum Verhältnis von „interner" und „externer" Rekonstruktion auch Eisel 1972: 3-38, sowie zu externen Faktoren der landschaftskundlichen Geographieentwicklung Schramke 1975. Bezogen auf die Paradigmenwechseldiskussion entscheidet sich Schramke nicht. Für die Landschaftskunde sieht er sowohl die Kriterien für „normale Wissenschaft" erfüllt (239), als auch für einen vor-paradigmatischen Zustand (240), je nachdem ob er die dogmatische Abgrenzung gegenüber den Gesellschaftswissenschaften oder die Willkür der systematischen Theoriebildung zum Kriterium macht. Daran zeigt sich, daß Kuhns Kriterien zu ungenau sind. Zum Beispiel könnte das zweite Kri-

Die Entwicklung der Anthropogeographie

1.1.3 Die Funktion der Programmatik für eine „rationale" Revolution

Wenn oben behauptet wurde, daß der „Strukturkern" nirgends anders als in der empirischen Forschung existiert, so heißt das nicht, daß er als Paradigma am frühzeitigsten dort erkennbar wird, also immer erst nach seiner Entstehung als Gesamtheit seiner Elemente aus der empirischen Praxis destillierbar ist.

„Sehr unzureichend erfaßt, kaum überhaupt gesehen, sind bisher die Wirkungen der Selbstthematisierung, allgemeiner des Reflexivwerdens der Wissenschaft. Man kann beobachten, daß gewisse disziplinäre Schwierigkeiten bestimmte Schübe in der Selbstreflexion der Wissenschaft hervorgerufen haben, z.B. die Schwierigkeiten der empirischen Psychologie die Reflexion auf das Quantifizierungsproblem, die Schwierigkeiten der Soziologie heute die Reflexion auf die Theoriebildung. Es ist aber bisher nicht abzusehen, welche Wirkung solche Kenntnisse davon, 'wie Wissenschaft läuft', auf die Entwicklung gehabt haben" (Böhme 1975: 41/42).

In der Geographie hat der methodologische und erfahrungswissenschaftliche Teil der Revolution selbst, erst recht aber deren erkennbare Erfolglosigkeit bezogen auf Fragen, die die inhaltliche Seite der prognostischen Modelle zu beantworten gehabt hätten, den interessanten Fall geschaffen, daß es das sichere Bewußtsein einer revolutionären Situation und zugleich ihres Versagens gibt.[33] Das heißt, die „Revolutionäre" suchen ihre Revolution zu beenden,[34] sie wollen eine akzeptable „normale

---

terium nach Lakatos ein „degenerierendes Forschungsprogramm" sein, das mit „ad-hoc-Hilfshypothesen" (Lakatos 1974: 72) arbeitet. Dennoch verstrickte sich damit auch Schramke in einen Widerspruch, denn wenn die Landschaftskunde vor-paradigmatisch ist, dann ist die analytische Geographie der methodologische Fortschritt zu einem Paradigma hin. Vor dieser Vorstellung warnt er aber gerade. Dasselbe gälte für einen Paradigmenwechsel, es sei denn, es gäbe Paradigmenwechsel ohne Fortschritt, eine Vorstellung, die der gesamten Arbeit zuwider läuft. Das ist nur zu klären, wenn man zeigt, worin der Fortschritt der erfahrungswissenschaftlichen Methodologie besteht, falls deren Existenz nicht als solcher anerkannt wird.

33 „Ein jeder, der sich diese Kriterien zu eigen macht, kann natürlich auch der Ansicht sein, daß das Versagen ein Versagen der Theorie selber ist. Wie ich schon hervorgehoben hatte, kommt man unter normalen Umständen nicht zu einer solchen Überzeugung. Der Praktiker, nicht seine Geräte tragen die Schuld. Aber unter speziellen Umständen, die Krise im Fachbereich hervorrufen (wenn nämlich das Versagen allzugroß ist oder wenn es sich oft wiederholt, auch unter Mitwirkung der glänzendsten Fachleute), kann es vorkommen, daß die öffentliche Meinung der Gruppe sich ändert. Ein Versagen, das früher nur als ein persönliches Versagen galt, mag nun plötzlich als ein Versagen der überprüften Theorie erscheinen" (Kuhn 1974a: 7). Kuhn bezieht das zwar auf die normale Wissenschaft, es hat aber für unseren Kontext Gültigkeit, da die analytischen Geographen sich ja seit ca. 1962 als nachrevolutionäre Normalwissenschaftler empfunden haben dürften.

34 Vgl. auch Kilchenmann 1975: 201. Da die Geographen aber den ersten Teil bereits als eine vollständige Revolution empfunden hatten, sehen sie diese Vollendung als neuerliche Revolution (vgl. Downs 1970: 68).

Wissenschaft" herbeiführen, so daß aus den Reflexionen, die sie über ihre eigenen Perspektiven anstellen, Schlüsse über die Empirie der Zukunft zu gewinnen sind. Damit bekommen die programmatischen Äußerungen – neben ihrem direkten Informationswert über externe Interessen – eine wichtige Funktion, denn sie ermöglichen im Paradigmenwechsel (oder in der Paradigmenbildung) wissenschaftsinterne Diskussionskriterien über den Strukturkern einer zukünftigen Forschung (bzw. Auswahlkriterien für den Typus – bezogen auf das Paradigma – oder die Erfolgschance – bezogen auf die deduzierbaren Folgeprobleme – der Paradigmenelemente).[35]

Bevor sich ein neuer Strukturkern in der empirischen Forschung etabliert, d.h. bevor eine klassische Paradigmenwechselanalyse eine typische einzelne Forschungspraxis, die das ganze Paradigma repräsentiert, aufdeckt und das Verhältnis dieser Arbeit zur normalen Wissenschaft identifizieren kann oder sollte, kann daher die Fruchtbarkeit (bezogen auf akzeptierte Relevanzbereiche), die mögliche Konsistenz (bezogen auf selbstgesetzte Normen), die Wissenschaftlichkeit (bezogen auf selbstgesetzte Typen von Normen) und die Herkunft von möglichen Mängeln diskutiert werden, wenn man diejenigen ernsthaften programmatischen Vorschläge, die mehr beinhalten, als alles beim Alten zu lassen, auch tatsächlich ernst nimmt.

Wenn die Vorschläge (oder Praxis) der Metatheoretiker der Forschungsfront aber in diesem Sinne verwertet werden sollen, müssen sie in ihren disziplingeschichtlichen Varianten und den dazu angebotenen Lösungsversuchen verfolgt werden. Als „interne Logik" einer Paradigmengeschichte oder -krise ergeben sich dabei alle Entwicklungsstränge und von den Wissenschaftlern subjektiv verfolgten Strategien, die sich auf die Kontinuität von Paradigmenelementen zum aktuellen Zeitpunkt beziehen lassen, vor allem aber die Widersprüche, die im alten Paradigma, innerhalb der klassischen Prämissen, eine Strategie verstärkt und präjudiziert haben, welche unter den aktuellen Prämissen als typische Tendenz bezeichnet werden kann; und analog ergeben sich auch die Barrieren, die die Auflösung solcher Widersprüche in beiden Traditionen behindern.

---

35 Watkins folgert aus dem notwendigen Zeitraum, den ein neues Paradigma braucht, um konkurrenzfähig ausformuliert zu werden, daß normalerweise lange Zeit zwei Paradigmen existieren, bevor die Diskussion zugunsten eines der beiden abgebrochen wird, daß aber immerhin diskutiert wird und daß dann das tradierte Paradigma nicht völlig beherrschend sein kann, vor allem aber nicht „inkommensurabel" (Watkins 1974: 37). Mit dieser Beweisführung kann er jedoch nicht entkräften, daß, wenn das Paradigma gewechselt wird, „konvertiert" wird und zwar nicht in Ansehung forschungslogischer sondern karrierepolitischer Gründe. Zudem ist eine Diskussion kein Beweis für „Kommensurabilität", denn sie kann ja von jeder Seite aus unter einer von der jeweiligen Position aus zurechtgelegten, subjektiv als brauchbares Verständnis angesehenen, aber objektiv falschen Rekonstruktion geführt werden.

Die Entwicklung der Anthropogeographie 71

Daraus resultiert eine „Geschichte" nicht als Chronologie von genialen Einfällen, sondern von Problemlösungsversuchen. Dabei müßte erkennbar werden, auf welches „Problem" eigentlich geantwortet wurde, und ob bzw. in welcher Form, dieses Problem noch besteht. An der Art der vorgeschlagenen disziplinären Strategien, Antworten auf das bestehende Problem zu finden, kann evtl., angesichts der Kenntnis der Geschichte der Antworten (Theorien), die aktuelle Erfolgschance abgeschätzt werden.

Die theoretische Diskussion über Wissenschaftsperspektiven im Sinne einer Prognose der konstanten Relevanz der neuen Paradigmenelemente kann mittels der Programmatik also frühzeitig geführt werden. Daraus folgt jedoch nicht die Notwendigkeit einer Perspektivendiskussion. Diese Analyse erscheint mir notwendig, um der völligen Beliebigkeit jeder theoretischen und wissenschaftstheoretischen Diskussion zu entgehen. Die Notwendigkeit folgt nicht nur aus einer bestimmten Geschichtsphilosophie, wie Hard meint, (vgl. Hard 1973: 29 und 43-58) sondern ist auch eine wissenschaftstheoretisch notwendige Norm zur Regelung der „Rationalität" der Kommunikation innerhalb der Forschergemeinde,[36] weil auf diesen Anspruch nur um den Preis des völligen Verlusts jeder Wissenschaftsmoral verzichtet werden kann. Es gibt gute Gründe, die Bemühungen der wenigen Metatheoretiker gegen den wissenschaftspolitischen Pragmatismus der Empiriker durch ein Rationalitätsethos zu schützen, weil die Naivität der Metatheoretiker, ihre Arbeit für einflußreich zu halten, wahrscheinlich nicht nur das Paradigma de facto als „Fach" ausarbeitet und lehrbar macht, sondern auch als Anspruch des „Fortschritts" durch „Rationalität" die einzige erkennbare Verbindlichkeit, die in der Wissenschaft *geltend gemacht*, wenn auch nicht durchgesetzt werden kann, ist. Jede „realistische" Gegeneinschätzung entzieht sich in der Wissenschaft den Boden ihrer Intention als Analyse und

---

36 Von daher ergibt sich, daß es dann doch etwas „rational" zu entscheiden gibt im Paradigmenwechsel und man sich – wenn man nicht als vergleichsweise interesseloser und oberflächlicher Wissenschaftler gelten will – dessen befleißigen sollte. Daß das nicht eingehalten wird, bestärkt Kuhn darin, diese Norm, die sinnvoll ist, um ein Minimum an Reflexionsvermögen im Wissenschaftsbetrieb aufrechtzuerhalten, aufzugeben und sie für den „internen" Übergangsprozeß außer acht zu lassen. Er hält sie für eine notwendige Maxime, aber nicht zur direkten Anwendung (er hält sie für unspezifizierbar), sondern weil sie ein Maximum an Genauigkeit in der Darstellung von Positionen anhand von konkreten Lösungen stimuliert. Gewechselt wird durch Entschluß, und der ist selbst nicht rational, sondern die Wahl einer „Gestalt". Und die Motivation dieser Wahl ist nicht als „rational" im wissenschaftlichen Sinne zu bezeichnen, sie ist überhaupt nicht mit Theorien verbindbar (vgl. Kuhn 1974b: 232, 239/240, 252 ff.). Auf dieser Ebene ist Kuhn kaum zu widerlegen. Problematisch ist allerdings die Ausschließlichkeit dieser Ebene, die ja Fortschritt nur durch die Wissenschaftler hindurch, als Kommunikationsgruppe oder als Individuen, verfolgt (während die Popperschule ihn unter völliger Ausschaltung dessen verfolgt).

Diskussionsbeitrag. Das heißt, das *Insistieren* auf einer *Fiktion* ist das einzige strategische Mittel, was eine Chance ihrer partiellen Realisierung bietet und zynischen „Realismus" unterläuft.

Wie oben schon angedeutet, zeichnet es sich zum ersten Mal in der Geschichte der Geographie ab, daß die Methodologie größere perspektivische Kraft hat als die raumwissenschaftliche Programmatik. Es ist nämlich unwahrscheinlich, daß die Irrelevanzprobleme, die sich durch den theoretischen Abstraktionsgrad der Raummodelle ergeben haben, langfristig durch Aufgabe des empiristischen Methodenideals zu kompensieren versucht werden. Stattdessen soll die inhaltliche Theoriebildung forciert werden, auch wenn der unmittelbar „räumliche" Aspekt der Theoriebildung dabei vernachlässigt werden muß. Das heißt aber: der sozialtechnische Funktionszusammenhang ist stärker geworden als die raumwissenschaftliche Tradition und ihr erdräumlicher Klassifikationsauftrag. Der Auftrag wurde durch eine Einheit von Programm und Methodologie erfüllt. Das neue gesellschaftliche Verwertungsinteresse schien zunächst durch eine Änderung der Methoden zu befriedigen zu sein. Es ist einleuchtend, daß bei dieser direkten Verbindung zwischen Methodologie und Verwendung dann auch die Methodologie der entscheidende argumentative Bezugspunkt im Verlauf der Revolution war, weil sie einerseits der Bürge für „Relevanz" war, andererseits der arbiträrste Teil des Paradigmas zu sein scheint, zumindest bei einer Entwicklung zur Erfahrungswissenschaft hin. Daß die theoretische Programmatik den Erfolg der Methoden zu verhindern in der Lage ist, also letztlich mindestens ebenso stark diesen Relevanzzusammenhang steuert wie die Methodologie, entdeckte die Geographie dann erst viel später. Damit zeigt sich, daß der Sinn der erfahrungswissenschaftlichen Programmatik sich auf theoretischer Ebene nicht automatisch einlösen muß, sondern unabhängig davon auch eine theoretische Beziehung zum Verwertungskontext hat.

Diese Hinwendung zur Gesellschaftstheorie sowie die behavioristische Richtung, die diese Wendung genommen hat, deuten darauf hin, daß nicht nur der länderkundliche Klassifikationsauftrag im Verhältnis zur Sozialtechnologie obsolet geworden ist, sondern daß die Theorien, die den Sinn der raumwissenschaftlichen Abgrenzung (gleichgültig in welcher Methodologie) konstituieren, nicht mehr als problemlösend betrachtet werden, weil ihnen keine Abbildfunktion gegenüber der Gesellschaft als reinem Handlungssystem zugebilligt wird.

Eine solche Reflexion kann normativ in die Diskussion über „Rationalität" in einer wissenschaftsinternen Entwicklung eingebracht werden und hat den Vorteil, daß sie *deskriptiv* zur Auswahl der verschiedenen Paradigmenteile wie auch zu deren Beurteilung erstellt werden kann, also den Tautologie-Vorwurf, der gegenüber Lakatos' „interner" Wissenschaftsgeschichte nach „rationalen" Kriterien erhoben wird (vgl. Kuhn 1974: 124 ff.), nicht zu fürchten braucht. Gleichzeitig ist so die Geographie nicht zur „Klugheit im nachhinein" verdammt, wie Lakatos meint (Lakatos 1974:

Die Entwicklung der Anthropogeographie 73

73; vgl. dazu Diederich, Einleitung zu Diederich (Hrsg.) (1974): 16). Lakatos sieht vor, daß ein Forschungsprogramm ein anderes ablöst, indem

> „ein schon während der 'Lebenszeit' des alten Programms in nuce entwickeltes neues Programm zu dem älteren in Konkurrenz tritt und es schließlich durch seine größere problemlösende Kraft überflügelt. Während das alte Programm zunehmend theoretische Anpassungen an widerspenstige Erfahrungsdaten erfordert ('degenerierte Problemverschiebung'), behält beim neuen die theoretische Entwicklung die Oberhand ('progressive Problemverschiebung'): die Empirie wird dem neuen Programm statt zur Aufgabe zum erfolgreichen Test" (ebd.: 14/15).

Es ist aber ein weiterer Fall denkbar, nämlich, daß sowohl das alte Programm als auch die neuen Problemlösungen sich als unbefriedigend erweisen und von „ad-hoc-Hilfshypothesen" leben und daher die „progressive Problemverschiebung" sich programmatisch am Leben erhält und verbessert, ohne daß die theoretische Entwicklung für die „normale Wissenschaft" ausreicht. Dann kann innerhalb des negativ definierten neuen Paradigmas an dessen Erstellung „rational" gearbeitet werden.[37]

1.1.4 Thesen zur Geschichte der Oberfläche des anthropogeographischen Paradigmas

Im Zusammenhang der Entstehung der neuzeitlichen Geographie als notwendig gewordener Regionalklassifikation des Planeten Erde wird der fundamentale Charakter des „Form-Genese"-Schemas als Vorläufer des „Form-Prozeß"-Schemas rekonstruiert. Dabei ist die enthaltene Verbindung von räumlich-gestalthafter Beobachtungsdimension, regionalistischer Vergleichs- und Klassifikationsdimension und inhaltlicher Heuristik, aber auch die Erklärung der „räumlichen" Dimensionen durch diese inhaltliche Seite als forschungspraktische Notwendigkeit und daher akzeptable und im Funktionskontext „rationale" Forschungslogik paradigmentheoretisch wichtig.

Dieser Inhalt wird aus der philosophisch-anthropologischen und gesellschaftstheoretischen Tradition, die bereits auf die Entdeckung der Erde durch Theorien über den Einfluß der Natur auf die Zivilisationsstufe des Menschen reagiert hatte, als „Mensch-Umwelt"-Ansatz übernommen und zunächst regionalistisch als „Land-und-Leute"-Beschreibung, d.h. „Länderkunde", ausgeführt. Bei zunehmender Spezialisierung der Forschung wird er in Einzelaspekte (die „allgemeinen Geographien") aufgelöst, so daß in der Anthropogeographie dieses Mensch-Natur-Thema seinen Ort

---

37 Es wird eine „positive Heuristik" erstellt, bzw. z.T. durch eine Programmatik noch ersetzt. In diesem Fall hat für Lakatos noch kein Paradigmenwechsel stattgefunden. „Ich definiere ein Forschungsprogramm als degenerierend dann, wenn es neue Tatsachen antizipiert, dies aber durch stückweises Entwickeln und nicht mit Hilfe einer kohärenten, im voraus geplanten, positiven Heuristik tut" (Lakatos 1974: 72, Anm. 36).

findet. Damit ist das wesentliche inhaltliche Theorie- bzw. Metatheorie-Element des Paradigmas, das sich später allerdings explizit eher in programmatischer Form und nicht so sehr als offizielles Objekt tradiert, gegeben. Mit dem klassifizierenden Stadium der Geographie und der „vergleichenden Methode" ist eine anti-experimentelle Forschungsstrategie festgelegt. Zugleich erscheinen „Länder" innerhalb des verallgemeinernden Vergleichsverfahrens als regionale „Individuen" von Natur und Kultur. (Kapitel 2.1)

Die Anthropogeographie hat die Aufgabe, das Mensch- Natur-Verhältnis „raumwissenschaftlich" (wissenschaftsintern ein Abgrenzungskriterium gegenüber Ethnologie, Geschichte, Psychologie, Anthropologie usw.) zu behandeln. Ratzel entwickelt dafür eine „räumliche" Geschichtsvorstellung. Der Aspekt, der mit der Ausbildung von Arbeit und Kultur historisch in jedem Fall verbunden ist, ist die „Bewegung" von Völkern und Individuen im Kampf mit der Natur oder untereinander. Dabei wird die Erde erobert. Da diese Bewegungen („Wanderungen") in Auseinandersetzung mit der Natur durch diese verursacht wurden, andererseits aber die damit einhergehende technologische Entwicklung Freiheitsgrade der Handlung gegenüber der Natur ermöglicht hat, entfaltet die Anthropogeographie ein relativ differenziertes Bild innerhalb des Dualismus von Anpassung und Freiheit, in dem der historische Anlaß dieser Raumtheorie, die Konstitution des Weltmarktes, den theoretischen Ausschlag gibt. Zum Zeitpunkt, wo die progressivste ökonomische und historische Entwicklung, der industrielle Kapitalismus, prinzipiell den Planeten Erde ganz erfaßt hat, wird rückgeschlossen, daß die Menschheit kurz vor einer endgültigen Einheit mit sich und einer qualitativ neuen Harmonie mit der Natur steht. Die räumliche und systematische Evolution hat ihr Ende gefunden. Als zentraler theoretischer Grundbegriff einer solchen objektivistischen Gesellschaftsapologie erweist sich der Begriff „Bewegung", wenn er als handlungstheoretischer Begriff auf die Geschichte angewendet wird. Metatheoretische Voraussetzung eines solchen Konstrukts, wenn zunächst einmal mit dem Dualismus von Arbeit und Handeln begonnen wurde, ist die Reduktion von deren Vermittlung auf das Abstraktum „der Mensch" als elementaristischem Ausgangspunkt. (Kapitel 2.2)

Die räumliche Geschichtstheorie erhält als Bestandteil der länderkundlichen Gesamtgeographie den Charakter einer metatheoretischen, perspektivischen Festlegung, nicht den Charakter einer ausgebauten Theorie. Die „Kulturlandschaft" als Objekt der Anthropogeographie ist eine Verbindung der regionalistischen (länderkundlichen) und der raumwissenschaftlichen („Bewegung", „Wanderung") Tradition der Geographie unter dem methodologischen und ideologischen Primat der regionalistischen Tradition. Die regionalistische Beobachtung (vgl. Thesen zu Kapitel 2.1) der Bewegungen muß in der „Kulturlandschaft" geschehen. Umgekehrt verleiht nur die Bewegungs- und Geschichtstheorie dem ganzen Anliegen einen inhaltlichen Sinn.

Die Entwicklung der Anthropogeographie 75

„Kulturlandschaften" als Beobachtungstatsachensammlungen, deren „Gestalt" Ausgangspunkt der Beobachtung und deren Ausbreitung als Gestalt (Region) Ziel der Analyse ist, sind im Verhältnis zum eigentlichen Ziel, der idiographischen Erfassung von Ländern, trotz des Aspekts, daß sie nicht nur *typische* Landschaften (Bilder), sondern auch *reale* Regionen sind, „Mittel", um Länder zu beschreiben. Das heißt, sie sind *als Real-Objekte Verfahrensweisen*. Daraus folgt die Verbindung der Geographie mit der intuitionistischen und irrationalistischen Variante hermeneutischer Methodologie. Der Geograph kann Länder nur beschreiben, indem er reale Landschaften „erlebt". Die interne forschungslogische Dynamik wird durch die externe Aufwertung der erlebten Landschaft als „Heimat", „Vaterland" usw. verstärkt.

Das „Erleben" (und „Verstehen") von Landschaften ist mit dem Form-Genese-Schema derart verbunden, daß die typische Gestalt doppelt typisch ist: für die Region und für die Genese der Gestalt. Da das Bild der Region beobachtet (erlebt) werden muß, um die Genese desselben zu rekonstruieren (was als Ganzes die Methode ist, die reale Region zu „beschreiben" und zu „erklären"), gibt es keinen eigenen legitimierten Bereich der inhaltlichen Theoriebildung und -verifikation auf der Seite der „Genese". Soweit er fallweise unumgänglich ist, handelt es sich um Übernahme aus den systematischen Wissenschaften unter dem Auswahlkriterium der „räumlichen Relevanz". (Kapitel 2.3)

Die Kulturlandschaftskunde hat durch weitere Ausschöpfung der immanenten Möglichkeiten ihres Wissenschaftssystems als hermeneutische Regionalwissenschaft die sogenannte funktionalistische Betrachtungsweise und später die Sozialgeographie entwickelt. Sie hat dabei, vor allem bei der Ausarbeitung der Legitimation und danach auch des Programms der Sozialgeographie durch Bobek, trotz ihrer klassischen Festlegung auf die räumliche Theorieperspektive, erstens einen Anspruch auf die Bildung von Gesellschaftstheorien entwickelt und diesen Anspruch zweitens dann durch Bobek auch in differierenden Versuchen verwirklicht. Diese regionalistische Gesellschaftstheorie ergänzt Ratzels raumwissenschaftliche Geschichtstheorie durch eine funktionalistische Stadt-Land-Theorie. In ihr werden, in Ergänzung zu Ratzel, wesentliche Elemente der inhaltlichen Seite des modernen geographischen Paradigmas (oder zumindest kompatible Elemente) entwickelt, ohne daß dessen engere Methodologie mitentwickelt oder auch nur akzeptiert werden müßte.

Der zentrale Kern dieser Gesellschaftstheorie bezogen auf ihren Fortschrittsaspekt ist die Neutralisierung und Verschleierung der historischen Funktion produktiver Arbeitstätigkeit zugunsten einer Aufwertung des „Geistes" als Motor der Geschichte und parallel dazu zugunsten der Aufwertung der Gleichberechtigung aller lebensweltlichen Funktionszusammenhänge.

Die simple Gesellschaftstheorie, die als allgemeine Generalisierung der unterschiedlichen, für klassische kulturlandschaftskundliche Interessen ad hoc benutzten Teiltheorien von der Geographie entworfen wird, lautet im Ergebnis: Menschliche

Gruppen handeln. Solche Handlungen sind als bedeutsame Tätigkeiten „Funktionen". Alle wichtigen Funktionen sind „raumwirksam".

Für die inhaltliche Herleitung dieser „Gesellschaftstheorie" erweist sich, analog zu Ratzel, die Vorstellung von Natur als „konkretem Raum" als konstitutiv und das Unvermögen, gesellschaftliche Entwicklungen nicht ohne Zirkel ableiten zu können, als unvermeidlich. Andererseits erreicht hier die klassische Anthropogeographie zum zweiten Mal innerhalb der raumwissenschaftlichen und regionalistischen (hier innerhalb der regionalistischen) Abgrenzung nach immanenter Logik einen Punkt, an dem sie auf eine gesellschaftswissenschaftliche Perspektive aufbaut und die Notwendigkeit eigenverantwortlicher gesellschaftstheoretischer Arbeit als Basis der Anthropogeographie erkennt. Somit stünden die fundamentalen Aussagen der Anthropogeographie auch offiziell nach gesellschaftswissenschaftlichen Wahrheitskriterien und nicht nach regionalistischen Relevanzkriterien zur Diskussion. (Kapitel 2.4)

Die idiographische Zielperspektive wird in der erfahrungswissenschaftlichen Geographie aufgelöst. Damit wird „Regionalisierung" Gegenstand der Klassenlogik und Regionen („Länder") werden „Fälle" statt „Individuen".

Unter erfahrungswissenschaftlichen Voraussetzungen ist das Form-Genese-Schema ein Form-Prozeß-Schema. Da „Formen" oder „Muster" geometrisch beschrieben werden können und gesellschaftliche Prozesse durch die empirische Sozialforschung oder Ökonomie exakt und empirisch unabhängig bearbeitet werden können und nach diesem Wissenschaftsideal sogar müssen, trennen sich die Teile des Schemas stärker. Es bleibt bei der perspektivischen Festlegung auf die Erklärung von Mustern durch Prozesse im Sinne eines Abgrenzungskriteriums, aber es gibt einen eigenen Bereich von Theorie und Empirie auf der Seite der Prozesse.

Daraus folgt die abermals verstärkte Betonung einer eigenen gesellschaftswissenschaftlichen Forschung. Dabei wird, aus Abgrenzungsgründen, dieser Bereich selbst, trotz der regionalwissenschaftlichen Legitimation durch „Muster" und „Prozeß", mit einer Kombination von gesellschaftswissenschaftlicher und raumwissenschaftlicher Perspektive versehen. Die Anthropogeographie zerfällt jetzt in „*Geometry*" und eine „*Theory of Movement*". Inhaltliches Synonym von Bewegung in diesem gesellschaftstheoretischen Teil ist „räumliches Verhalten", theoretische Begriffe sind „Diffusion", „Interaktion", „Gravitation" usw. Zudem werden die Theorien der Raumwirtschaftstheorie übernommen. Damit ist metatheoretisch der Anfangspunkt der Anthropogeographie im 19. Jahrhundert in Verbindung mit ihrem Endpunkt bei Christaller erreicht – unter erfahrungswissenschaftlichem, stärker gesellschaftstheoretischem statt geschichtswissenschaftlichem Interesse. (Kapitel 3.1)

Die „quantitative Revolution" hat die in sie gesetzten Erwartungen nicht erfüllt. Die Vorstellung, daß Prognostizität von Sachverhalten identisch ist mit prognostischer Relevanz von Methoden, hat sich als falsch erwiesen und führt zur verstärkten

Die Entwicklung der Anthropogeographie 77

Theorieforderung, aber auch zur Forderung nach anderen Arten von Theorie als den überkommenen. Da diese Forderung sich extern aus der sozialplanerischen Relevanz der Regionalplanung speist, ist sie mit einer Verstärkung der gesellschaftswissenschaftlichen Theorieinhalte verbunden. Der „räumliche" Aspekt ist sozialplanerisch relativ irrelevant, so daß die Bewegungstheorien an Bedeutung verlieren und sich die Fixierung auf die „Formen" oder „Muster" des Raumes im Sinne eines die Theorieinhalte betreffenden Selektionskriteriums löst. Die Anthropogeographie ist zur Mitarbeit innerhalb der gesellschaftswissenschaftlichen Theoriebildung aufgerufen. Diese Veränderung etabliert sich jedoch zunächst nicht sehr explizit programmatisch, als vielmehr in der immer noch auf regionale Muster und Standorte fixierten, aber verstärkt verhaltenstheoretisch arbeitenden Forschungspraxis. Es setzt die Analyse von „Umweltwahrnehmungen" an Stelle der Umwelt ein.

Der verhaltenswissenschaftliche Trend betont (analog zur klassischen Anthropogeographie) die Willensfreiheit der Handelnden im Rahmen gesellschaftlicher Rand- und Bildungsbedingungen, in jedem Falle die realitätsbildende und -verändernde Kraft aktiver, subjektiver Handlungen. Danach können die Ursachen regionaler Muster und Standorte eher in der Motivationsstruktur und im Entscheidungsprozeß der Subjekte beobachtet werden als in der räumlichen Realität. Anlaß und Ausgangspunkt der Analyse sind regionale Ereignisse im gewohnten Sinne. Die theoretische Arbeit ist zu einem hohen Prozentsatz gesellschaftswissenschaftlich. (Kapitel 3.2)

Die Abschaffung des Form-Prozeß-Schemas geschieht dann *bewußt* im Sinne metatheoretischer Reflexion an der theoretischen Forschungsfront. Eine wesentliche Rolle innerhalb der Begründung für die Aufgabe des Schemas spielt abermals das erfahrungswissenschaftliche Wissenschaftsideal im Sinne von Exaktheitskriterien formaler Folgerungsbeziehungen. Damit ist in der Geographie zum erstenmal das wesentliche Paradigmenelement, das – methodologisch invariant – die regionalistische Grundperspektive als Abgrenzungskriterium und als theoretisches Selektionskriterium absicherte, aufgegeben, d.h., die Geographie hat den letzten formalen Rest des Reisebeschreibungsparadigmas aufgegeben. Damit ist oberflächlich die Geographie als Wissenschaft nicht mehr existent, weil es keine Ebene mehr gibt, innerhalb der sich das regionalistische und das raumwissenschaftliche Abgrenzungskriterium forschungslogisch rechtfertigen lassen.

Andererseits wird damit erstmals der Anthropogeographie die Möglichkeit genommen, inhaltliche Theoriebildung auf einer objektivistischen Oberfläche mit diesem, von der Richtigkeit solcher Theorien abgelösten Relevanzkriterium per Abgrenzung zu legitimieren. Damit steht die theoretische Beschränkung inhaltlich nach Wahrheitskriterien zur Diskussion.

Die Versuche, sich innerhalb dieses Rahmens der Diskussion in der allgemeinen Gesellschaftstheorie zu stellen, sind selbst noch beeinflußt von der klassischen Tradition, bzw. scheitern, weil sie, ebenso wie die inhaltliche Seite der klassischen Theorie, innerhalb einer allgemeinen gesellschaftswissenschaftlichen Metatheorie versucht werden, die der Forderung nach einem Zusammenhang zwischen Teiltheorien und gleichzeitig einem ausreichenden Komplexitätsgrad für sozialplanerische Relevanz nicht genügen. Die Forderung des Zusammenhangs leitet sich aus der Ableitbarkeitsforderung regional relevanter Theorieteile innerhalb der mittleren oder unteren Verzweigungen der theoretischen Hierarchie ab. Das ist die einzige Möglichkeit, den beliebigen Rückfall ins klassische Paradigma zu verhindern, d.h. die „degenerative" Phase des Forschungsprogramms zu verlassen.

Mit diesem erreichten Problemstadium einer permanenten Revolution ist die neue Geographie auf der Seite ihrer Theorie in eine Entwicklung der Gesellschaftstheorien eingebunden, die seit langem besteht (Handlungstheorie). Somit steht mit diesem Teil des neuen Paradigmas ein Konzept zur Diskussion, das zugleich Teil eines sehr viel allgemeineren Paradigmas ist. In der klassischen Anthropogeographie war bereits die erstmals ausschließlich *gesellschaftliche* Formbestimmung der Arbeit im Industriekapitalismus zur endgültigen *natürlichen* Form der Arbeit umgedeutet und anschließend für gesellschaftlich sekundär erklärt worden. Dieser evolutionistische sowie soziologistische Ausgangspunkt der Gesellschaftstheorie ist metatheoretisch an das Abstraktum „der Mensch" gebunden. Da die fundamentale menschliche Aktivität „Handeln" ist, fällt diese Naturalisierung gesellschaftlicher Arbeit mit der Soziologisierung der Ökonomie zusammen. Diese Reduktion der Gesellschaftstheorie erweist sich nach Auskunft einiger anthropogeographischer Revolutionäre der 1. und 2. Phase bisher als ungeeignet, die Forderung nach planerischer Relevanz innerhalb des erreichten und akzeptierten wissenschaftstheoretischen Exaktheitsideals zu erfüllen. (Kapitel 3.3)

1.2 Über die Realität von Ideologien

Die rationale Rekonstruktion der Wissenschaftsgeschichte ergibt eine Logik der Veränderungen auf der Ebene ihrer eigenen Widersprüche und der Versuche, diese innerhalb der akzeptierten Fachprogrammatik und Grundbegriffe auszuräumen. Die Verbesserungen und Umbauten können unter der Perspektive, daß die neueste Entwicklung „typischer" und nicht arbiträrer Fortschritt ist, auf eine Tendenz hin rekonstruiert werden.

Die Tendenz, das inhaltliche, gesellschaftstheoretische Interesse der Geographie gegenüber den verschiedenen existierenden Definitionen von „räumlicher" Wissenschaft zur Geltung zu bringen, d.h., die Versuche, „Raum" als „Land", „Bewegung", „Landschaft", „Chorologie", *spatial behavior* usw. so zu definieren, daß der jeweilige Raumbegriff eine gesellschaftstheoretische Forschungsperspektive erhält, bis dann zuletzt die gesellschaftswissenschaftliche Objektdefinition Ergebnis der 2. Revolutionsphase wird, wird in der „Oberflächenrekonstruktion" als methodologisch und

Die Entwicklung der Anthropogeographie

heuristisch immanent notwendiger Verstärkungsprozeß deutlich gemacht. Dabei werden immer wieder Verbindungen zwischen extern definierter „Relevanz" und internen Veränderungen deutlich.

In diesem Verfahren ist die Rekonstruktionsperspektive, die eine Tendenz in den Veränderungen festzustellen erlaubt, in ihrer theoretischen Funktion einfach als historisches Faktum gesetzt, indem dieses der modernen Programmatik entnommen wird. Es ist so nicht verständlich, welcher Logik (und Tendenz) diese leitende Dynamik, das räumliche Abgrenzungskriterium abzuschaffen, zumindest aber permanent zu verändern, entspricht, wenn andererseits gerade krampfhaft daran festgehalten wurde, und warum in der Phase der Revolution das Argument externer Relevanz sehr starken Einfluß im Vorgang dieser Eliminierung erhält.

Es ist dann auch auf diese Art nicht zu klären, welche *theoretischen* Probleme die Anthropogeographie *als Gesellschaftswissenschaft* (unterschwellig oder offiziell) hatte und hat, und wie diese gesellschaftswissenschaftliche, für eine Gesellschaftswissenschaft einzig gültige, Abbildfunktion die eigentliche Relevanz-Problematik produziert und daher verantwortlich ist für die Veränderungen im „raumwissenschaftlichen" System.

Die Kapitel 2 und 3 der Arbeit enthalten demnach eine Oberflächenrekonstruktion, die zwar nicht eine übliche historizistische Darstellung ist, sondern durchaus bereits eine innere Logik des Fortschritts sowie der idealistischen Zirkelargumentationen verfolgt im Sinne einer internen Rationalität der Geschichte des Faches;[38] aber zur Entlastung der Komplexität der Darstellung wurde sie von zwei weiteren Ebenen der Rekonstruktion abgetrennt. Diese werden als Interpretationen der Logik der Oberfläche nachgestellt.

Der erste Teil der vorliegenden Arbeit (Kapitel 2 und 3) behandelt, wie Fortschritt in der Wissenschaft abläuft (oder ablaufen kann); der zweite Teil behandelt, innerhalb welcher Grenzen Theoriefortschritt sich bewegt, wie Theorien Realität reflektieren und Realität werden innerhalb dieser Grenzen, sowie, woher die Grenzen kommen und was ihre Funktion ist.

Dieses zweite Unterfangen macht es notwendig, den jeweiligen gesellschaftstheoretischen Sinn der gewählten Raumbegriffe zu mobilisieren, d.h., sie, so wie es die Geographie ja selbst intendiert, tatsächlich als Theorien des Mensch-Natur-

---

38 Insofern ist bei der Textexegese oft nicht völlig scharf zwischen den beiden Ebenen der Rekonstruktion zu trennen. Am deutlichsten wird das bei solch konsistenten Theorien wie der Friedrich Ratzels, wo ein erheblicher Teil der Argumente, die in den gesellschaftstheoretischen Teil der Interpretation gehören, bereits zur Rekonstruktion der „raumwissenschaftlichen" Logik verwendet werden müssen und daher in der Arbeit bereits dort auftauchen – also sinnvollerweise für die gesellschaftstheoretische Ebene erneut zu Rate gezogen werden sollten.

Verhältnisses ernst zu nehmen, denn dann müßte die Geschichte des raumwissenschaftlichen Fortschritts, bis hin zur Selbstauflösung der „Raumwissenschaft", als Geschichte der gesellschaftstheoretischen Anpassungsversuche zwischen Theorie und Realität seitens der Geographie erkennbar werden. Und die Auflösung von „Raum" müßte die endgültige Veränderung des Paradigmas auch als gesellschaftstheoretisches signalisieren. Die Re-Interpretation des geographischen Selbstauflösungsprozesses faßt also die geographische Theorie als Gegenstand der Kritik, indem sie die Theorie in ihrer Abbildfunktion einsetzt und mit Bezug auf diese Funktion ergänzt oder, soweit notwendig, verändert.

Das heißt, es wird gleichermaßen ein Standpunkt *in* der Theorie und *außerhalb* dieser Theorie eingenommen: in der Theorie, insofern unterstellt wird, daß jede Theorie abbildendes Bewußtsein ist[39] und sich daher eignet, die Struktur der Realität zu rekonstruieren, außerhalb, weil unterstellt wird, daß es notwendig ist, die theoretischen Aussagen, die eine diachronische „Geschichte" erzählen, von der synchronen Struktur ihrer Philosophie zu trennen (vgl. Levi-Strauss 1972). Erst nach dieser Trennung kann zwischen einer strukturellen Abbildfunktion und einer historischen Abbildfunktion unterschieden werden. Daraus ergibt sich die Geschichte als realitätsgerechte Abfolge von Reduktionen, als diachronische Abfolge von Varianten einer synchronen Grundstruktur. (Damit ist noch nicht die Struktur der Abfolge der Strukturvarianten bzw. der Grundstrukturen erfaßt, sondern nur die Geschichte des Sinns solcher Varianten – und das ist nicht ihre Gesetzmäßigkeit als Prozeß, sondern die verständliche Geschichte der Ergebnisse dieses Prozesses als einer funktionalen Abfolge von Fortschritt durch Herrschaft.) Die Gesellschaftstheorie der Geographie wird sich als eine sich den verändernden politischen Interessen jeweils semantisch anpassende Abfolge „logischer" Reduktionen von Abbildstrukturen innerhalb der abendländischen Identitätsphilosophie (die ein Abbild patriarchalischer Warenökonomien ist) erweisen, d.h. als Abfolge differierender Kombinationen gesellschaftlicher Strukturelemente zu Konzeptionen von der „Einheit der Welt" in Gott, im Geist, im Subjekt, im Menschen, in der Natur, im Willen, in der Sprache.

Die der identitätsphilosophischen Ausrichtung vorausgehende logische Reduktion bezieht sich auf die Eliminierung der Antinomien in der Sphäre „Gesellschaft" und ist die Bedingung der ontologisch-epistemologischen Gegenüberstellung von „Mensch" (Geist, Bewußtsein, Sprache usw.) und Natur als Position und Negation, die dann in der Identität des Seins als dem Schöpfer „Gott" oder dem „tätigen" „historischen" Subjekt (als reinrassigem Eroberer, initiativem Unternehmer oder klassenbewußtem Proleten), das an der Erschaffung des Paradieses noch arbeitet, weil Gott tot ist und

---

39 „Ich habe gefunden, daß die meisten Sekten in einem Großteil dessen, was sie positiv behaupten, recht haben, weniger in dem, was sie leugnen" (Leibniz, zitiert nach Hirschberger 1961: 114).

Die Entwicklung der Anthropogeographie

alles in Menschenhand liegt, aufgelöst werden kann. Eine Mannigfaltigkeit könnte nicht einer Einheit gegenüberstehen, ohne die patriarchalische Identitätsphilosophie zu sprengen, weil kein symmetrisches Schema (geschlossenes System) von „Vermittlung" (Fortschritt) gegeben wäre.

Diese Geschichte geographischer Philosophie reflektiert säuberlich die Realgeschichte der industriekapitalistischen Gesellschaft als warengesellschaftliche und patriarchalische, ist also nicht ihre diachronische Semantik (Geschichtsschreibung), sondern formuliert ihre historischen (diachronischen) Varianten synchroner Strukturkombinationen als jeweilige „geographische" Varianten des Versuchs, die Realität der Industrie und der politischen Systeme, die diese Realität verwalten und durchsetzen, zu legitimieren. Die Übersetzung der Oberfläche des geographischen Paradigmenkerns „Raum" in seine gesellschaftstheoretischen Aussagen und deren Kontext ermöglicht also, Geographie als *allgemeine politische* Theorie zu verhandeln.

Dabei hat es sich als unumgänglich erwiesen, zunächst von den klassischen philosophischen und politologischen Grundtypen politischer Theorie auszugehen, und zwar wegen der geographischen Fixierung auf eine Utopie von gesellschaftlichem Leben als harmonische *konkrete* Naturentfaltung, die im Raumbegriff des klassischen Paradigmas enthalten ist, vom konservativen Weltbild als einer Verbindung idiographischer Philosophie und aufklärerischer Naturromantik. Aber nicht nur und nicht primär diese Verbindung von Aufklärung und anti-aufklärerischer Philosophie im Begriff der konkreten Natur ist es, die die spätere Entwicklung geographischer Gesellschaftstheorie als Vermittlungsversuch zwischen konservativem und aufgeklärtem Denken kennzeichnet, sondern die Notwendigkeit, die ökonomische und politische Realität des Industriekapitalismus als Realität des Aufklärungsdenkens mit einer Theoriefixierung auf Harmonie in konkreter Natürlichkeit zu vermitteln.

Diese Strategie sprengt das konservative Weltbild immer wieder und wandelt es, je nach dem Stand der politischen Entwicklung dieses Arbeitsteilungssystems, im Sinne eines Kompromisses zwischen resignativer Utopie von Natürlichkeit und einer Reflexion politischer Realität als Legitimation just dieser Realität als neue Natürlichkeit, in verschiedenen Formen ab. Politik oder handlungsanleitende politische Philosophien können gar nicht konservativ im klassischen Sinne sein, weil sie mit der Industrie gegen die Industrie entstehen, d.h. nur als idiographische Anti-Aufklärung idealtypisch existieren können. Unter realistischem Handlungsbezug müssen sie eine strukturelle Verbindung mit ihrer eigenen Gegenutopie, die ja ein realer Bezugszusammenhang ist, eingehen. Wenn nun dieser Sachverhalt nicht zu einer trivialen Definition von „konservativ" führen soll, in der der Idealtyp und alle seine gegenläufigen Abweichungen mit „bewahrendem" Charakter als konservativ bezeichnet werden (so daß nichts mehr nicht konservativ ist, was meist zu einer Diffusion der Begriffe „reaktionär" und „faschistisch" führt), muß diese Abweichung als selbstverständliche Normalform industriekapitalistischer Ideologie betrachtet werden. Konservative Politik ist immer pro-industriekapitalistische Abweichung vom konservativen Ideal und liberale Politik ist immer „bewahrende", die herrschenden Verhältnisse als Naturzustand interpretierende Abweichung vom aufklärerischen Ideal. Beide Strategien sind unterscheidbar, aber als Varianten eines Kompromisses, der eine eigene Struktur und Logik hat.[40]

> „Die liberale Partei behauptet den Gedanken der Gleichheit gegen den Adel, gegen alle Stände als solche, weil sie nach der Basis der Revolution keine organische Gliederung zugeben kann. Allein, soll die Gleichheit positiv durchgeführt werden, soll die Klasse der Besitzlosen dieselben Rechte mit ihr erhalten, dann gibt sie den Gedanken auf und macht politisch rechtliche Unterschiede zugunsten der Vermöglichen. Sie will Zensus für die Repräsentation, Kautionen für die Presse, läßt nur die Fashionablen in den Salon kommen, gewährt dem Armen nicht die Ehre und die Höflichkeit wie dem Reichen. Diese Halbdurchführung der Prinzipien der Revolution ist es, was die Parteistellung der Liberalen charakterisiert" (Stahl 1863: 73).

So wie liberale Politik nie länger dem Ideal vom laissez-faire-Zustand und der politischen Aufklärung entsprochen hat, weil sie das erkämpfte System entgegen der Fiktion von der Pluralität der Meinungen und Lebensweisen als Herrschaftssystem sichern mußte, ist es unwahrscheinlich, daß konservative Politik je dem Konservativismus entsprochen hat, da sie immer ihre Ideale innerhalb der übermächtigen Dynamik des Industriekapitals verwirklichen mußte.[41]

---

40 Es wird hier nicht auf die ökonomische Basis der beiden Weltbilder, nämlich auf das ökonomische Verhältnis von Grundrente und Industriekapital als Widerspruch und auf die historische Notwendigkeit der Existenz von Grundeigentum für die Kapitalbildung eingegangen (vgl. dazu Tömmel 1978: 30-118, insbesondere 77-107). Zur gesamten Argumentation vgl. auch Krohn o.J.: 29.

41 Die kurzzeitige historische Existenz „echter" konservativer Parteien oder die Existenz konservativer „Lehren" widerspricht dem nicht. Als Widerlegung wäre zu zeigen, daß diese Parteien längere Zeit nicht kompromittierbar von politischen Strategien industriekapitalistischen Fortschritts waren, oder wenn sie es nicht waren, daß sie als Ganze mehr als reine Lehren waren.
Es könnte eine der wesentlichen Differenzen zwischen den klassischen liberalen Demokratien und der deutschen Entwicklung sein, daß die ersteren als konstitutionelle Monarchien die Tatsache einer für die Konservativen abgesicherten realen gesellschaftlichen Position signalisieren, die diese nicht, wie in der erheblich schneller abgelaufenen deutschen Entwicklung, zwingt, sich mit dem Industriekapital zu arrangieren, ohne sich eine eigene „Nische" als Klassenposition ausbauen zu können. Dieser Zwang zum forcierten Arrangement war Ergebnis der oft beschworenen Industrialisierung und „Revolution" „von oben" (in der Geographie vgl. dazu allgemein Schramke 1975: 128-144), wo die im Prinzip anti-industriekapitalistische Fraktion die Interessen des Industriekapitals als konservativer Staat übernommen hatte, wo also diese Verbindung von Konservativismus und Industrie zur Struktur der „Obrigkeit" wird, statt in divergierende Klassenpositionen auseinanderzufallen. Der Mangel an Liberalität wäre also ein Man-

Die Entwicklung der Anthropogeographie

Entscheidend ist, daß die Abweichungen von den beiden Idealen Orte in einem Kontinuum mit eigener Struktur markieren, deren Elemente mit Bezug auf die beiden Idealtypen klassifiziert werden können, nicht aber deren Gesamtstruktur. Jeder Versuch, die Gesamtstruktur von einem der beiden Strukturtypen aus konsistent zu rekonstruieren, führt bekanntlich zu dem Ergebnis, daß es *die* konservative oder *die* liberale Politik nicht gibt, sondern nur allerlei unklare und (scheinbar) widersprüchliche Variationen. Da es aber diese Politik gibt, muß sie einem anderen Struktursystem angehören, wenn die beiden herkömmlichen sie nicht erschöpfend und konsistent zu beschreiben erlauben.

Insofern handelt es sich auch in der geographischen Gesellschaftstheorie um Strukturvarianten einer Verbindung von idiographischer Philosophie und industrieller Realität, die auch als Varianten der Verbindung von Aufklärung und Konservativismus betrachtet werden können (sowie als Reflexionssysteme *und* als Handlungsanweisungen und -stabilisationen). Vollzogen wird die Verbindung unter einem metaphysischen Primat der „Einheit der Welt" in *Konkretheit*, wechselnd gefaßt als konkrete objektive oder konkrete subjektive Natur – oder in Theorien, die beides zu verbinden versuchten. Da dieser Primat sich gemäß einer positiven Einstellung zur industriellen Entwicklung auf eine konkrete Natur bezieht, die nicht nur „Harmonie", sondern auch „Fortschritt" repräsentiert, wird teilweise naiv „materialistischer" Konservativismus in der Tendenz zu einem Subjektivismus: Der rationale „Geist" der bürgerlichen Aufklärung als subjektiver Motor der Geschichte und die konkrete Naturutopie des idiographischen Denkens werden zusammengenommen zum *konkreten* Handlungssubjekt (im deutschen Faschismus zum biologisch-konkreten Handlungssubjekt). Hierbei ist eine Theorie der *Anpassung* an konkrete Natur mit einer Theorie des *Fortschritts* durch Subjektivität auf der Basis eines gemeinsamen Ursprungs im „Humanismus" kurzgeschlossen (logisch reduziert) und auf einer neuen Ebene reproduziert: Anpassung geschieht *mittels* Fortschritt gegenüber der Natur und Fortschritt wird durch das Subjekt gewährleistet (sowohl im aufgeklärten als auch im christlich-humanistischen Weltbild). Dieses Subjekt ist dasjenige, das den Willen zum Fortschritt durch Anpassung im gesellschaftlichen Handlungszusammenhang der Subjekte als einer „konkreten Natur" (als rassische Volksgemeinschaft,

---

gel an realen Entflechtungsmöglichkeiten der Klassenpositionen der Konservativen und der Liberalen zu einem frühen Zeitpunkt, ein Gegensatz, der in dieser Form bereits im Staat „despotisch" behoben war und als „deutsche Mentalität" durchgesetzt wurde. Es handelt sich beim „preußischen Ungeist" nicht einfach um einen natürlichen Mangel an „liberalem Geist" oder liberaler Öffentlichkeit, genausowenig handelt es sich allerdings um eine bloße Fiktion.

wenn man den möglichen radikalen Endpunkt dieser Logik betrachtet[42]) und zur aktiven Eroberung der Welt aufbringt.

(...) KÜRZUNG

Es wird also davon ausgegangen, daß, wenn ein System sich durch Fortschritt anpaßt, die Struktur des Systems in der Struktur seiner Fortschrittlichkeit repräsentiert ist. Die Struktur der Abweichung vom aufklärerisch-industriekapitalistischen Ideal, also der Typ der Modifikation innerhalb der Fortschrittsstruktur, ist in *seiner* Logik und Herkunft nicht Bestandteil dieser Fortschrittlichkeit. Die Logik des Systems als Ganzes liegt jedoch in der Struktur seines Fortschritts *einschließlich* der Logik der Modifikationen der Struktur. Diese modifizierte subjektivistische Philosophie ist die Grundstruktur des imperialen, des nationalistischen, des völkischen und des faschistischen Denkens und seiner Realität, die es reflektiert. Die Geschichte des Weltmarktes und des faschistischen Weltbeherrschungsversuchs wird in genau diesem Sinne *gemacht*; es entsteht so der historisch notwendige Kompromiß zwischen einer zum eigenen Überleben notwendigen Unterstützung des Industriekapitals und Weltmarktes durch die Konservativen und der gleichzeitigen politischen Verfestigung seiner dynamischen Entwicklungs- und Herrschaftsform, die im liberalistischen System und dem Primat des Subjekts ohnehin repräsentiert ist, unter der legitimatorischen Fiktion eines natürlichen Zustands.

Sobald die herrschaftsstabilisierende Abweichung vom liberalen Ideal in irgendeiner Form Fortschritt durch politische Stimulanz subjektiver Konkretheit statt durch Wahrung politischer Abstraktheit intendiert oder vollzieht, um auf immanente Widersprüche im industriellen System zu reagieren, entstehen Formen undemokratischer Herrschaft. Sie sind als Bestandteile einer industriekapitalistischen Realität als Varianten von Konservativismus in der industriellen Realität, als Grade der Entdemokratisierung in einem Kontinuum zwischen dem philosophischen Ideal des Liberalismus und der faschistischen Machtergreifung innerhalb des Fortschrittskonzepts des Subjektivismus zu begreifen. Da „Fortschritt" im Übergang zur Gesellschaft des industriellen Kapitals als Befreiung der Subjekte von Naturzwängen und feudalen Lasten begriffen wird (und es auch ist), die ihre ökonomische Leistung zunehmender Arbeitsteilung durch ihre politische Leistung einer Revolution als System historisch etabliert haben, ist es nicht erstaunlich, daß die Theorien dieser Gesellschaft den Fortschritt *in* der industriellen Arbeitsteilung als Fortschritt *durch* kreative und tätige Subjektivität interpretieren. Die subjektivistische Handlungstheorie ersetzt somit eine Theorie der Arbeitsteilung. Alle aggressiven Expansionen und Befriedungen nach innen, die mit der kontinuierlichen Sicherung des Fortschritts dieses Arbeitsteilungs-

---

42 Im „realen Sozialismus" ist die Funktion der strukturanalogen Forderung nach „sozialistischer Moral" für die Fiktion der „Klassengemeinschaft" eindeutig. Zur Logik des Verhältnisses von Moralität, Subjektivität und Handlung vgl. Hegel 1968: 268/269.

systems verbunden waren, erhielten daher ihren Reflex in einer Theorie subjektiver Handlungen. Und diese Theorie, die ja eigentlich nur idealistischer Ersatz für eine Theorie der Arbeitsteilung ist, reflektiert selbst tatsächlich wiederum die subjektive Seite dieses Fortschritts – die historische Mentalitätsstruktur der Agenten der Einzelhandlungen (vgl. Theweleit 1977 und 1978) und die Struktur der sozialen und politischen Sphäre, die als organisierte Durchsetzungsinstanzen von Fortschritt im Arbeitsteilungssystem, gemäß der selbstgeschaffenen subjektivistischen Legitimationsfiktion, tatsächlich real geschaffen wurden (oder versucht wurden zu schaffen).

Die so unter Bezug auf die Eigenschaften „des Menschen" geschaffene politische und institutionelle Sphäre ist auf diesem Umweg der Realisation im Sinne einer realen Fiktion von Menschlichkeit der industriellen Basis dieser Fiktion tatsächlich adäquat. Die historische Angemessenheit der entsprechenden Institutionen kann dann als aus der Natur des „freien Menschen" legitimierbar erscheinend, statt als aus der Struktur eines Arbeitsteilungsprozesses folgend, „positiv" unter Rekurs auf direkte Datenerhebungen im Handlungsbereich „bewiesen" werden.

Was als totale Entfremdung aus der industriellen Arbeit folgt, erscheint als Natur „des Menschen"; und die sozialen und staatlichen Institutionen, die entsprechend dieser Subjektivität aufgebaut und legitimiert sind, erscheinen als natürlich-menschliche Selbstorganisation, statt als Überbauten eines Arbeitsteilungssystems, die sich nur deshalb zu Recht als der Mentalität der Subjekte kongruent suggerieren können, weil diese sich gemäß erlernter Rollen, die eine geforderte Mentalität in Handlungskompetenzen umsetzen, verhalten, d.h. die ökonomische Struktur real verdoppeln.[43] Die geforderte, je einzelne lebensgeschichtliche, aber zugleich allgemeine Basis der Mentalität als kollektive liegt meist in religiöser oder trivialwissenschaftlicher Common-Sense-Form als Reflexion des Arbeitsteilungs- und Wertbildungssystems vor. Daher ist dieser letztere Zusammenhang der Schlüssel zur Gesellschaftstheoriebildung insgesamt und ihr Ausgangspunkt. Er ermöglicht, sowohl die subjektivistischen Fiktionen von Fortschritt als richtige Reflexionssysteme zu begreifen, denen eine Realität entspricht,[44] als auch die durchgesetzten Organisationsstrukturen der nichtsubjektiven Realität als „Realabstraktionen" (Sohn-Rethel 1970: 32 ff. und 1974) von Ideologien in diesen Ideologien zu ermitteln.

Unter diesen Prämissen erwies sich die Behandlung der Abbildfunktion der geographischen Gesellschaftstheorie mittels der vorgefertigten politologischen Weltanschauungstypen als problematisch, weil falsch. Die notwendig werdende

---

43 Daher hat die Abschaffung solcher Strukturen eine objektive und eine subjektive Seite. Die letztere ist der politische Kampf gegen das Patriarchat als familiäre Lebensform.

44 Damit erledigt sich der weitverbreitete „marxistische" Kritizismus, der Theorien nur nach ihrem expliziten „Klassenstandpunkt" beurteilt und alle „bürgerlichen" Theorien nur als verschleiernde Herrschaftsideologien abtut, von selbst.

Stellungnahme zum faschistischen Weltbild samt seinen „notwendigen", aber nicht „hinreichenden" Vorformen war nicht möglich, da es meist als inkonsistente Perversion des Konservativismus gilt[45] (der selbst aber in Reinform politisch nicht dingfest gemacht werden kann), statt als vollständig konsistente Koppelung zweier Weltbilder zu einer neuen Struktur innerhalb der Identitätsphilosophie (warengesellschaftliches Patriarchat).

Es wird daher in der folgenden Arbeit primär der Begriff „faschistisches Syndrom" verwendet, wann immer ein Konstrukt als im Ansatz konkretistischer oder naturalistischer Subjektivismus erkennbar wird. Zum einen soll er semantisch auf die Logik seiner radikalsten politischen Realisierung deutlich hinweisen, auch wenn es sich um historische oder politische Vorformen handelt, zum anderen soll dieser Hinweis so offen verstanden werden, daß erkennbar wird, daß es sich um eine philosophische und historisch reale Reduktionsstruktur warengesellschaftlicher Verhältnisse handelt (die in einem Repräsentationsverhältnis stehen), der ein Komplex von bereitliegenden Strukturen zugrunde liegt, bei denen allerdings erst die *Logik der Kombination*, vor allem aber die Logik von Zwängen zu *dieser* Kombination,[46] für die Realisierung verantwortlich ist. Der Begriff deckt letztlich eine theoretische Unsicherheit zu; er weist also auf ein Desiderat hin, bildet, wenn er so wie oben definiert verstanden wird, aber andererseits eine typische Situation struktureller „Überdetermination" (vgl. Althusser 1968: 52 ff. und 146 ff.) ab, also eine Strukturkombination, deren „Krankheit" das Bereitliegen auch der faschistischen Kombinationsmöglichkeit ist und zwar gerade ohne diese Möglichkeit als noch immer unbewältigten, „verrückt spielenden" Konservativismus zu reflektieren.

Auf die Struktur einer weiteren Möglichkeit, diese beiden Weltbilder zu koppeln, nämlich den Marxismus, wird nicht systematisch eingegangen.

Die Alternative zu dieser gewählten Begriffsbildung wäre eine Vorarbeit zur Klassifikation politischer Philosophie (Klassifikation von Varianten von Warengesellschaften) gewesen, die im Rahmen des geographischen Ausgangspunktes und des Umfangs der Arbeit zu weit gegangen wäre. Eine solche Klassifikation ist im Text implizit enthalten, aber nur, insoweit sie innerhalb des geographiebezogenen Rekonstruktionsinteresses notwendigerweise, aber unsystematisch auftaucht. Entsprechend sind Differenzierungen und Hinweise zur Konvergenz von Marxismus, Stalinismus und faschistischem Syndrom nur fallweise enthalten.

Im Ganzen konnte also das deutlich sichtbar werdende Defizit der konventionellen Einteilung politischer Philosophie nicht systematisch, sondern, soweit unerläßlich,

---

45 Vgl. dagegen Horkheimer und Adorno 1955 in einem anderen Sinne als hier vertreten.

46 Das letztere ist meist der Gegenstand marxistischer Faschismustheorien, ohne daß klar wäre, was die Struktur des Faschismus ist. Es wird also die Logik des Zustandekommens historisch zu erfassen versucht, bevor die zu beschreibende Struktur klar ist.

Die Entwicklung der Anthropogeographie 87

nur aus der Strategie der geographischen Geschichtsschreibung heraus auch verallgemeinerbar aufgefangen werden, indem die Logik einer veränderten Rekonstruktionsstrategie angedeutet wurde: Behandlung der Realität als Realabstraktionen logischer Reduktionen (vgl. Luhmann 1971; vgl. dazu auch Hejl 1974; Loh 1972) von komplexen Mythen.

Auch die geographische Gesellschaftstheorie gehorcht der Logik der Reduktion konservativer und industriekapitalistischer Interessen auf ein historisch jeweils adäquates Reflexionssystem der konkreten Organisation dieses Interessenausgleichs als richtiges Abbild der subjektiven Seite der Realität. Diese Reduktion erzeugt die Fiktion, diese Seite sei alleinige Ursache von Fortschritt und nicht, obwohl reale Agentur der Eroberung der Welt und der Beherrschung der Natur, dennoch „in letzter Instanz" (vgl. Althusser 1968: 79 ff., auch 1973: 37-39) determiniert und strukturiert durch den Status, Funktionen in einem System zu erfüllen, also der Systemstruktur zu entsprechen.

Die Geschichte ihrer Paradigmenbildung, ihrer Paradigmenumstrukturierungen, ihres Paradigmenwechsels und ihrer ungewissen Zukunft ist die Geschichte eines äußerst präzisen Reflexionssystems als Legitimationsideologie. Es werden für den Bereich der klassischen Geographie fast ausschließlich zwei Autoren zur Rekonstruktion des Paradigmas und seiner Entwicklung benutzt. Das hat mehrere Gründe:
1. Wenn wissenschaftliche Geschichtsschreibung nicht zu einer oberflächlichen „Ahnengalerie" (Bartels 1974) degenerieren soll, ist es erforderlich, diese Ahnen nicht massenweise mit knapper Kennzeichnung in vorgefertigten Rubriken wissenschaftstheoretisch mundtot zu machen, sondern in der Logik ihrer Argumente bis zu ihren theoretischen Widersprüchen zu verfolgen. Zudem erfordert die Rekonstruktion der immanenten Logik eines Textes, wenn dieser nicht sehr trivial ist, einen erheblichen interpretativen Aufwand. Daher wurden nur diejenigen beiden Autoren zur Interpretation herangezogen, die strukturell am relevantesten erschienen. Darüber hinaus wurden wesentliche Teile der Tradition innerhalb der für diese Autoren gewählten Strategie im Überblick charakterisiert.
2. Die beiden ausgewählten Autoren sind in mehrfacher Weise geeignet. Einerseits repräsentieren sie einen Anfangs- und einen Endpunkt der klassischen anthropogeographischen Wissenschaftsgeschichte, und das indem sie beide gleichermaßen versucht haben, für die Anthropogeographie eine Gesellschaftstheorie zu entwerfen. Zum anderen repräsentieren sie zwei differierende Traditionen innerhalb des Paradigmas, eine „raumwissenschaftliche" und eine „regionalwissenschaftliche". Darüber hinaus haben beide den expliziten Versuch unternommen, paradigmenumbildend (im Sinne der Anpassung an gesellschaftliche Zustände) zu wirken, d.h. das klassische Paradigma sensibel zum Zwecke der Veränderung und nicht der Konservierung zu reflektieren, und sie haben beide diese Veränderungen in der Geographie auch bewirkt.

Außerdem entsprechen sich wesentliche Theoriebegriffe der frühen Phase der „modernen" Geographie und der von Ratzel begründeten Anthropogeographie; Bobek hat mit der funktionalistischen Anthropogeographie in unmittelbarer ideologischer und zeitlicher Umgebung mit Christallers paradigmatischem Modell gearbeitet und ist zugleich später der früheste Exponent des heutigen sozialgeographischen Trends gewesen.

3. In der vorliegenden Arbeit soll der Versuch unternommen werden, die klassische und die analytische Geographie im Zusammenhang zu behandeln. Das bedeutet die Bewältigung eines umfangreichen Materials. Daher eignet sich das Paradigmenwechsel-Konzept, denn es legitimiert (neben seinen wissenschaftstheoretischen Vorzügen) plausibel, die Traditionen (Geschichte) strukturell zu reduzieren und dann „paradigmatische" metatheoretische Texte zur genauen Exegese zu isolieren.

In diesem Sinne kann ein Text eines einzigen Autors, wenn er unter einer theoretischen und fruchtbaren Hypothese ausgewählt ist, mehr „Geschichte" der Geographie zu Tage bringen, als alle Texte aller Geographen es ohne Zuhilfenahme einer *Theorie* jemals könnten. Bedingung ist allerdings, daß diese Hypothese sich in irgendeiner Weise auf das Phänomen des Fortschritts von Systemen bezieht, und daher ist die Kombination des Paradigmenkonzepts mit Lakatos' Fortschrittstheorie sinnvoll.

Eine der größten Schwierigkeiten einer solchen wissenschaftstheoretischen Arbeit ist es, die eigene Metatheorie und Produktion von der Literaturbasis, auf der sie sich gebildet hat, abzusetzen unter explizitem Einbezug dieser Basis. Ich habe überwiegend vermieden, meine wichtigsten positiven Identifikationen durch explizite Zitate einzuarbeiten, da keiner dieser Autoren mehr als fragmentarisch meinem Weltbild entspricht. Bei einem anderen Verfahren hätte die Notwendigkeit resultiert, Theoriefragmente und Begriffe, die als Zitat und Berufung einen Kontext transportieren, zu relativieren, im veränderten Kontext einzuordnen usw. Damit wäre eine weitere Metaebene entstanden, die einerseits umfängliche allgemeine philosophische Erörterungen nach sich gezogen hätte und damit andererseits die Verbindungen mancher philosophischer Argumente zum geographischen Denkhorizont zusätzlich belastet hätte. Andererseits bin ich mir bewußt, daß der Ort meiner Metatheorie nicht leicht auszumachen ist (was kein prinzipieller Mangel ist) und möchte daher im Sinne einer uninterpretierten Referenz-Liste wenigstens einen formalen Hinweis geben.

Die folgenden Autoren sind nicht nur solche, die ich für wichtig und lehrreich halte (wie etwa auch die Bibel oder Kant), sondern solche, denen ich mich verpflichtet fühle, weil ich die Vorstellung habe, daß aus Teilen ihrer direkten Theorieaussagen meine eigene Metatheorie im wesentlichen von mir rekonstruierbar sein müßte: Louis Althusser, Gotthard Günther, Rudolf Kaehr, Julia Kristeva, Thomas S. Kuhn, Niklas Luhmann, Karl Marx, Charles S. Peirce.

Ausgehend vom geographischen Schrifttum sei angemerkt, daß die genannten Autoren am ehesten einer Synthese aus David Harveys, William Warntz' und Gunnar Olssons Strategien entsprechen würde. Die Art der Integration wäre dann mein Beitrag zu meiner Metatheorie. Diese Ebene ist notwendigerweise nur implizit in der vorliegenden Arbeit enthalten. Bereits die Einordnung, durch welchen Aspekt diese Autoren als konstitutiv erachtet werden, würde zu weit führen; es sei lediglich darauf verwiesen, daß in jedem Falle eine sogenannte szientistische Strategie der Integration verfolgt würde, weil ich die Alternative selbst in ihren „dialektischen", „kritischen", „marxistischen" Formen für hilflosen Kritizismus halte, der keine wesentliche Abbildfunktion gegenüber der Realität hat, sondern endlos allen Theorien, sowie der Realität selber, nur ihren Zustand vollständiger „Verdinglichung" als notwendigen Abstraktionszustand nachweist oder dessen ideologische Leugnung bzw. utopische Suspension, als falsches oder naives Bewußtsein denunziert.[47]

Dieser Kritizismus kritisiert die hermeneutischen und existentialistischen Traditionen im Namen des szientistischen Ideals und das aufklärerische Denken im Namen einer Utopie der konkreten gesellschaftlichen Identität von Leib und Geist, ohne die ideologische Gemeinsamkeit und die Logik des realen Zusammenspiels dieser Traditionen erfassen zu können. So ergibt sich, daß jede Position sensibel kritisierbar ist (einschließlich des „heimlichen Positivismus" von Marx), aber nichts an gesellschaftlicher Fortschrittslogik rekonstruierbar ist („Negative Dialektik"). Der kritische Impetus dieser Philosophie ist politisch beliebig pervertierbar.

Ich gehe also nicht davon aus, daß Wissenschaft = Kritik ist und daß Kritik = „Kritik der Verdinglichung" (oder Kritik der utopischen Leugnung der Verdinglichung) ist. Das heißt, ich akzeptiere keinen Widerspruch zwischen „szientistisch" und „dialektisch", wie er in der szientistischen und von der dialektischen Tradition geltend gemacht wird, wenn auch unterschiedlich bewertet wird, sondern gehe lediglich von differierenden Stufen logischer Komplexität des Schreibens und der Systemrealität aus, wobei die überwältigende Dominanz und Macht des 2-wertigen Szientismus einschließlich seiner scheinbar gegnerischen „qualitativen" kritizistischen Formen in der Hermeneutik und Dialektik außer Frage steht.

---

47 Das heißt, er bildet in der Hypostasierung dieses Entfremdungszustands primär die resignative Fortschrittlichkeit innerhalb der frustrierenden Aporien der Lebenssituation von Intellektuellen, die Wissenschaft und subjektive Emanzipation in der Welt der Warenabstraktion gegen die Warenabstraktion verbinden wollen, als „kritisch" denunzierende Resistenz gegen das Erkannte und das Unabänderliche in einer Situation politischer und persönlicher Kampfunfähigkeit ab.

5 Der gesellschaftstheoretische Sinn der anti-idiographischen Revolution

5.1 Reduktion auf abstrakte Natur: Die anti-idiographische Revolution in der „Raumwissenschaft"

Die bisherige Interpretation hat deutlich gemacht, daß die Ablösung des idiographischen Wissenschaftsideals ein Schritt ist, um den die Geographie seit langem ringt, und der dort, wo er vollzogen wurde, einen sehr tiefgehenden theoretischen und weltanschaulichen Einschnitt in die Tradition bedeutete. Sie zeigt aber auch, daß es sich nicht nur in einem pragmatischen und trivialen Sinne um eine Überlebensfrage der Geographie handelt, denn das Irrelevanzproblem der klassischen Geographie ist weniger eine Ausgeburt arbiträrer Antiquiertheit und etwa jederzeit durch persönlichen Einsatz, statistische Methoden und guten Kontakt zu Planungsinstitutionen zu lösen, sondern ein Strukturproblem geographischer Philosophie.

Die klassische Geographie ist trotz intelligenter Versuche, ihre Utopie und ihre Theorien der industriellen Arbeitsteilung anzupassen, entweder der Struktur des faschistischen Syndroms der „Natürlichkeit" industrieller Kultur anheimgefallen oder aber *innerhalb* der von Anfang an der Moderne resignativ gegenüberstehenden Träume verblieben, auch dann, wenn sie nur die äußeren Erscheinungen dieser Gesellschaft beschreiben wollte; gerade ihr Konzept des „äußeren" Standpunkts in der Verbindung mit ihrem Ideal, auch zu „erklären" oder zu „verstehen", was sie an „Formen" beschrieb, brachte sie permanent in das Dilemma, Gesellschaftstheorie betreiben zu müssen, ohne interne Strukturzusammenhänge in ihre Theoriebildung aufnehmen zu dürfen und dieses Defizit dennoch durch eine *Theorie* auffüllen zu müssen. Die Geographie war daher gezwungen, gegenüber der industriellen Realität organizistische Anpassungstheorien zu formulieren, die im Lichte des Theoriestandes der Nachbarwissenschaften oft lächerlich klangen.

Primär ausgehend von der durch die funktionalistische Sozialgeographie vollzogenen geographiewissenschaftlichen Reproduktion der allgemeinen Oberflächenvorstellung, daß die industrielle Arbeitswelt im Zusammenhang mit der Hebung des Lebensstandards kein strukturelles Zentrum der Gesellschaft und ihrer Dynamik mehr sei, gelingt es dann der Geographie zum ersten Mal, ein theoretisches Selbstverständnis wenigstens gegenüber regionalen Phänomenen der industriellen Arbeitswelt zu entwickeln, aber eben nur, weil bereits der Common Sense die ökonomische Wertlehre geschichtsphilosophisch weitgehend versubjektiviert und danach dann ausgeschaltet hatte.[48] So konnte das alte Hauptproblem, eine Theorie des Mensch- Natur-Verhältnisses in Verbindung mit „Arbeit" trotz existierender

---

48 Bekanntlich leben wir in einer hochkomplexen Massenkommunikationsgesellschaft, einer hochkomplexen Funktionsgesellschaft (ein ganz besonders informativer Begriff),

Die Entwicklung der Anthropogeographie 91

Wertlehre („innere Beziehungen") im Unterschied zu anderen Wissenschaften gerade ohne die Wertlehre formulieren zu müssen, gar nicht mehr entstehen.

Genau in diesem Zusammenhang ist das eine – später paradigmatische – Modell der analytischen Geographie entstanden, das die Ablösung des idiographischen Denkens absicherte, das Zentrale-Orte-Modell.[49] Es war Beispiel einer formalisierten Behandlung ökonomischer Beziehungen unter „landschaftlichem" Aspekt und ohne Bezug auf industrielle Arbeit.

Das Motiv, die idiographische Geographie anzugreifen, war allerdings nicht unmittelbar *in* der Geographie entstanden, sondern eher am Rande von Nachbardisziplinen und in den Kooperationszusammenhängen der Geographie mit der Regionalanalyse. In der Regionalforschung existierten die Raumwirtschaftstheorien (Böventer v. 1964), die nie dem idiographischen Ideal unterworfen gewesen waren, in ihren Teilbereichen überwiegend als Bestandteil der normativen Wertlehre. Sie bildeten ein mögliches „raumwissenschaftliches" Theoriepotential einer verspäteten Geographie des Industriezeitalters, das der klassischen Geographie mit ihrer Philosophie jedoch theoretisch und damit disziplinär nicht zugänglich gewesen war.

Daneben entwickelte die Sozialphysik als Bereich der Soziologie völlig andere, aber ebenso gegen die idiographische Wissenschaft gerichtete Strategien. Eine Vereinigung von Natur- und Sozialwissenschaftlern erklärte unter der Beschwörungsformel der „Einheit des Wissens" (und damit der „Einheit der Welt") der gesamten Soziologie den Krieg, indem sie metaphysisch diese Einheit setzte und daraus ein Theorieideal, nicht primär ein Methodenideal, ableitete: das der Physik.[50] (Die Auswahl *dieses*

---

einer mobilen Informationsgesellschaft, einer informierten Mobilitätsgesellschaft und dergleichen mehr.

49 Daß es als warengesellschaftliches und nicht als industriekapitalistisches Regionalmodell entworfen ist, wurde später Ursache vielfältiger Erörterungen über den Zusammenhang zwischen Zentrale-Orte-Modell und Industrieproduktion und ist in unserem Kontext nebensächlich, denn es ging immerhin von der Distributionssphäre der Wertschöpfung aus.

50 Vgl. zur anfänglichen Gründung Stewart 1950: 239-241, sowie wahrscheinlich Stewart 1953 und Warntz 1957. Die letztgenannten Arbeiten waren mir bisher nicht zugänglich. William Warntz hat jedoch eine weitere Interpretation der ideologischen und historischen Zusammenhänge aus geographischer Sicht geliefert, so daß die Annahme ausreichend fundiert erscheint, daß die Motivation (nicht etwa der Anlaß des „erscheinenden Bewußtseins"), dieses Theorie- und Methodenideal zu proklamieren, überwiegend ideologisch-politisch in einem naiven aufklärerischen Sinne war und zu diesem Zeitpunkt denkbar wenig zu tun hatte mit Regionalproblemen und ähnlichen „externen" Faktoren. (Zu diesem Text vgl. den Anhang im Originaltext von 1980.) Daß diese aufklärerische, abstrakte Begründung der Aufforderung einer „Wendung nach außen" im Zusammenhang mit „Landnahme"-Traditionen gerade im Amerika der Zeit zwischen 1945 und 1965 als demokratische Attitüde unter Bezugnahme auf das „Naturrecht" auftaucht, ist nicht sehr verwunderlich angesichts der Praxis des Vorreiters der „freiheitlichen Demokratie" in der

Theorietyps belegt, daß natürlich der *Erfolg* der Physik, der ja zumeist methodologisch begründet wird, letztlich ein Methodenideal durchgesetzt hat.)

Mit dieser Perspektive setzt eine, für Nicht-Sozialphysiker verblüffende, wahllose Suche nach Analogien zwischen gesellschaftlichen Erscheinungen und physikalischen Modellen ein (vgl. z.B. Stewart and Warntz 1968), die überwiegend von dem anfänglich relativ erfolgreichen Vergleich zwischen Bevölkerungsbewegungen und Newtons Gravitationsformel im Sinne eines prinzipiellen Kredits auf das Unternehmen getragen wurde.

Akzeptabel und verständlich für Geographen war die Strategie, weil es sich primär um Bewegungsgesetze und -phänomene handelte, und dieser physikalische Standpunkt gegenüber der Gesellschaft, der alten raumwissenschaftlichen Formel und Praxis des „äußeren" Standpunkts durchaus entsprach; lediglich war – außer bei Ratzels *Gründung* der Anthropogeographie – dieser Standpunkt nicht primär im Sinne der Mechanik formuliert worden, sondern vorrangig in Form der landschaftskundlichen Objektkonstitution *gegen* die physikalische Abstraktionsstruktur der Industrie – wissenschaftlich: gegen die klassische Wertlehre.

Allerdings ist diesmal gerade das Gegenteil von dem gefordert, was für die bisherige Geographietradition galt: Die „äußere", „räumliche" Objektivation der Realität soll aus der strukturellen Kongruenz von Gesellschaft und *abstrakter* Natur (Einheit des Wissens) begründbar sein, nicht aus dem theoretischen Bezug der Gesellschaft auf „konkrete" Natur.[51]

Dritten Welt. (Ebensowenig dürfte es ein Zufall sein, daß die Grundidee der Sozialphysik etwa gleichzeitig beim Vulgärökonomen Carey, bei Moritz Wagner in der Biologie und bei Ratzel in der Geographie zwischen 1830 und 1880 entsteht.) Daß diese nach außen gerichtete Legitimation auch eine innenpolitische Seite hat, belegt das folgende Zitat: „Even where subdivision into regions is for administrative purposes, as into states, counties, Federal Reserve Districts, relative to population potential (or to income potential) make themselves evident, again confirming the general sociological unity of the county" (Stewart and Warntz 1968: 141). Das betrifft Weiße, Neger, Kapitalisten, Indianer, Arbeiter usw. im Amerika von 1958.

51 Daraus folgt die Differenz der Theoriebegriffe, die das Medium bezeichnen, innerhalb dessen die Gesellschaft „Natur" ist. Bei Ratzel war die Gesellschaft Bestandteil des „Flüssigen" gewesen, in der Sozialphysik ist sie „Energie". Welches Gewicht die Begriffe *fluid* und *flow* bekommen, wenn ein allgemeines Prinzip für räumliche und ökonomische Prozeßtheorien gesucht wird, belegt Bunge 1966. Sie stellen faktisch ein Pendant zum „*nearness*-Prinzip" dar (ohne daß Bunge darauf aufmerksam macht) und deuten darauf hin, daß Bunge letztlich am „konkreten Raum" festhält. Vor allem ergibt sich daraus die Notwendigkeit, die Ebene von räumlicher Realität zu wechseln. Metrische und geodätische Distanzen sind nicht mehr die Ebene der Realbeziehungen, sondern Transportkosten, Einkaufswegezeiten usw. Später, im *behavioral approach*, kommen psychische Distanzen, *mental maps* usw. hinzu. Die Ökonomisierung und Versubjektivierung des Raumes setzt ein. Damit muß sich das traditionelle Verhältnis zwischen Gegenstand und Messung

Die Entwicklung der Anthropogeographie 93

Offensichtlich liegt die Vorstellung vor, daß die entscheidende Strukturgleichheit zwischen Natur und Gesellschaft ihre physikalische Abstraktionsform ist bzw. auf einer Theorieebene dieses Abstraktionsgrades erfaßt werden kann. Im entstehenden *spatial approach* wird also für die Geographie im Sinne der raumwissenschaftlichen Perspektive ein äußerer, räumlicher Standpunkt gegenüber Natur und Gesellschaft vertreten, der allgemein legitimierten Wissenschaftlichkeitsidealen entspricht, aber für die idiographische Perspektive nicht assimilierbar ist; und er wird vertreten unter Hinweis auf die Abstraktionsstruktur der Gesellschaft als physikalische, so wie auf die Raumwirtschaftstheorien, die regionalwissenschaftlich offensichtlich vielversprechender sind für planerisch orientierte Analysen als die Landschaftskunde, ihrerseits aber das Akzeptieren normativer ökonomischer („systematischer") Theoriebildung voraussetzen.

Beides zusammen verweist auf eine „industrielle" Realität und wird für die Geographie ein selbstverständliches Instrumentarium, durch das sie die idiographische Perspektive mit methodologisch-wissenschaftstheoretischen Argumenten gegen den „Exzeptionalismus" ablegt, ohne hierfür die allgemeine raum- und regionalwissenschaftliche Perspektive antasten zu müssen.

Dieser scheinbar primär methodologische Wechsel („quantitative Revolution") bricht verdeckt tatsächlich mit dem Kern des geographischen Paradigmas. Intuitiv wird dies als fundamentaler Wechsel empfunden und demgemäß gefeiert oder bekämpft, faktisch aber durch die Aufrechterhaltung fast aller Definitionen von „geographisch" relativiert.[52] Die Plausibilität dieser Relativierung speist sich primär aus der verbleibenden Oberflächlichkeit in Verbindung mit dem „äußeren" oder „räumlichen" Standpunkt.

Die Geographie ist zwar jetzt autorisiert, normative Wertlehre und Bewegungsformeln zu benutzen, also systematische Gesellschaftszusammenhänge, denen ihre Philosophie lange widerstanden hatte, zu analysieren, aber 1. bleibt diese Theoriebildung primär ad hoc-Teiltheorienwahl unter Bezug auf das Ziel „regionale Muster"

---

umkehren; vor allem können Karten nicht mehr geodätisch projiziert sein. (Die Umkehrung des Verhältnisses von Theorie und Messung wird sehr gut deutlich in Huff and Jenks 1968.) Da sie aber geodätisch aufgenommen sind, müssen Transformationen in diesen ökonomischen oder mentalen Raum gefunden werden, die die Absurdität realisieren (falls die Karten gezeichnet werden), die nicht-konkrete Erde mit den verzerrten, fundamentalsten Elementen der standardisierten, generalisierten Wiedergabe *ihrer Konkretheit*, den Küstenlinien, Flüssen usw. darzustellen. Zu den Transformationen vgl. Bunge 1966: 52 ff., 175 ff. und 270 ff.; Tobler 1970; als kritische Diskussion vgl. Angel and Hyman 1972 und 1976; vgl. dort weitere Originalliteratur im Appendix.

52 „To what kingdom, physical or natural, do we belong? The administrators will simply have to invent a new category – spatial. The nature of our work demands it". „There is no dispute here with what appears to be the consensus of American geographers over confining the subject matter of geography to the earth's surface and to phenomena of human significance. This agreement immediately lends vast unity to geography". „Geography is still interested in the earth's surface as the home of man, ..." (Bunge 1966: XIV, 5, XV).

(Regionalismus) und 2. bleibt der Aspekt der Behandlung des Zusammenhangs von *Erscheinungen* gesellschaftlicher Strukturzusammenhänge erhalten. Der letztere Aspekt ist der wissenschaftstheoretisch entscheidende, weil allgemeinere und resistentere (nachdem sich der erstere historisch als überholbar, also als echtes internes Paradigmenelement erwiesen hat). Im klassischen Paradigma liegt die Situation vor, daß keine Theorie gebildet wird, die die interne Abstraktionsstruktur der Gesellschaft abbildet, weil die „Natur" in ihrem Abstraktionscharakter, wie er der Produktionsweise entspricht, nicht als von der letzteren bestimmt[53] erkannt wird (und das wird sie nicht, weil „geographisch" „konkrete Natur" impliziert). Daher verlagert sich das Abstraktionsmoment der Realität von der diese Abstraktion abbildenden, wertformadäquaten Naturtheorie (Physik) sowie der Analyse der Werteproduktion durch die gesellschaftliche Abstraktionsgestalt der Arbeitskraft (Ökonomie) in die Theorie von der konkreten Erscheinungswelt als dergestalt betrachtet scheinbar „konkrete". Es entsteht nicht ein Abbild der Abstraktions*struktur*, sondern ein *abstraktes Abbild* des Zusammenhangs der scheinbar konkreten Strukturelemente als Zusammenhang unmittelbar gegebener „positiver Tatsachen". *Abstrakt* wird damit der *Standpunkt* der Theorie als scheinbar konkreter, er suggeriert die Realität der Phänomenwelt, als wenn sie konkrete Natur (unentfremdet) wäre, indem er sie *abstrakt als konkrete* nimmt.[54]

Der Art der Abstraktheit des Standpunkts, wenn er physikalische Begriffe und Theorien anzuwenden erlauben soll (d.h. so wie in der nicht-teleologischen Naturauffassung), ist die organizistische Adaptionsvorstellung als Raum-Theorie in gewissem Sinne entsprechend; der Abstraktionsstruktur der Physik ist die landschaftlich-lebensräumliche (äußere) Betrachtung in *dieser Hinsicht* strukturanalog als Betrachtung einer unmittelbar beobachtbaren Welt von Tatsachen.[55]

---

53 Das ist nicht kausal gemeint, sondern strukturell, nämlich als durch die Mathematik der Tauschwertökonomie bestimmt.

54 Dieses Problem haben der „kritische Rationalismus" und der gesamte „neue Empirismus" gegenüber dem Positivismus und dem „logischen Atomismus" einerseits als Kritik der Unmittelbarkeit und andererseits mittels des nominalistischen Theorieprimats wiederum selbst abstrakt zu lösen versucht. Statt die falsche Form der theoretischen Abstraktion zu kritisieren, die in der Tat von der Realität induziert ist, aber von der Struktur der Realität, nicht von ihren Atomen, wurde die Induzierbarkeit von Fortschritt durch diese „Tatsachen" zwar prinzipiell zu Recht in einer Kritik der Unmittelbarkeit bestritten, aber falsch als Kritik der Abhängigkeit der Garantie des Theoriefortschritts von Realität überhaupt durchgeführt.

55 Daraus ist ersichtlich, welche Zukunft noch der Theorie der Natur (möglicherweise als informationstheoretische Ökologie) bevorsteht, wenn die Physik gegenüber der Natur nicht mehr repräsentiert als das der Sozialphysik gegenüber der Gesellschaft. Die Weiterentwicklung durch die Quantenmechanik hat philosophisch nicht mehr gezeigt, als daß die abstrakte Negation der Mechanik innerhalb der 2-wertigen Logik zu einer widersprüchlichen Konzeption von natürlicher Realität und zur Zerstörung der „Einheit der Natur" führt und zur Notwendigkeit, die statistischen Mittel der Formulierung der

Die Leugnung der realen Abstraktion der Natur der Arbeit bei gleichzeitiger Anwendung der Begriffe und Ideale des abstraktionsabbildenden Denkens von der Natur auf die nicht als reale Abstraktion vorgestellte Natur der Arbeit führt zu einer abstrakten Vorstellung von konkreter Gesellschaft als einer „Natur", statt zu einer konkreten Vorstellung von real-abstrakter Gesellschaft, und damit zum Schein von Wissenschaftlichkeit, statt zur Wissenschaft vom konkretistischen Schein der Abstraktheit (vgl. auch Marx 1969a: 615-620, 631-639; 1969b, Bd. I: 85-93). Damit diese Abstraktionsrationalität auch zugleich als *geographisch* ausweisbar war, mußte von ihrer Gesamtheit ein Aspekt nominiert werden, der der Struktur ihrer Rationalität noch ganz entspricht, aber auch gleichermaßen den Implikationen der „konkreten Natur". Das ist der „äußere Standpunkt" als „räumlicher" sowie die Realität als Ort, Raum usw. und als bewegte. Es ist dies der äußerliche Aspekt der Natur als einer nicht-zweckmäßigen und der gesellschaftlichen Welt als einer scheinbar nicht bloß abstrakt repräsentierenden, sondern als unmittelbar gegebener; es ist ihre Realabstraktion als „Tatsache" primär bezogen auf die Unmittelbarkeit des Gegebenseins durch gegenständliche Existenz, soweit sie den abstraktionsfreiesten Formen der Erfahrung zugänglich ist. Das Gemeinsame dieser unmittelbaren Erfahrungsformen („Sichtbarkeit" und „Greifbarkeit") ist die „räumliche" „Form der Anschauung", und dieses Gemeinsame bezogen auf die Realität als konkrete Dinge-Sammlung ist die existierende Realität als „Landschaft", „Land" und „Erde".

Dieser geographische Standpunkt als verallgemeinerter (wissenschaftlicher) konnte nur entweder ein physikalistischer sein oder als idiographischer („räumlich" als Ort im Sinne einer einmaligen choristischen Situation, Organismus) formuliert werden, wenn man hier zunächst von der Mischform der Abstraktion als natürlicher Harmonie unter dem Primat subjektiver Natur im faschistischen Syndrom absieht. „Gesellschaft" ist unter diesen Bedingungen im letzteren Falle eine Unmittelbarkeit in Übereinstimmung und evolutionistischer Verbindung mit der Konkretheit der Natur unter dem Primat der Bewährung in der Anpassung an objektive Natur (idiographisches Denken) oder ist abstrakte „Natur" im physikalischen Sinne unter dem Schein der Konkretheit (Sozialphysik).

Sobald die Idee der konkreten Natur aus dem Paradigma eliminiert ist, überträgt sich die Äußerlichkeit des Standpunkts auf eine abstrakte Natur und ergibt „Physik", und sie überträgt diese unter der Maxime der Einheit der Welt auf die abstrakte Gesellschaft als Modell konkreter Funktionszusammenhänge und ergibt „Sozialphysik".

(...) KÜRZUNG

Das ist der Hintergrund des Relevanzempfindens der jüngeren Forschergemeinde gegenüber der „modernen" Geographie und ihrer Zufriedenheit mit ihr. Bei Befolgen

---

Natur als einheitliche zur Existenzweise der Natur zu hypostasieren oder aber ihren immanenten Widerspruch philosophisch zu akzeptieren.

der Vorgaben des *spatial approach* ergeben sich automatisch „relevantere" Tatsachenbereiche (im Sinne von aktuellen Phänomenen), die man in guter Tradition konkretistisch-empirisch behandeln kann. Wenn diese sich herauskristallisiert haben, kann man alsbald pragmatisch durch eine problemorientierte Gegenstandsdefinition ohne Theoriebezug „relevante" Wissenschaft betreiben. Dieser bewußtlose Pragmatismus legitimiert sich dann beim gemeinen Empiriker zirkulär. Als „moderner" „problemorientierter" Geograph begründet er Relevanz mit Konkretheit und Konkretheit mit Relevanz (was ihn meistens mit seinem marxistischen Kritiker verbindet), ohne zu bemerken, daß eher die *erneute* Irrelevanz aus der neuen Form der falschen Konkretheit folgt und die Relevanz der Schein der Brisanz aufgrund des notwendigen *und automatischen Datenwechsels* durch den Übergang auf „abstrakte Natur" ist. Dieser Datenwechsel hat die Phänomene industrieller Abstraktion statt der Relikte idiographischer Harmonie in den Blick gebracht, ohne sie jedoch in irgendeinem Sinne erklären zu können.[56]

Die richtige Reflexion der Sozialphysik, daß die Struktur der industriekapitalistischen Gesellschaft „physikalisch-abstrakt" sei, wird nicht auf den Bereich dieser Strukturierung, die Einheit der Natur als abstrakte in der Industrie, angewandt, sondern – in unmittelbarer Anwendung eines metaphysischen Ausgangspunktes auf die Realität der Phänomene – zu einer abstrakten Reflexion der Abstraktionen benutzt, nämlich zur physikalischen Analyse der gegebenen Welt, nicht zur ökonomischen Analyse ihrer physikalischen Gesellschaftlichkeit als Arbeitsteilungsvorgang. Die Anwendung des Tauschwertprinzips auf die *gesamte* Natur, die Erde *und* die Arbeitskraft, geschieht in einem ökonomischen Kalkül, demzufolge Arbeitsleistung als „Kraft" in mechanisierten Arbeitsprozessen eines Systems von „Bewegungen" verausgabt wird. Die Fabrikarbeit als Mensch-Natur-Verhältnis ruft, vermittelt über Prozesse der Konkurrenz in der Zirkulationssphäre Agglomerationen hervor. Aber nicht diese Zusammenhänge werden analysiert, sondern Agglomerationen werden in der unmittelbarsten Form ihrer „Daten" (Bevölkerung, Distanz, Bewegung usw.) in physikalischen Modellen als Potentiale regionaler Energie oder Massenpunkte von Gravitationsenergie modelliert.

Die reale Verallgemeinerung und Abstraktion der produktiven, individuellen Arbeit im Maschinensystem der Industrie als mechanische Verausgabung von Energie und als mechanisch ausgeführte Bewegung wird in der Sozialphysik und der *theory*

---

56 G. Hard hat mich darauf aufmerksam gemacht, daß der derzeitige (und durchaus unerwartete) Boom der Fremdenverkehrsgeographie dem von mir rekonstruierten Paradigma in jeder Hinsicht entspricht, sowohl der idiographischen als auch der subjektivistisch-naturalistischen Interpretation: der konkrete Mensch in der konkreten Natur. Der in der Natur „Freizeit machende" Mensch ist in einem ähnliche Sinne in Übereinstimmung mit der Rollenidentität des modernen, an das klassische Paradigma anknüpfenden deutschsprachigen Geographen im geographischen Paradigma, wie es der imperialistische Eroberer und Entdecker mit dem klassischen Geographen war.

of movement als Vulgärreflexion unmittelbar auf die phänomenalen Vorgänge der Gesellschaft angewandt.

Die Formalisierung der Warenströme und der Bewegungen der Ware Arbeitskraft als „Bevölkerung" durch Energieaustausch-Systeme (vgl. z.B. Warntz 1973: 122 ff.) und Energiepotential-Modelle erfaßt hiermit zwar einen Aspekt des Energieflusses (Werteflusses) der Tauschsphäre als regionalen, der der Struktur der Verteilungssphäre entspricht und hat daher gewisse prognostische Kraft. Diese zufällige, ohne theoretische Einsicht in die Gründe für die Triftigkeit der Prognosen entstandene Abbildung eines Teils der industriellen Realität im Bereich ihrer Warenverteilungssphäre bleibt aber solange ungenügend, wie keine Theorie für die Fortschrittsstruktur des Energie leistenden und Werte schaffenden Arbeitssystems in Verbindung mit den Modellen über das Verteilungssystem als Repräsentationssystem existiert, weil Prognosen in dynamischen Systemen eine formalisierte („erklärende") Theorie der Mechanik des Fortschritts im System benötigen; nichteintreffende Prognosen können sonst z.B. theoretisch nicht interpretiert werden.
(...) KÜRZUNG

5.2 Reduktion auf „den Menschen": Die anti-idiographische Revolution im Regionalismus

Der theoretische Übergang von organischer Anpassung in Lebensräumen auf „räumliches" ökonomisches oder Bewegungs-Verhalten impliziert eine Veränderung der Konzeption von Anpassung. In der Sozialphysik ist die ökologische Vorstellung innerhalb ihrer Konzepte, also abgesehen von allgemeinen weltanschaulichen Erwägungen, kaum möglich; die Gesellschaft besteht aus Funktionen variabler Größen und ist in dieser Struktur in Übereinstimmung mit der Natur. Es gibt also gar keine Diskrepanz, die überbrückt werden könnte; es fehlt die ökologische und geschichtsphilosophische Subjekt-Objekt-Vorstellung.

In der normativen Ökonomie dagegen ist Profitmaximierung ein Anpassungszwang im System der Konkurrenzbeziehungen, also im gesellschaftlichen System physikalischer Arbeitsteilung (abstrakter Verbindung von Objektnatur und Arbeitsnatur) und ist damit als „Handlung" zwar mit der Natur verbunden, aber in der Anpassungsleistung an diese über die gesellschaftliche Organisation der Produktion als einem *Anpassungsakt* vermittelt. Die Interpretation dieses Prinzips ökonomischer Anpassung als ursächlich resultierend aus den Motiven seines Agenten, des Unternehmers, verändert die Anpassungskonzeption der klassischen Subjekt-Objekt-Philosophie völlig.

„Der Mensch" paßt sich nun nicht mehr einem System *und damit* der Natur an, sondern die Struktur des Systems folgt aus den ursächlichen *menschlichen* Motiven, und das sind Aktionen der Anpassung an die Natur. Diese sind jedoch in ihrer historischen Entwicklungsdynamik primär von dem Inhaber dieser Motive und nicht von der Verbindungsstelle von Mensch und Natur, von der Produktion, bestimmt. Wenn Beschränkungen der weiten Handlungsmöglichkeiten existieren, dann gehen sie eher von der Gesellschaft im allgemeinen aus als von den Variablen, die die Struktur der Produktion ausmachen, eben von Variablen, die auf „Motive" Einfluß haben. Der „Mensch" ist als Wirtschaftssubjekt ethnisch und schichtenspezifisch differenziert, hat differierende Persönlichkeitsstrukturen, vor allem aber hat er differierende Informationsniveaus und daher ergibt sich im Ganzen, daß nicht die Maximierung des Profits als sinnvolles subjektives Motiv angenommen werden kann, sondern allenfalls die Erreichung eines biographisch adäquaten Befriedigungszustands unter subjektiver Kosten-Nutzen-Kalkulation.

Da die Bedingungen des Wirtschaftens damit Gegenstand der empirischen Beschreibung der Umstände sind, unter denen die Entscheidungen der Wirtschaftssubjekte zustande kommen, kann die normative Wertlehre endgültig durch „deskriptive Ökonomie", „Entscheidungstheorie", „Wahlhandlungstheorie" ersetzt werden. Da die Gesamtheit der Bedingungen der Entscheidungen ein „Image" im Entscheidungsträger bildet, das *seine* „Welt" von der Welt ist, nämlich die Umwelt wie er sie *wahrnimmt*, nicht wie sie ist, verbinden sich die deskriptive Ökonomie und die Entscheidungstheorie zwanglos mit der Konzeption der „Umweltwahrnehmung".

Die Kritik an der offensichtlichen Irrationalität des ökonomischen Systems wird mit der berechtigten Kritik an der Idealisierung seines Agenten, der Kritik am *economic man*, verbunden, indem sie kurzgeschlossen wird. Unter der Unterstellung, daß ein gesellschaftliches System sich aus den Ideen und den daraus motivierten Handlungen „der Menschen" ursächlich konstituiert, kann man aus der offenkundigen Nicht-Existenz des rationalen Wirtschaftssubjekts auf die Nicht-Existenz des Konkurrenzkapitalismus schließen bzw. darauf, daß dieser Aspekt marginal ist. Diese Unterstellung ist innerhalb der allgemeinen Adaptionsleerformel plausibel möglich.

Entscheidend in der Argumentation ist also der Kurzschluß zwischen dem gesellschaftlichen System und „Mensch". Die Anpassung *im System* wird als notwendig für die Anpassung *des Systems* an die Natur bezeichnet, indem Entscheidungen *im* System als Anpassungen *des* Systems angesehen werden. Dem geht natürlich die Reduktion der *Bedürfnisse aller* auf die *Werte der Herrschenden* im System voraus, sonst wäre diese Identifikation unsinnig, d.h., die durchaus richtige Beschreibung, daß der „freie Wille" ins gesellschaftliche Handlungssystem eingebunden ist, eliminiert durch Ausdehnung dieser Systemvorstellung auf die Ökonomie automatisch deren Eigenart, ein Anpassungssystem an die Natur zu sein, aus der Theorie bzw. läßt sie als Trivialität erscheinen angesichts des verbindenden und determinierenden *Werte*bezugs *aller* ökonomisch Handelnden.

Die analytische Geographie schließt sich, bezogen auf ihre Paradigmenteile, die die normative Regionalökonomie enthalten, der allgemeinen Entwicklung in der Ökonomie an, indem sie die Kritik des Profitmaximierungsprinzips im Sinne der deskriptiven Verhaltensanalyse nachvollzieht und im regionalistischen Form-Prozeß-Schema vorrangig Elemente der Konsumtheorie, die ohnehin der Verhaltenstheorie innerhalb der Ökonomie sehr nahe stehen, auf das Zentrale Orte-Modell anwendet.

Die analytische Geographie kann aber auch problemlos soziologische oder sozialphysikalische Theorien, die sie neben der Ökonomie enthält, diesem Trend anpassen. Diffusionen, Wanderungen usw. können als imagegesteuerte Entscheidungen behandelt werden, die „Gravitation" von Menschen (oder Gütern) kann inhaltlich als Energie einer Bewegung, die z.B. Wanderungsentscheidungen repräsentiert, interpretiert werden. Damit ist aus der mittlerweile akzeptierten systematisch-ökonomischen Seite des neuen Paradigmas „Natur", wie sie in der Wertlehre als Basis der gesellschaftlichen, abstrakten Anpassung durch Produktion noch auftaucht, eliminiert. Der Bereich der industriellen Arbeit, überhaupt die industrielle Gesellschaft, ist ein Adaptionssystem von „Handelnden",[57] und wenn dieses System in Termini von Adaption gedacht wird, ist es die Interpretation des Typs „strategischen", wertebezogenen Handelns *als* Anpassung. Damit ergibt sich die Verbannung jeder „Natur" und der Naturbeherrschung als Medium von Anpassung und Fortschritt aus der Gesellschaftstheorie. Denn „Anpassung" enthält keine Verbindung mehr zu „Bedürfnisbefriedigung", diese ist ersetzt durch „Befriedigung" als Erfolg durch konfliktlose Integration in das System oder, auf der Basis von Konflikttheorien, durch Erfolg im sozialen Wandel.

Damit ist das Bobeksche Entwicklungsstadium der industriegesellschaftlichen Gesellschaftstheorie erneut erreicht ohne das theoretische Relikt der Anpassung an Natur durch die Landwirtschaft,[58] das seinerzeit zur letzten Bastion des klassischen Paradigmas geworden war.

Entsprechend ist die aus der Sicht der tauschwertbildenden Produktion relevante Teilung der Gesellschaft keine gesellschaftswissenschaftlich interessante Kategorisierung mehr. Seit „Anpassung" nur noch für Strategien *in* einem prinzipiell freiheitlichen Handlungssystem steht (was bereits daran erkennbar ist, daß es historisch „die Menschen" aus der Determination durch die Natur befreit und ihnen zu einer neuen Harmonie mit ihr in der Fabrikarbeit und der parlamentarischen Demokratie und damit zu possibilistischen Handlungs- und Entscheidungsspielräumen verholfen hat), das durch den „Geist" und gerade durch die gemeinschaftliche Anstrengung aller

---

57 Daraus ergibt sich, daß der ehemalige *maximizer* als nunmehriger *satisficer* der *economic man* ist, während der *social man adaptive* ist. Vgl. Simon 1957: 165, zusammen mit 167, 198/199 und 204/205. *Allgemeine* ökonomische Befriedigung gelingt also nur, wenn sich jeder zuvor im Handlungssystem anpaßt.

58 Daher war es für die Regionalwissenschaft immer ein wichtiges Anliegen, eine *allgemeine* Theorie ländlicher und städtischer Landnutzung in Übereinstimmung mit der industriellen Standorttheorie zu entwickeln.

gegenüber einer gefährdeten Umwelt vorangetrieben werden kann, ist der humanistische „Mensch" ein Theoriebegriff, nicht mehr eine spekulative Abstraktion.[59]

So hat auch die Anthropogeographie den Stand ihrer verhaltenswissenschaftlichen Nachbarn erreicht, nunmehr auf einem arrivierten Niveau quantitativer Modellbildung dem Common Sense des unmittelbar Gegebenen zu entsprechen. Sie ist eine „moderne" Wissenschaft von der „Industriegesellschaft", ohne daß noch irgendwie auch nur in Andeutungen erkennbar würde, was *Industrie* ist, und in welcher Weise Handlungen von ihr abhängen. Zu diesem Zeitpunkt ist es plausibel und naheliegend, das *inference problem* zu exponieren und die Zirkularität des Form-Prozeß-Schemas durch die Umkehrung seiner Reihenfolge aufzulösen. Behavioristisch-sozialwissenschaftliche Erklärung braucht nicht mehr von einer vorgängigen Vermittlung von Mensch und Natur als Anpassung auszugehen, d.h. regionalistisch gesprochen von „Mustern", sondern ist Theorie der Anpassung an das Gesellschaftssystem, kann also „Region" als Ausgangs-Bezugspunkt aufgeben. Sobald selbst die abstrakte Natur aufgegeben ist, kann dann auch der abstrakte Raum (*geometry*) aufgegeben werden.[60]

Der *behavioral approach* vollendet damit den Vorgang der Auflösung der „Natur" in der Theorie der Geographie, der in der Sozialpyhsik mittels der Ablösung der „konkreten Natur" durch die „abstrakte Natur" bereits einen Paradigmenwechsel eingeleitet hatte. Vermittelt über die Physische Geographie war dann in der Geographie erneut konkrete Natur als „Umwelt" thematisiert worden, um durch die Konstruktion, daß Anpassung an diese Natur durch ihre Wahrnehmung stattfindet – die von der Anpassung in einem *gesellschaftlichen* System abhängt –, die *gesellschaftliche Auseinandersetzung mit Natur* (Abhängigkeit und Beherrschung) kognitiv und subjektivistisch zu formulieren, *ohne* auf die gesellschaftliche Bedingtheit der Wahrnehmung und die *Auseinandersetzung* mit Natur theoretisch zu verzichten.

Der Reduktion von Arbeit auf abstrakte, objektive Natur (in der Sozialphysik) steht jetzt die *entgegengesetzte* Reduktion von Arbeit auf abstrakte, subjektive Tätigkeit gegenüber.[61]

Das industrielle Maschinensystem, das die Verausgabung von Arbeitskraft einem allgemeinen Schema der Abstraktion unterwirft, reduziert Arbeit in der Tat auf eine

---

59 Angriffe auf solche Ideologien können fortan als Angriff auf den heren Humanismus bekämpft werden. Wissenschaftliche Kritik an der Gesellschaft ist „krimineller" „Terror" gegen „Menschen".

60 Zu einer typischen Arbeit dieser Art (auf der Konflikttheorie basierend), die sehr gut diesen Veränderungsprozeß im Verhältnis zum klassischen Adaptionsbegriff und der klassischen Landschaft reflektiert, vgl. Wolpert 1970; vgl. auch Cox 1973.

61 Bartels hat diesen Reduktionismus bereits beschrieben. Er bezeichnet ihn allgemein positiv als „Überwindung des europäischen Dualismus", indem er von einer behavioristischen Position aus geltend macht, daß „Dualismus" etwas Antiquiertes und tendenziell Metaphysisches sei (vgl. Bartels 1968: 124-126 und 160-163).

Die Entwicklung der Anthropogeographie

allgemeine und zugleich abstrakte Form von „Menschlichkeit". Es ist evident, daß die subjektive Seite von gesellschaftlicher Anpassung an die Natur in der Industriegesellschaft den Charakter einer abstrakten „Handlung" bekommt, losgelöst von gebrauchswertbezogenen *Intentionen* des Produzierens; es werden „Entscheidungen" unter vorgegebenen Alternativen gefällt, um ein System von Arbeitstätigkeiten optimal in Funktion zu erhalten.

„Der Mensch", wenn damit das kreative Substrat eines Produzenten gemeint ist, „arbeitet" tatsächlich nicht mehr in dem Sinne, daß er die Natur „gestaltet" und dabei seine subjektiven Fähigkeiten entwickelt, sondern er ist gezwungen – gemäß den Maximen der Tauschwertabstraktion der produzierten Gegenstände – seine Kraft nach dem Kalkül der physikalischen Optimierung der Ausschöpfung seiner Kraft verkommen zu lassen. Diesen Zustand abstrakt als „menschlich" ohne Bezug auf seine Realität in der Produktion zu reflektieren, entspricht dem, die Notwendigkeit und die Möglichkeit, diese Kraft als Ware frei zu handeln, als politische und philosophische Freiheit ohne Bezug auf die Realität dieser abstrakten Freiheit in der Ware Arbeit zu reflektieren und in abstrakter Form zu realisieren, und es ergänzt die bürgerliche Ideologie um einen Theoriebegriff in falscher Unmittelbarkeit.

Dieser Reduktion auf „Handlung" als abstrakter Reflexion der Arbeitssphäre entspricht eine abstrakt existierende konkrete Natur außerhalb dieses gesellschaftlichen Systems. Fortschritt wird eine innergesellschaftliche Angelegenheit („Wandel"), und das abstrakte, unmittelbar handelnde Menschenindividuum treibt ihn durch Einigung bei Entscheidungen in Konflikten voran. Auf der Ebene der geteilten Arbeitstätigkeit wird hierbei die ökonomische (wertbildende) Seite und die „menschliche" Seite (bewußte Tätigkeit) auf die menschliche als Abstraktion von der Doppelstruktur reduziert und aus der ökonomischen Sphäre per Verallgemeinerung hinausverlagert.

Die Reduktion ist also der *in* der Sphäre der Ökonomie vollzogene Subjektivismus, dem die gesamtgesellschaftliche Philosophie des demokratischen Systems entspricht; es ist die „logische" Reduktion von Arbeit und Kapital auf ein abstraktes individuelles Subjekt gegenüber einer abstrakt existierenden, konkreten Natur, das ja als Reduktionssubjekt notwendige philosophische Voraussetzung der Interpretation der industriekapitalistischen Realität im Sinne eines demokratischen „Humanismus" gegenüber der Art der völkischen Konstruktion des Primats der Subjektivität (vgl. Kap. 4.2 im Originaltext von 1980) ist.

Das aufgeklärte Weltbild reduziert auf ein *abstraktes* Subjekt, das im Parlament und Staat als *Repräsentation* von *Individuen* („Volk" als Abstraktum: Bevölkerung), (...) *allgemeine* Repräsentation erreichen muß.

(...) KÜRZUNG

Im Ganzen ist in der Geographie damit in bezug auf ihren Gegenstand der Stand der Reflexion des Liberalismus im Zeitraum der siebziger Jahre des 20. Jahrhunderts durch Anschluß an die „systematische" Gesellschaftstheorie erreicht. Zum einen ist die subjektivistische Form der Ideologie erreicht, zum anderen ist die liberalistische Reduktion dessen, was im idiographischen Denken immer ein „Vermittlungsproblem" gewesen war, nämlich die Ableitung der unmittelbar gegebenen Erscheinungen aus der „inneren" Struktur der Realität, und was in der Geographie immer durch Verweigerung der Behandlung dieser inneren Struktur „gelöst" worden war, als Problem aber prinzipiell präsent gewesen war, bei gleichzeitiger Verschiebung auf die Ebene der Erscheinungen erfolgt.

Wissenschaftlich arbeiten heißt nun, die Ebene der positiven Tatsachen als einzige Realität zu akzeptieren, und wenn das regionalistische Abgrenzungskriterium vernachlässigt werden kann, treffen sich klassische geographische „Äußerlichkeit" und positivistische „Wissenschaftlichkeit" auf der Ebene der „gesellschaftlichen Handlungsprozesse".

Die konsequenten Stationen der Reduktion sind der Übergang von der Wertlehre der Politischen Ökonomie, die noch Arbeit als Mensch-Natur-Verhältnis enthielt und sowohl den Einfluß der Tauschabstraktion auf den Produktionsvorgang als auch den Charakter und die Rolle der Arbeitsteilung kannte, auf die subjektive (psychologische) Wertlehre, wo der „Fortschritt" aus der Arbeitsteilung in den „Geist" des modernen Patriarchen verlagert wird, in der Folge auf die entscheidungslogische Interpretation der subjektiven Wertlehre, sowie auf die Reinterpretation der normativ-analytischen Systemtheorie als Adaptionstheorie, die Fortschritt aus dem immanenten Funktionswandel des Systems, in das es sich zu integrieren gilt, bestimmt.[62]

5.3 Der Sinn des logischen Reduktionismus

In der Theorieentwicklung der Anthropogeographie sind die Verlagerung des theoretischen Ortes des Fortschritts, die Marginalisierung von „Arbeit" und die Eliminierung von „Natur" aus der Theorie kongruente Vorgänge.

Die Theorieentwicklung kann jedoch nicht nur ideologiekritisch, sondern auch (wie wir oftmals gesehen haben) als Phänomen von Komplexitätsreduktion interpretiert werden. Die Intention der Verwissenschaftlichung der Geographie hat diese Reduktionsversuche getragen. Damit wurden die inhaltlichen Fehlabstraktionen unter subjektiv redlichen Motiven strukturell verankert.

Eine Theorie der Gesellschaft, die, von der Vermittlung von Mensch und Natur durch „Arbeit" ausgehend, diese Relation als Theorie der Ökonomie (Wertbildung) mit der Theorie der sozialen Beziehungen (Handlungen) vermitteln möchte – beide Theorien stellen bereits eine Reduktion dar – ist als „exakte" Wissenschaft nicht durchführbar, wenn „exakt" die mathematische Formulierung der Theorie und die experimentelle Überprüfung der Theorie bedeutet. Denn in diesem Falle wäre eine strukturelle Gleichheit der Theoriepostulate und der 2-wertigen Logik und eine

---

62 Zur Geschichte und Funktion der subjektivistischen Ökonomie vgl. Lange 1964.

Linearisierung (vgl. auch Wilkie 1974) dichotomischer Phänomene im Sinne der Arithmetik und der kontinuierlichen „Messung" erforderlich (vgl. auch Böhme 1976, 1977a).

Das ist der Hintergrund des sogenannten ersten Methodenstreits in der Ökonomie, der historisch zugunsten der Position, die Max Weber dann methodologisch resümiert hat (vgl. Weber 1951), entschieden wurde. Weber festigt selbst in der „verstehenden" Soziologie für die Sozialwissenschaften einerseits endgültig das Ideal der Realität der „positiven Tatsachen" mit dem entsprechenden Erklärungsideal und konstituiert andererseits die Handlungstheorie als Theorie der Gesellschaft. Die Mathematisierung der Gesellschaftswissenschaften hat die Reduktion des Systems „Arbeit" und des Systems „Handeln" auf ein ihnen gemeinsames Abstraktionsniveau zur Voraussetzung. Dieses Niveau muß es ermöglichen, diese beiden Relationen nicht vermitteln zu müssen, sondern als *eine* Systemrelation formulierbar zu machen.

Dazu erweist es sich als notwendig, den im Adaptionssystem Mensch-Natur und den im Adaptionssystem Mensch-Gesellschaft auftretenden „Menschen" binär denken zu können. Daher muß entweder die Gesellschaft auf Natur reduziert werden (Sozialphysik) oder die Natur auf Gesellschaft (Handlungstheorie und *environmental perception*). Im ersteren Falle können Arbeit und Handeln nur „Energie" sein, im letzteren Falle muß Arbeit auf Handeln reduziert werden.

Somit stehen sich dann strukturell nicht Natur und Gesellschaft sowie Gesellschaft und „Mensch" in einem System gegenüber, in dem „Gesellschaft" divergierende Ebenen von Anpassung als Teilsysteme hierarchisch vereinigt, sondern Natur-Natur (*spatial approach*) oder Mensch-Mensch (*behavioral approach*).[63] Die Relationen werden zwar oft formuliert als ökologische Relation in der Reduktion von Natur und Gesellschaft auf den Begriff „Umwelt" gegenüber „Mensch", bleiben aber ohne positive Wirkung gegen den Reduktionismus, denn der theoretische Sinn des Begriffs wird ja selbst wieder durch eine der beiden genannten Reduktionstypen statt durch die Relation Mensch-Natur hergestellt.[64]

---

63 Es wird hier nicht weiter darauf eingegangen, daß jedes dieser Teilsysteme bereits intern eine logisch komplexere Struktur hat, als es die existierende Mathematik zu quantifizieren erlaubt, sondern nur das Grundproblem einer „Allgemeinen Gesellschaftstheorie" angesprochen.

64 Die philosophische Basis des logischen Reduktionismus ist die ursprungsmythische Identitätsphilosophie, die in verschiedenen semantischen Formen auftritt. Es handelt sich jeweils um die Einheit der Natur in Gott mit dem Primat der Objektivität oder die Einheit des absoluten Geistes in Gott mit dem Primat der Subjektivität. Zu den logischen und philosophischen Problemen der Einheit und der Mannigfaltigkeit der Welt vgl. Weizsäcker v. 1971, vor allem die Platon-Exegese. Zum Verhältnis von Logik und Identitätsphilosophie vgl. Günther 1978.

Das ist der Sinn der methodologischen, szientistischen, „quantitativen" Oberfläche der anti-idiographischen, im „Logozentrismus" verstrickten Revolution. Sie war nur möglich in Verbindung mit einer ontologischen Alternative zur komplexeren, idiographischen (qualitativen) Gesellschaftstheorie. Sie operierte mit einer inhaltlichen Reduktionsidee, wie sie am präzisesten, radikalsten und programmatischsten in der Sozialphysik vorlag, aber in der entscheidungstheoretischen Ökonomie prinzipiell (wenn auch semantisch differierend) auch bereits gegeben war. So verbanden sich von Anfang an die Sozialphysik und die Ökonomie in der Regionalwissenschaft unter der leitenden Metapher *spatial behavior*.

Diese Metaphysik reduziert die Welt auf eine logisch, mathematisch und physikalisch formalisierbare Komplexitätsstruktur, und damit kann die Geographie „verwissenschaftlicht" werden. Die „quantitative Revolution" (die ja nicht etwa „erfahrungswissenschaftliche" Revolution genannt worden war) entsteht, nachdem die Sozialphysik die *konkrete* Natur als Gegenstand von „Vermittlung" durch Reduktion eliminiert hat. Damit wird eine Theorie der Gesellschaft determiniert, die deren Komplexität auf *eine* Subjektivität (das Handeln aller) gegenüber abstrakt äußerlicher Natur reduziert.

(...) KÜRZUNG

Gesellschaftlich „relevant" gemacht und einsetzbar den Daten gesellschaftlicher „Natur" angepaßt, wird die Theorie mit derjenigen Methodologie, die der industriellen Methode der Ausbeutung von „Natur" entspricht: der Physik.

Die diversen Versuche, die neue Geographie zu paradigmatisieren, sind als Versuche zu werten, die Reduktion auf abstrakte Natur mit der ihr ontologisch und semantisch entgegengesetzten, aber strukturell äquivalenten Reduktion in den ökonomischen Regionaltheorien, nämlich der Reduktion auf den abstrakten Handelnden, *formal* zu verbinden, da sie ontologisch einen Gegensatz bilden (Objekt versus Subjekt).

Diese Verbindung muß notwendig eine erneute reduktionistische Abstraktion hohen Grades sein und kann nur noch eine *formale* Synthese der fundamentalsten ontologischen Gegensatzebenen sein – die Reduktion im Sinne eines Übergangs von der semantischen Ebene auf Mathematik. Sie erfolgte im Sinne von Kuhns Vorstellungen vom Erwerb eines Paradigmas durch Sozialisation mittels Lehrbüchern überwiegend in der Produktion von solchen Synthesen. Es ergaben sich anfänglich im Übergang vom *spatial approach* zum *behavioral approach* solche Reduktionsversuche, die später unter der Dominanz des *behavioral approach* eher durch einfache Auffüllung der klassischen Themen (Modelle) mittels soziologischer und ökonomischer Theorie abgelöst wurden (vgl. Cox 1972; Fielding 1974; Jakle, Brunn, Roseman, 1976; Jones, 1977).

Die Verbindung konnte z.B. durch radikale Reduktion auf den Theorietypus, der erlaubt, „räumliche" Modelle sowie „räumliche" und ökonomische Prozesse zu formulieren, also auf eine nach diesem Bedürfnis zusammengestellte Sammlung von Teilen der Mathematik, die dann die Abteilung „räumlicher Formalmodelle" wäre, durchgeführt werden. Parallel ergab sich auf der theoretischen Ebene durch gleichzeitige Reduktion der begrifflichen Gemeinsamkeit der Bewegungsmodelle und der Raumwirtschaftstheorien über mehrere Zwischenstationen auf ein ihnen allen gemeinsames metaphysisches Prinzip als Abgrenzungskriterium – das *nearness*-Prinzip.[65] Dieses Prinzip hat den Vorteil, daß es erdräumlich *und* rein gesellschaftstheoretisch-funktionalistisch interpretiert werden kann, d.h., es erlaubt Bunge, den ersten Paradigmenwechsel aufrechtzuerhalten.

Daraus ist Bunges Sonderstellung und seine permanente Kontroverse mit den neueren Revolutionären erklärlich. Er braucht die *behavioral revolution* nicht mitzumachen, da er in der ersten Revolution nicht auf normative Ökonomie *oder* abstrakte Natur reduziert hatte, sondern auf ein den beiden Naturbegriffen *gemeinsames* Formalprinzip, unter der Bedingung, daß Distanz und Bewegung als Lokalisation interpretiert werden. Dieses Prinzip ist jedoch nicht selbst theoretisch ausgearbeitet, und es ist nicht formal definiert, so daß aus beiden Gründen nicht alle weiteren Gesetze daraus deduziert werden können.

Bunge hat es also durchgehalten, die Mängel der ersten Revolution (der Reflexion der abstrakten Natur) nicht zugunsten der konkreten oder gar überhaupt keiner Natur zu bereinigen, sondern er hat eine Reflexionsstufe von „räumlich" gewählt, die relational ist, ohne bereits einer der spezifischen Gruppen von funktionalen oder geodätischen Relationen anzugehören.[66] Er hat damit auch letztlich das klassische Abgrenzungskriterium beibehalten und im neuen Paradigma nach dessen Logik neu erzeugt.

Andere anfängliche Versuche, spezielle allgemeinere Modelle zu finden (vgl. z.B. Olsson, 1965, 1970; vgl. auch Enequist, o.J.; Griffith, 1976), erwiesen im gleichen Sinne die Modelle als Bestandteile allgemeiner „Sprachen", die geeignet waren, die geographischen Grundmodelle unter bestimmten Zielsetzungen, die dem geographischen Paradigma entnommen werden und als Bedingungen an formale Modelle formuliert werden, zu erzeugen. Diese Strategie wurde häufig bei der Konzeption von Lehrbüchern angewendet, die nicht mehr das Abgrenzungskriterium als solches zu erzeugen versuchen, sondern einfach nach den Mitteln mathematischer Erklärung,

---

65 Bunge 1966. Zu den Zwischenstationen vgl. vor allem 112 ff. Es ist deutlich, daß dieses Prinzip eine Neuauflage des Begriffs „chorologisch" ist. Zur modernen Definition vgl. Bartels 1968. Die Erweiterung gegenüber Hettner besteht in der Integration funktionaler Beziehungen durch „Zusammensein" über eine „Distanz", was einer „inneren" Beziehung gleichkommt.

66 Deshalb erweist es sich für Bunge als sehr wichtig, in Anlehnung an Tobler das Problem des Übergangs von metrischen Distanzen auf *real distances* zu lösen (vgl. Bunge 1966: 52 ff., 175 ff. und 270 ff.).

Beschreibung, Modellbildung, Statistik und Systemtheorie gegliedert sind und in denen das geographische Paradigma oder seine Teile als herauskristallisierter Erklärungs- oder Deskriptionstyp in immer neuen Erzeugungsformen (Sprechweisen) auftaucht.

Ein abschließendes Werk dieser Art ist Harveys „Explanation in Geography" von 1969 (vgl. auch Amedeo and Golledge, 1975).

Eine weitere Strategie ist die Reduktion des Paradigmas auf diverse Dimensionen oder Elemente des abstrakten Raumes sowie auf „Bewegung". Die als paradigmatisch empfundenen Standardlösungen werden dann durch Kombination dieser Komponenten erzeugt unter Beifügung der jeweils möglichen ökonomischen oder sozialwissenschaftlichen Interpretation der erzeugten Formeln durch Angabe von existierenden Beispielen dieses Formaltyps in der Theorie der Ökonomie, Geographie oder der Sozialforschung.[67]

Eine wichtige Rolle nimmt in allen Kontexten immer die Graphentheorie ein, weil sie erlaubt, „Bewegungen" „räumlich" zu formalisieren bzw. „räumliche Muster" als Bewegung zu interpretieren. Wenn es gelingt, die Bewegungen auch ökonomisch zu interpretieren (wie im Falle des *travelling salesman*) oder mit einer ökonomischen Theorie regionaler Muster wie dem Zentrale-Orte-Modell zu verbinden, dann ist im ganzen ein wesentliches Element „geographischer" Paradigmatisierung geschaffen.

Außerhalb dieser Lehrbuchebene, im Wissenschaftsbetrieb selbst, setzte sich dann faktisch diejenige Ontologie durch, die der allgemeinen Ideologie entsprach – die subjektivistische der beiden Reduktionen. Daß das nicht als Unterordnung des wissenschaftlichen Denkens unter das Diktat der Tauschwertlogik und des Fortschritts „von oben" bezeichnet, sondern als Sieg des humanistischen Denkens empfunden wird, ist naheliegend.[68]

Die Ablehnung des erfahrungswissenschaftlichen Ideals und der Quantifizierung durch die idiographische Wissenschaftstradition erklärt sich somit als eine hilflose Resistenz gegen logischen Reduktionismus, der um der scheinwissenschaftlichen Erklärbarkeit willen auf das verzichtet, was alles an der Realität verstehbar ist. Sie sträubt sich dagegen, etwas nicht erklären zu dürfen, was sie dennoch lebensweltlich versteht. Sie interpretiert das zwar als Grad der Komplexität ihres Gegenstandes „Landschaft", aber in alter „logozentristischer" Tradition auch als inhaltliche Eigenschaft seiner Einmaligkeit, statt als Strukturschwäche der Logik und Metaphysik, mit der das neue Paradigma eine industrielle Gesellschaft ohne Natur „erklärt".

---

67 Das bekannteste Beispiel ist Haggett 1973.

68 Damit verändert sich die Strategie der Lehrbücher, die entsprechend dem gesellschaftswissenschaftlichen Paradigma eher inhaltlich gegliedert sind.

6 Zusammenfassung: Geographischer Wissenschaftsfortschritt

„Tatsächlich könnte man, falls man sich zu einer wohlwollenden Auslegung entschließt, die Kuhnschen Ausführungen so interpretieren, *daß darin eine Aufforderung an die Wissenschaftstheorie enthalten ist*, nämlich einen Begriff des Erkenntniswachstums einzuführen, mit dessen Hilfe die beiden scheinbar unverträglichen Aspekte der ‚revolutionären' Theoriendynamik versöhnt werden können: *Inkommensurabilität* und *Fortschritt*. Wir dürfen dann nicht mehr behaupten, daß das, was Kuhn über Theorienverdrängung sage, *mangelhaft* sei, sondern hätten uns darauf zu beschränken zu behaupten, daß damit auf ein Desiderat hingewiesen werde, nämlich einen Begriff des Erkenntnisfortschrittes einzuführen, der erstens mit der Inkommensurabilitätsthese im Sinne von Kuhn vereinbar ist und der zweitens nichtteleologisch ist, zum Unterschied von der ‚teleologischen' Popperschen Idee der zunehmenden Wahrheitsähnlichkeit" (Stegmüller 1973: 284/285).

Die Rekonstruktion der wissenschaftsimmanenten Fortschrittsbewegung in der Anthropogeographie (Kap. 2 und 3) ist der Versuch der Rekonstruktion, ob dieser Fortschritt für die Wissenschaftler unbewußt, d.h. in Unkenntnis dessen, was das Paradigma als fachwissenschaftliche Basis für sie repräsentiert, also „darwinistisch" (Böhme 1975: 14), als immanente Verbesserungsstrategie des Fachs *möglich* war (daher sind alternative Rekonstruktionen dieser Immanenz nicht ausgeschlossen). Denn nur der Nachweis der Möglichkeit unbewußter Fortschrittsentwicklung läßt die Rekonstruierbarkeit einer nicht-teleologischen Logik dieses Prozesses vermuten. Er ist seine Voraussetzung.

Eine Interpretation der Wissenschaftsgeschichte von „guten Einfällen" würde sich als Logik eines „erscheinenden Bewußtsein" erübrigen, wenn nicht eine immanente Möglichkeit konsistenten Verhaltens, die den Fortschritt real produziert hat, *ohne* Bewußtsein über dieses Verhalten zu haben, nachweisbar wäre.

Die Wahrscheinlichkeit, daß eine solche Sicht von Fortschritt erfolgversprechend ist, wird nicht zuletzt durch Kuhns Wendung gegen die Fortschrittslogik nahegelegt (vgl. Kuhn 1974b: 246-251), denn man kann ja trotz seiner Beschreibung von Revolutionen und „Normalwissenschaft" an der Möglichkeit von Fortschritt festhalten. Es ergibt sich dann die Konsequenz, von einer Fortschrittsstruktur auszugehen, für die sowohl die Transformationsprozesse des Paradigmas in der Normalwissenschaft als auch die Bedeutungsverschiebungen in der Revolution – die subjektiv, im Hinblick auf das Paradigma und das Wissenschaftlerethos, nicht als rational und bewußt ausgewiesenen Handlungen – konsequente „naturwüchsige" fachwissenschaftliche Tätigkeiten waren. Erst innerhalb eines solchen „Naturprozesses" kann die Rolle bewußter, kritischer Metatheorie, aber auch die Funktion kritischer Fortschrittsbemühungen im Sinne Poppers, realistisch bemessen werden.

Es haben sich im Verlauf der Argumentation differierende Ebenen dessen herausgestellt, was „das Paradigma" bzw. die beiden Paradigmen der Geographie genannt werden könnte. Begriffe wie „Raum", „Landschaft" usw. komprimieren ganze Philosophien, und wenn man sie in dieser Funktion aufschlüsselt, ergibt sich der Sinn des Verhaltens der Forschergemeinde im Verlauf der Fachgeschichte. Die Logik ihrer bewußten Aktivitäten zur Verbesserung des Faches wird ebenso wie der Sinn der „Bedeutungsverschiebungen"[69] der Termini, die die Oberflächenkontinuität sichern, nur durch die Kenntnis der gesellschaftlichen Funktion der Verschiebungen und dieser nur vermeintlich vollständig bewußt vollzogenen Aktivitäten klar.

Paradigmen scheinen, um Fortschritt im „darwinistischen" Wissenschaftsprozeß gewährleisten zu können, durch ihren Aufbau die Eigenschaft der Selbstverschleierung soweit zu haben, daß sie ein ausgewogenes Verhältnis von angepaßter Kleinarbeit (scheinbar theorielosem „Rätsellösen") und zeitweilig notwendiger, halbbewußter Strukturveränderung garantieren. Dazu muß, bewußt und unbewußt, unter Bezug auf das Paradigma auf differierende wissenschaftliche Ebenen von Realitätsabbildung rekurriert werden können, und das muß mittels differierenden Aspekten des Paradigmas eben gerade unter seiner Befolgung möglich sein. Das heißt, der Wechsel eines Paradigmas muß auch gerade durch das Gefühl, es zu befolgen, möglich sein.

Die Entstehung des geographischen „Bildes"

Diese unterschiedlichen Aspekte können bereits im Bildungsprozeß des geographischen Paradigmas beobachtet werden, einschließlich der ersten Verdrängung der später unbewußt bleibenden Ebene.

Der „Kern" des geographischen Paradigmas entsteht nicht erst in der Geographie, sondern liegt bereits in der Gesellschaftstheorie und der Entdeckungspraxis vor. Die Geographie übernimmt *den* Teil einer Philosophie, der der Logik ihrer gesellschaftlichen Entstehungsnotwendigkeiten am nächsten liegt, d.h. mit der vorwissenschaftlichen Praxis der Reisebeschreibungen kommensurabel ist, bereits darin vorhandene Theorie-Begriffe enthält oder zumindest semantisch leicht zu integrieren erlaubt.

Diese allgemeine Vorleistung hat primär Herder erbracht. Er „hat" also das Paradigma der Geographen schon innerhalb einer umfassenderen intellektuellen Arbeitspraxis, ohne daß es bereits als „geographisches" formuliert wäre. Herder verfährt nach dem „Bild"[70] des Leibnizschen Systems prästabilierter Harmonie von

---

69 Vgl. dazu Kuhn 1967, insbesondere 139 ff. und 181 ff., 1972: 307 ff., 1974: 133/134; Diederich, Einleitung zu Diederich (Hrsg.) 1974: 25 und angegebene Literaturhinweise; Scheffler 1974: 154-161; Stegmüller 1973: 178 ff., 248 ff., Stegmüller 1974: 198 ff.; Krüger 1974: 217 ff. und 233-243. Die Diskussion über Bedeutungsverschiebung ist im allgemeinen identisch mit dem Problem der „Inkommensurabilität".
70 Vgl. Masterman 1974: 75 ff. Ein „Paradigma" ist ein „analog gebrauchtes, konkretes" „Bild" oder „a concrete 'way of seeing'", weil es eine „organisierte rätsellösende Gestalt" sein muß. Es muß die Eigenschaft haben, als ein Bild von etwas für etwas anderes funktionieren zu können, d.h., die festlegende Gestalt eines Urbildes muß organisierend für

singulären Monaden. Es bietet eine spezielle „Gestalt" der Schöpfung als System. Das geschaffene „Bild" analoger Struktur ist die Erde als System singulärer Lebensräume, als „Wohnhaus". (Leibniz hatte die „Monaden" als „fensterlos" charakterisiert. Zudem sind diese ikonischen Repräsentationen göttlicher Seele im Zustand der Individualität (Allgemeinheit als Individualität) existent in einem jeweiligen „Körper", und jede monadische Einheit, in der eine solche „Seele" wohnt, „kann als ein Garten voller Pflanzen oder ein Teich voller Fische aufgefaßt werden" (Leibniz 1903 Bd. 2: 451).)

Herders „world-view" (Masterman 1974: 68 ff.) oder seine „Weltanschauung" war die Präzisierung dieser Struktur gegen die Fortschrittstheorie der Aufklärung – also gegen den Fortschritt durch Abstraktion – mittels der Vorstellung der Geschichte als Erfüllung der Natur in konkreter Humanität. Er setzte der Vernunftteleologie der Aufklärung und Transzendentalphilosophie nicht eine Nicht-Teleologie, sondern eine Teleologie der Schöpfung als konkrete entgegen.

Entsprechend dem unter Rückgriff auf Leibniz' Bild geschaffenen Bild wird in Verbindung mit der konkretistisch-harmonischen Perspektive das Bild durch die Vorstellung der Geschichte als Reifungsprozeß vollständig. Das Gattungssubjekt „Menschheit" bildet das ideelle Substrat der vielen Bewohner dieses „Hauses", eines Hauses, in welchem jeder geschichtliche Abschnitt singulär und abgeschlossen ist, aber (stockwerkartig) auf dem vorherigen aufbaut (vgl. auch Hard 1970a: 216 ff.).

Die Erde als „Leib"[71] und die Menschheit als „Geist" bzw. „Seele" eines von Gott erschaffenen konkreten Systems wird durch dieses Bild der Geschichte der Abfolge relativ abgeschlossener Zivilisationen angepaßt. Damit ergibt sich die Vorstellung eines zweckmäßigen „Organismus" der Welt, dessen Prinzip harmonischer Anpassung auch in den jeweiligen abgeschlossenen Teilsystemen (Wohnräumen als „Gärten") wirksam ist. Die „Einheit der Welt" als Einheit in konkreter Natur durch Anpassung von Leib und Geist, die aus der „organischen" historischen Organisation der Gattung folgt – als Reifung einer vorausangelegten Harmonie –, ist die dynamische Seite des Bildes. Anpassung an konkrete Natur ist ein Sich-Einrichten.

ein weiteres Bild wirksam sein. „Redet Kuhn über ein 'künstlich hergestelltes Etwas', was gleichzeitig auch eine 'Art des Sehens' sei, so bezieht sich seine Behauptung nicht auf die Natur dieses Gebildes, sondern auf seinen Gebrauch: Es ist nämlich das Bild eines Dinges, aber es wird gebraucht, um ein anderes Bild darzustellen; so ist z.B. das geometrische Modell aus Draht und aus Perlen vor allem ein wohlbekanntes Kinderspielzeug; aber in der Wissenschaft benützt man dasselbe, um ein Protein-Molekül zu repräsentieren" (Masterman: 1974: 76). „... ein Bild von einem A, das auch eine neue Art des Sehens von einem B zur Verfügung stellt" (ebd.).

71 Die Leib- oder Körper-Metapher taucht für die Form der Kontinente dann später in der Geographie häufig auf.

Dieses Gesamtbild, das Herders Philosophie abbildet, ist, losgelöst von der offiziell „humanistischen" Seite seiner Gestalt, (die in der Geschichtswissenschaft und Literaturtheorie weitergeführt wird), das „Bild" der Geographie. Sie benutzt es anfänglich noch explizit für die Geschichte oder die Welt als jeweils Ganze, im Verlaufe der Ausgestaltung der Disziplin jedoch zunehmend als Strukturvorstellung bzw. als ihre Art des Räsonierens („way of seeing"), abgelöst von seinem Charakter, Metapher einer politischen Philosophie und „konservativen Fortschrittstheorie" zu sein, also als „Gestalt" ihres „Gegenstands" als eines „Wohnraums".[72]

Dieser Gegenstand definiert sich über eine interessengeleitete Aspektspezialisierung dessen, was dieses Bild metaphorisch transportiert. Aus der humanistischen Konzeption von „Fortschritt" wird die Theorie der Anpassung und der materiellen Reproduktion, also der Aspekt des „Lebensraumes" gegenüber dem Aspekt der geistigen Vollendung der Geschichte durch humanistische Zivilisation, Ästhetik und Politik.

Die Geographie entwickelt als Theorie der vorfindlichen Bedingungen des entstehenden Weltmarktes, gleichsam als ihren „world-view", die Theorie „konkreter" Naturgebundenheit von Kultur. Ihre Philosophie ist der Aspekt der „Erde" als eines „Leibes", in dem Kultur, Geschichte oder Gesellschaft „wohnen" wie der Geist im Körper.[73] (Damit sind idiographisches Denken, Regionalismus und Naturbedingtheit # unmittelbar verbunden.)

Die Verbindung dieser Philosophie zum idiographischen Humanismus als politischer Philosophie – und zu ihrer idealtypischen Alternative in der Aufklärung, und damit ihre politische Implikation – ist in diesem Spezialisierungsvorgang und der Festlegung bereits eliminiert, wenn man diese Philosophie nicht als politische „Theorie" betreibt, sondern, gesichert durch das „Bild" des ganzheitlichen „Organismus", einfach tradiert. Denn der „geographische Gegenstand" kann aus diesem verdrängten Hintergrund heraus auch unter Benutzung eines „artefacts" (Masterman 1974: 68 ff.) begrifflich konstruiert bzw. nachkonstruiert werden.

Die „rationale Rekonstruktion" der innergeographischen Philosophie als funktionale Betonung eines Aspekts des Herderschen „Bildes" übergeht als plausible „Erklärung" des Zustandekommens des geographischen Paradigmas allerdings gerade

---

72 Vgl. dazu auch Hard 1969a und 1970a: 20 ff. Zur Metaphorik des Kosmos', Staates usw. als „Gebäude" von der Antike bis zur Renaissance vgl. Bentmann, Müller 1970: 51-59.

73 So erklären sich Hards umfängliche und genaue Nachweise der „Ontologisierung" von Sprache (vgl. etwa die Beispiele in 1970a: 213) sehr einfach als die anachronistische Verlängerung eines organizistischen Weltbildes und als Folge des identitätsphilosophischen Reduktionismus auf die „Einheit der Welt" in Gott, in diesem Falle als „konkrete Natur". Es ist dann nicht mehr verwunderlich, daß eine ‚Landschaft' (ein „Raum") nicht nur ein Volk „umfaßt", sondern dass dieses ihr Bestandteil als organische Einheit ist, wie es die Menschen im „Garten Eden" waren.

Die Entwicklung der Anthropogeographie

die typische Form der Paradigmatisierung als unbewußten Prozeß. So deduzierten selbst die philosophisch gebildeten Geographen der Anfangszeit ihr Tun nicht primär aus der Philosophiegeschichte; und wenn sie es, wie Humboldt oder Ritter, taten, dann wählten sie gleichwohl *als Empiriker diese* Philosophie, weil sie sich bereits auf die Existenz des Paradigmas als sinnvoll empfundene Forschungsleistung und Forschungs*praxis* der Entdecker *stützte*. Das, was in der forschungslogischen Rekonstruktion als Metaphysik und Bild der Geographen vorweg aus Herders Philosophie abgeleitet werden muß, um danach auch als aus der Forschungspraxis der Reisebeschreibungen prinzipiell rekonstruierbar aufgezeigt werden zu können, mußte innerwissenschaftlich bei der Paradigmenentstehung gerade umgekehrt etabliert werden.

Das Paradigma als Wissenschaftspraxis einer Metaphysik
und die Metaphysik der Gestalt einer Praxis:
der forschungslogische Widerspruch im Paradigmenkonzept

Zur Logik der Ausbildung einer solchen „Weltanschauung" bei der Paradigmenbildung muß also wieder auf den zirkulären Charakter des Paradigmas rekurriert werden:

> „Denn, um die zeitliche Priorität des Paradigmas gegenüber der Theorie in der wissenschaftlichen Handlung festzulegen, müssen wir es soziologisch als eine *schon bekannte* konkrete wissenschaftliche Errungenschaft, als eine schon festgelegte Reihe von Gewohnheiten definieren. Aber wie macht der Wissenschaftler selber in einer neuen Wissenschaft ausfindig, daß das, was er befolgt, eine konkrete wissenschaftliche Errungenschaft wird? Er muß es also schon wissen, daß das, was er befolgt, ein Paradigma ist. Kein Zweifel, hier liegt ein circulus vitiosus vor: Zuerst definieren wir ein Paradigma als eine schon beendete Errungenschaft; und dann beschreiben wir, von einem anderen Gesichtspunkt aus, die Errungenschaft, wie sie sich um ein schon existierendes Paradigma herum aufbaut" (Masterman 1974: 69). (...) „Darum besteht das wirkliche Problem, eine Philosophie einer neuen Wissenschaft zu gewinnen, darin, philosophisch jenen Kunstgriff oder jene Einrichtung zu beschreiben, der bzw. die die Grundlage des soziologischen Paradigmas (im Sinne einer Reihe von Gewohnheiten) bildet" (ebd.: 70).

Dazu ist es nicht sinnvoll, zu fragen, was ein Paradigma *ist*, sondern, „was ein Paradigma *leistet*" (ebd.) Es wird dann

> „sogleich klar (wenn man dabei natürlich immer die Existenz der Normalwissenschaft voraussetzt), daß der konstruierte Sinn des 'Paradigmas' und nicht sein metaphysischer Sinn (also auch nicht das Metaparadigma) das grundlegende ist. *Denn man kann ja nur mit etwas künstlich Hergestelltem* (Artefakt) *Rätsel lösen*. (...) Der Normalwissenschaftler ist ein leidenschaftlicher Rätsellöser (S. 37); in diesem Rätsellösen – nicht im Problem-Lösen, sondern im *Rätsel*-Lösen – besteht prototypisch die Normalwissenschaft. Aber das Rätsel ist etwas künstlich Hergestelltes" (ebd.: 70). (...)
> „Stimmt es jedoch, daß bei Kuhn das konstruierte Paradigma – und nicht die beiden anderen Hauptarten des Paradigmas – den philosophischen Schlüssel dazu bietet, was in

Wirklichkeit in einer neuen Wissenschaft die Paradigmen sind, indem das konstruierte Paradigma auf jenen Kunstgriff oder auf jene Einrichtung hinweist, womit eine neue Wissenschaft beginnt; ist das alles so, warum hielten dann alle Wissenschaftstheoretiker (außer mir) für evident, daß Kuhn unter 'Paradigma' eine metaphysische Weltbetrachtung (a metaphysical world-view) versteht, ..."? (...) „(S)o hat auch Popper indem er das Entstehen der Wissenschaft aus der Metaphysik und aus der Philosophie erörterte, gar nicht die Wichtigkeit dessen gesehen, daß jede neue Wissenschaft mit einem technischen Kunstgriff beginnt. Obwohl er sicher den alten Spruch gehört haben wird, wonach die Wissenschaft die Ehe der Metaphysik mit der Technologie darstellt, fragt sich Popper nie, wie diese Verkoppelung zustande kommt. Daher kommt die fatale Schwäche der Popperschen Betrachtungsart über die Wissenschaft, daß nämlich Poppers Anhänger keine Antwort auf die Frage wissen: Ist ein wissenschaftliches System seinem Wesen nach ein metaphysisches System, das falsifizierbar ist, wie kann dann die Metaphysik selbst als Modell benützt und einer Überprüfung unterworfen werden?" (ebd.: 70/71) (...) „Eben die Tatsache, daß für Kuhn der konstruierte Sinn und nicht der metaphysische Sinn des Paradigmas das Primäre ist, ermöglicht es ihm, eine gegenseitige Beziehung zwischen dem Gebrauch des Modells und der Metaphysik herzustellen. Statt zu fragen: Wie kann ein metaphysisches System als Modell gebraucht werden? – statt jener Frage also, von der ich vorhin sagte, das die Popperianer sie nicht beantworten können –, stellt Kuhn die andere Frage: Wie ist es möglich, daß eine rätsellösende Konstruktion (...) auch metaphysisch gebraucht werden kann? Wie kann das konstruierte Paradigma auch zu einer Art des Sehens werden?" (ebd.: 72/73)

Der Start einer Wissenschaft mittels eines „Kunstgriffs" setzt aber voraus, daß dieser Kunstgriff selbst *vorliegt* und *übernommen* wird; andernfalls müßte zuerst wieder die Frage nach der Möglichkeit einer vorausgehenden, innerwissenschaftlichen, metaphysischen Paradigmenentstehung beantwortet werden, die ja diese Praxis abzuleiten gestatten müßte, und das widerspräche Kuhns historischen und soziologischen Beschreibungen der Forschergemeinde.

Dieser übernommene „Kunstgriff", der einem „Bild" vom Gegenstandsbereich entspricht, ist aber nur dann in eine Metaphysik übersetzbar, wenn das Bild als organisierende Gestalt auf die Welt als ganze anwendbar ist. Da aber der übernommene Kunstgriff mit dem Bild in Übereinstimmung ist (als Paradigma), selbst aber eine *Praxis* ist, muß diese Praxis als historisch ausgeübte und als „Konstrukt" offenbar (erkennbar in der Übertragbarkeit des Bildes in eine Metaphysik) selbst bereits auf diesen beiden Ebenen unerkannt eine Metaphysik repräsentieren, die mit der nachmals deduzierten fachwissenschaftlichen kongruent ist, wenn sie auch semantisch anders formuliert ist.

Das löst den von Masterman rekonstruierten Widerspruch zwischen Popper und Kuhn. Letztendlich wird eine in jedem Falle metaphysikgeleitete Praxis über mehrere Schritte und Ebenen in eine „Weltanschauung" übersetzt, aus der dann „politisches Handeln" erneut deduzierbar ist und auch tatsächlich gestaltet wird. Selbst wenn dieses *Betreiben* einer akzeptierten Forschungspraxis die reale Existenz des Wissenschaftsbetriebs und des Paradigmas bereits darstellt, ohne daß es eines

Die Entwicklung der Anthropogeographie

bewußten Rekurses auf die „Weltanschauung" des Faches bedürfte, weil eine empirische Wissenschaft intern so etwas wie ein *Schema richtiger empirischer Forschung* schon vorweg braucht, ohne es aus einer Philosophie entwickeln zu müssen (d.h. die Empiriker müssen sofort „loslegen" können), dann muß dieser „Kunstgriff" selbst als Praxis in Verbindung mit der Weltanschauung, die er in einer Disziplin ermöglicht, entstanden sein, ohne diese Metaphysik als Ganze selbst schon praktisch abgesichert zu haben. Nur so kann der Kunstgriff, indem man ihm „folgt", die Funktion erfüllen, die eigentlich eine Philosophie hat, und dennoch als marginale Praxis einer Metaphysik entstanden sein.

Entdeckungspraxis und christlicher Humanismus:
die Basis des „Kunstgriffes" geographischer Forschungspraxis

Herder beschreibt die Geschichte der Menschheit aus Anlaß der „Entdeckungen" und mittels der dabei eingetroffenen Informationen als einen im europäischen Feudalismus kumulierenden Prozeß der Humanisierung durch die Entstehung und Ausbreitung des Christentums. Die Schöpfung Gottes vollendet sich zu einer Einheit der Gattung zum Zeitpunkt, an dem das Handelskapital und die Nationalstaaten des Grundeigentums die gesamte Erde in die „erste ursprüngliche Akkumulation" unter dem Banner des Christentums einbeziehen. Die erkennbare Universalität des „Unterhändlers" Jesus, der repräsentiert, dass die Stagnation der Tauschwertökonomien des Orients in der Antike aufgebrochen wurde,[74] findet ihren Reflex in der Philosophie, die die Geschichte unter Bezug auf anwachsende „Humanität" als Verbindung milieubedingter Singularität mit dem Geist der christlichen Lehre – woraus sich dann einmalige Typen eines universellen Geistes ergeben – schreibt. Derjenige Prozeß, der unter Verbindung mit dem sich ausbildenden Grundeigentum die Dynamik der feudalen Gesellschaft hervorgerufen hatte, die Christianisierung Europas, wird in der Renaissance künstlerisch und in der idiographischen Philosophie philosophisch selbstreflexiv[75] nicht als Herrschaftsideologie wie in der kirchlichen Interpretation der christlichen Lehre im Sinne des herrschenden Grundeigentums, sondern als historischer Fortschritt, weil dieser Prozeß beginnt, universell zu werden. Er überschreitet die feudalistische „Singularität" konkreter, natürlicher Ausprägung von „Humanität" durch die Ausweitung

---

74 Redaktionelle Anmerkung: Die Bezüge auf die „asiatische Produktionsweise" in Verbindung mit der christlichen Mission verweisen auf das hier nicht wiedergegebene Kapitel 4, insbesondere 4.3, des Originaltextes (vgl. oben das Inhaltsverzeichnis).

75 Zur Entstehung der neuzeitlichen Technik-Vorstellung und den Vorläufern der Ausdifferenzierung „moderner" Wissenschaften in der Renaissance vgl. Krohn 1977 und Krohn o.J. sowie zum Verhältnis von Theologie, Philosophie und empirischer Wissenschaft in dieser Zeit Böhme, Daele v. d., Krohn 1977.

des dynamischen Impetus der christlichen Lehre (den Aspekt Jesu, nicht nur „den Herren" zu vertreten, sondern freie Handelskapitalbildung und das freie Handwerk zu repräsentieren) auf die „Entdeckung" der Erde im Sinne dieser Handelskapitalakkumulation und nationalen (despotischen) Schatzbildung. Diese Praxis, die Datenerhebung über „Land und Leute" und deren Kolonisierung und „Bekehrung", wird im Sinne der Typisierung nicht-christianisierter (nicht-universalisierter) milieubedingter Kulturen durchgeführt. Sie bildet das „Artefakt" Reisebeschreibung und objektiviert die Welt im Sinne der Einheit in konkreter Natur, also im Sinne etwa desjenigen Zustands, den sie maximal in der asiatischen Produktionsweise erreicht hatte, nämlich als gesamtgesellschaftliche Organisation der tauschwertbildenden Arbeit als natürliche.[76]

Die Praxis, die eine Metaphysik und deren Realität als nationalistische Unterdrückung und Ausbeutung über die Welt ausbreitet, und deren Ergebnisse als Datensammlung bereis ein „Bild" von ihrem Gegenstand im Sinne dieser Praxis transportieren, ist der philosophische Anlaß bei Herder, diese Daten über die Bedingungen möglicher universeller Christianisierung, also gerade dessen, was noch nicht vom universellen Geist ergriffen wurde, mit der Idee der von Europa ausgehenden Vollendung der Schöpfung in je unterschiedlicher „humanistischer" Gleichheit singulärer Lebenswelten zu erfassen.

(...) KÜRZUNG

Die Geographie übernimmt denjenigen Teil der christlichen Metaphysik, der in der Objektivationsform der Reisebeschreibungspraxis sedimentiert ist. Sie folgt also weniger der universalistischen Tendenz in der Metapher des Jesus als des Handelskapital- und Schatzbildners, sondern der idiographischen Tendenz der natürlichen Voraussetzungen der Erlösung durch Jesus. Sie thematisiert die Vorstellung von einer Welt der Anpassung in konkreter Naturausbeutung.[77] In diesem Sinne tradiert die Geographie das Klasseninteresse der patriarchalischen Herrschaft. Sie ist in ihrem Kern der „naturbezogene", weniger der „humanistische" Bestandteil des Konservativismus, der, nachdem er als christliche Religion grundherrlicher Auslegung durch die Kirche im Feudalismus aktive und bestimmende Metaphysik gewesen war, nach der Entstehung von Protestantismus, Industriekapital, bürgerlichem Staat und aufklärerischer, atheistischer Rationalität nur noch als „Weltanschauung" in „Reaktion" auf die Philosophie des Fortschritts und die Realität der Industrie, also als „kon-

---

76 Daher findet auch Bobek in den orientalischen Verhältnissen den idealen Evidenzbereich seines sensiblen geographischen Paradigmas.

77 Darauf beruht der Sachverhalt, daß sich die Geographie bis heute weigert, als „politische" Theorie begriffen zu werden. Sie ist die Theorie der Welt vor dem Zustand, den die Aufklärung als bewußtes Verhalten zur Sphäre Politik von jedem Staatsbürger fordert – einer Welt, noch im Zustand von „natürlicher" Gesellschaftlichkeit.

Die Entwicklung der Anthropogeographie

servierende" und „reaktive" politische Philosophie und Praxis einer abgestiegenen Klasse, existieren und realpolitisch werden kann.

(...) KÜRZUNG

Der außergeographische, metaphysische Kontext der Reisebeschreibungen, Herders Humanismus, ist eine idiographische Konzeption von Universalität, die den imperialen Anspruch des Christentums säkularisiert als subjektivistische Weltanschauung im Sinne der Eroberung der Welt durch den kulturell höchstentwickelten Menschen für die nationale Schatz- und Handelskapitalbildung der europäischen Staaten formuliert. Die Universalität des idiographischen Humanismus ist im Gegensatz zur Aufklärung (die den Weltmarkt und die Industrie als Abstraktion reflektiert) die Universalität des konkreten Menschen als Christen in jeweils idiographischen Verhältnissen. Das heißt, diese Philosophie ist zugleich idiographisch und imperialistisch und entspricht wieder dem Leibnizschen „Bild"; dessen Konzeption von „göttlicher Kraft", die die Einheit der Monaden herstellt, ist bei Herder analog der Konzeption von konkreter Natur gegenüber Leibniz' Einheit in abstrakter Natur diejenige Christi (der ja „Mensch" geworden ist und immer wieder „Mensch" wird im Christianisierungsprozeß bei der Taufe). Sie führt zu idiographischen Zuständen von universeller Humanität, wenn sie ausgebreitet wird.

Universell wird also Geschichte durch den humanen Geist im christlichen Menschen, nicht durch dessen materielle Reproduktion – obwohl jene als Folge der Ausbreitung dieses Geistes als universeller Weltmarkt des Industriekapitals entsteht.

(...) KÜRZUNG

Vom „Bild" der „Metaphysik" zum Abgrenzungskriterium

Das christlich-imperiale Sendungsbewußtsein des Humanismus ist die nicht-geographieinterne Metaphysik, die (im Sinne von Poppers Fragewiese) die Praxis der Entdeckungen als innerwissenschaftlich legitimen Kunstgriff der Datenobjektivation außerparadigmatisch sichert und (im Sinne von Kuhns Fragewiese) durch eine Praxis, eine innerwissenschaftlich verengte Metaphysik zu etablieren erlaubt.

Die Geographen *übernehmen* also den Kern ihrer geographischen Philosophie und ein „Bild", soweit Herder beides als politische Philosophie allgemein ausgearbeitet und für jene bereits als Bild bereitgestellt hat, *durch* den Kunstgriff der Reisebeschreibungsliteratur, aber sie müssen beides stärker als *geographisches* Bild und als *geographische Theorie* ausarbeiten. Die Ausarbeitung knüpft mit den Begriffen „Land", „Erde", „Landschaft" als geographischen Bezeichnungen von konkreter Natur an der Herderschen Philosophie in einem stärker auf die Seite „Leib" verschobenen, spezialisiert „geographischen" Sinne von Philosophie an. Das klassische Paradigma der Geographie rekurriert somit auf die dem neuzeitlichen Subjektivismus (dem es sich allmählich anpaßt) äquivalent gegenüberstehende Überdetermination ihres Reduktionsbegriffs „Land" als konkrete *objektive* Natur. Dieser ist im vorrevolutionären und konservativen Sinne auf das Überleben und konkrete Leben statt auf Geschichte bezogen und tradiert die „primären Funktionen" des Bodens, der Bauern und der Mütter. Die Geographie bewahrt diese Idee von konkreter Natur zugleich utopisch, indem sie die Idee der Landschaft als Objekt hinzufügt, als das „Land" politisches „Vaterland" im radikalen Sinne wird und damit einen Teil seiner „objektiven" Natur an die historischen Subjekte abgibt, nämlich seine „natürliche Begrenztheit" und damit die Determinationsrichtung seiner „Harmonie" als „Organismus" von „Land und Leuten".

In diesem Bereich „geographischer" Überarbeitung einer Weltanschauung im Sinne einer disziplinären Ausgliederung aus umfassenderen Wissenstraditionen bildet sich das „Konstrukt" (vgl. Masterman 1974: 68 ff.) „Raum" als übergeordneter (scheinbarer) Theoriebegriff. „Raum" ist selbst eine Abstraktion mehrerer vorheriger Abstraktionen oder Gestaltbildungen mit dem inhaltlichen Substrat konkreter Natürlichkeit, dessen „Bild" er letztlich nur ist. Was Herder – lediglich auf Reiseberichte gestützt – aus einer Anwendung der christlichen Heilslehre auf die Phänomene der ersten ursprünglichen Akkumulation von Kapital mit dem Ziel der Kritik der Aufklärung an „Geographie" entwickelt hatte, wird von der ersten Geographengeneration als humanistische Kosmologie oder christliche und organizistische Mensch-Natur-Theorie ausgearbeitet. Diese Seite des Humanismus kann später dann ohne wesentlichen Bezug auf die Philosophie auch aus den Reiseberichten als „Standardbeispielen von Problemlösung" konstruiert werden und durch relativ allgemeine Berufungen auf Herder gestützt werden.

Der „harte Kern" oder die „negative Heuristik"[78] der Geographie, nämlich die Festlegung auf Gesellschaft, Kultur und Geschichte als „organische" Anpassungsprozesse in konkreter Natur, wird in vieldeutigen Begriffen wie „Land" und „Landschaft" so festgeschrieben, daß dieser Kern nicht nur im Hinblick auf die gesamte Tiefe seiner philosophischen und realgeschichtlichen Herkunft legitimierbar ist, sondern

---

78 Lakatos 1974a: 129 ff. Lakatos definiert den „harten Kern" eines Forschungsprogramms negativ als Regeln für „Forschungswege, die man vermeiden soll" (129), formuliert aber nirgends, worin diese Regeln typischerweise bestehen. Er beschreibt statt dessen bereits bei der Darstellung der negativen Heuristik, wie eine „positive Heuristik" zu ihr in Beziehung steht; d.h., er beschreibt nicht (im Unterschied zu Kuhn), wie ein solcher Kern aussieht. Mir scheint dieser „Kern" unmittelbar mit der Gestalt des „Bildes" identisch zu sein; es scheint gerechtfertigt, die Gestalt als negative Heuristik zu bezeichnen, da sie ja die Auffassung der Welt im Sinne der Aufklärungsphilosophie, der industriellen Abstraktion von konkreter Natur usw. verhindern soll. „Regeln" werden daraus (wie bei Lakatos vorgesehen) erst in der positiven Heuristik durch „methodologische Entscheidung (...) der Protagonisten" eines Forschungsprogramms (130). Die Form „negativ" definierter Regeln, die als positive eine Methodologie sind, ist die „Gestalt" des Bildes einer Weltauffassung.

aus allen guten „Standardbeispielen", bzw. aus der Einhaltung der Regeln, die durch bewußte Nachkonstruktion des Zustandekommens dieser Beispiele erhältlich waren. Vor allem werden von der allgemeinen Geschichtsphilosophie diejenigen Elemente hervorgehoben, die von den Standardbeispielen aus als typisch und zugleich exklusiv betrachtet werden können. So wird in einem fortschreitenden Abstraktionsprozeß aus „Erde" als „Leib", „Erde" als „Wohnhaus", „Organismus", „Anatomie" usw. und aus Erde als „konkrete Natur", Erde als „Länder" („Landschaften"), „Land" („Landschaft") als „konkreter Raum", „konkreter Raum" als „Raum" bzw. „Land" als „Chorologie". In diesem Abstraktionsprozeß wird nicht nur die herdersche und die geographische Philosophie, sondern selbst das „Bild" allmählich verdeckt und als abermalige Abstraktion, nämlich als institutionelles *Abgrenzungskriterium* („räumlich"), tradiert. Als „Bild" *funktioniert* dieses verschleierte Bild noch immer und kann von guten Metatheoretikern des Faches jederzeit erneut aus dem Sinn dieser Abgrenzung, aber auch aus der Geschichte des Faches rekonstruiert werden.

Die Brauchbarkeit des Abgrenzungskriteriums als idiographisches Konstitutionsideal von Daten

Das Abgrenzungskriterium muß aber neben der Aufgabe, eine schlagwortartige Kennzeichnung zu liefern, nicht nur den heuristischen Charakter der Theorien, die es ersetzt, tradieren, sondern auch im „Artefakt" der theorielosen Praxis vorfindlich sein. In dieser mehrfachen Implikation ist es als Auffassungsweise, ohne schon „Geographie" zu konstituieren, Bestandteil der Herderschen theoretischen Praxis, denn seine Geschichtsphilosophie benötigt Informationen der Entdecker und entspricht in dieser Hinsicht metatheoretisch der vorwissenschaftlichen *Praxis* dieser „Reisenden", also der naiven Auffassung der Welt als direkt gegebener (der Kultur als vom Lebensraum beeinflußter). Da diese Praxis das geographische Paradigma als „Artefakt" ist, schließen sich die Geographen umgekehrt der dazu passenden Philosophie von Herder an und übernehmen sie als Theorie zu diesem Artefakt, so daß jetzt das Nachvollziehen und Reflektieren der Reisebeschreibungen „Geographie" ist und sich als empirische Praxis *theoretisch* nach dem „Bild" Herders richtet, das er als Geschichtsphilosoph entworfen hatte. Unter diesen Bedingungen ist die Theorie als *Analogie* („Bild") vom geschichtsphilosophischen Kontext und Interesse der Anti-Aufklärung ablösbar und in die Geographie übertragbar, da das Bild ja bereits bei Herder zur Struktur naiver Reisebeschreibungen gepaßt hatte.

Die Nachkonstruktion des Paradigmas auf der Ebene dieser expliziten „Gegenstände" und „Programme" des Fachs, soweit sie als „Standardbeispiele" schon vorliegen, also als beispielhafte Wissensform, ergibt die „positive Heuristik" des Faches.[79]

---

79 Lakatos 1974a: 129 ff. „Die negative Heuristik des Programms verbietet uns, den Modus tollens gegen diesen 'harten Kern' zu richten. Statt dessen müssen wir unseren

Es ist gerade nicht die philosophische Ableitung des Gegenstands unter Verwendung von Begriffen des Kerns, die in ihrer Bedeutung beiden Heuristiken angehören (Land, Landschaft als konkrete Natur und als Raum/Region).

Die positive Heuristik enthält im wesentlichen programmatische Festlegungen auf einen Gegenstand und auf eine Methodologie, die diesen Gegenstand stützt und die umgekehrt aus ihm abgeleitet werden kann: die Kurzformel „Land" oder „räumlich", Methoden der Unmittelbarkeit von Beobachtung und der Schlußfolgerung über das Zustandekommen unmittelbarer Sachverhalte als unmittelbar abgeleitete sowie der Systematisierung von solchen Beobachtungen und Schlußfolgerungen. Physiognomische Beobachtung, intuitive regionale Vergleichsoperationen, der morphologische Zugang zur Realität durch den aufmerksamen Entdecker können in eine strengere Methodologie des von „außen" kommenden Zugangs zur „konkreten" Realität als dergestalt „räumlicher" (und unmittelbar erwirkter) übersetzt werden. Das erfolgt sinnvoll durch Anlehnung an die Methodologie der Geisteswissenschaften, aber unter Hervorhebung der Unmittelbarkeit als „Räumlichkeit".[80]

Dieses Konstrukt, das festlegt, wie man kontrolliert denken und vorgehen muß, um solche Denkprodukte der Unmittelbarkeit, wie Reisebeschreibungen als Länderkunden, zu erhalten, gewährleistet „Geographie" und ist als *Konstrukt* leicht wiedererkennbar, sobald man von der Kongruenz zwischen dieser Methodologie und der Karte bzw. der Bedeutungslehre der Karte ausgeht (vgl. Hettner 1910, aber auch Bunge 1966: 38-71 und 1968). Die Karte ist ein echtes „Artefakt" der we-

---

Scharfsinn einsetzen, um 'Hilfshypothesen' zu artikulieren, ja selbst zu erfinden, die dann einen Schutzgürtel um den Kern bilden. Und wir müssen den Modus tollens auf sie umlenken. Es ist dieser Schutzgürtel von Hilfshypothesen, der dem Stoß der Überprüfungen standhalten, der geordnet und wiedergeordnet, ja sogar völlig ersetzt werden muß, um den so gehärteten Kern zu verteidigen" (Lakatos 1974a: 129/130).

80 Die Blüte der Landschaftskunde zu Zeiten der Dominanz der historizistischen und irrationalistischen Philosophie repräsentiert in ihrer Methodologie dann eine von außen verstärkte methodologische Mobilisierung des Herderschen Bildes gerade unter Ausnutzung der Unmittelbarkeitsmethodologie gegen die „instrumentalisierte" positive Heuristik der Reisebeschreibungen. Denn die methodische Anwendung der Begriffe „erleben" und „verstehen" auf Landschaften enthält zwingend die Vorstellung einer prinzipiellen Strukturgleichheit der Gegenstandsbereiche von Objekt und erkennendem Subjekt. Der Landschaft wird der Charakter eines sich in Reifung befindlichen Organismus zugeordnet, in dem sich Leib und Geist in Anpassung befinden wie beim Geographen. (Der Geograph ist der „Geist" der sich entwickelnden, in der Geographie selbstreflexiv werdenden Landschaft.) Damit verblaßt das „Konstrukt" in seiner Funktion zeitweilig und wird durch eine positive Heuristik ersetzt – bzw. tritt in Konkurrenz dazu –, die weniger aus der Nachkonstruktion des Artefakts als aus dem Kern selbst folgt. Daher gilt diese Zeit als diejenige, in der die Geographie (und die Landschaft) zu sich selbst gekommen ist.

Die Entwicklung der Anthropogeographie 119

sentlichsten Elemente des Paradigmas als „Konstrukt" und repräsentiert in dieser Übersetzung grob die positive Heuristik des Fachs. Sie ist also nicht nur ein Modell einer Region, sondern auch ein Modell der „geographischen" Konstitution von Daten als „Region".

Dieser Sachverhalt wurde bereits reflektiert in der Gleichzeitigkeit der Objekt- und Mittelfunktion (Objekt und „Betrachtungsweise") von „Land" und „Landschaft"; er wurde dann aber durch den Objektivismus, der in der Koppelung des doppelten Repräsentationscharakters als Gestalt („räumliches" Objekt/Landschaftscharakter) und Genese („Organismus") immanent angelegt ist, verdeckt. Dadurch wird die nachweisliche *Existenz* der Landschaft, nämlich wenn man diese als *Real*bild eines Typus' einer Fragestellung und Theorie auffaßt, die Legitimation für die klassische Geographie. Es handelt sich um die objektivistische Interpretation des „Artefakts" in der intuitiven Gewißheit seiner strukturellen und methodologischen Funktion für die „Landschaft" im Definitionssinn des organischen Anpassungszusammenhangs. Der landschaftskundliche Objektivismus verankert diese Gewißheit in der Existenz des Realbildes statt im Wissen um die Entstehung des Konstrukts. Daran ist immerhin richtig, daß der *Sinn* der Frageweise, die im Konstrukt festgelegt ist, in der Tat ohne die (wenn auch ehemalige) *Existenz* von gesellschaftlichen Anpassungsformen in Abhängigkeit von konkreter Natur selbst nicht existent und damit die Frageweise nicht entstanden wäre. Gerade das konkret Vorfindliche sollte ja untersucht werden. So kann der Geographie daher weniger ihr naiver Realismus als die Überlebtheit ihrer Gesellschaftstheorie zum Vorwurf gemacht werden.

Die positive Heuristik legt also die Art der Fragestellung in Abgrenzung von den anderen Wissenschaften fest; sie hat vor allem „Umlenkfunktionen" gegenüber allgemeinwissenschaftlich berechtigten, aber die negative Heuristik *überfordernden* Fragen. (Das ist die Verbindung zwischen den Heuristiken; die positive Heuristik muß so konstruiert sein, daß sie letztlich aus dem typischen Unvermögen der negativen Heuristik folgt, indem sie Fragetypen, die dieses *Unvermögen* aufdecken würden, durch die zirkuläre Begründung der Richtigkeit der positiven „Suchinstrumente" verbietet. Daraus folgt unmittelbar, daß die Struktur des Kerns eines Paradigmas niemals von diesem Paradigma aus rekonstruiert werden kann, weil die Rekonstruktion eines *typischen Unvermögens* ein anderes Paradigma notwendig voraussetzt. Dieser Kern kann im Paradigma nur als eine dem (unbekannten) Unvermögen alternative, spezielle Qualifikation empfunden werden.[81])

Die negative Heuristik der Geographie war die Vorstellung der organischen Anpassung von Gesellschaften an konkrete Natur in der Perspektive und Verpflichtung der Bestandsaufnahme der Erde. Also mußte eine positive Heuristik das festlegen und befestigen, was in Reisebeschreibungen vorindustrieller Lebensverhältnisse

---

81 Das gilt in dieser Schärfe nur für „darwinistische" Evolutionsprozesse von Wissen.

ohnehin zu finden war – also Tradition hatte – und zugleich die negative Heuristik methodologisch und programmatisch schützte. Es mußte „systematische", „gesetzesbildende" Wissenschaft und Theoriebildung verhindert werden, die Fortschritt als Abstraktionsprozeß hätte begreifen können, also primär die Ökonomie der Wertlehre und die Gesellschaftstheorie der Aufklärung bzw. des Marxismus. Das war möglich durch die methodologische Sicherung des *regionalklassifikatorischen* und räumlichen Aspekts von „Land" oder „Landschaft". Die Festlegung auf die „landschaftliche Größenordnung" und auf „Land", auf die „physiognomische" Perspektive, die *regionale* Klassifikation und die Wahrnehmung von Land und Leuten als „räumliche" Phänomene favorisierte die ästhetische Auffassung von „Landschaft" in methodologischer Interpretation als „Erlebnis" – zumal genau das bereits in den Begriffen des Gartenbaus und der Malerei auch enthalten war. Zugleich sicherte diese regionalistische Begriffswahl durch die Implikation ihres „Bildes", von organischer Anpassung in konkreter Natur auszugehen, die konservativ-konkretistische Gesellschaftstheorie. Daher war die positive Heuristik der *Regional*klassifikation und der „räumlichen" Dimension aller Phänomene gut geeignet, die Tradition der Landschaftsästhetik aus der Kunst und dem Gartenbau als Methodologie *und* Abgrenzungskriterium mit der Organismusvorstellung zu verbinden. Zudem hat der Aspekt des Räumlichen noch den der physiognomischen Wahrnehmbarkeit und diese den Aspekt des Konkreten, so daß „Raum" = „konkrete Natur" eine gute Verbindung zur negativen Heuristik darstellt.

Diese Methodologie in ihrer Implikation „Raum" = „konkrete Natur" = einmalige Erdstelle = sich entwickelnder Organismus = „Lebensraum" als Heuristik verwendet (d.h. als Konstitutionsideal der Daten) ist dann das idiographische Ideal als übergreifende und allgemeinwissenschaftlich vorfindliche „Erkenntnistheorie" der geographischen Spezialisierung und Auslegung der herderschen Philosophie als eine vorrangig raum- und regionalwissenschaftliche.

„Einheit der Geographie" und wissenschaftstheoretischer Realismus:
der heuristische Sinn des „Systems der Geographie"

Das zirkuläre Konstitutionsverhältnis von negativer und positiver Heuristik bildet sich auch im „System der Geographie" ab als Verhältnis von Physischer Geographie und Anthropogeographie und macht die krampfhafte Forderung nach der „Einheit der Geographie" als Landschafts- und Länderkunde in der klassischen Geographie verständlich.

Für die Anthropogeographie als Kulturlandschaftskunde ist „Landschaft" oder „Raum" ja das unmittelbar äußerlich beobachtbare Substitut für „Gesellschaft" oder „Geschichte". „Gesellschaft" war durch den landschaftskundlichen Aspekt, also durch das Objekt „Kulturlandschaft" („Landschaft" als „Betrachtungsweise", „Aspekt", „Mittel"), weltanschaulich auf Gesellschafts- oder Geschichtstheorie im Sinne von

Die Entwicklung der Anthropogeographie 121

Herders Einheit der Welt in konkreter Natur festgelegt worden. In diesem Sinne ist „Landschaft" in der Kulturlandschaftskunde der Repräsentant des konservativen Reduktionsprinzips und gewährleistet – übersetzt in die positive Heuristik – die richtige Theorieform. Das Prinzip gewährleistet aber nicht die Theorie (im Sinne eines inhaltlichen Anteils) über den Gegenstand, der – im philosophischen Hintergrund fest verankert – für diese Weltanschauung als Betrachtungsweise die wesentliche Realitätsebene ist. Die Inkarnation (quasi das „Bild" vom „Bild") *konkreter* Natur ist die objektive lebensweltliche Natur selbst. Sie ist nicht Produkt einer Determination und Ergebnis organischer Anpassung als vermittelte konkrete Natur, sondern sie ist sie selbst. Daher ist die Physische Geographie die Institution des idealisierten Kerns der Geographie, weil sie die Institution für den Gegenstand ist, der für das metaphysische Prinzip der Weltanschauung steht.

„Geographische" Gesellschaftstheorie als Anwendung in idiographischen Länderbeschreibungen ist also undenkbar ohne die Einheit der Geographie als Natur- und Kulturlandschaftskunde. Historische „Fälle" von Gesellschaften als harmonische Anpassungsformen in konkreten Räumen können ohne diesen konkreten Raum als Naturbasis des Faktums und der typischen Form der Anpassung nicht beschrieben und „verstanden" werden. Woran sonst sollte die Anpassung als typische Harmonie erfolgen – und sei sie auch nur als Handlungsmöglichkeit innerhalb eines „Rahmens" gedacht?

Aber auch *reale* Ganzheit mußte diese Einheit von Natur und Kultur sein, weil Anpassung an konkrete Natur heuristisch festgelegt war und das Urbild organischer Evolution die Realität der Natur ist. Die Aufgabe des landschaftskundlichen Realismus wäre einem Verlust des Begriffs von konkreter Natur gleichgekommen; wenn „Landschaft" nicht real, sondern ein Konstrukt ist, geht ihr der Lebensraumaspekt verloren. Sie kann keine Anpassungsregion im idiographischen Sinne mehr sein, weil ihr enthaltener Anteil „konkrete Natur" zugunsten eines abstrakten, problemorientiert definierten Beobachtungsraumes aufgegeben werden müßte.

Das heißt, das Wesen industrieller Anpassung an Natur im Sinne der physikalisch organisierten Fabrikarbeit wird auch durch den naiven Realismus strukturell in der geographischen Theoriebildung ausgeschaltet.[82] So sind das institutionenpolitische und das wissenschaftstheoretische Argument als metatheoretische Argumente und in ihrer Funktion prinzipiell gleich: Die *Einheit* der Landschaft, gedacht als *realer* Organismus, legitimiert die Einheit der Physischen mit der Anthropogeographie wegen der Realität Landschaft als „Raum" und umgekehrt.[83] Entsprechend leitet die

---

82 Das ist die ideologische und politische Seite dessen, was G. Hard als „Ontologisierung" und „Hypostasierung" von Begriffen beschreibt, aber nicht erklären kann.

83 Daher wird man einen klassischen Landschaftskundler niemals mit methodologischen Argumenten von seinem Tun abbringen können. Es müßte ihm dagegen nachgewie-

funktionalistische Anthropogeographie als partielle Loslösung vom idiographischen Lebensraumkonzept pro „Stadt" und „Industrie" und als Beginn der sozialgeographischen Tradition in der Ausgestaltung dieser Tradition ja auch diejenigen Schulen der Kulturlandschaftskunde ein, die heute für die Teilung der Geographie plädieren und die erfahrungswissenschaftliche Tradition aus dem angelsächsischen Bereich assimilieren.

Die „Einheit" und der Objektivismus sind also Normen auf verschiedenen Ebenen, die das Festhalten am „Kern" (konkrete Natur/Physische Geographie) betreffen. Denn angesichts der in der Anthropogeographie permanent notwendig werdenden Tendenz, sich im Sinne einer positiven Heuristik des *Sinnes* des Gesamtfachs als Mensch-Natur-Theorie mit der Struktur industrieller Arbeitsteilung (sowie Strukturäquivalenzen in abgeleiteten Bereichen) auseinandersetzen zu müssen, hat es die Anthropogeographie im Unterschied zur Physischen Geographie, mit Phänomenen dieser Struktur in jedem Falle zu tun. Es ist die institutionelle Festlegung des offiziell gesellschaftstheoretischen Teils der Gesamtgeographie auf den Kern des Paradigmas der Geographie, der zusätzlich durch die Festlegung auf die positive Heuristik des Kerns ergänzt wird: Nicht nur die Einheit in realistischer Landschaftskunde ist Gebot für die Kulturlandschaftskunde, sondern auch die Theoriebildung für die Länderkunde. Es wird also eine Gesellschaftstheorieform festgelegt, die dem „Konstrukt" „Reisebeschreibung" heuristisch adäquat ist. Da dieses Konstrukt selbst bereits als „Standardbeispiel" der negativen Heuristik eine positive Arbeitsanleitung ist #, existiert eine weitere Sicherung des Kerns *in* der Kulturlandschaftskunde und daher auch mittels der Kulturlandschaftskunde, allerdings nur, wenn diese wiederum an der Einheit mit der Physischen Geographie festhält.

Die „positive Heuristik" des Possibilismus als „Schutzgürtel" und als Antizipation von industriegesellschaftlichen Problemstellungen: der latente Beginn des Paradigmenwechsels oder: die explizite Befestigung der Dauerkrise

Wie Bobek diese objektivistischen und die länderkundlichen Sicherungen in der Kulturlandschaftskunde *immanent* sprengt, haben wir oben gesehen (vgl. Kap 4.3 im Originaltext). Gerade die Instrumentalisierung des Begriffs „Landschaft", der die Philosophie des Kerns in der Kulturlandschaftskunde in einem formalen, systemtheoretischen, vom Lebensraumaspekt losgelösten Sinne als Relationen von Landschaftsteilen repräsentiert, um der Philosophie des Konzepts durch eine

---

sen werden, daß seine Organismustheorie falsch ist. Da das darauf hinausläuft, daß die Geographie falsch ist, wird er darauf antworten, daß der Einwand „ungeographisch" sei. Dennoch erscheint mir für die „mittlere" Forschergeneration der Appell an „aufgeklärten" Theorie-Common Sense erfolgversprechender als der Appell zugunsten einer schwer erlernbaren Methodologie.

Die Entwicklung der Anthropogeographie

Mensch-Natur-Theorie als Stadt-Land-Theorie gerecht zu werden, konstituiert den räumlichen Funktionalismus, der der Beginn der „modernen", gesellschaftstheoretischen Entwicklung wird. Dieser Umbau im Paradigma erlaubt, Christallers Modell zu assimilieren, – was für den späteren Paradigmenwechsel Bedeutung hat – und bereitet die Sozialgeographie vor.

Ein wichtiger Faktor in diesem Prozeß ist die possibilistische Anweisung, sich von der konkreten Natur ein Stück weit zu lösen. Das possibilistische Argument stellt ein regionalistisches Zugeständnis # an die Industrie dar und erlaubt Bobek, die Frage nach der *wirtschaftlichen* Rolle der *Stadt* (Industrie) in der Kulturlandschaft zu stellen. Im Sinne dieser immanenten Berechtigung, die konkrete Natur nur noch als Rahmen menschlicher Handlungen anzusehen, kann die Kulturlandschaftskunde auf die Physische Geographie zwar nicht prinzipiell verzichten, aber sie kann ihre *Theorie* vom Aspekt organischer Anpassung an konkrete Natur für die Bereiche der Landschaft ablösen, die erkennbar industriell determiniert sind, nämlich für die Stadt und deren Außenrelationen. Damit ist der Funktionalismus gegenüber der historischgenetischen Forschung möglich und entsteht in der Siedlungsgeographie.

Insoweit also die positive Heuristik nicht nur identisch ist mit dem „rätsellösenden" Konstrukt, impliziert und induziert die darin realisierte Methodologie im Sinne einer Konstitutionsinstanz von Daten gemäß dem Bild – das als Gestalt ja die Struktur eines Auffassungsvermögens tradiert – zwar eine „Metaphysik", zugleich kommt aber noch die über dieses Konstrukt des Kerns im engeren Sinne hinaus formulierte Forderung hinzu, nicht nur methodologisch, sondern programmatisch formulierte Vorschläge der Veränderung „widerlegbarer Fassungen" des Forschungsprogramms zu machen. Das letztere ist die Antizipation von Daten im Lichte eines denkbaren, grundsätzlichen Angriffs auf den Kern, und das heißt eines gesellschaftlich sich bereits abzeichnenden Problems unter Kenntnis eines alternativen Paradigmas.

Weil „Widerlegungen" im Sinne von Lakatos' Kennzeichnung „erwartet werden", ist die positive Heuristik eine „Strategie", „die sie vorhersagt (produziert) und verdaut" (Lakatos 1974a: 133). Der Possibilismus war demzufolge die wesentliche Festschreibung (im Sinne einer zu erwartenden Datenlage) in der positiven Heuristik, die das „Forschungsprogramm" „biegsam" (ebd.) machte. Es wurde – abgesehen vom prinzipiellen Rahmen – als durchaus problematisch verankert, daß landschaftlichgesellschaftliche Zustände bzw. die Entwicklung der Kulturlandschaft, nur aus Anpassungsleistungen in der Natur resultieren können sollten. Ratzels subjektivistischer Angriff auf die Idee konkreter Naturdetermination sowie die Phänomene industrieller Loslösung von Natur und des Weltmarktes waren damit im nachhinein zugelassen. Der Endpunkt dieser „schützenden" Antizipation ist die Konsequenz, die „Landschaft" als Ergebnis *innergesellschaftlicher* „Funktionen", soweit sie städtisch/industriell (nicht-landwirtschaftlich) sind, zuzulassen.

(...) KÜRZUNG

Die innergeographische Abwandlung des Forschungsprogramms in der Anthropogeographie kann unter dem Mantel der anderen Elemente der positiven Heuristik vollzogen werden, die alle klassischen Abgrenzungen aufrechterhalten: die konkretistische Beobachtungstheorie, die Fixierung auf sich selbst als „Konstrukt" in der Länderkunde, die Einheit und der Realismus der Landschaft usw. Sie entfaltet dann aber eine Dynamik, die schließlich als Widerspruch zwischen positiver Heuristik und negativer Heuristik der Anthropogeographie und der Gesamtgeographie öffentlich wird als Widerspruch zwischen idiographischer Kulturlandschafts- und Länderkunde und erfahrungswissenschaftlicher Sozialgeographie. Dieses Problem war bereits im Rahmen der Kontroverse um Bobeks Vorschläge deutlich geworden. Daran änderte auch nichts, daß Bobek noch eine intelligente Kompromißlösung ausgearbeitet hatte. Der Streit um die Einführung eines neuen Teilgebietes repräsentiert in diesem Sinne die Veränderungen des anthropogeographischen „Schutzgürtels" des Kerns als Einführung der funktionalistischen Betrachtung. Der Funktionalismus wendet sich gegen den Kern, sobald aus seiner Implikation, *innergesellschaftliche* (industrielle/städtische) Anpassungsprozesse zur Erklärung einer Landschaft zu benutzen, ein *Objekt* und eine *Teildisziplin* einer allgemeinen Basistheorie (nicht aber eines „Geofaktors") gemacht wird. Dann steht für den „Organismus" der Kulturlandschaft nicht mehr nur ein Aspekt seiner modernen Behandlung in der Siedlungsgeographie zur Verfügung, sondern es steht dem „Bild" des geographischen Paradigmas die industrielle Beherrschung abstrakter Natur als „world view" gegenüber.

Die „positive Heuristik" der Geographie als „realer Schein"
einer „degenerativen" Problemwahl
Durch die offizielle Integration dieses Weltbildes wird für die Anthropogeographie die von Lakatos plausibel gemachte Funktion der positiven Heuristik komplizierter. Die für die Gesamtgeographie verbindliche positive Heuristik lenkt nicht nur die unpassenden (auf industrielle Arbeitsteilungsstrukturen zielenden) Fragen vom Kern ab, sondern sie sichert gleichzeitig durch einen relativ bombastischen Apparat von *vorgespiegelten* Lösungsangeboten die faktischen Umbauten der positiven Heuristik der Anthropogeographie zugunsten der Industrie. Denn die paradoxe Wirkung jener institutionell rigide durchgesetzten *Fiktionen* der Funktionstüchtigkeit der positiven Heuristik („Einheit", „Realismus", „Integration", „Landschaft", „räumlich", „Morphologie", „unmittelbare Beobachtung" usw.) als angeblich zeitgemäßer Instrumentarien für eine globale Mensch-Natur-Theorie[84] war auch die Abwehr orthodox „konservativer" Angriffe auf diese Umbauten. Daß

---

84 Diese spezielle Form der Durchsetzung einer positiven Heuristik war für G. Hard immer wieder Anlaß zur Kritik der Diskrepanz von Anspruch und Wirklichkeit des Fachs. Forschungslogisch wichtiger ist aber der Vorgang, der damit abgesichert wurde.

Die Entwicklung der Anthropogeographie

sich damit der „Kern" der Siedlungsgeographie änderte, war offensichtlich für die Anthropogeographie (und erst recht für die Gesamtgeographie) zu verkraften. Es liegt hiermit also die Entwicklung eines „Standardbeispiels von Problemlösung" in einem hinreichend marginalen Bereich vor. Erst ihre Extrapolation durch Bobeks Forderung nach der Sozialgeographie und nach Gesellschaftstheorie sowie die Verallgemeinerung im Paradigmenwechsel, vermittelt über die paradigmatische Verallgemeinerung von Christaller, *zeigt* einen neuen Kern im alten Paradigma. Die genannten Fiktionen waren jedoch durchaus *real* befolgte Anweisungen und sinnvoll in bezug auf das klassische Paradigma sowie auf die Produktion von Landschafts- und Länderkunden. Sie waren aber Fiktionen gemessen an den formulierten Totalansprüchen als Gesellschaftstheoriebildung und an der Logik der schrittweisen Umbauten der positiven Heuristik.

Die institutionelle Durchsetzung der Methodologie und Abgrenzung der Geographie sicherte also *tatsächlich* als Forschungsergebnis „Geographie" im Sinne des „Bildes". Die entsprechende wissenschaftliche *Produktion* sicherte dann sowohl die Existenz des Faches[85] als auch gewisse Freiheiten der negativen Heuristik in Teilen der Anthropogeographie, wenn sich die heimlichen Revolutionäre dem Bezugspunkt der organischen Anpassungsvorstellung, der „konkreten Natur", nicht völlig entgegenstellten, indem sie sich z.B. der allgemeinen positiven Heuristik explizit anschlossen – vor allem für die „Einheit" eintraten – und ihr immer auch in irgend einem Bereich genügten.

Solange Veränderungen den Kern nicht mit Bezug auf das ganze Paradigma antasteten, waren sie möglich. Daher hatte die *Existenz* der Physischen Geographie im Fachzusammenhang in Verbindung mit dem Einheitspostulat entlastende Funktion für die anthropogeographische Dynamik, vor allem für die Sicherung der funktionalistischen Phase. Bobeks Einfall der Primärfunktion der Landwirtschaft rettet den Kern dann auch in der positiven und negativen Heuristik der Anthropogeographie. (Trotz dieser Lösung wurde seine Forderung nach Gesellschaftstheorie zu Recht als langfristig weiterreichend und sprengend begriffen.)

Eine solche Funktion der positiven Heuristik ist nur erklärlich aus der Eigenart des Kerns, bereits eine „degenerative" Problem*wahl* dargestellt zu haben. Die Absicherung der Suggestion, daß „Geographie" als Weltbild im Industriezeitalter überhaupt möglich sei, mußte die Institution immer durch soziale Normierung im Sinne der positiven Heuristik als Fiktion aufrechterhalten und notfalls erzwingen, um unter der Oberfläche den langsamen Umbau des degenerativ entstandenen Kerns *dieser*

---

85 Hier läge der forschungslogische Ort, den selbstbestätigenden Relevanzzirkel zwischen Hochschulgeographie und Schulgeographie zu bestimmen. Die Relevanz für die Schule hat eine Fiktion gestützt, indem sie per Auftrag und Didaktik die hochschulinterne wissenschaftstheoretische Reflexion präventiv boykottierte.

positiven Heuristik ohne Wissen um diesen Zusammenhang und die Funktion der institutionellen Repression zu gewährleisten. Diese Balance von institutionellem Dogmatismus und Umbauten der Heuristik bei der Anpassung der geographischen Theorie an die Struktur und die Phänomene industrieller Arbeitsteilung ist die Geschichte der Erfindung von Hilfshypothesen bzw. die Geschichte des „Zuwachses" des „empirischen Gehalts des Schutzgürtels" (Lakatos 1974a: 131).

Daraus erklärt sich nicht nur der permanente Zwang, sich mit jeder Aktivität vor dieser offiziellen Heuristik zu verantworten und damit die Langsamkeit geographischer Theorieentwicklung,[86] sondern auch das oft beschworene Faktum, daß das, was die Geographen *gemacht* haben, im empirischen Detail durchaus oft weniger schlecht anmutet als das, was sie theoretisch postulieren. Das heißt, die notwendige degenerative Problemwahl bestimmte die Notwendigkeit und die Mechanismen der Verschleierung dieses Faktums, um die disziplinäre Entwicklung, die ja als Institution nicht rational zu diesem Problem Stellung nehmen kann, de facto zu gewährleisten.

Die Transformationsinstanzen in den Paradigmen:
die Funktion des Abgrenzungskriteriums, des Form-Genese-Schemas
und des Christallerschen Modells im Paradigmenwechsel

Der Höhepunkt der Umbauten und die Aufhebung des „Bildes", das die Degeneration bestimmt hatte, ist der Paradigmenwechsel. Auch er nutzt die Möglichkeit der terminologischen Kontinuität der positiven Heuristik, bricht aber gleichzeitig mit dem Teil der positiven Heuristik, der das „Bild" in seine offizielle, „realistische" Kurzformel übersetzt, mit dem „Objekt". Das Objekt muß den Kern repräsentieren und dennoch veränderbar sowie terminologisch ersetzbar sein. Beides muß den Kern konstant halten, aber seine jeweilig zeitgenössischen Sichtweisen auffangen können. So hat die Geographie den Übergang von „Erde" auf „Land" und auf „Landschaft" vollzogen. Die Landschaft ist als „konkreter Raum" jedoch soweit ein Begriff der negativen Heuristik, daß er nach dem Wechsel des Kerns anders als metaphorisch nicht mehr brauchbar ist.

Dafür gestattet die formale Metapher „Raum" bzw. „räumlich" die Kontinuität für die Übersetzung der Diskontinuitäten der Methodologie und der Theoriebegriffe.

---

86 Das Festhalten an der räumlichen (landschafts- und länderkundlichen) Perspektive als Theorieselektionskriterium ist kein formaler Dogmatismus, sondern folgt aus dem fest verankerten Bild gegen die Industrie, ohne daß diese Verbindung bekannt gewesen wäre. Deshalb konnte gegenüber Angriffen auch immer nur formal mit der Beschwörung reagiert werden, nicht von der Einheit, der Landschaft, dem Realismus usw. zu lassen, statt mit einer bewußten wissenschaftstheoretischen und politischen Argumentation für den Konservativismus.

Sie eignet sich, weil sie als Abgrenzungskriterium in der Forschung schon immer als ein „Betrachtungsaspekt" aufgetreten war.

Dieses Abgrenzungskriterium ist eine Abstraktion, die ihr „Bild" repräsentiert und verdeckt. Es kann als nominale Repräsentation des Kerns in der positiven Heuristik, formuliert als Kurzformel der Datenkonstitutionsweise in der positiven Heuristik, betrachtet werden und ist daher auch aus der positiven Heuristik ableitbar, d.h., ein Legitimationsverfahren kann unkompliziert, ohne den Kern, vonstatten gehen. Daraus folgt, daß bei einem Wechsel der negativen Heuristik die Bedeutungsvariabilität dieses Terminus' gerade thematisiert und eingesetzt werden kann, um die daraus folgenden Umdeutungen der positiven Heuristik zu legitimieren. So können diese Umdeutungen als Verbesserungen einer Gegenstandskonstitution eines im Prinzip gleich gebliebenen Gegenstandsbereichs dargestellt werden.

Im Paradigmenwechsel wird „Land" und „Landschaft" im Sinne von „konkreter Raum" gegen den abstrakten Raum ausgewechselt. Damit hat die idiographische Perspektive keinen Sinn mehr. Aufrechterhalten wird die Abgrenzung „Raum" oder „räumlich", weil sie in *beiden* Paradigmen den Inhalt „bezogen auf äußere Relationen von Sachverhalten" hat. Verdeckt wird in diesem Prozeß, daß eigentlich das, was „Raum" vom Kern repräsentiert, nämlich eine Vorstellung von Natur und Anpassung, verhandelt wird, und daß in einer „Theorie der Gesellschaft" deren Einstellung zum Arbeitsteilungsprozeß verändert wurde. Dieses Faktum, also der gesamte Hintergrund des geographischen und des herderschen „Bildes", braucht nicht thematisiert zu werden, weil mittels der Bedeutungsverschiebung und der Bedeutungskontinuität eines unhinterfragten Abbilds des alten Kerns in der positiven Heuristik, dem Abgrenzungskriterium, operiert werden kann, um die verschobene Bedeutung und damit insgeheim einen neuen Kern zu etablieren.[87] Somit bleibt unklar, was man in einem weiterreichenden und differenzierten Sinne *wählt*, wenn man ein Paradigma „wählt", und daher *wird* einfach nur „gewählt" vor dem Hintergrund diffuser Eindrücke, daß da etwas „inkommensurabel" ist.

Dieser Übergang wird von einem weiteren Element der positiven Heuristik getragen:

Das Form-Genese-Schema ist für das klassische Paradigma der konstitutive Zugang zu den Daten. „Form" steht für „räumliche Gestalt", „Muster" usw., aber auch für „Lebensform", und das „Verständnis" der „Entstehung" solcher Formen ist ja der Zugang zu Sachverhalten als organische Entwicklungen, ausgehend von ihrer Physiognomie. Die „Morphologie" entspricht dem idiographischen Weltbild und ist in die verengte „räumliche" Fassung der Geographie übersetzbar. Damit ist das operationale Zentrum der positiven Heuristik gegeben, die Datenkonsti-

---

87 Zu den Bedeutungen von „Raum" vgl. auch Bartels 1974.

tutionsform oder der Typus der Methodologie in sinnvoller Verbindung mit dem Abgrenzungskriterium.

Da der Ausgangspunkt „äußere Erscheinungen innerer Beziehungen" mit „räumlich" übersetzt werden *kann* (nicht muß) – was das Abgrenzungskriterium aufrechtzuerhalten erlaubt, aber als *allgemeines* Schema den Begriff „Genese" durch „Prozeß" zu ersetzen gestattet –, kann das explanatorische Verhältnis zwischen einem „räumlichen" Gegenstand und „systematischen" Beziehungen aufrechterhalten werden. Damit sind die „konkrete Natur" und die „organische Anpassung" als Zentren der geographischen Philosophie sowie die idiographische Methodologie ersetzt, ohne daß das oberflächlich „Geographische", die Erklärung regionaler Muster durch ihnen vorausgehende Vorgänge (Entwicklungen, Prozesse) ausgehend von der Beschreibung der Muster, aufgegeben werden müßte. Entscheidend für den Paradigmenwechsel war, daß es hierfür ein „geographisches" „Standardbeispiel von Problemlösung" gab, das Christallersche Modell (und analoge Modelle), das – obwohl akzeptierter Bestandteil der klassischen Tradition – den Bedingungen des veränderten Konstitutionsschemas entsprach, also ein „Artefakt" des neuen Paradigmas war.

Das, was das klassische Paradigma aufgrund seiner eigenen „Problemverschiebung" in der funktionalistischen Siedlungsgeographie an Christallers Modell *duldete*,[88] weil es als funktionalistische Landschaftstheorie und Stadt-Land-Theorie nicht abgelehnt werden konnte, war für die analytische Geographie das Paradigmatische: Es gab einen vernünftigen Versuch *allgemeiner* „Erklärung" regionaler Muster unter der Hypothese eines gesetzmäßigen *ökonomischen*, und daraus folgend, gesetzmäßigen räumlichen Zusammenhangs.

Insofern bietet die Erklärung des immanenten Zustandekommens der funktionalistischen Phase bei Bobek, kombiniert mit der „extern" verbindbaren Erklärung dessen als gesellschaftstheoretischen Anpassungsversuch an die Industrie *im* Paradigma, eine nachvollziehbare „Erklärung" von „Fortschritt" gerade mittels des Paradigmenkonzepts. Denn beide Ebenen der „Erklärung", deren Verbindung ja die Entstehung eines geographischen „Klimas" für die Assimilation von Christallers Modell und damit auch für den späteren Paradigmenwechsel bezeichnet, machen deutlich, worauf bezogen „Fortschritt" dabei im ganzen definiert ist: bezogen auf eine sich bewußtlos anpassende Reflexion industrieller Arbeitsteilung. Dabei entspricht

---

88 „Die deutsche Geographie hat sich mit der Theorie der zentralen Orte schwer getan. Es war kein sieghafter Durchbruch auf breiter Front, es war ein langer Prozeß, dem Außenseiter Anerkennung schuf. Wohl gab es nach dem Kriege, als sich die Zentralitätsforschung im Ausland durchzusetzen begann, in Deutschland nur noch wenige, die aufbegehrten, wenn der Name Christaller fiel. Aber ein zweifelndes Kopfschütteln über diesen 'theoretischen Funktionalismus', das blieb doch noch lange keine ganz seltene Reaktion" (Hottes und Schöller 1968: 81).

der Paradigmenwechsel als fundamentaler Wechsel im Unterschied zur Problemverschiebung im Funktionalismus und der Sozialgeographie Bobeks dem unbewußten Nachvollziehen der Industrie als notwendig *universeller* Form von Arbeitsteilung mit Weltmarkttendenz und als gänzlich *abstrakter* Universalisierung. Denn das System industrieller Arbeitsteilung kann als *ökonomisches* Prinzip, selbst wenn es mit der „Kapitalisierung" der Landwirtschaft und der Industrialisierung der Dritten Welt zugleich das Problem beider „Marginalisierung" produziert, dennoch diesen Prozeß seiner *ganzen* Realisierung nicht selbst unterbinden.[89]

---

89 Die historische Rolle des Sozialismus scheint die industriekapitalistische Arbeitsteilung in den Bereichen, in denen die immanente Logik der Kapitalverwertung im Sinne ihrer Effizienzkriterien versagt, durchzusetzen wie z.B. in der Landwirtschaft oder in den Auflösungsstadien ehemaliger „asiatischer Produktionsweisen". Er vollendet, nachdem der Feudalismus die Erde als universelle Naturbasis für das Handelskapital und die nationale Schatzbildung und der Industriekapitalismus die Erde als universellen Tauschmarkt durchgesetzt hatten, die Universalität der industriekapitalistischen Arbeitsteilung als Produktionsweise. Struktur: Jedes der dynamischen Systeme realisiert nicht universell, was seine eigene Struktur ausmacht. Der Feudalismus macht den Raub an der Natur (asiatische Produktionsweise) universell, nicht seine Logik der Handelskapitalbildung; der Industriekapitalismus macht den Tausch im Weltmarkt universell durch das Finanzkapital und durch zwischenstaatliche Übereinkünfte, aber nicht seine Logik der industriellen Arbeitsteilung; der Sozialismus dagegen wird möglicherweise die Industrie universell machen (bei totaler Herrschaft des Staates), und das entspricht in diesem Falle auch der Logik seiner Produktionsweise. Da aber dem offenkundigen historischen Strukturschema entsprechend zum Nachweis des Fortschritts eigentlich die gleichzeitige Ausbildung einer neuen Produktionsweise notwendig wäre, folgt aus ihrem Nicht-Ausbilden die Logik ihrer Fiktion als Scheinrealität unentfremdeter Arbeit, die als Realität einer Fiktion eines Unmaßes an Herrschaft und „religiöser" Ideologie bedarf und als Realität einer Fiktion von dynamischem Fortschritt der bis ins Lächerliche gehenden Selbsttäuschungsmechanismen. Die dynamischen Systeme realisieren alle im Weltmaßstab, was die Struktur einer vorherigen singulären Epoche und Region ausmachte, und sie entwickeln sofort eine neue Form von Arbeitsteilung weiter, die bereits zuvor im Prinzip entwickelt war (einschließlich der dazu notwendigen „Kopfarbeit"). (Daraus folgt, daß eine nicht-teleologische Geschichtsschreibung die „darwinistische" Logik dieser „Teleologie" aufdecken müßte. Das ist nur formal systemtheoretisch möglich.)
Es scheint mir berechtigt zu sein, die Universalisierung der Struktur des vorherigen Produktionsverhältnisses (Industriekapital) ohne gleichzeitige (idiographische) Ausbildung einer eigenen Arbeitsteilungsstruktur als das Paradox eines „Rückschritts der Geschichte" zu betrachten. Es ist ein der asiatischen Produktionsweise entsprechender Stagnationstypus, der, gemessen an dynamischen Gesellschaftssystemen, „Rückschritt" repräsentiert, eben weil er stagniert, und weil er zur Verschleierung seiner Stagnation historisch überlebte Formen von Herrschaftssicherung als Fiktion von Fortschritt aufbauen muß.
Es wäre wichtig, herauszufinden, ob es, angesichts der bisherigen Dynamik, eine „notwendige" Stagnation (und „Despotie") ist, die auf der Notwendigkeit der Überwindung der „Warenstruktur" der Produktion beruht, denn bis dahin handelte es sich um Übergänge

Das Modell Christallers repräsentiert als „Artefakt" die wesentlichsten Teile der neuen positiven Heuristik (des „Konstrukts"), so daß der Wechsel durch eine Diskussion des neuen Kerns nicht belastet werden mußte (und Kuhn zeigt ja, daß *nur dann* ein Wechsel möglich ist). Dieser Kern ist im Gegenteil überhaupt nicht bewußt; er wird ebensowenig „geschaffen" wie seinerzeit bei der Entstehung der Geographie, sondern abermals als „Bild" tradiert (wenn auch möglicherweise selbst in dieser Form schwächer bewußt als in der klassischen Geographie, weil ja in der klassischen Tradition vermutlich die meisten Geographen in der Lage gewesen wären, aus der positiven Heuristik heraus die negative Heuristik zu rekonstruieren).

Das „Bild" hat die Gestalt eines formalen Funktionssystems (und ist insofern auch kompatibel mit dem alten Bild des Organismus) und wird mit der positiven Heuristik, die durch das übernommene Standardbeispiel gestützt wird, implizit etabliert und explizit gesichert. Es ist auf die „Welt" übertragbar (kann also eine „Metaphysik" werden) und entspricht dem Zeitgeist sowohl in der Sozialökologie als auch in der Anwendung der „Mechanik" auf die Gesellschaft in der Sozialphysik (vgl. Warntz 1973).

Die Folgen der Ableitbarkeitsforderung im
Form-Prozess-Schema für die behavioral revolution

Die veränderte positive Heuristik entfaltet nun unter Beachtung der Normen der euphorisch und hoffnungsvoll übernommenen *allgemeinen* Methodologie eine eigene Dynamik.

Als „Suchinstrument" war sie immanent fruchtbar, enthielt aber unter dem strengen Verdikt der erfahrungswissenschaftlichen Normen die Forderung der „Ableitbarkeit" von regionalen Mustern aus Prozessen. Die vielfältigen forschungspraktischen Versuche, dem nachzukommen, differenzierten die moderne Geographie vor allem auf der Seite der „räumlichen Prozesse" aus. Daher mußte für diese Seite im Sinne

---

in der Warengesellschaft. Mir scheint es nicht eine „Notwendigkeit" (wenn auch eine große Schwierigkeit) zu sein, sobald diese „gewußt" werden kann. Der Maoismus war im Ansatz ein Versuch der Lösung dieses Problems der Notwendigkeit zweier Revolutionen (vgl. dagegen Schickel 1978: 57/58 in Anlehnung an Mao tse tung und H. H. Holz). Die „internationale Situation" ist also dadurch gekennzeichnet, daß das historisch überholte System durch ein in der Arbeitsteilung identisches, nur fiktiv alternatives, auf der Ebene der Universalisierung einer Produktionsweise ergänzt wird. Es handelt sich um die notwendig anti-kapitalistische und anti-demokratische Durchsetzung der kapitalistischen Produktionsweise als universelle „Technik", also um das, was die faschistischen Weltherrschaftsversuche bisher nicht erreicht haben. Dieses Unternehmen scheitert, solange nicht tatsächlich die Produktionsweise verändert wird und führt zur abstrakten, politischen Konkurrenz zweier Warensysteme gleichen „Mensch-Natur-Verhältnisses" in einem historisch stagnierenden Gesamtsystem.

Die Entwicklung der Anthropogeographie

einer allgemeinen Paradigmatisierung der Versuch der Reduktion auf „räumliche" Bewegungstheorien gemacht werden, deren allgemeinste Form als Modell einer allgemeinsten inhaltlichen Vorstellung entsprechen mußte. Sie wurde im Sinne der Tendenzen der Nachbarwissenschaften als allgemeine Theorie „räumlichen Verhaltens" gewählt. Entsprechend der positiven Heuristik war als wesentlichste Paradigmatisierungsleistung allerdings die Ableitung der räumlichen Muster aus der formalen Theorie der Prozesse gefordert. Dieses – ehedem sinnvolle, *hermeneutische* – Schema idiographischer Interpretation entpuppte sich in der neuen positiven Heuristik als Zirkel, eben weil es immer einer gewesen war. Dieser unhaltbare Zustand der Datenkonstitution führte zu der Forderung, das räumliche Abgrenzungskriterium aufzugeben, weil dann der Zirkel, der sich durch den Ausgangspunkt bei den abzuleitenden regionalen Mustern ergibt, in ein Ableitungsschema überleitbar schien, das explizit mit gesellschaftstheoretischen Fragestellungen beginnt. Die Gesellschaftstheorie sollte die allgemeine Verhaltenstheorie sein. Diese Erkenntnis entspricht dem (und sicher den) vorhandenen Trend zur *behavioral revolution*.

Im Verlauf der *behavioral revolution* wird dann bewiesen, daß die Ableitbarkeitsforderung selbst keinen Sinn hatte (auch wenn der Versuch, sie zu befolgen, die Geographie immanent bis an den Punkt der Aufgabe ihres räumlichen Abgrenzungskriteriums gebracht hatte), und daß dynamische „räumliche" Gesetze nicht existieren, so daß nicht nur die Vermeidung des Zirkels, sondern die Unerfüllbarkeit der Forderung der positiven Heuristik selbst ein Einschwenken in normale gesellschaftstheoretische Arbeit nahelegt.

Es zeigt sich so, daß das Abgrenzungskriterium in seiner Verbindung mit dem Konstitutionsschema in der positiven Heuristik eher als konventionalistisches und pragmatisches Argument, wo es kaum noch ein „Bild" repräsentiert, dogmatisch zum Schutze einer im Ideal undurchführbaren positiven Heuristik benutzt werden konnte, wobei gerade diese Heuristik auch die kreative Ausarbeitung des Kerns ermöglichte. Sobald dieser Kern existiert, kann das formale Relikt des klassischen Paradigmas in der Form des Abgrenzungskriteriums und des erfahrungswissenschaftlich weitergeführten „morphologischen" Schemas aufgegeben werden.

Der entstandene Kern, der aus den Vereinheitlichungsversuchen der Modelle „räumlichen Verhaltens" in einer zeitgemäßen allgemeinen Gesellschaftstheorie hervorgeht, ohne daß seine innergeographische Entstehung im Verhältnis zum alten Paradigmenkern und die Logik sowie der Sinn des industriegesellschaftlichen Austauschs für seine Übernahme bewußt gemacht wurden oder hätten bewußt gemacht werden müssen, ist eine erneute Veränderung der gesellschaftstheoretischen Reflexion der Systemstruktur von Arbeitsteilung. Sie erfolgt diesmal nicht unter Rekurs auf die Universalität und Abstraktheit gegenüber der objektiven Natur, sondern im gleichen Sinne gegenüber der subjektiven Natur. Die diesem Vorgang entsprechende gesellschaftstheoretische Bedeutung von „Raum" ist konsequenterweise nicht eine

Wortbedeutung oder Bedeutungsverschiebung, sondern die Abschaffung des Terminus aus der Heuristik des Fachs.

Der neue Kern entspricht in seiner ideologischen Funktion durchaus derjenigen, die das klassische Abgrenzungskriterium gegenüber der allgemeinen Gesellschaftstheorie zu erfüllen gehabt hatte. Die Festlegung auf die Handlungstheorie als Theorie der Gesellschaft gewährleistet jetzt erneut, aber innerhalb der Gesellschaftstheorie und unter dem Wechsel vom konservativen ins aufgeklärte Weltbild im Sinne einer pro-industriekapitalistischen Fortschrittsvorstellung, die Abstraktionsform der „Tatsachen" als die unmittelbare und einzige Existenzform von Realität anzunehmen.

Zur Modernisierung der Ideologie war allerdings ein „Paradigmenwechsel" notwendig. Er entspricht dem gesellschaftlichen Strukturwechsel vom Feudalismus zum Industriekapitalismus,[90] also einem Wechsel innerhalb rente- und kapitalakkumulierender Warengesellschaften. Der geographische Paradigmenwechsel ist ein Wechsel innerhalb der Kontinuität des Reduktionismus der Identitätsphilosophie (Patriarchat), des 2-wertigen Reduktionismus der formalen Logik und Mathematik (Warengesellschaft), des Idealismus (Fortschritt durch Subjektivität) und der Unmittelbarkeit der Daten über die Welt (experimentelle Messungs- und Verifikationspraxis, die der Struktur von „Natur" als Simulation von Energieumwandlungs- und Kraftentfaltungsprozessen (Produktion als Wertbildung, industriekapitalistische Wertbildung) entspricht).

Nur auf den Formwechsel in der Kontinuität der Unmittelbarkeit bezieht sich der Paradigmenwechsel. Der Rückbezug dieses Kerns auf „räumlich", also das forschungspraktische Nicht-ernst-nehmen von Olsson und Sack (vgl. dazu den Originaltext Kap. 3.3), und somit die Beibehaltung der alten positiven Heuristik für den neuen Kern, ergibt dann die derzeitige, zwar formal dynamische, aber sehr diffuse und zirkuläre Situation des Faches, die ja als institutionelle Gesamtsituation nicht dem Endpunkt der „rationalen Rekonstruktion" ihrer Geschichte entspricht.

Die noch immer gültige positive Heuristik, die als bewußter Teil des Paradigmas einen festen Stand gegen Metatheoretiker wie Olsson und Sack hat, folgt also gerade *nicht* aus der *Struktur des neuen Kerns* in Verbindung mit gesellschaftlichen Problemen wie ehedem bei der Entstehung der Geographie. Sie muß daher aus institutionellen Gründen pragmatisch gerechtfertigt und gerade *gegen* die Art der Problemstellung als gesellschaftliche gefestigt werden, d.h., sie beruft sich weiterhin auf das räumliche Abgrenzungskriterium. Das ist eine der Formen des „schäbigen Pragmatismus" (vgl. Harvey 1972a: 325) der modernen Geographen. (Für Wissenschaften mit geringem technologischen Potential scheinen somit „bewußtlose" Revolutionen („darwinistische" Fortschrittsentwicklungen) nicht unproblematisch zu sein.)

---

90 Daraus ergibt sich die Bedeutungsverschiebung von Anpassung an Natur auf Anpassung in der Gesellschaft im Übergang zur Handlungstheorie.

Die Entwicklung der Anthropogeographie

In dem Maße, wie der Ausbau des Kerns unter Maximen dieser positiven Heuristik permanent die vorgebliche Problemlösungskapazität nicht nur unterschreitet, sondern – bezogen auf die realen Möglichkeiten existierender Handlungstheorie – sich als Theoriekern sogar tendenziell zerstört, taumelt die Geographie derzeit zwischen ihren Heuristiken hin und her.

Einige wissenschaftsinterne Fortschrittsbedingungen und ihre heuristische Funktion im „naturwüchsigen" Fortschrittsprozess

Eine Reflexion auf die formale Systemstruktur der Funktionen, die die Paradigmenteile bzw. Heuristiken füreinander in der Normalwissenschaft und im Paradigmenwechsel sowie auf die Funktion der Bedeutungsverschiebungen in dieser Mechanik haben, müßte vermutlich zu einer Theorie des darwinistischen Fortschritts der Theoriebildung durch bewußtlose Wissenschaftler führen.

Als grundlegend haben sich die folgenden Eigenschaften herausgestellt:
- Ein Forschungsbetrieb muß in relativ unabhängig voneinander funktionierende Dimensionen eines im Prinzip gleichen Substrats zerteilt sein, die als Teile zueinander in Beziehung treten können, damit die Identität dessen, was alle Teile repräsentieren, Fortschritt erfahren kann. In diesem Sinne ist „Teilung" einer „Einheit" die Voraussetzung für Fortschritt.
- Diese Teile müssen die wesentlichen Aktionsbereiche der wissenschaftlichen Tätigkeiten abdecken und auf sie zugeschnitten sein, und es muß *ein* Teil existieren, der die Empiriker ohne die Notwendigkeit der Beschäftigung mit Metatheorie anleitet. Diese Aspekte des Wissenschaftsbetriebs als funktionierende Praxisbereiche wie „Weltbild", „empirische Forschung" usw. sind durch das Paradigmenkonzept formuliert.
- Die Teile müssen miteinander in Beziehung stehen. Die Art der Beziehung zwischen den „Standardbeispielen von Problemlösungen" und dem Gesamtparadigma, repräsentiert durch den Kern auf der Ebene einer Fundamentaltheorie, ist durch die Theorie der „Forschungsprogramme" von Lakatos sowie durch Kuhns Präzisierung des Verhältnisses des Paradigmas zu seinem Standardbeispiel hinreichend bestimmt. Wesentlich ist dabei, daß gerade diese Strukturelemente existieren und Fortschritt ermöglichen. Sie ermöglichen in dieser Form nämlich die Bewußtlosigkeit der Empiriker, was ihr Paradigma angeht, sowie die eifrige Immanenz der Theoretiker und dennoch die Umbildung durch Folgsamkeit. Paradigmen müssen offensichtlich nicht nur Aufteilungen nach Aspekten desselben Substrats sein, sondern die Teile müssen auch differierende Konkretionsniveaus und Erlernbarkeitstypen repräsentieren. Dabei muß der Teil, der „dogmatisch" vermittelt werden kann, ein „Bild" (des Kerns) selbst wiederum als konstruktiven Einzelfall abbilden, weil dann die Struktur des Kerns *praktisch* erlernbar ist.

– Vor allem aber hat das Paradigma zu seinem „Standardbeispiel" oder „Artefakt" ein antinomisches Gesamtmengen-Teilmengen-Verhältnis: Ein Paradigma ist mehr und weniger als eine Theorie. Es repräsentiert seinen Kern *für sich* in einer Art, daß er sich als jeweils als von sich unterschiedliche Praxisform, die sich von ihm unterscheidet, selbst unbewußt enthalten kann. Diese Formen können dann nicht nur zueinander in Beziehung treten, sondern mit diesem Gesamtmengen-Teilmengen-Verhältnis die Überbestimmtheit des Kerns als unterschiedliche Praxisformen in eine Widerspruchsform bringen, die offensichtlich Fortschritt sichert.

– Zugleich muß die Konstruktion dieses Einzelfalls von theoretischen Aktivisten soweit nachvollzogen werden, daß sie diese als ein falsche Fragen ablenkendes, die richtigen stellendes, allgemeines Suchinstrument benutzen können. Darauf besteht Lakatos als ehemaliger Popperianer. Das hat den Sinn, daß – selbst wenn man das Paradigmenkonzept mit seiner Charakterisierung der „Normalwissenschaft" und der „Konvertiten" in der Revolution soweit akzeptiert, daß man es als eine darwinistische Evolution begreift, in der die Individuen, gerade dann, wenn sie sich innerwissenschaftlich *„rational"* verhalten, *nicht bewußt* verhalten, und wenn sie sich bewußt verhalten, keine Kriterien für Rationalität angeben können, also *im ganzen* notwendigerweise „naturwüchsig" agieren –, man dennoch den Unterschied zwischen „echter" Natur wie Tierarten und „bewußter" Natur wie Menschen normativ geltend machen muß. Daher ergibt sich die (Poppersche) Aufforderung, in diesem „Naturprozeß" der Willensbildung, gemäß der Gattungseigenschaft der *Bewußtheit*, „kritisch" und „rational" tätig zu sein. Daraus folgt Lakatos' realistische Einschätzung – trotz seiner Kritik an Poppers Falsifikationismus – der Tätigkeit des Theoretikers, der ja in der positiven Heuristik in etwa Poppers Ideal entspricht, seine Wissenschaft aktiv durch theoretische Spekulation, die diese Heuristik kritisch extrapoliert und beharrlich ausschöpft, bewahren *und vorantreiben* zu wollen – auch wenn er stur an seinen experimentellen Ergebnissen festhält (wie Kuhn es gezeigt hat). Die Reflexion des „Kritischen Rationalisten" *als Haltung* folgt gegen die Einsichten des Paradigmentheoretikers aus der Eigenschaft des „Naturprozesses", ein *menschlicher Wissensproduktionsprozeß* zu sein. Sie erlaubt natürlich (entgegen Poppers Auffassung) nicht, Fortschritt zu erklären, aber es ist eine Mindestanforderung an *bewußte* Naturwesen, und sie forciert den Evolutionsvorgang des Wissens.

Die Verbindung „interner" und „externer" Entwicklungsvariablen durch Diffusion von Bedeutungen und Reduktion auf Strukturtypen: unbewusste Fortschrittsproduktion

„Befolgen" des Paradigmas heißt also im Sinne des Befolgens eines „Standardbeispiels von Problemlösung" das unbewußte Nachvollziehen der Struktur des Paradigmenkerns in der empirischen „Normalforschung". Im Sinne der „positiven

Heuristik" bedeutet dies das – partiell auch bewußtere – mit Theoriebildung beschäftigte Einhalten und immanente Ausgestalten von Normen und Denkweisen in der sicheren Gewißheit der Existenz solcher „Standardbeispiele".

In „Revolutionen" ist dies eine kontroverse, metatheoretische Ausarbeitung des „Bildes". In diesen Aktivitäten finden Begriffe und Modelle Verwendung, die einen gewissen semantischen Spielraum haben. Sowohl in das unbewußte „Rätsellösen" der Empiriker (primär bei der Interpretation von Experimenten) als auch in die Aktivität der Theoretiker und Metatheoretiker fließt der „Zeitgeist" ein (vgl. Eisel 1972: 6-38), indem er sich mit dem „world-view" hinter ihrem „Bild" verbindet; gerade die metatheoretische Arbeit in Revolutionen verlängert ja die „normale" theoretische Diskussion *explizit* in die Sphäre der Weltbilder, um eine Basis für ein „Standardbeispiel" zu *suchen*.[91]

Aber nicht nur in dieser Situation ist die Verbindung zwischen Zeitgeist und wissenschaftlichen Begriffen gegeben – zumindest in den Gesellschaftswissenschaften. Fortschrittslogisch ist daher nicht nur diese Verbindung und Art der Verbindbarkeit wichtig, sondern die Fortschrittsstruktur des Zeitgeistes selbst. Bei diesem Common Sense handelt es sich um logische und identitätsphilosophische Reduktionstypen der wesentlichsten Reflexionssysteme der real existierenden Klassenpositionen zur Erfüllung einer Legitimationsfunktion für jeweils vorhandene politische Kompromisse zwischen diesen Positionen. Diese Typen bilden in diesem Sinne die Realität, wenn auch als scheinbar naturgegebene Zustand, historisch ab. Sie reflektieren eine Situation in ihrer Struktur und transformieren damit die jeweils konkret durchgesetzte Organisation von Realität strukturell in die „Bilder" der Einzelwissenschaften. Diese Bilder sind ja in jedem Falle bereits selbst aus Elementen dieser Reflexionssysteme aufgebaut und müssen nur noch die Umgruppierung im Sinne des neuesten Reduktionstypus' nachvollziehen, wenn sie nicht – als offizielle Agenturen der wissenschaftlichen Vorbereitung – diese Neukombination bereits vorgenommen haben. (Das ist normalerweise die Rolle der Philosophie und Gesellschaftswissenschaften und trifft für die Geographie im Übergang vom Nationalismus zum Faschismus sicherlich auch zu.) An dieser Stelle wird also für die positive Heuristik bestimmt, „wie man die 'widerlegbaren Fassungen' des Forschungsprogramms verändern und entwickeln soll und wie der 'widerlegbare' Schutzgürtel modifiziert und raffiniert gestaltet werden kann",[92] damit er „Widerlegungen" antizipiert bzw. das, was als möglicherweise widerlegbar gelten soll. Das vollzieht sich als latente Veränderung des Paradigmas in der „Normalwissenschaft" durch Verschiebung von Begriffsbedeutungen (z.B. „Natur", „Raum"), die bereits im unbewußten „world-view" hinter

---

91 Der Erfolg dieses Teils fällt dann je nach Fachtradition in bezug auf seinen philosophischen „Tiefgang" unterschiedlich aus.

92 Lakatos 1974a: 131. *Das* geht nämlich aus Lakatos' Konzept nicht hervor.

dem „Standardbeispiel" dem Zeitgeist folgen. Jede „kritisch rationalistische" Theoriebildungsbemühung in der Normalwissenschaft forciert diesen Vorgang im *context of discovery* und aktualisiert die Interpretation des unbewußten „Bildes".

Wenn eine Wissenschaft diejenige idealtypische Weltanschauung, die die Struktur ihres aus verschiedenen Idealtypen reduzierten Weltbildes dominiert, unbewußt in ihrem „world-view" soweit wechselt, daß durch Interpretation von Experimenten oder Daten ein doppeltes und damit neues „Standardbeispiel" entsteht, beginnt eine Paradigmenkrise. Wenn dieses Beispiel als solches erkannt wird (was lange dauern kann, wie man an Christaller sehen kann) und im Sinne einer positiven Heuristik verallgemeinert wird, liegt ein Paradigmenwechsel durch „Revolution" vor.

Diese Heuristik arbeitet den Idealtyp der Weltanschauung zunächst „rein" aus, welcher als Verstärkung desjenigen Interpretationsanteils deutlicher geworden war, der *gegen* das alte Paradigma gerichtet im alten Paradigma durch „Bedeutungsverschiebungen" vorlag, auch wenn die Realität außerhalb der Wissenschaft natürlich weiterhin nach Reduktionstypen eines aktuellen Kompromisses mehrerer Ideologien organisiert ist. Wissenschaftliche Revolutionen sind also Komplexitätsreduktionen auf „reine" Typen in dieser Wissenschaft. Sie entstehen nach einer Phase zunehmender Überdetermination der Strukturverbindungen durch Ausdifferenzierung der Theorie mittels mehrerer Varianten von „Zeitgeist" im alten Paradigma. Die Komplexitätsreduktionen gehen von den historisch neueren, die Realität in ihrer faktischen Fortschrittsstruktur bestimmenden Strukturelementen aus, treten dann aber wieder in den gegenläufigen Prozeß der Diffusion des Idealtyps ihrer Weltanschauung auf neuer Basis ein.[93]

„Fortschritt" scheint demnach ein Wechsel von evolutionären Komplexitätserhöhungen und eruptiven Komplexitätsreduktionen von Strukturen zu sein. Daß der neue „Reduktionstyp" jeweils Fortschritt repräsentiert, weil er der Machtergreifung einer bis dahin unterdrückten Klasse entspricht, ist die gängige teleologische Interpretation. Tatsächlich handelt es sich nur deshalb um Fortschritt, weil eine Reduktion einen verkomplizierten Systemzustand unter Dominanz durch einen beliebigen Abstraktionstypus in der Teilung der Arbeit durch einen neuen unter Dominanz eines höheren Abstraktionsgrades ersetzt.

Die Zeit nach dem Paradigmenwechsel ist also gekennzeichnet durch erneute Abweichung von diesem „reinen" Typus im Sinne der realen Reduktionsstruktur der Realität. In diesem Sinne war die Geographie *bis* zu ihrem Paradigmenwechsel durch die Versuche des Einbaus der aufgeklärten Philosophie des Fortschritts in die idiographische Theorie der Anpassung gekennzeichnet. Sie ist – erkennbar – *nach*

---

93 Solange dieser Prozeß nicht die logische Komplexität seines Systems verändert, handelt es sich um „iterativen" Fortschritt, also eigentlich nur um Prozesse der Verkomplizierung der Vergegenständlichungs- und Tauschsphäre des gleichen Produktionssystems.

Die Entwicklung der Anthropogeographie

ihrem Paradigmenwechsel durch den dagegen gerichteten Einbau der Vorstellungen des letztlichen Primats „konkreter Natur", als Modifikation der kurzzeitig „rein" existierenden Theorie des Fortschritts durch abstrakte Subjektivität, gekennzeichnet, bzw. es gibt die Situation, daß ein Teil der Revolutionäre der zweiten Revolution noch an dieser Theorie des abstrakten Subjekts arbeitet, während gleichzeitig (vor allem in der Schule) dieses Konzept von weniger strengen Positivisten – diffus gestützt durch die klassische Geographie, die Phänomenologen und die Marxisten – bereits vor seiner disziplinären Verfestigung unter einem kritizistischen Impetus in einen Reduktionstypus beider Weltanschauungen (Klassenpositionen) rücktransformiert wird.

Die Funktion der Metatheoriefeindlichkeit im Ablauf der „Normalwissenschaft" einer Wissenschaft aufgrund von „Standardbeispielen" ist also nicht nur die, daß Empiriker nicht von der Empirie abgelenkt werden sollen, sondern auch, daß sie nicht ihren Common Sense kontrollieren sollen, damit sie ihn als im einzelnen nicht kontrollierbare, aber im ganzen gewährleistete *Übersetzungsinstanz der Strukturvarianten* (und damit Erfordernisse) des ökonomischen und politischen Systems verwenden.

Die derzeitige Struktur des Fortschritts der Wissenschaft ist die Struktur der funktionalen Organisation dieser Verbindung „externer" und „interner" Entwicklungsbedingungen als unbewußt funktionierender, so wie sie in der Paradigmentheorie im innenwissenschaftlichen Anteil der Fortschrittsbewegung gerade als borniertes und nicht-rationales Verhalten der Forschergemeinde reflektiert ist.[94]

Damit werden „Bedeutungsverschiebungen" weniger ein Beleg für „Inkommensurabilität" als für den (darwinistisch) fortschrittslogisch notwendigen Mechanismus der unbewußten Etablierung mehrdeutiger „Standardbeispiele" aufgrund

---

94 Das ist das Charakteristikum „darwinistischer" Prozesse, daß sie eine Evolution ohne Einsatz eines „rationalen Bewußtseins" sind. Daraus ergibt sich der Widerspruch zwischen Paradigmenkonzept und Fortschrittslogiken, für die Wissenschaft immer noch als die Institution des rationalen Bewußtseins gilt, nämlich wenn man für die Wissenschaft „rational" auch normativ definiert. Diese Notwendigkeit ergibt sich aber unmittelbar, wenn man sich vorstellt, man täte es nicht. Daß Kuhn dennoch deskriptiv Recht hat, wenn er diese Rationalität im euphorischen Sinne als nicht gegeben nachweist, zeigt erstens, daß das Wissenschaftssystem, wenn es „bewußtlos" funktioniert, seine Aufgaben erfüllt, zweitens, daß es daher offensichtlich Teil eines Gesamtsystems ist, das genau so funktioniert (*struggle for life* im „Konkurrenzkapitalismus") und drittens, daß gerade deshalb „Rationalität" im Wissenschaftsbetrieb selbst gegen dessen „natürliche" Funktionsweise aus politischen und wissenschaftsmoralischen Gründen geltend gemacht werden muß. Im ganzen ergibt sich aus diesem Zustand „naturwüchsiger" Wissenschaft die häufig zynische Diskriminierung „rationaler" Strategien in der Institution als „unrealistische" oder aber die Durchsetzung politischer Interessen unter dem Deckmantel der Rationalität als Wertfreiheit. Beide Strategien benutzen die Ignoranz des Widerspruchs in der Wissenschaftsentwicklung für ihre scheinheilige Moral.

der Mehrdeutigkeit von Begriffen. Diese sind dann im nachhinein als verschobene Bedeutungen von Termini rekonstruierbar, die in Kombination unvergleichbare Konstitutionsformen von „Welt" repräsentieren. Wenn unklar ist, was die Mehrdeutigkeit notwendig für einen Paradigmenwechsel *leistet*, wird ihre Rekonstruktion *nach* dem Wechsel zum Beleg der Andersartigkeit des Paradigmas, statt der Kumulation von „Wahrheit" als „Fortschritt".

Diese Kumulation von „Wahrheit" kann als solche nur begriffen werden, wenn man sie als die Ausdehnung eines historisch jüngeren Reflexionssystems von Realität auf einen von ihm noch nicht reflektierten Gegenstandsbereich bzw. Konstitutionszusammenhang begreift. Also gerade die Diffusion eines realitätsgerechten Konstitutionssystems in neue Bereiche ist die Kumulation.[95] Daher muß die Bedingung der Möglichkeit dieser Diffusion, die Revolution, als Akt des Fortschritts begriffen werden. Das ist nur möglich, wenn die Realabstraktion dieses Reflexionssystems als Fortschritt begriffen wird. Diese Entscheidung ist aber (in der Neuzeit) wieder an die Paradigmen des konservativen und des aufgeklärten Weltbildes (und ihrer Klassenpositionen) gebunden. Industrielle Arbeitsteilung und die bürgerliche Revolution sind aus der Sicht des feudalen Grundeigentums kein Fortschritt, für die Aufklärung sind sie seine Inkarnation. Das relative Recht beider Argumente kann also nicht von einem der beiden Weltbilder aus rekonstruiert werden, aber auch nicht aus der Perspektive ihrer Reduktion im faschistischen Syndrom oder im Stalinismus.[96]

Das zu dieser Rekonstruktion notwendige Reflexionssystem kann nicht logisch und nicht identitätsphilosophisch sein, weil es sonst nicht die Funktion der Antinomien und des Reduktionismus thematisieren könnte. Es gehorcht einem neuen Paradigma, das bisher nur als „Standardbeispiel" in der Wissenschaft von der Ökonomie existiert. Dieses Paradigma erlaubt, das darwinistische Stadium wissenschaftlichen (und lebenspraktischen) Verhaltens zu verlassen, indem es die Logik naturwüchsiger

---

95 Vgl. dazu die Ausbreitung des Christentums als Transport einer subjekt- und fortschrittsorientierten Reduktionslogik.

96 Daß das „Proletariat" keinem der beiden Interessenzusammenhänge angehört, ist der Anlaß, es als Instanz dieser dritten Reflexionsposition geltend zu machen. Daraus wurde in der Geschichte der Arbeiterbewegung (aus emotional verständlichen Gründen) dann das Proletariat als historische Instanz für Fortschritt – was die klassische idealistische Reduktion einer Relation (Klassenkampf) auf ein Subjekt der Geschichte ist. Diese Position, übersetzt in ein Reflexionssystem, ist der Kern des stalinistischen Denkens (samt seiner scheinbaren Kritiker von Trotzki bis zu den „Alternativkulturen") und ungeeignet, die Mechanik des Fortschritts zu entwickeln. Es ist nur eine weitere Variante teleologischer Ideologie, die das Subjekt des Fortschritts semantisch ausgetauscht hat. (Auch die Auswechslung des Proletariats gegen den „alternativen" „Aussteiger" ändert nichts an der Hypostasierung des „Subjekts". Im letzteren Falle *macht* das Subjekt „Geschichte", indem es *gegen* Fortschritt kämpft.)

Die Entwicklung der Anthropogeographie

Fortschrittsprozesse zu rekonstruieren und auf ihre gesellschaftlichen Bedingungen zurückzuführen erlaubt.

Damit ist noch nicht die Struktur dieses Fortschritts als nicht-darwinistischer beschrieben, d.h., es existiert nur eine Theorie des unbewußten und des notwendig unbewußten, aber keine Theorie des bewußten Fortschritts oder des Fortschritts im Bewußtsein seiner Struktur als Produktionsvorgang und damit der Möglichkeit seiner bewußten Produktion.

Eine solche Theorie ist nicht mehr Gegenstand dieser Arbeit. Das Neuartige ihres „Standardbeispiels" ist, daß es eine „*theoretische* Praxis" (Althusser) ist; ihr Paradigma ist der „Text" (die materielle Arbeit nicht als physikalische „Kraft", Subjektivität nicht als männliche „Energie"). Die Theorie seiner Produktionsstruktur ist die Semiotik, deren Theorie des Tauschwerts dieser Produktion die 2-wertige Logik war.

Die vielfältigen Versuche, die „Logik des Kapitals" oder des Verhältnisses von „Struktur" und „Geschichte" in der Theorie von Marx[97] zu rekonstruieren, sind als Anstrengung zu werten, eine „positive Heuristik" einer Kopfarbeitspraxis zu erstellen, die so durchgeführt wurde, daß sie als die Rekonstruktion der „Wertform" der Produktion auf die Produktionsstruktur der Wertebene im Sinne eines textuellen Abbildes von „Produktion" (Fortschritt) hinweist.

Diese Heuristik ist bisher nur unvollständig entwickelt; das Paradigma wird weiterhin individuell und intuitiv zu nutzen versucht, weil sein Standardbeispiel nur mit den unzulänglichen Mitteln logischer Sprachanalyse und Hermeneutik untersucht wurde – Analyse des Tauschwerts und Sinns, nicht der textuellen Praxis von Sprache. Diesem Paradigma liegt das Klasseninteresse der Kopfarbeiter und der Frauen zugrunde.

Literaturverzeichnis für 1 Einleitung, Kapitel 5 und Kapitel 6

Liste der Abkürzungen

AAAG   Annals of the Association of American Geographers
GAn   Geographical Analysis
GZ   Geographische Zeitschrift
GR   Geographische Rundschau

Albert, H. (Hrsg.) (1964): Theorie und Realität. Tübingen.
Althusser, L. (1968): Für Marx. Frankfurt/M.

---

97 Vgl. z.B. Reichelt 1970; Rosdolsky 1968; Zelený 1968; Schmidt 1969, 1971; Kofler 1970; Bischoff 1973; Negt o.J.; Althusser 1968; Althusser, Balibar 1972; Poulantzas 1968; vgl. auch zahlreiche Beiträge in einer länger andauernden Auseinandersetzung über marxistische Erkenntnistheorie, Widerspiegelungstheorie usw. in der Zeitschrift „Das Argument".

– (1973): Antwort an John Lewis. In: Arenz, H. et al. (Hrsg.) (1973): 35-76.
–, Balibar, E. (1972): Das Kapital lesen. 2 Bde., Reinbek b. Hamburg.
Amedeo, D., Golledge, R. G. (1975): An introduction to scientific reasoning in geography. New York.
Angel, S., Hyman, G. M. (1972): Transformations and geographic theory. GAn 4: 350-367.
– (1976): Urban fields. A geometry of movement for regional science. London.
Arenz, H., Bischoff, J., Jaeggi, U. (Hrsg.) (1973): Was ist revolutionärer Marxismus? Kontroverse über Grundfragen marxistischer Theorie zwischen Louis Althusser und John Lewis. Westberlin.
Bartels, D. (1968): Zur wissenschaftstheoretischen Grundlegung einer Geographie des Menschen. GZ, Beihefte 19, Wiesbaden.
– (1970): Zwischen Theorie und Metatheorie. GR 22: 451-457.
– (1973): Rezension: Beck, Hanno, Geographie. Europäische Entwicklungen in Texten und Erläuterungen. Freiburg/München, GZ 62.
– (1974): Schwierigkeiten mit dem Raumbegriff in der Geographie. In: Zur Theorie in der Geographie. Bericht des Methodik-Symposiums der Geographie vom 21./22. 2.1974 in Zürich. Geographica Helvetica, Beiheft zu Nr. 2/3: 7-21.
–, Hard G. (1975) (2): Lotsenbuch für das Studium der Geographie als Lehrfach. Bonn/Kiel.
Bentmann, R., Müller, M. (1970): Die Villa als Herrschaftsarchitektur. Versuch einer kunst- und sozialgeschichtlichen Analyse. Frankfurt/M.
Berry, B. J. L., Marble, D. F. (ed.) (1968): Spatial analysis. Englewood Cliffs.
Bischoff, J. (1973): Gesellschaftliche Arbeit als Systembegriff. Über wissenschaftliche Dialektik. Interpretation zum „Kapital" 1, Berlin.
Bobek, H: (1970): Bemerkungen zur Frage eines neuen Standorts der Geographie. GR 22: 438-443.
Böhme, G. (1975): Modelle der Wissenschaftsentwicklung, Starnberg. Als Ms. vervielfältigt. Erscheint in engl. Übers. als Kap. IIa in: Price de Solla, D J. und Spiegel-Rösing, J. (eds.): Science Policy Studies in Perspective.
– (1976): Quantifizierung und Instrumentenentwicklung. Zur Beziehung der Entwicklung wissenschaftlicher Begriffsbildung und Meßtechnik. Technikgeschichte 43: 307-313.
– (1977): Die kognitive Ausdifferenzierung der Naturwissenschaft. Newtons mathematische Naturphilosophie. In: Böhme, G. et al. (1977): 237-263.
– (1977a): Die Verwissenschaftlichung der Erfahrung. Entwurf für ein Referat auf der Tagung der Sektion Wissenschaftsforschung der Deutschen Gesellschaft für Soziologie, Starnberg. (Maschinenmanuskript)
– (0. J.): Fallstudie: Die Kontroverse über die wahre Schätzung der lebendigen Kraft. Ein Beispiel alternativer Quantifizierungen eines lebensweltlich-technischen Begriffes. Starnberg. (Maschinenmanuskript)
–, Daele v.d., W. (1977): Erfahrung als Programm – Über Strukturen vorparadigmatischer Wissenschaft. In: Böhme, G. et al. (1977): 183-236.
–, Daele v.d., W., Krohn, W. (1972): Alternativen in der Wissenschaft. Zeitschr. f. Soziologie 1: 302-316.
–, Daele v.d., W., Krohn, W. (1974): Die Finalisierung der Wissenschaft. In: Diederich, W. (Hrsg.) (1974): 276-311.

–, Daele v.d., W., Krohn, W. (1977): Experimentelle Philosophie. Ursprünge autonomer Wissenschaftsentwicklung. Frankfurt/M.

Böventer v., E. (1964): Raumwirtschaftstheorie. In: Handwörterbuch der Sozialwissenschaften, Bd. 8. Stuttgart/Tübingen/Göttingen: 704-728.

Bunge, W. (1966) (2): Theoretical geography. Lund Studies in Geography, Ser. C, No. 1, Lund.

Chorley, R. J., Haggett, P. (eds.) (1967), (1971) (3): Models in geography. London.

Cox, K. R. (1972): Man, location, and behavior: an introduction to human geography. New York.

– (1973): Conflict, power and politics in the city: e geographic view. New York.

Daele v.d., W. (1975): Autonomie contra Planung: Scheingefecht um die Grundlagenforschung. Vortrag vor dem wissenschaftlichen Rat der Max Planck-Gesellschaft Heidelberg, 13.1.1975. Wirtschaft und Wissenschaft, H. 2: 29-32.

–, Krohn, W., Weingart, P. (1976): Die politische Steuerung der wissenschaftlichen Entwicklung. Starnberg/Bielefeld (vervielf. Manuskript, Entwurf).

–, Weingart, P. (1975): Resistenz und Rezeptivität der Wissenschaft – Zu den Entstehungsbedingungen neuer Disziplinen durch wissenschaftspolitische Steuerung. Zeitschr. f. Soziologie 4: 146-164.

Diederich, W. (Hrsg.) (1974): Theorien der Wissenschaftsgeschichte. Beiträge zur diachronischen Wissenschaftstheorie. Frankfurt.

– (1974): Einleitung zu Diederich, W. (Hrsg.) (1974): 7-51.

Dörrenhaus, F. (1971): Geographie ohne Landschaft? Zu einem Aufsatz von Gerhard Hard. GZ 59: 101-116.

Dörrenhaus, F. (1971a): Die Antwort. Ein offener Brief. GZ 69: 289-300.

– (1973): Kritische Bemerkungen zur Mathematisierung der Sozialwissenschaften. GZ 61: 322-324.

Downs, N. M. (1970): Geographic space perception. Past approaches and future prospects. In: Board, Ch. at al. (eds.): Vol. 2: 65-108.

Eisel, U. (1972): Über die Struktur des Fortschritts in der Naturwissenschaft. Geografiker 7/8: 3-44.

– (1977): Physische Geographie als problemlösende Wissenschaft? Über die Notwendigkeit eines disziplinären Forschungsprogramms. GZ 65: 81-108.

Enequist, G. (o. J.): Some spatial models used for investigating swedish data, In: Meddelanden Fran Uppsala Universitets Grafiska Institutioner, Institutionar. A, Nr. 236, Reprint from Acta Universitatis Uppsaliensis Skrifter rörande Uppsala Universitet 17 : 141-161.

Feyerabend, P. K. (1974): Kuhns Struktur wissenschaftlicher Revolutionen – ein Trostbüchlein für Spezialisten? In: Lakatos, I., Musgrave, A. (Hrsg.) (1974): 191-222.

Fielding, G. J. (1974): Geography as social science. New York.

Griffith, D. A. (1976): Spatial structure and spatial interaction: A review. Environment and Planning A, 8: 731-740.

Günther, G. (1978) (2): Idee und Grundriß einer nicht-Aristotelischen Logik, Hamburg.

Haggett, P. (1973): Einführung in die kultur- und sozialgeographische Regionalanalyse. Berlin/New York.

Hard, G. (1969a): "Kosmos" und "Landschaft". Kosmologische und landschaftsphysiognomische Denkmotive bei Alexander von Humboldt und in der geographischen Humboldt-Auslegung des 20. Jahrhunderts. In: Pfeiffer, H. (Hrsg.): Alexander von Humboldt. Werk und Weltgeltung. München: 133-177.
- (1970a): Die „Landschaft" der Sprache und die „Landschaft" der Geographen. Colloquium Geographicum, Bd. 11, Bonn.
- (1971): Die Gleichzeitigkeit des Ungleichzeitigen – Anmerkungen zur jüngsten methodologischen Literatur in der deutschen Geographie. Geografiker 6: 12-24.
- (1973): Die Geographie. Eine wissenschaftstheoretische Einführung. Berlin.
Harvey, D. (1969): Explanation in geography. London.
- (1972a): On obfuscation in geography, a comment on Gale's heterodoxy. GAn 4: 323-330.
- (1972b): Revolutionäre und gegenrevolutionäre Theorie in der Geographie und das Problem der Gettobildung. Berlin. (Beiheft zur Textsammlung: Sanierung – für wen?). Zuerst (1972): Revolutionary and counter revolutionary theory in geography and the problem of ghetto formation. Antipode 4, Nr. 2:1-18.
Hegel, G.W.F. (1968): Philosophie des Geistes. Löwith, K., Riedel, M. (Hrsg.) Georg Wilhelm Friedrich Hegel. Studienausgabe in 3 Bänden, Bd. III, Frankfurt/M.: 203-283.
Hejl, P. (1974): Zur Diskrepanz zwischen struktureller Komplexität und traditionalen Darstellungsmitteln der funktional-strukturellen Systemtheorie. In: Maciejewfki, F. (Hrsg.): Theorie der Gesellschaft oder Sozialtechnologie. Suhrkamp Theorie-Diskusion, Supplement 2, Frankfurt/M.: 186-235.
Hettner, A. (1910): Die Eigenschaften und Methoden der kartographischen Darstellung. GZ 16: 12-28, 73-82.
Hirschberger, J. (1961): Kleine Philosophiegeschichte. Freiburg, 1961.
Horkheimer, M. und Adorno, Th. W. (1955): Dialektik der Aufklärung. Nijmegen, 1944, Fotomechan. Nachdruck, Amsterdam.
Hottes, K. und Schöller, P. (1968): Werke und Wirkung Walter Christallers. GZ 56: 81-84.
Huff, D.L. and Jenks, G.F. (1968): A graphic interpretation of the friction of distance in gravity models. AAAG 58: 814-824.
Jakle, J. A., Brunn, St., Roseman, C. C. (1976): Human spatial behavior. Belmont.
Jones, E. (1977): An introduction to social geography. Oxford.
Kilchenmann, A. (1975): Zum gegenwärtigen Stand der „Quantitativen und Theoretischen Geographie". In: Giese, E. (Hrsg.): Symposium „Quantitative Geographie". Gießen, 1974. In: Gießener Geographische Schriften, H. 32: 194-208.
Kofler, L. (1970) (2): Geschichte und Dialektik. Zur Methodenlehre der marxistischen Dialektik. Oberaula.
Krohn, W. (1977): Die „Neue Wissenschaft" der Renaissance. In: Böhme, G. et al. (Hrsg.) (1977): 13-128.
- (o. J.): Technischer Fortschritt und fortschrittliche Technik – die alternativen Bezugspunkte technischer Innovation. Starnberg. (Maschinenmanuskript)
Krüger, L. (1974): Die systematische Bedeutung wissenschaftlicher Revolutionen. Pro und contra Thomas Kuhn. In: Diederich, W. (Hrsg.) (1974): 210-246.
Kuhn, Th. S. (1967): Die Struktur wissenschaftlicher Revolutionen. Frankfurt/M.
- (1972): Postscript. In: Weingart, P. (Hrsg.) (1972): Wissenschaftssoziologie. Bd. I. Frankfurt/M.: 287-319.

Die Entwicklung der Anthropogeographie 143

– (1974): Anmerkungen zu Lakatos. In: Diederich, W. (Hrsg.) (1974): 120-134.
– (1974a): Logik der Forschung oder Psychologie der wissenschaftlichen Arbeit? In: Lakatos, I., Musgrave, A. (Hrsg.) (1974): 1-24.
– (1974b): Bemerkungen zu meinen Kritikern. In: Lakatos, I., Musgrave, H. (Hrsg.) (1974): 223-269.
Lakatos, I. (1974): Die Geschichte der Wissenschaft und ihre rationalen Rekonstruktionen. In: Diederich, W. (Hrsg.) (1974): 55-119.
– (1974a): Falsifikation und die Methodologie wissenschaftlicher Forschungsprogramme. In: Lakatos, I., Musgrave, A. (Hrsg.): (1974): 89-189.
–, Musgrave, A. (Hrsg.) (1974): Kritik und Erkenntnisfortschritt. Braunschweig.
Lange, O. (1964): Kritik der subjektivistischen Ökonomik. In: Albert, H. (Hrsg.) (1964): 287-304.
Leibniz, G.W. (1903): Hauptschriften zur Grundlegung der Philosophie. Bd. 1 u. 2 (Hrsg. v. Ernst Cassirer) Leipzig.
Levi-Strauss, C. (1972): Die Struktur der Mythen. In: Blumensath, H. (Hrsg.): Strukturalismus in der Literaturwissenschaft. Köln: 25-46.
Loh, W. (1972): Kritik der Theorieproduktion von N. Luhmann und Ansätze für eine kybernetische Alternative. Frankfurt/M.
Luhmann, N. (1971): Systemtheoretische Argumentationen. Eine Entgegnung auf Jürgen Habermas. In: Habermas, J., Luhmann, N. (1971): 291-405.
Marx, K. (1969a): Zur Kritik der Politischen Ökonomie. In: Marx Engels Werke, Bd. 13, Berlin (DDR): 7-160 und 615-645.
– (1969b): Das Kapital. Bd. I und III. Marx Engels Werke, Bd. 23 und Bd. 25, Berlin (DDR).
Masterman, M. (1974): Die Natur eines Paradigmas. In: Lakatos, I., Musgrave, A. (Hrsg.) (1974): 59-88.
Negt, O. (o. J.): Über das Verhältnis von Ökonomie und Gesellschaftstheorie bei Marx. o. O. (unveröffentlichtes Manuskript im Raubdruck)
Olsson, G. (1965): Distance and human interaction. A migration study. Geografiska Annaler 47 B: 3-43.
– (1970): Zentralörtliche Systeme, räumliche Interaktion and stochastische Prozesse. In: Bartels, D. (Hrsg.) (1970): 141-178.
Otremba, G. (1971): Zur Anwendung quantitativer Methoden und mathematischer Modelle in der Geographie. GZ 59: 1-22.
Otremba, E. (1975): Rezension von Hard, G., Die Geographie. GR: 261/262.
Poulantzas, N. (1968): Theorie und Geschichte. Kurze Bemerkungen über den Gegenstand des „Kapitals". In: Euchner, W., Schmidt, A. (Hrsg.) (1968): 58-80.
Reichelt, H. (1970): Zur logischen Struktur des Kapitalbegriffs bei Karl Marx. Frankfurt/M.
Rosdolsky, R. (1968): Zur Entstehungsgeschichte des Marxschen „Kapital" 2 Bde., Frankfurt/M.
Scheffler, I. (1974): Wissenschaft: Wandel und Objektivität. In: Diederich, W. (Hrsg.) (1974): 137-166.
Schickel, J. (1978): Dialektik in China. In: Schickel, J., Große Unordnung, große Ordnung. Annäherungen an China. Aufsätze 1969-1978, Berlin: 51-59.

Schmidt, A. (Hrsg.) (1969): Beiträge zur marxistischen Erkenntnistheorie. Frankfurt/M.
- (1971): Geschichte und Struktur. München.
Schmithüsen, J. (1970): Die Aufgabenkreise der Geographischen Wissenschaft. GR 22, H. 11: 431-437.
- (1970a): Geschichte der geographischen Wissenschaft. BI Hochschultaschenbücher 363/363a, Mannheim.
Schramke, W. (1975): Zur Paradigmengeschichte der Geographie und ihrer Didaktik. Eine Untersuchung über Geltungsanspruch und Identitätskrise eines Faches. Geographische Hochschulmanuskripte, H. 2, Göttingen.
Schultz, H.-D. (1972): Vorgekonnte Überlegungen zum Wandel wissenschaftlicher Grundüberzeugungen in der Anthropogeographie. Geografiker 7/8: 53-64.
- (1978): Die Geographie von 1800 bis 1970. Ein Beitrag zur Geschichte ihrer Methodologie. Berlin. (Maschinenmanuskript).
Simon, H. A. (1957): Models of man. New York.
Sohn-Rethel, A. (1970): Geistige und körperliche Arbeit. Zur Theorie der gesellschaftlichen Synthesis. Frankfurt/M.
- (1974): Die Formcharaktere der zweiten Natur. In: Das Unvermögen der Realität. Berlin: 185-207.
Stahl, F. J. (1863): Die gegenwärtigen Parteien in Staat und Kirche. Berlin.
Stegmüller, W. (1973): Theoriedynamik. Normale Wissenschaft und wissenschaftliche Revolutionen. Methodologie der Forschungsprogramme oder epistemologische Anarchie? Probleme und Resultate der Wissenschaftstheorie und Analytischen Philosophie Bd. II. Theorie und Erfahrung, Studienausgabe Teil E. Berlin/Heidelberg/New York.
- (1974): Theoriedynamik und logisches Verständnis. In: Diederich, W. (Hrsg.) (1974): 167-209.
Stewart, J. Q. (1950): The development of social physics. American Journal of Physics 18: 239-253.
- (1953): Social physics and the constitution of the United States. Address to the Foundation for Integrated Education, Philadelphia.
-, Warntz, W. (1958): Macrogeography and social science. The Geographical Review 48: 167-184.
-, Warntz, W. (1968): Physics of population distribution. In: Berry, B. J. L., Marble, D. (eds.) (1968): 130-146.
Theweleit, K. (1977 und 1978): Männerphantasien. 2 Bde., Frankfurt/M.
Tobler, W. (1970): Geographischer Raum und Kartenprojektionen. In: Bartels, D. (Hrsg.) (1970a): 262-277.
Tömmel, I. (1978): Wirtschaftsplanung und Territorialplanung in der DDR – Ihre Bedeutung für die Entwicklung ländlicher Gebiete, Berlin. Dissertation (Maschinenmanuskript).
Uhlig, H. (1970): Organisationsplan und System der Geographie. Geoforum 1, 1970: 19-52.
Warntz, W. (1957): The unity of knowledge, social science, and the role of geography. Rede bei der geographischen Sitzung des National Council for the Social Studies, Pittsburgh.
- (1973): New geography as general spatial systems theory – old social physics writ large? In: Chorley, R. J. (ed.) (1973): Directions in geography. London: 89-126.

Die Entwicklung der Anthropogeographie

Watkins, J. (1974): Gegen die 'Normalwissenschaft'. In: Lakatos, J., Musgrave, A. (Hrsg.) (1974): 25-38.

Weber, M. (1951) (2): Gesammelte Aufsätze zur Wissenschaftslehre, Tübingen.

Weingart, P. (Hrsg.) (1972): Wissenschaftssoziologie, Bd. I. Frankfurt/M.

Weizsäcker v., C. F. (1971): Die Einheit der Natur. München.

Wilkie, R. W. (1974): The process method versus the hypothesis method: A nonlinear example of peasant spatial perception and behavior. In: Yeates, M. (ed.) (1974): 1-31.

Wirth, E. (1970): Zwölf Thesen zur aktuellen Problematik der Länderkunde. GR 22: 444-450.

– (1972): Offener Brief an Herrn Prof. Dr. G. Hard, In: Geografiker 7/8, 1972: 45-46.

Wolpert, J. (1964): The decision process in spatial context. AAAG 54: 537-558.

– (1970): Departures from the usual environment in locational analysis. AAAG 60: 220-229.

Yeates, M. (ed.) (1974): Proceedings of the 1972 meeting of the IGU commission on quantitative geography. Montreal/London.

Zelený, J. (1968): Die Wissenschaftslogik und „Das Kapital". Frankfurt/M.

Zum Paradigmenwechsel in der Geographie
Über den Sinn, die Entstehung und die Konstruktion des sozialgeographischen Funktionalismus*

Der Paradigmenwechsel wurde zuerst in Mitteleuropa allgemein bekannt und populär unter dem Namen „quantitative Revolution". Es gab zwar den Aufsatz von Fred Schaefer schon in den 1950er Jahren und William Bunges Buch über theoretische Geographie Anfang der 1960er Jahre, so daß jedermann spätestens zu diesem Zeitpunkt einen philosophischen Begriff von den zur Diskussion stehenden Positionen hätte haben können; aber noch Ende der 1960er Jahre erfuhr ich zu Beginn meines Studiums, daß es um den Angriff der Quantifizierer auf das hehre qualitative Wissen gehe (oder den Angriff der Problemlöser auf die Wahrheitsfinder).

Daran ist natürlich richtig, daß die quantitativen Methoden die Spitze des erfahrungswissenschaftlichen Eisbergs waren, der da auf die gute alte Geographie über den Atlantik zugeschwommen kam. Sie sind der forschungspraktische Ausdruck der metatheoretischen Position, daß es eine Einheit – und nicht einen Dualismus – des Wissens gibt, und daß die bisher exakteste Behandlung dieses Wissens in der Physik entwickelt wurde. Das läuft darauf hinaus, daß es eine einheitliche Struktur der natürlichen und gesellschaftlichen Realität gibt, nämlich ihre „Einheit" als energieverbrauchendes Bewegungssystem. Das klingt merkwürdig, ist aber die Position der „Einheit der Welt" als Natur, jene Position, wie sie in der Sozialphysik am schärfsten formuliert worden war und von dort aus auch Einfluß auf die Geographie genommen hatte.

In der Geographie ist diese Sozialphysik der Kern des sogenannten *spatial approach*, in welchem regionale Muster durch Theorien der Bewegung von sozialen Massenteilchen erklärt werden sollten. Im *spatial approach* wird also die Welt als mechanisches Bewegungssystem betrachtet und *„spatial"* kann der Ansatz in der Geographie genannt werden, weil „Bewegung" als Prozeß, der gesetzmäßig beschreibbar ist, eine geeignete Abstraktion für alle Verbreitungsvorgänge bietet, die schon immer Gegenstand der Geographie gewesen waren. Diese Art der Konstitution einer einheitlichen und gesetzmäßig erfaßbaren Realität kann also auf die Anwendbarkeit der quantitativen Methoden vertrauen, weil sie einfach die Gesamtheit der Realität (Natur und Gesellschaft) als Natur im Sinne der neuzeitlichen Naturwissenschaft betrachtet, d.h. unter Abstraktion von aller konkreten Phänomenologie als abstraktes

---

* Vortrag am Geographischen Institut der Universität Zürich im Jahre 1981.

System von Kraftausübung, Energiefluß usw. Den raumzeitlichen Bewegungen der Massenteile in der Mechanik entspricht das „räumliche Verhalten" der Menschen, den Anziehungs- und Zentrifugalkräften die Oberfläche räumlich-gesellschaftlicher Potentiale.

Dies markiert den sogenannten Paradigmenwechsel in seiner ersten Phase, denn diese Vorstellung und Wissenschaftspraxis ist das Gegenteil der sogenannten idiographischen Auffassung von der Welt, und diese war bis dahin die Basis der klassischen Geographie.

Die idiographische Weltperspektive geht von der Einmaligkeit jeder regionalen Konstellation des Zusammenhangs zwischen Mensch und Natur aus. Auf dieser Ebene wurde immer in der Krise der Geographie gestritten – aber wichtiger ist der philosophische Hintergrund dieser Auffassung. Hinter ihr steht abermals ein Konzept einer Einheit der Welt, nämlich das der Einheit als einer konkret entwickelten Harmonie in den Beziehungen einer einmaligen Lebenswelt.

In dieser Welt gibt es natürlich keinen Platz für Methoden, deren Anwendung die universelle Gleichartigkeit von allgemeinen Strukturen im Sinn der Physik und Sozialphysik voraussetzt. Das idiographische Weltbild enthält dagegen die Vorstellung der Allgemeinheit als Erfüllung einer optimalen Zweckmäßigkeit im Einzelfalle, also das, was in der Landschaftskunde eine einzelne konkrete Ganzheit von Teilen ist. (Darauf will Carol übrigens verzichten, und damit gibt er das Beste auf, was die Landschaftskunde zu bieten hat – ihren Sinn als Ontologie.) Es stehen hierbei somit zwei fundamentale Prinzipien gegeneinander: Universalisierung durch Verallgemeinerung gegen Universalisierung durch ideale Vereinzelung oder: das Prinzip Fortschritt gegen das Prinzip Glück.

Sind wir im Moment eigentlich noch mit Geographie beschäftigt? Im Paradigmenwechsel stehen „Weltbilder" gegeneinander, und wenn man das Ausmaß der Revolution verstehen will, muß man die geographischen Metatheorien des *spatial approach* und der idiographischen Länderkunde auf ihren philosophischen Sinn reduzieren.

Was aber ist der *gesellschaftliche* Sinn dieser *Philosophien?* Ich will das ganz knapp in Verbindung mit der Geographie darstellen. Beide Weltbilder sind Vorstellungen vom Verhältnis Mensch-Natur. Auch die neuzeitliche Geographie beginnt innerhalb der philosophischen Anthropologie und der kosmologischen Spekulation ihre theoretische Karriere. Die Erdkunde hat den praktischen Auftrag, von der Erde zu künden, indem sie sie säuberlich nach unterscheidbaren Regionen klassifiziert. Sie entstand also als klassifizierende Regional- bzw. Raumwissenschaft und zugleich als eine theoretische Spekulation über das Mensch-Natur-Verhältnis. Daher ist zu erwarten, daß ihre einzelnen Konzepte von Raum, Region, Land, Landschaft usw. zugleich Konzepte vom Mensch-Natur-Verhältnis, also Gesellschaftstheorien oder politische Philosophien, waren und sind.

Die idiographische Länderkunde mit ihren Objektbegriffen Land und Landschaft faßt die Welt als einen Anpassungszusammenhang auf, der von der Natur bestimmt ist, in welchem allerdings die Gesellschaften sich durch die tätige Auseinandersetzung mit dieser Natur von ihr emanzipieren. Gleichwohl tendiert dieser Loslösungsprozeß zu einer harmonischen Einheit zwischen beiden, in der die natürliche Umwelt und die Gesellschaft die für diesen Raum optimale Balance gefunden haben. Der Geodeterminismus, der in dieser idiographischen Position enthalten ist, behauptet also nicht, daß die Kultur von der Natur bestimmt wird (unmittelbar ableitbar ist), sondern, daß es so etwas wie ein spezielles Optimum von harmonischer Balance in diesem Loslösungsprozeß für jeden Lebensraum gibt, also, daß die Art der Loslösung der Gesellschaft von der Natur für eine Region typisch ist und ebenso die Art ihres Rückbezugs auf die Natur. Mit anderen Worten: Es gibt eine je spezifische Form der Anpassung an die äußere und innere Natur *als Emanzipation von* ihr und die strebt, da sie ein konkretes Verhältnis zu einer bestimmten Umwelt ist, auf einen konkreten einmaligen Idealzustand zu. Tut sie das nicht, liegt Borniertheit (Nicht-ausschöpfen der natürlichen Möglichkeiten) oder Vermessenheit (Vergewaltigen der natürlichen Möglichkeiten) vor – was letztlich dasselbe ist.

Damit ist die geographische Utopie von einem „Land", später von einer „Landschaft", beschrieben. Konkrete, individuelle Einheiten, in denen der Mensch sich durch Arbeit von der Natur löst, Kultur ausbildet und in dieser Kultur und den Arbeitsweisen dennoch das vernünftigste, weil maßvolle Verhältnis zu seiner konkreten Umgebung erkennen läßt. Er wird nicht von der umgebenden Natur bestimmt, sondern benutzt *bewußt* deren spezifische Eigenart als Maß des Möglichen. Diese Utopie entspricht – im Ideal – der Realität, mit der es die anfängliche geographische Beobachtung zu tun hatte, denn all die sogenannten primitiven Gesellschaften der außereuropäischen Welt und die Feudalgesellschaften Europas können – idealtypisch – so verstanden werden. In diesen Gesellschaften gibt es wenig Anzeichen und reale Formen der materiellen Überschreitung ihrer Lebensräume, d.h., ihre Produktionsweisen tendieren nicht immanent auf eine universelle Realisierung.

Dieses Weltbild ist unfähig, die industrielle Arbeitsteilung mit allen ihren Folgeerscheinungen zu begreifen, es sei denn negativ als Kritik der Abstraktheit, die in der universellen Überwindung und Überforderung aller individuellen, harmonischen Lebensräume liegt. Diese Haltung ist bekannt als sogenannte konservative Kulturkritik. Dem Fortschritt der Produktionsformen mittels komplexer Kraft- und Werkzeugmaschinen (die jede Arbeitsverrichtung nach Gesetzen der Physik als *allgemein* menschliche simulieren) sowie der universellen Expansion dieser Produktionsweise, steht die Idee der individuellen, konkreten, sozusagen anschmiegsamen Auseinandersetzung mit der Natur im Einzelfalle eines typischen Landstriches diametral entgegen. „Raum" heißt in diesem klassischen Paradigma „konkreter Raum", und der Begriff deckt die Vorstellung konkreter, lebensweltlich erfaßbarer Natur und, damit verbunden, konkreter „innerer" menschlicher Natur (Arbeits- und Sozialformen) ab. Die Subjekte und ihre Gesellschaft sind zivilisiert bzw. haben Kultur durch intelligentes Befolgen der Regeln ihres Raumes; das ist „Autonomie" durch *bewußte* Unterordnung – das paradoxe Zentrum der konservativen Gesellschaftslehre.

Industrielle Arbeitsteilung, universeller Weltmarkt, das autonome bürgerliche Individuum, das souveräne Volk, der freie Wähler, die Stadt mit ihren Sozialformen, das sind Realitäten, die, wenn schon nicht zu leugnen, so doch nur als Dekadenz gedacht werden können, denn sie sind alle Dimensionen eines Prozesses, der von konkreter Natur abstrahiert und singuläre Räume negiert. Dieser Prozeß ist die *Realität* des Rekurses auf abstrakte Natur, so wie wir es *theoretisch* aus der Physik kennen. Er hat seine Basis im Mensch-Natur-Verhältnis der maschinellen Fabrikarbeit. Diese praktische Abstraktion von konkreter Natur, die von Europa aus geschichtsbestimmend geworden war, impliziert – verglichen mit dem geographischen „Land" – einen abstrakten Begriff von Raum als allgemeinem Strukturmuster und eine Vorstellung von der Einheit der Welt in abstrakter Natur.

Damit sind wir wieder bei der Sozialphysik und bei den *patterns* des *spatial approach* angelangt, also bei dem, wovon das alte Paradigma abgelöst wurde, bzw. wir sind bei der Realität, die diesen Wechsel trägt, durchsetzt und verständlich macht. Dieser ersten Revolution ist eine weitere gefolgt, die sich *behavioral revolution* nennt. Diese Phase brauche ich nicht weiter abzuleiten, sie ist bereits im bisher Gesagten angedeutet: Der Begriff vom konkreten Raum enthält ja sowohl die konkrete Natur als auch das sich konkret anpassende Subjekt, und dem steht das euphorisch an die Spitze der Aufklärung gestellte, freie, gleiche, also im ganzen autonom durch seinen Willen Geschichte machende Subjekt entgegen. Das historische (und immer auch regionale) Primat der konkreten Natur des idiographischen Weltbildes geht auf das historische Primat des autonomen Subjekts über. In dieser Subjektphilosophie ist der Loslösungsprozeß der Subjekte aus juristischer, ökonomischer und sozialer Naturwüchsigkeit der Verhältnisse reflektiert: Die natürliche Leibeigenschaft, die Dominanz der bäuerlichen und handwerklichen Produktion und die Großfamilie gehen durch eine Revolution in die historische und strukturelle Dominanz der freien Lohnarbeit in der industriellen Produktion mit städtischen Lebensformen über. Diesen Aspekt der industriellen Realität und des aufklärerischen Weltbildes vollzieht das neue Paradigma der Geographie in der Verhaltensgeographie und Wahrnehmungsgeographie nach: Die Handlungen des Subjekts werden nicht davon bestimmt, wie die Welt ist, sondern was es von ihr denkt, und zu untersuchen sind die *mental maps*, die vor den Handlungen liegen, wenn man die Struktur von Regionen erklären oder gar prognostizieren will. Damit ist das Paradigma von Herder und Ritter gegenstandslos.

Sie haben im Seminar ausführlich eine Arbeit und überhaupt den Ansatz von Hans Carol besprochen. Ich will jetzt nicht inhaltlich daran anknüpfen, sondern nur einen groben Hinweis geben, wie ich seine Stellung im Paradigma einschätze.

Es ist Ihnen sicher nicht entgangen, wie Carol sich im alten Paradigma windet, und wie seine zur Bewahrung der guten alten Tradition gemachten Vorschläge den ganzen Widerspruch des Paradigmenwechsels abbilden. Carol versucht – mit einer etwas privaten Wissenschaftstheorie – die realistische Landschaftskunde nominalistisch zu interpretieren. Er mischt die regionalklassifizierende Aufgabe und den prinzipiell in Schichten gedachten sowie in Typen nach dem Mosaiksteinchen-Verfahren gegliederten Gegenstandsbereich der Geographie mit einem radikalen Plädoyer für problemabhängige Festlegung von regionalen Einheiten. „Er windet sich", sage ich deshalb, weil natürlich seine Lösungen wie z.b. die Trennung in sogenannte Formale und Funktionale und die Liste der regionalen Typisierungseinheiten fast vollständig in der Tradition der Geographie stecken bleiben, obwohl sie in einem anderen Sinne auch mit ihr brechen. Es fehlt der Hintergrund der erfahrungswissenschaftlichen Philosophie, mit dem die nominalistische Attitüde in eine konsistente Heuristik übersetzt werden könnte (etwa im Sinne von Bartels' Habilitationsschrift). So bleibt diese Attitüde eher ein *pragmatischer* Einwand *im* alten Paradigma, als daß sie ein weiterreichender Angriff wäre – *auch wenn* das Fundament des Paradigmas explizit angegriffen wird: nämlich das Realobjekt Landschaft als ganzheitliche Region. Carol *hat* schon irgendwie das neue Paradigma, aber er *begründet* es noch völlig anachronistisch mittels der Denkweise des alten Paradigmas, er „beherrscht" es noch nicht. Die Geographie wird dadurch forschungspraktisch flexibler in der Übernahme von Arbeitsaufträgen, aber sie wird zugleich theoretisch und forschungslogisch diffuser – eine durchaus normale Sache in Zeiten wissenschaftlicher Revolutionen.

Ich habe zu zeigen versucht, daß in diesem Paradigmenwechsel zwei gegeneinander gerichtete Gesellschaftstheorien und politische Philosophien sich ablösen. Die lange Geschichte der „Normalwissenschaft" des klassischen Paradigmas kann man dabei als permanente, immanente Umstrukturierung des Paradigmas im Sinne einer Kombination der beiden Weltbilder mit zunehmender Dominanz des aufklärerischen Konzepts verstehen.

Und genau in diesem Sinne spiegelt Carols Einteilung in autochthone „Formale" und allochthone „Funktionale" den Stand des gemischten Paradigmas in einem Endstadium. Die Formale sind mit „autochthones Beziehungsgefüge gleichartigen Charakters" identifiziert. Das weist auf noch immer vorhandene idiographische Vorstellungen hin. Die Funktionale dagegen repräsentieren die gesamte subjektive oder gesellschaftliche Seite und diese deckt sich regional nicht mehr mit den autochthonen Einheiten, gehorcht einer eigenen, von konkreter Natur losgelösten Logik und Dynamik.

Carol hat also noch das „Grenzproblem" der Geographen bzw. er formuliert sein dem neueren Paradigma angehörendes Anliegen in diesem traditionellen Problemzusammenhang. So sitzt er zwischen allen Stühlen, denn das neue Paradigma kennt dieses Problem nicht mehr (und seine Vertreter würden mit den Schultern zucken oder vielleicht vorschlagen, es als Diffusion von Neuerungen zu formulieren), während man im alten Paradigma Carols Lösung des Problems nicht akzeptieren kann.

Ich möchte auch noch darauf hinweisen, daß der Widerspruch zwischen solchen „natürlichen" und pragmatisch begrenzten Regionen in der Geographie kein neuer Gedanke ist, laut Bobek wurde er von Sieger zum ersten Mal geäußert, und wir kennen z.b. die Unterscheidung zwischen „Charakterlandschaften" und „Zwecklandschaften" durch Vogel. Damals ging es dabei letztlich immer um eine Diskussion über sogenannte natürliche und künstliche politische Grenzen. Im nationalistischen Kontext gab es den ersten radikalen Subjektivismus in der Geographie; es sollte nämlich legitimiert werden, daß, selbst wenn es so etwas wie harmonische, ganzheitliche Landschaftscharaktere und -organismen geben sollte, das Wesentliche die zweckmäßige Ergänzung des eigenen Nationalstaats um weitere Gebiete nach wirtschaftlichen, verkehrstechnischen und militärischen Gesichtspunkten war. „Natürlich" war, was einem Herrenvolk zur Wahrung seiner Autarkie nützte, nicht, was in angestammter Harmonie zwischen Natur und Volksgruppen existierte. (Gegen diesen subjektivistischen Naturalismus war die orthodoxe, realistische Landschaftskunde ein wichtiges Bollwerk aus dem konservativen Lager.) Bei Carol hat das gleiche Konzept diesen Kontext natürlich nicht mehr. Hier ist es die einzelne autochthone Bezirke überlagernde Funktionsweise des Industriezeitalters in ihren unterschiedlichen Organisationsniveaus und -reichweiten, die den Widerspruch zwischen idiographischer Tradition und der Einheit der Welt in abstrakter Natur trägt.

Den Wechsel in seiner gesellschaftstheoretischen und politischen Bedeutung zu verstehen, ist das, was uns bisher beschäftigt hat. Aber damit ist nicht erfaßt, wie nun ganz bestimmte Einzeltheorien eines Paradigmas als politische Philosophie funktionieren, d.h. wie sie als konkretere, detaillierte Gesellschaftstheorie eine historische Phase der Realität in ihrer Struktur abbilden.

Ich möchte daher nun nicht weiter systematisch die Varianten der Mischung dieser Weltbilder schildern, sondern ich möchte in einem zweiten Teil zeigen, wie höchst konkrete *politische Reflexion* auf *theoretische Abstrakta* reduziert wird und möchte somit endlich zur Diskussion über die Gesellschaftstheorien in der Geographie übergehen.

Dabei gehe ich allerdings wieder von einem Aspekt der Verbindung dieser Weltbilder aus, und zwar von einem, den ich bisher nicht behandelt habe und unter dem wir heute in der modernen Sozialgeographie noch immer zu leiden haben: Wir hatten gesagt, daß die jeweilige Paradigmenvariante immer eine Mischung aus dem konservativen, idiographischen, anti-industriellen Weltbild und dem aufgeklärten Weltbild sein mußte. Daß die Subjekte (die Menschen) als autonome die Welt frei gestalten können sollten, daß dies aber im klassischen Paradigma immer vom Standpunkt des letzten Primats irgendeiner konkreten Natur aus formuliert werden mußte. (Der innergeographische Begriff, der dieses Problem des Paradigmas als Entwicklungsphase der Tradition kennzeichnet, ist „Possibilismus".) Daher mußte auch die Reduktion der differenzierten Widerspiegelung einer Phase der Realität auf allgemeine Abstrakta so weit gehen, daß die verbleibende Aussage in beiden sich gegenüberstehenden und konkret vermischten Weltbildern Geltung beanspruchen konnte – d.h. jeweils sinnvoll interpretierbar war.

Damit wird dann natürlich jeder spezifische Sinn, d.h. jeder theoretische Kontext, eliminiert. Der Zwang zur Reduktion führt auf eine Ebene, die unterhalb derjenigen der Weltbilder (und das sind ja eigentlich Klassenpositionen) liegt; und das wiederum führt zu dieser gut bekannten Trivialität der geographischen Theorie, sobald sie allgemein zu werden versucht. Dies fällt den Vertretern der Geographie aber meist gar nicht auf, weil sie diese sinnentleerten Kernaussagen immer schon in einem theoretischen Kontext – dem ihrer „Schule" – denken und empfinden. Dieses Abstraktum ist die allseits bekannte Aussage: „Der Mensch verhält sich (handelt)" bzw. er „verhält sich räumlich" und dies zum Zweck der Anpassung. Diese Aussage wird ja immer mit Theoriebildung verwechselt, vor allem in der neuen Verhaltensgeographie. (Ich würde übrigens die Behauptung wagen, daß es die Eigenart der jüngeren Münchner Schule der Sozialgeographie ist, daß sie diese Kernaussage *tatsächlich* so blank und kontextlos zu denken und zu verwenden sucht, bzw. ihre Spezifizierung mittels der Daseinsgrundfunktionen ist ein gelungener Versuch, eine leere Aussage leer (traditionsfrei) zu präzisieren. Daraus folgt ihre theoretische Nutzlosigkeit und ihre praktische Nützlichkeit im karrierepolitischen Bereich und im Bereich politischer Ideologien.) Ich werde jetzt als Beispiel dafür, wie die Logik eines solchen Reduktionsprozesses funktioniert, zwei Etappen der Paradigmenentwicklung der Sozialgeographie und das Konzept der Daseinsgrundfunktionen im soeben angedeuteten Sinne charakterisieren: Wie reflektiert eine wichtige theoretische Konzeption des modernen Paradigmas die gesellschaftliche Realität durch Reduktion auf theoretische Abstrakta, wie geht dabei eine politische Position in die Konzeption ein, und wie wird diese Position im Reduktionsprozeß zugleich wieder verschleiert?

Die funktionalistische Sozialgeographie ist im Schoße der Kulturlandschaftskunde entstanden. Ich will jetzt hier nicht den immanenten Sinn und die äußeren Daten der Herausbildung des geographischen Funktionalismus verfolgen, sondern mich auf den Zustand der Theoriebildung beziehen, wie er in der Kontroverse zwischen Bobek und Otremba um das Jahr 1962 vorliegt und in der Münchner Schule wirksam wird. Die Anthropogeographie hat bis dahin ihren Paradigmenkern „konkreter Raum" und die Betrachtung der Gesellschaft als konkreten Anpassungstypus in einem solchen Raum an die Dynamik der industriekapitalistischen Entwicklung angeglichen. Denn die ist ja gerade dadurch gekennzeichnet, daß der Fortschritt in der Produktionsweise über den Weltmarkt und die Vorstöße der Industrie in die Entwicklungsländer zu Recht nicht mehr den Eindruck hinterlassen, als sei die

Mensch-Natur-Auseinandersetzung auf Entwicklung einmaliger, unverwechselbarer Lebensräume und -verhältnisse eingespielt, sondern eher auf das Gegenteil.

Bobek konstruiert den Kompromiß zwischen konkreter Naturanpassung und industrieller Naturbeherrschung als Kompromiß zwischen Anpassung durch die Landarbeit und Fortschritt durch den abendländischen Geist, der in den Städten die Industrie gebar.

Es ist schon hier, im Grundansatz, deutlich, daß industrielle *Produktion*, also das, was dem konservativen geographischen Paradigma solche Schwierigkeiten macht, nicht mit Bezug auf das Mensch-Natur-Verhältnis „Arbeit" ins Paradigma integriert ist, sondern den alten idiographischen Paradigmenkern ungeschoren läßt. Der lebt weiter in jenem als „primäre Lebensform" gekennzeichneten Landleben, das dem alten idiographischen Ideal noch am nächsten scheint. Das Konzept von „Fortschritt", das eine Wissenschaft, die nunmehr auch der Industrie, der Aufklärung sowie dem rationalen Subjekt verpflichtet ist, ja entwickeln muß, wird als „sekundäre Lebensform" der Städter hinzugefügt. In diesem Bereich ist die Arbeit also „sekundär", obwohl ja die Industrie gerade eine Revolution in der *Produktion* ist; die Arbeit verschwindet bei Bobek hinter der Komplexität des Lebens als städtischer Kultur.

Woher kommt diese merkwürdige Verschiebung (oder auch Verschleierung)?

Zunächst kann damit das idiographische Paradigma *noch immer* im Kern aufrechterhalten werden, obwohl ein Konzept besteht, die industrielle Realität als Sozialform und Landschaftsbild empirisch zu registrieren. Die Konstruktion ist also eine schlaue Befestigung des Paradigmas, eine Verbesserung der positiven Heuristik in einer degenerativen Phase, würde Lakatos sagen, denn der sogenannte Schutzgürtel des Paradigmenkerns wurde so verändert, daß die Empirie dem Kern abermals nichts anhaben kann. Zudem gibt es eine inhaltliche Seite der Begründung. Die industrielle Produktionsweise ist durch die sogenannte „Verwissenschaftlichung der Produktion" gekennzeichnet. Entstehung und Ausweitung der sogenannten großen Maschinerie sind identisch mit dem Eindringen der Physik in die Produktion. Bobek nennt dies das Eindringen von „Rechenhaftigkeit" und „Rationalität" in die Produktion und spielt damit primär auf die formale Basis der Physik, auf die 2-wertige Logik und die Mathematik an. Er beschreibt richtig, wie beide in der Tausch- und Herrschaftssphäre der orientalischen Produktionsweise entstehen und dort zwar zu einem arrivierten System des Warenverkehrs führen, aber keine Verbindung mit der Produktion eingehen.

Das heißt, die Prinzipien des Äquivalententauschs im Warenverkehr bilden einen bestimmten Typus der Vernünftigkeit und der Quantifizierung aus, der durch die Abstraktion vom konkreten Inhalt der Dinge gekennzeichnet ist. Wenn man Kühe gegen Weizen tauschen will, muß man einen vom Gebrauch der Kühe und des Weizens, also einen von ihrer konkreten Naturform unabhängigen Wert, feststellen können, um sie ins Verhältnis setzen zu können: ihren Geld- oder auch Tauschwert als allgemeinen abstrakten Wert.

Diese Abstraktionsform von gegenständlicher Natur, die in der Sphäre der Nicht-Natur, nämlich in der gesellschaftlichen Zirkulationssphäre, entsteht, ergreift als „europäischer Geist" die Produktion, weil nur die Trennung von ländlicher Herrschaft (bei relativ schwacher Zentralgewalt und Bürokratie) und städtischem Handel und Gewerbe die Verbindung von unabhängigem Handelskapital und produzierendem Gewerbe ermöglicht.

Aber was verbirgt sich hinter dem Eindringen der Rechenhaftigkeit der Tauschsphäre in die Produktion?

Die Übertragung des Geldkalküls auf die Produktion benötigt eine Wissenschaft, die diesem Kalkül den *Produktionszusammenhang* zwischen Subjekt und Natur zugänglich macht. Diese Wissenschaft ist die Physik, denn sie behandelte als neuzeitliche die Natur als System von Bewegung und Kraftausübung. Diese Übertragung ist der Prozeß, der die Ressourcen, die Arbeitsmittel und die ausübende „lebendige Arbeit" in der Produktion einheitlich zu beschreiben und zu simulieren erlaubt, und zwar unter Abstraktion sowohl von der konkreten Natur der Dinge (Blumen, Steine, Wind) als auch von der konkreten Natur der Arbeitssubjekte (Fähigkeiten, Geschicklichkeit, Neigung): die Wertform der Natur und der Arbeit (oder auch deren ökonomische Form als konstantes bzw. variables Kapital). Und *realen* Eingang in die Produktionstätigkeit kann dieses *Wissen* nur durch die *maschinelle* Verbesserung und Organisation der *Tätigkeiten* finden. Dazu wiederum müssen diese komplexen Produktionstätigkeiten geteilt und standardisiert werden. Das heißt, die Arbeit in ihrer bislang fortschrittlichsten Verausgabungsform wird nach Maßgabe der mathematisch-physikalischen Abstraktion von komplexen, konkreten Naturprozessen organisiert; die „lebendige Arbeit" wird der Maschine „angehängt".

So ist dann der sogenannte „Geist" der orientalischen Warenrationalität in europäischer Form endlich in die Produktion eingedrungen. Die nun entstehende technologische Revolution in der Produktion verdrängt zunehmend die schöpferischen Funktionen komplexer Arbeitstätigkeit. „Fortschritt" *im Sinne von industriellem Wachstum* ist gebunden an die Diffusion dieses „Geistes" in alle Produktionsbereiche und wird ökonomische Bedingung der Systemstabilität – also das Wesentliche für das System. Daß Fortschritt in Wissenschaft und Technologie nur realer gesellschaftlicher Fortschritt als Arbeitsteilung wird und daß Arbeitsteilung immer noch *Arbeit* teilt, tritt in den Hintergrund.

Die Form der Abstraktion von konkreter Natur überzieht die Produktion, bildet das städtische Verhalten und Leben aus (Öffentlichkeit und Privatheit werden abstrakt getrennte Bereiche), personelle Herrschaft wird durch die formale Demokratie abgelöst, spontane Kinder werden in den sogenannten „Tugenden der Industriosität" durch Schulen (und später durch die Kleinfamilie) erzogen usw. – kurz, dieser Prozeß bildet eine ganze „Kultur" aus, die einem einheitlichen „Geist" der Abstraktion von Natürlichkeit gehorcht; und all dies sitzt gewissermaßen auf dem Bauern, der seinen

Zum Paradigmenwechsel in der Geographie 155

Acker pflügt, auf. *Dort* findet auf den ersten Blick noch Mensch-Natur-Auseinandersetzung statt. Und das ist für Geographen höchst plausibel sowie eine Priorität, da die Geographie einen solchen Begriff von Mensch-Natur- Zusammenhang ja schon immer hatte. Die Produkte der industriellen Produktion sind eigentlich nicht so etwas wie eine Kartoffel, sondern technischer (und daher letztlich unnötiger) Plunder und sekundär. Ich möchte dagegen festhalten, daß wertbildende Arbeit Formveränderung der Natur ist und daß eine Elektrogitarre umgeformte Natur ist.

Dieser Verdrängung der lebendigen Arbeit in der Fabrikarbeit aus dem Bewußtsein, die ja etwas von dem zunehmenden Entfremdungsprozeß dieser Arbeit reflektiert, nur eben unter falscher Überbetonung der Fortschrittsfunktion des sogenannten Geistes in der *wissenschaftlichen Teilung* der Arbeit zuungunsten der Verausgabung der geteilten Arbeit als subjektive Kraft, entspricht die Verdrängung der Vorstellung von Herrschaft innerhalb der Industriegesellschaft: Im Orient war dieser Geist ja Bestandteil einer sogenannten „raffgierigen" Ausbeutungsmentalität gewesen, die durch „Raub" der Produkte der Arbeitskraft gesellschaftlichen Reichtum privat angehäuft hatte. Solche räuberische Ausbeutung kann nur mittels unmittelbarer Herrschaft gesichert werden, so wie Bobek das in der orientalischen Produktionsweise hat studieren können. Und er sieht diese Ausbeutungsmentalität auf die feudale Gesellschaft übertragen und dort in die Produktion eindringen. Aber dabei verschwindet dem Anschein nach jene Herrschaftsfunktion, die die Arbeit zur Ausbeutung macht. Diese Ausbeutungsmentalität wird in den europäischen Städten gefiltert und erreicht die Welt der Arbeit als „rationaler Geist". Daraus erklärt sich scheinbar die dem Industriezeitalter angeblich immanente Tendenz, Ausbeutung abzuschaffen, denn Ausbeutung war ja „Rechenhaftigkeit" in der Tauschsphäre plus despotischer Herrschaft und Räuberei gewesen. Bobek sieht nun die Revolution in dieser Produktion stattfinden, nachdem die Rechenhaftigkeit der orientalischen Ausbeuter in der Form der geläuterten Wissenschaft in sie eindringt, und er kümmert sich nicht darum, worin der *Herrschaftsaspekt* dieser despotischen *Warentauschrationalität* besteht, *also was es heißt, vom Raub der Produkte auf den Raub der Arbeitskraft überzugehen und welche Rolle dabei die Physik spielt.* So verschwindet sozialgeographisch gesehen mit der despotischen Herrschaft – in der Tendenz – Herrschaft überhaupt:

> „In der dritten Phase, die bisher erst in wenigen Fällen voll verwirklicht ist, in ihren Tendenzen aber etwa seit dem ersten Weltkrieg klar zutage tritt, erscheint bereits die ganze Bevölkerung vom Geiste des Industrialismus durchtränkt. Die alten Lebensformen[1] haben ihre Identität verloren. Sie schwächen sich zu Berufsunterschieden ab, während ein immer größerer Teil des persönlichen Lebens einer allgemeinen An- und Ausgleichung

---

1 Bobek nennt auf S. 291 derselben Arbeit den „privatwirtschaftlichen Unternehmer" und die „Industriearbeiterschaft" als die „neuen Lebensformen" der frühen Industrialisierungsphase.

verfiel." So „verbleiben schließlich zur sozioökonomischen Gliederung der Bevölkerung fast nur mehr die Unterschiede des Einkommens, ausgedrückt in Umfang und Art des Verbrauchs und des Grades der Verantwortung im vielgliedrigen Arbeitsprozeß übrig. (...) Die riesigen Betriebe oder Betriebsagglomerationen werden kollegial geleitet, von Direktoren, die ebenfalls Angestellte sind," denn „die Klassengegensätze haben im Schmelztiegel der Weltkriege und Wirtschaftskrisen und der sie begleitenden sozialen Auseinandersetzungen eine bedeutende Abschwächung erfahren" (Bobek 1959: 292).

Und geographisch gesehen ist der verbleibende gesellschaftliche Grundwiderspruch ja eher der zwischen landwirtschaftlicher Anpassung an die konkrete Natur und städtischem Fortschrittsgeist, weil er so gut zum Widerspruch der philosophischen Doppelstrategie des Faches paßt: Die idiographische Perspektive steht der aufgeklärten, pro-industriellen gegenüber; und Bobek hat sie widersprüchlich in der Theorie der primären und sekundären Lebensformen vereinigt.

Diese beiden Bereiche bilden ein wechselseitiges Versorgungssystem städtischer und ländlicher Funktionen, nachdem mit dem Verlust an konkreter Arbeit in der Industrie und der Abschaffung naturrechtlicher Einordnung in Herrschaft (Sklaverei, Leibeigenschaft) im common sense die gesellschaftlichen Klassen verschwunden sind zugunsten von funktionstragenden Individuen und Gruppen.

So kann nun die Sozialgeographie „jene(n) bunte(n) Strauß von Sozialstrukturen, den wir in der Wirklichkeit beobachten" (Bobek 1950: 45), behandeln. Und damit sind wir bei der Münchner Schule angelangt.

Ein bunter Strauß ist ja nicht ein gestecktes Bouquet, also kein System, sondern Heckenrosen, Kornblumen, Mohnblumen, Löwenzahn, Zittergras, Butterblumen und Kamille kommen wahllos zusammen, eben so, wie sie beim Laufen vorgefunden werden. Und es gibt eigentlich kein Kraut, das in einem solchen Strauß nicht passen würde. Und genau so kommt der *explizit ungewichtete* Katalog der sieben Daseinsgrundfunktionen daher (die vermehrt werden können, wie das „u.a.m." zeigt. (Schaffer 1970: 45). Wie kommt es, daß ein funktionalistisches Konzept von Gesellschaft ohne Systemvorstellungen auskommt, ja, sie geradezu verweigert? Denn das ist ja durchaus ungewöhnlich, mir ist eine Analogie aus keiner anderen empirischen Sozialwissenschaft bekannt.

Die Basistheorie ist „Der Mensch verhält sich (räumlich)" – wir hatten vorher schon gesehen, welchen Sinn eine solche Reduktion auf Aussagen unterhalb jeder expliziten gesellschaftstheoretischen Position für das Misch-Paradigma hat. Und dies gilt nun als eine politisch völlig neutrale Aussage. Entsprechend neutral ist angeblich das Konzept der Daseinsgrundfunktionen, mit dem die Basisaussage spezifiziert werden soll.

Es fällt aber eine ungewöhnliche Definition von „Funktion" auf, und ich möchte nun zeigen, wie mit dieser „Trick-Definition" eine apologetische Grundeinstellung in die so neutral scheinende Funktionstheorie gebracht wird. Funktionen repräsentieren einerseits ein „Abhängigkeitsverhältnis" in einem System und (vorrangig) zugleich „Daseinsäußerungen" von „Menschen" oder „Gruppen" (im Sinne von „mehrere Menschen") (Schaffer 1970: 452). Der erste Aspekt suggeriert zunächst eine Systemanalyse, der zweite Aspekt betrifft eine existentielle Zuweisung der Funktionen an ihre Träger.

Irgendwie scheint mir der Begriff der Funktion übermäßig mit dem Begriff „Verhalten" angefüllt zu sein. Denn wenn man beispielsweise von der gesellschaftlichen Funktion „am Verkehr teilnehmen" und dem Zwang dazu ausgeht und die Basis-Leerformel vom menschlichen Verhalten darauf überträgt, wird diese Systemfunktion anthropologisch und elementaristisch reduziert, nämlich eben auf eine „Daseinäußerung" des Menschen. Diese angeblichen „Daseinsäußerungen" treten als Funktionen *einzeln* auf, weil jemand, der sich gerade „bilden" will, selbstverständlich nicht versucht, möglichst intensiv am Verkehr teilzunehmen. Gemeinhin wird diese reale gesellschaftliche Differenzierung von Funktionen auf der Handlungsebene als ein Stadium der Entfremdung von ganzheitlichen Lebensvollzügen und in jedem Falle als *Systemeigenschaft* der Gesellschaft betrachtet. Das System *erzwingt* gewissermaßen die Trennung der Handlungen beim Einzelnen. Ruppert und Schaffer würden das vielleicht nicht leugnen, aber da Funktionen nun einmal als „Daseinsäußerungen" bezeichnet werden, wird ihre Trennung zum natürlichen Ergebnis „menschlicher Existenz" (Ruppert, Schaffer 1970: 1), statt zum möglicherweise unnatürlichen Ergebnis gesellschaftlicher Existenz.

Andererseits wird „Daseinsäußerung" mit „Aufgabe" als einer „Aktivität" synonym gesetzt (Schaffer 1970: 452). Und genau dies ermöglicht jene verblüffend triviale Apologie, wie wir sie von unserem neuen Paradepferd deutschsprachiger Geographie kennen. Denn die Gleichsetzung von „aktiver Existenzweise" mit Aufgabenerfüllung reduziert gerade diese aktive Aufgabenerfüllung auf das Dasein als menschliches Sein überhaupt, statt das Dasein vom gesellschaftlich normierten Zwang zur Aufgabenerfüllung her zu bestimmen. Dabei spielt der elementaristische Grundansatz „der Mensch handelt" eine wesentliche Rolle, denn er präjudiziert diese Reduktion und verhindert das Naheliegende in einem funktionalistischen Ansatz, nämlich die einzelnen Handlungsweisen aus dem Handlungsfunktionszusammenhang abzuleiten.

So entsteht Aufgabenerfüllung im System als Daseinsäußerung des Menschen, als *seine Aktivität*, also die Suggestion einer historischen Kongruenz zwischen beidem. Und so wird Geschichte „natürlich" (ein altes Problem in der Geographie); das ist der politische Kern dieser pseudoneutralen sozialgeographischen Legitimation für die zerstörerische Differenzierung gesellschaftlicher Systemfunktionen. Ich spreche keineswegs dagegen, daß sich Handlungen und Systemfunktionen decken können, bzw. es sogar meistens tun, sondern dagegen, wie mit diesem Faktum umgegangen wird. Denn so wie es in der Münchner Schule behandelt wird, ist dieses Faktum eine schlichte *Tatsache* menschlicher „Entfaltung" (Ruppert, Schaffer 1973: 1), für mich ist es ein *Problem*. Erst aus dem *Widerspruch* zwischen Aufgabenerfüllung und Daseinsäußerung *im Verhältnis* zum *Zwang* zur Aufgabenerfüllung würde ich etwas über unsere Gesellschaft erfahren. Gerade die Zunahme der Rollendistanz in der Funktionskonformität ist ja ein typisches neuzeitliches Phänomen und entspricht der Entfaltung des Phänomens „Individualität". Rupperts und Schaffers „Theorie" wäre eher für neolithische Clans geeignet.

Wissenschaftstheoretisch gesehen ist der Trick altbekannt. Es handelt sich um den Kurzschluß von empirisch-analytischen und normativ-analytischen Aussagen oder – gegenstandsbezogen – um den Kurzschluß zwischen adaptivem und strategischem Handeln, also um ein theoretisches Durcheinander innerhalb des Bereichs des zweckrationalen Handelns. Das erstere ist auf Bedürfnisse und Überlebensbedingungen bezogen, das letztere auf gesellschaftliche Werte. Und das fällt in dieser Konzeption ohne Problembewußtsein zusammen. (Es ist eine Ironie des Schicksals, daß die Epigonen gerade das Entscheidende an der Konzeption ihres Schulenbegründers verfehlen, denn Hardtke hatte ja die Kulturlandschaft aus gesellschaftlichen Werten ableiten wollen – was im übrigen mit dem von Bobek erreichten funktionalistischen Stand kompatibel ist.)

Die Berechtigung einer solchen anthropologischen Zementierung der Effekte warengesellschaftlicher Arbeitsteilung wird in der Geographie nicht im Theoriekontext der Gesellschaftswissenschaften *diskutiert*, sondern mittels „geographischer" Nützlichkeit *legitimiert*. Eingeführt, gerade weil sie in einem trivialen Sinne „raumrelevant" sind, sind sie irgendwie „geographisch" plausibel.

> „Alle menschlichen Daseinsfunktionen besitzen spezifische Flächen- und Raumansprüche sowie 'verortete' Einrichtungen, deren regional differenzierte 'Muster' die Geographie zu registrieren und wissenschaftlich zu erklären hat" (Ruppert, Schaffer 1973: 1/2).

Es ist klar, daß diese „Theorie" gar nicht weiterentwickelt werden kann, da die einzige Aussage, die sie macht, erschöpfend formuliert ist. Die verbleibende Arbeit ist die empirische „Verortung" dieser „Daseinsäußerungen". Darauf weisen Ruppert und Schaffer ausdrücklich hin, daß sie „empirisch" Theorie bilden wollen – was immer das auch heißen mag. Vermutlich stellen sie eben mittels der Daseinsgrundfunktionen von Region zu Region bunte Funktionssträuße zusammen.

Was ist paradigmentheoretisch passiert bei diesem existentialistischen Kurzschluß im Funktionsbegriff? Das idiographische Paradigma war von einer jeweils einmaligen, organischen Anpassungsrelation zwischen Mensch und konkreter Natur als Ideal gesellschaftlicher Entwicklung ausgegangen, vom „Land". Bis zum Ende der klassischen funktionalistischen Phase war es gelungen, die dieser Harmonie entgegengestellte industrielle Arbeitsteilung mit allen Folgeerscheinungen so ins Paradigma zu integrieren, daß der Fortschritt der Produktionsweise als Verschwinden

Zum Paradigmenwechsel in der Geographie   159

von lebendiger Arbeit und von Klassenverhältnissen im Sinne neutraler Funktionszusammenhänge auftaucht.

Dem Abstraktionsvorgang in der veränderten Produktionsweise entspricht also ein Abstraktionsvorgang in der Sphäre der Herrschaft. Personelle, konkrete Herrschaft wird strukturell. Kein Kapitalist herrscht über einen Lohnarbeiter wie ein Fürst über einen Leibeigenen, sie haben einen Tauschvertrag über Arbeitskraft und Lohn abgeschlossen, und Könige danken allmählich ab. Ebenso wie Unternehmer und Arbeiter Funktionsträger eines kapitalverwertenden Systems sind, sind Politiker Funktionsträger im formalen demokratischen Entscheidungsprozeß. Dieses *Strukturell-werden personaler Herrschaft* durch Funktionsausübung in einem System wird reflektiert als *Neutral-werden von Funktionen*, denn die Funktionen sind definiert durch ihre Bedeutung in einem System und nicht mehr durch das (natürliche) inhaltliche Privileg eines Trägers, und das System selbst gilt als Repräsentation neutralisierter Macht. Das ist die erste Stufe eines gesellschaftstheoretischen Transformationsvorgangs, der damit bei der Vorstellung von einem neutralen Funktionssystem endet.

Die zweite Stufe ist die Vermeidung einer definierten Systemvorstellung durch die Naturalisierung dieses Systems. In der Konzeption der Daseinsgrundfunktionen der Münchner Schule wird der neutrale Systemzusammenhang aus der „Existenzweise" der Funktionsträger abgeleitet: Die Bedürfnisse der Menschen konstituieren induktiv das Funktionssystem, oder: Die Natur des Systems folgt aus der Natur der Menschen.

Ich hatte oben schon einmal auf eine solche Naturalisierung eines Subjekts in Verbindung mit den sogenannten Zwecklandschaften hingewiesen. Es handelt sich hier um einen analogen Vorgang, nur ist es nicht mehr „natürlich", ein imperialistischer, männlicher Haudegen zu sein, sondern ein funktionsgetrennter Aufgabenerfüller. Damit ist auf eine etwas vulgäre (geographische) Weise das Weltbild der Aufklärung erreicht – vulgär deshalb, weil die Autonomie des Individuums als *Problem* nicht auftaucht, obwohl das universelle Handlungssubjekt Ausgangspunkt der Konzeption ist.

So ist in einem präzisen Sinn die neueste Entwicklung in der deutschsprachigen funktionalistischen Sozialgeographie eine Apologie. Welche Stellung sie in der Paradigmenentwicklung einnimmt und wie die wichtigste Vorstufe in der Sozialgeographie als Teil der Paradigmenentwicklung verstanden werden kann, habe ich zu zeigen versucht.

Es bleibt noch anzumerken, daß die gesellschaftlichen Zusammenhänge, die durch zunehmende Arbeitsteilung Funktionsbereiche auf der Ebene des täglichen Handelns ausdifferenziert haben, um so besser unbeachtet gelassen werden können, als sich diese funktional geordneten Bereiche – einzeln genommen – ausgezeichnet eignen, in einem trivialen Sinne eine Raumdimension, nämlich Flächenbedarf, „Reaktionsreichweiten" usw. zugeordnet zu bekommen und somit „geographisch" zu sein. Daher ist es immer wieder notwendig, zunächst dieses dogmatische Legitimationsverfahren zu zerstören, damit überhaupt über die gesellschaftstheoretische Seite der Konzeption diskutiert werden kann.

Diskussion zum Vortrag Ulrich Eisel

Diskussionsteilnehmer:

UE	Dr. Ulrich Eisel, Geograph, Osnabrück (Referent)
KI	Dr. Klaus I. Itten, Geograph, Zürich (Diskussionsleiter)
PB	Peter Bünzli, Geographiestudent, Zürich
PH	Dr. Paul Hoyningen, Wissenschaftsphilosoph, Zürich
WK	Walter Kyburz, Bibliothekar, Zürich
HW	Herbert Wanner, Geograph, Zürich

KI: Meine Damen und Herren, ich möchte die Diskussion eröffnen. Zündstoff ist, so glaube ich, genügend vorhanden. Auch hatten wir in unserem Theorieseminar viele Fragen im Zusammenhang mit der Lektüre von Herrn Eisels Dissertation. Jetzt ist die Gelegenheit gegeben, die Fragen direkt an den Referenten zu richten.

Zuerst eine einführende Frage von mir: Sie haben gesagt, daß die Geographie sich mit dem Raum als Theorie legitimiert hat, daß sie es jedoch versäumt habe, sich gesellschaftskritisch der Diskussion zu stellen. Heißt das, daß sich die Geographie wieder mehr als Hilfsmittel der Politik begreifen soll?

UE: Die Geographie als Mittel der Politik aufzufassen, würde ich nicht so unmittelbar aus dem Gesagten folgern. Dies käme für mich in Konflikt mit dem Begriff der Wissenschaft. Ich würde also nicht aus dem Raumkonzept ein distanziertes Verhältnis zur Gesellschaftkritik folgern und daraus nun andererseits ableiten, daß sich die Geographie als Mittel der Politik verstehen soll. Die Frage, die ich verfolgt habe, lag mehr im Bereich der ersten Folgerung, also daß die klassische Geographie im allgemeinen mit diesem Raumkonzept das, was alle Sozialwissenschaften irgendwann einmal ausarbeiten, nämlich eine kritische Gesellschaftstheorie, nie ausgearbeitet hat. Man kann sie nirgends finden. Dies schien am *Konzept* der Geographie zu liegen. Deshalb habe ich versucht herauszufinden, was sich hinter diesem Raumkonzept verbirgt. Der Raum als Begriff scheint ja vorerst nicht nahezulegen, daß sich dahinter etwas verbirgt. Wer denkt denn, daß der Raumbegriff kritikfähig wäre? Nach dem vorher Gesagten war es naheliegend zu betrachten, ob nicht diese Konzeptionen von „Raum" Konzeptionen von Gesellschaft sind (was ja auch von der Geographie nie bestritten wurde). Denn ihre neuzeitliche Entstehung erfolgte ja nicht nur durch Rekurs auf die Region oder den Raum, sondern in allen klassischen Geographiegeschichten können wir lesen, daß die Geographie eine Wissenschaft vom Mensch-Natur-Verhältnis sei. Warum sollte das heute anders sein? Nun kann man dies ja aber für viele Wissenschaften behaupten. Wenn die Geographie ein Konzept vom Mensch-Natur-Verhältnis

Zum Paradigmenwechsel in der Geographie 161

ist (dies kann sie als Raumtheorie, als Regionaltheorie, als Landschafts- oder Länderkunde, als Chorologie oder was auch immer sein; es gibt da ein ganzes Set von Begriffen und zwar immer abstrakter werdende), dann kann man untersuchen, was hinter dieser Konzeption von Raum und ihrem Wandel verborgen ist. So bin ich auf das, was ich vorher als die geographische Weltperspektive bezeichnet habe, gestoßen, d. h. auf diese utopistische Harmonie der Anpassung an die einmaligen Raumindividuen. Diese Weltperspektive, die zum Zeitpunkt entstand, als auch die industrielle Produktionsweise und der bürgerliche Staat entstanden, war eine hoffnungslos quer zur Realität stehende Utopie. Sie stellt an sich von vornherein, also beim Start der Geographie, die konservative Weltauffassung dar. Es wird die Geographie als konservative, idiographische Weltanschauung geboren, zu dem Zeitpunkt, als sie gerade schon überholt ist, nämlich als die Industrialisierung beginnt. Deswegen konnte sich die Geographie zu dieser Realität, die da als Geschichte ablief, immer nur resignativ, kulturkritisch, konservativ verhalten. Dies kann man innerhalb der Geographie relativ gut zeigen. Das andere ist, daß der Wandel dieser Gesellschaftstheorie in der Geographie an den Daten nicht einfach vorbeispekulieren konnte. Die industrielle Realität, die Verstädterungsprozesse usw. mußten verarbeitet werden, und da diese im Sinne einer empirischen Wissenschaft verarbeitet werden mußten, konnten sie nicht nur als konservative Kulturkritik, als Dekadenz, bejammert werden; auch die Geographie mußte die Daten der industriellen Realität unmittelbar auffangen. Deshalb mußte die Geographie quer zu ihrem alten Paradigma *Veränderungen* des Paradigmas so einbauen, daß mit den Daten gearbeitet werden konnte. Deshalb entsteht diese Mischung der Weltbilder. Damit wird die Geographie auch so weit „aufgeweicht", daß sie progressiv von den aufklärerischen Gesellschaftstheorien her zugänglich wird. Damit habe ich nur nochmals wiederholt, warum ich über den Raumbegriff gearbeitet und was ich dahinter gesucht habe. Zur Beantwortung Ihrer Frage: Aus dem, was ich jetzt gesagt habe, würde ich nicht folgern, daß die Geographie als Wissenschaft sich wieder mehr der gesellschaftlichen Auftragsforschung zu widmen habe, weil diese nicht unbedingt identisch sein muß mit kritischer Gesellschaftskonzeption, sie kann auch das Gegenteil sein. Die Geographie hat sich ja ohnehin immer als Wissensproduzent für die Schule gesellschaftlichen Aufgaben unterworfen. Es ist ja nicht so, daß die Geographie, mit dem, was ich eben beschrieben habe, für niemanden produziert hat; ihre Aufgabe war die Indoktrination der Kinder.

PH: Ich habe zwei Fragen, eine kurze und eine längere. Die erste Frage ist kurz, da verstehe ich ein Wort einfach nicht. Sie haben gesprochen von der nominalistischen Interpretation realistischer Landschaftskunde. Ich weiß einfach nicht, was hier nominalistisch heißt. Das zweite: Ich vermute, daß Ihr Ansatz ideologiekritisch ist. Also wenn Sie Sätze sagen wie: „Denkkonzepte haben immer einen gesellschaftlichen Sinn" oder „in der idiographischen Betrachtung ist ein Ideal gesellschaftlicher Entwicklung impliziert" oder „die gesellschaftstheoretische Seite von" oder „was sich hinter dem Raumbegriff verbirgt". Es scheint mir so – vielleicht irre ich mich –, daß Ideologiekritik niemals voraussetzungslos möglich ist. Welches sind Ihre theoretischen Voraussetzungen, die Ihre Art von Ideologiekritik erst möglich machen?

UE: Zur kurzen Frage. Ich weiß jetzt nicht, ob ich auf den klassischen philosophischen Widerspruch zwischen Realismus und Nominalismus eingehen soll? Aber ich will es vielleicht so sagen: Wissenschaften operieren meistens mit einem Objekt, das von ihnen so dargestellt wird wie ein Realobjekt. Normalerweise folgen aus dem Realobjekt auch die sogenannten adäquaten Methoden und auch die Fragestellungen. Die klassische Landschaftskunde ist ein sehr gutes Beispiel dafür, wie aus der *Existenz* der Landschaft und aus der Existenz der Landschaft *als harmonisches Individuum*, dem Land, die entsprechende Methodologie und auch die Notwendigkeit der Behandlung *dieses* Objekts in der Wissenschaft abgeleitet wird. Die empirischen Einheiten in der Welt, die solche Landschaften und Länder sind, werden damit dann, da das Objekt ein solches Realobjekt ist (was die Aufforderung ist, es erstens zu behandeln und zweitens die Aufforderung, es in einer bestimmten Weise zu behandeln), auch als real existent in den einzelnen Einheiten, in diesem Falle den bestimmten abgegrenzten Regionen, unterstellt. Das heißt, das gesamte Prozedere der Wissenschaft wird aus dem Faktum der Existenz eines Realobjekts und aus bestimmten Konstrukten dieser Existenz, die aber der Realität unterschoben werden und nicht als Konstrukte gekennzeichnet werden, abgeleitet. Dies nennt man Realismus oder naiven Realismus.

PH: Objektivismus.

UE: Ja, gut. Dem steht eine Abgrenzung des Gegenstandes aus politischen oder ethischen Problemen oder aus subjektiven Wünschen heraus gegenüber, eine Abgrenzung also, die nicht der *Existenz* eines Realitätsausschnitts anhaftet, sondern dem Realitätsausschnitt, soweit er aus einem Problem resultiert. In der problemorientierten Verfahrensweise wird der „Name" des Objekts im Sinne eines *definierten* Objekts betrachtet. Insofern „Nominalismus". Ist die Antwort befriedigend?

PH: Ja, ich bin einfach vertrauter mit den Worten objektivistisch und subjektivistisch.

UE: Ja gut, aber diese Worte haben einen etwas anderen Wert und Charakter. Die Diskussion Realismus – Nominalismus entspricht dem zwar, aber legt das Gewicht mehr auf einen andern Aspekt als objektivistisch – subjektivistisch. Zu Ihrer zweiten Frage – die ist ein bißchen global ...

PH: ... wie Ihr Vortrag ...

UE: Also ich kann mich jetzt nicht der Mühe unterziehen, aus dem Stand meine Metatheorie zu entwickeln. Sie haben ja in eine ganz bestimmte Richtung gefragt. Ich habe die Frage ungefähr so verstanden, daß Sie sagen: „Durch welche Art von Metatheorie werden Sie in Stand gesetzt, so zu rekonstruieren, wie Sie es tun?" Dies kann ich nicht so ohne weiteres beantworten, weil ich mich da einem ganz

Zum Paradigmenwechsel in der Geographie 163

komplexen Geflecht von Lösungsangeboten aus ganz verschiedenen Traditionen verpflichtet fühle, die ich versuche zu integrieren, die ich aber theoretisch für mich nicht so ausarbeite, daß ich es niederschreibe und daraus eine explizite Eisel'sche Philosophie mache, die die Integration der Konzepte darstellt. Deswegen kann ich nur Referenzen angeben, auf die ich allenfalls nicht verzichten könnte. Auf diese Weise könnte ich Ihre Frage einfach beantworten. Auf diejenigen Beispiele, die Sie genannt haben, würde ich sagen, daß ich von einem materialistischen Standpunkt ausgehe, der formuliert, daß das Sein das Bewußtsein steuert.

PH: Darf ich da gleich nochmals nachfragen? Jetzt ist natürlich die Frage, was dieser Satz heißt. Das interessiert mich schon lange, was der eigentlich heißt.

UE: Sie haben mich danach gefragt, woraus diejenigen Formulierungen, die Sie als Beispiele genannt haben, Ihren Sinn erhalten ...

PH: Dies ist soweit klar. Ich möchte dann gleich weiterfragen oder noch etwas zuspitzen. Das hieße ja in Konsequenz, daß eine internalistische Wissenschaftsgeschichtsschreibung von vornherein Nonsense ist. Internalistisch heißt, daß sie auf Argumentationszusammenhänge eingeht, die innerhalb einer Wissenschaft spielen.

UE: Vielleicht haben Sie meine Dissertation angesehen und bemerkt, daß ich einen sehr hohen Wert auf eine interne Rekonstruktion der Gedankenlogik der einzelnen Autoren Wert gelegt habe. Von dem, was Sie sagen, gehe ich *nicht* aus, das folgt für mich daraus *nicht*. Ich glaube nicht, daß man von diesem Satz aus: „Das Sein bestimmt das Bewußtsein" oder bei irgendwelchen Ableitungsversuchen von Wissensproduktion aus der Realität, was immer auch diese Ableitung heißen mag, irgendwo hin kommt, wenn man nicht einen relevanten Bestandteil dieses Wissens in seiner *immanenten* Logik rekonstruiert. Andernfalls kommen solche Grobkorrelationen zustande, wie in bestimmten Teilen meines Vortrages (z.B. über Bobek), der ja eine komprimierte Zusammenfassung der immanenten Rekonstruktion ist. Von diesen Grobkorrelationen halte ich jedoch eigentlich nicht besonders viel. Ich versuche daher die interne Rekonstruktion der Wissensproduktion der geographischen Autoren innerhalb jener Sphäre zu vollziehen, die sie als ihre eigene Welt empfinden. Ich gehe dabei so weit, daß ich möglichst differenzierte Anknüpfungspunkte für Thesen über das Verhältnis von externen und internen Wissenschaftsentwicklungsfaktoren bekomme. Insofern heißt der Satz „Das Sein bestimmt das Bewußtsein", als Antwort auf Ihre Frage, nicht, daß wissenschaftsimmanente Rekonstruktion forschungslogisch Nonsense ist, im Gegenteil, der Satz „Das Sein bestimmt das Bewußtsein" als Postulat für eine materialistische Arbeitsweise ist Nonsense, solange man nicht wissenschaftsimmanent sehr weit geht.

HW: Sie haben in Ihrem Referat auch Hans Carol erwähnt. Sein Ansatz war Ausgangspunkt des Seminars über „Theorie in der Geographie". Sie haben Carol zwischen den beiden von Ihnen rekonstruierten Paradigmen eingeordnet, d.h. zwischen dem raum- und dem gesellschaftswissenschaftlichen Paradigma der Geographie. Sie haben erwähnt, daß Carols Begriff „Formal" die idiographische Vorstellung der Geographie repräsentiere und daß der Begriff „Funktional" eine vom Formalen unabhängige Logik und Dynamik enthalte. Könnten Sie dies noch etwas weiter ausführen?

UE: Der Begriff „Funktional" wird als nach einer Dynamik und Logik sich entwickelnd begriffen, welcher nicht mehr von diesen sogenannt autochthonen regionalen Einheiten bestimmt ist, sonst könnten sich die Grenzen von beidem ja nicht nicht decken. Ich habe gesagt, daß die Konzeption von autochthonem Beziehungsgefüge, also das, was Carol an der klassischen ganzheitlichen Geographie angreift, sowohl die Charakterlandschaft im physiognomischen Sinne ist (das heißt bei ihm „Formal"), als auch die Landschaft als Organismusplan ist; sonst verstehe ich diesen Begriff autochthon nicht; bezogen worauf soll dies „autochthon" sonst gemeint sein? Wenn ich dann noch beachte, daß die Funktionale als Repräsentanten der gesellschaftlichen Dynamik – das, was er dabei auflistet sind die Betriebsgrößen, sind staatliche Organisationen usw. –, wenn ich also beachte, daß die Funktionale, die von der gesellschaftlichen Dynamik abhängen, allochthon genannt werden, dann weist es für mich darauf hin, daß diese autochthonen Formale noch irgendwie der Rest der idiographischen Landschafts- und Länderkunde sind, von denen sich Carol nicht gelöst hat. Sonst würde er dieses Problem, daß sich die Grenzen nicht überdecken, daß sie nicht kongruent sind, nicht mehr haben. In der analytischen Geographie hat keiner mehr dieses Problem. In der Sozialphysik geht es um Bewegungsprozesse, und kein Mensch kümmert sich darum, ob etwas mit etwas anderem kongruente Grenzen hat. Entgegen seiner Bindung an das klassische Paradigma folgte für Carol andererseits, daß er dieser gesellschaftlichen Dynamik, um der Aufgabe der Geographie im Sinne einer Planungswissenschaft gerecht zu werden, aber auch, um den Daten gerecht zu werden, die bezogen auf solche funktionalen Zustände, wie z.B. die zentralen Orte, vorhanden sind, irgendwie im Paradigma der Geographie nachgeben mußte: Das heißt, Carol mußte auf diese gesellschaftliche Entwicklung reagieren. Dies hätte Carol ja tun können, indem er gesagt hätte: „Mich interessieren Formale nicht, die gibt es nicht, ich behandle die Planungsregion Zürich als ein sinnvolles Problem; ich bin einer, der Landschaften problemorientiert abgrenzt: Ein Problem könnte die Planung von Zürich sein. Ergo frage ich, wie weit ich die Region abgrenzen muß. Dies mache ich mit den relevanten Faktoren. Dann brauche ich mich überhaupt nicht mehr darum zu kümmern, ob, wenn ich diese Abgrenzung vollziehe, irgendeine andere Abgrenzung damit überlagert ist." Nun betrachte ich jene Abgrenzungen, welche dennoch überlagert sind und bemerke, daß Carol diese „autochthon" nennt. Dies sieht doch stark nach idiographischer Weltperspektive aus. Deswegen, sage ich, formuliert Carol diesen problemorientierten Impetus in einem alten Weltbild und daher mit Zusatzproblemen, die dieser neuen Entwicklung seines Denkens nicht adäquat sind. Es sind Reste, die dann die Konzeption verderben, weil das Problem, welches Carol mit seiner problemorientierten Abgrenzung gegenüber der ganzheitlichen Länderkunde lösen will, so nicht lösbar ist. Er will auf Prognose und Planung hinaus und endet wieder bei Regionalklassifikation. Es könnte ihm doch völlig egal sein, ob seine Grenzlinie im unteren Zürichseetal, womit er diese Planungsregion abgrenzt, irgendeine naturgeographische Grenze schneidet oder nicht schneidet. Daß es ihm *nicht* egal ist, zeigt eben, daß er in der idiographischen Perspektive verwurzelt ist und daß er damit die problemorientierte Perspektive etwas abstrus formuliert.

PB: In der letzten Zeit wurde am Geographischen Institut eine Definition für Geographie gesucht. Aus den verschiedenen Abteilungen des Instituts wurden Lösungen vorgeschlagen. Durch Konsens wurde dann eine Definition gefunden, die wieder auf den Raumbegriff rekurriert. Meine Kritik war, daß es forschungslogisch nicht mehr begründbar ist, d.h. daß der Raumbegriff in diesem Sinne nicht mehr existiert. Es wurde darauf verwiesen, daß „Raum" ein unabänderlicher Begriff sei. So wurde er jedenfalls aufgefaßt. Ohne den „Raum" würde das Institut wissenschaftlich gesprengt. Gehe ich recht in der Annahme, daß der Raumbegriff theoretisch nicht erklärbar ist, also keinen theoretischen Ort hat?

UE: Daß der Raumbegriff theoretische Orte hatte, habe ich in meiner Arbeit zu erklären versucht, also was er „abgedeckt" hat in der Geschichte der Geographie; das widerlegt an sich Ihre Behauptung. Man kann also nicht sagen, der Raum sei nicht theoretisch definierbar. Nur bin ich davon ausgegangen, daß er bisher theoretisch entweder gar nicht oder zu oberflächlich definiert worden war, d.h. daß man gar nicht verstehen konnte, was damit gemeint war. Ich habe versucht, diesem Problem nachzugehen. Insofern glaube ich nicht, daß der Raumbegriff nicht theoretisch definierbar ist, denn er wird ja beispielsweise auch in der Geometrie verwendet. Sie haben noch eine weitere Behauptung gemacht, nämlich die, daß forschungslogisch erwiesen sei, daß der Raumbegriff in der Geographie nicht mehr haltbar sei oder nicht mehr existiere. Davon gehe ich nicht aus. Da wäre dann wirklich meiner Arbeit eine zu große Wirksamkeit zugeschrieben. Ich bin sicher, daß die Geographie noch sehr lange mit allen möglichen Raumbegriffen operieren wird, und daß sie vor allem in der nächsten Zukunft zunehmend honoriert werden. Im Zuge der Umweltproblematik und des Anwachsens von politischem Regionalismus werden die Begriffe Region und Raum weniger den modernistischen Sinn von „spatial", also weniger den Sinn der aus der analytischen Geographie kommenden Raum-Begriffe für Muster und für Raumprozesse, annehmen. Diese werden mit zunehmender Distanz betrachtet. Die gesellschaftliche Woge, auf der die Geographie in der nächsten Zeit schwimmen wird, wird vermutlich gerade der klassische Regionsbegriff sein. Insofern also, als empirische Behauptung für die Zukunft, glaube ich nicht, daß die Geographie den Begriff von Raum und Region so schnell abstoßen wird. Das andere Phänomen war, davon bin ich in meiner Arbeit ausgegangen, daß ein relevanter Anteil der vordersten Forschungsfront im Bereich der analytischen Geographie innerhalb der letzten zehn

Jahre sich entschlossen hat – zumindest, was die Metatheoretiker angeht, es wurde aber auch versucht, es empirisch einzulösen –, den Raumbegriff nicht mehr weiter zu benutzen, d.h. die Geographie als reine Verhaltenswissenschaft irgendeiner Provenienz zu definieren. Die Schwierigkeit war dann, daß die Geographie nun gar nicht mehr abgegrenzt wurde. Es war der Vormarsch der pragmatischen Problemlöser, egal aus welcher politischen Ecke; Technokraten, Marxisten, wer auch immer, haben sich nicht mehr darum gekümmert, was ein Objekt der Geographie sein könnte, und wie sich die Geographie abgrenzen könnte gegenüber den restlichen Gesellschaftswissenschaften, sondern haben gesagt: „Es gibt relevante Probleme auf dieser Welt, und ein sinnvoller Geograph ist einer, der diese Probleme sinnvoll löst. Wie diese Lösung gemacht wird, ist egal, ob mit politischer Ökonomie oder mit Raumwirtschaftstheorie oder mit Soziologie oder mit Wahrnehmungspsychologie. Die Hauptsache ist, der Geograph hat ein Problem gelöst, was ihn als Gesellschaftswissenschafter nach Wahrheitskriterien ausweist." Das ist sehr pragmatisch und bewährt sich auch innerhalb der Entwicklung dieser Forschungsfront nicht, weil die Geographie als Institution natürlich so reagiert, daß sie diese Leute eher ausstößt und die alte Raumprogrammatik beibehält. Es kann also forschungslogisch vollkommen richtig sein, was von mir deduziert wurde (ich hoffe, daß es richtig war), aber wir werden sozusagen aus der Geographie vertrieben; und wenn Sie Ihre Behauptung als empirische Prognose nehmen, dann würde ich diese nicht unterstützen, als forschungslogische Hypothese halte ich sie für richtig, bin aber so realistisch, daß ich als wissenschaftspolitische Strategie nicht vorschlagen werde, auch mir selbst nicht vorschlagen werde, ab jetzt den Begriff von Raum aus der Geographie zu streichen und damit auf die Abgrenzung von allen anderen Gesellschaftswissenschaften zu verzichten. Bitte verstehen Sie mich also richtig: Ich gehe mit Ihnen einig, daß die Geographie in einer Serie von Paradigmenumbauten und Selbstkritiken den Objektbegriff „Raum" eliminiert hat. Das ergibt sich aber nur, wenn man eine Linie von Ritter bis Olsson forschungslogisch *konstruiert*. Und *ich* bin über diese forschungslogische Konstruktion hinaus auch gewillt, das als einen vernünftigen und wünschenswerten Akt zu *werten,* weil nach meiner Auffassung *nur so* theoretischer Fortschritt möglich bleibt, und weil der Weg dorthin in *meiner* gesellschaftstheoretischen Perspektive *eine Logik* entwickelt. Aber *die Institution* ist natürlich immer viel dümmer und viel langsamer als die Repräsentanten ihres forschungslogischen Gewissens (z.B. weil sie auch von externen Faktoren, wie in der Geographie der Schule, abhängt). Daher stimmt natürlich auch meine Prognose für die Entwicklung der Institution nicht völlig mit meiner forschungslogischen Rekonstruktion überein. Zudem schreibt ja auch Olsson, wenn er nun nicht mehr über Migration oder das Zentrale-Orte-Modell schreibt, immerhin über „Heimat" und nicht etwa über Schizophrenie oder Interaktionsprozesse in Kleinfamilien. Auch das ist ja immer noch ein „Raumbegriff", aber eben *innerhalb* der Gesellschaftswissenschaften und nicht irgendwie neben, über oder unter ihnen.

Zum Paradigmenwechsel in der Geographie 167

Meine bisherige Strategie war, möglichst genau zu zeigen, was jeder Begriff von Raum impliziert, was er gesellschaftstheoretisch heißt und was daraus folgt, so daß ich mir überlegen kann, wenn ich eine bestimmte gesellschaftstheoretische Utopie habe, von der ich annehme, daß sie in der Geographie benutzt werden soll, wenn sie schon eine Gesellschaftswissenschaft ist, welcher Begriff von Raum dazu paßt. Weil es unrealistisch ist zu denken, daß ein paar Metatheoretiker so einer Institution vorschreiben können, welche Begriffe sie fallen lassen sollen – wenn es ihr zentralster Begriff wäre, würde sie ihn *natürlich* nicht fallen lassen –, plädiere ich dafür, daß man viel eher versuchen sollte, in einem gesellschaftstheoretisch angemessenen Sinn, „Raum" als Gesellschaftstheorie zu formulieren.

PB: Wie würde das aussehen mit der neuen positiven Heuristik, d.h. wenn der Forschritt als textuelles Abbild der Produktion dargestellt, d.h. rational abgeleitet, würde?

UE: Ich habe dazu etwas geschrieben, das wird jedoch erst im Herbst erscheinen. Es ist nun schwierig, das so kurz zu entwickeln. Ich rekurriere jetzt nicht auf „textuelle Praxis", weil das für mich damit nicht unmittelbar zusammenhängt; denn das ist ein metatheoretisches Problem, wenn Sie mich nach der positiven Heuristik *meiner* gesellschaftstheoretisch formulierten Raum-Konzeption fragen. Fortschritt durch textuelle Praxis heißt ja, daß man der Realität gegenüber im voraus Ideen haben kann, daß also, nach orthodoxer Konzeption formuliert, das Bewußtsein das Sein bestimmen kann und daß, wenn dieses Postulat abermals „auf die Füße gestellt" werden soll, das nur mit einem Begriff von textueller Praxis geht. Das bezieht sich aber auf die Legitimation des Verfahrens *überhaupt, theoretisch* „Fortschritt" *produzieren* zu können, also darauf, als Wissenschaftler mehr leisten zu können als Hegels Eule der Minerva, die mit ihrem Flug abzuwarten hat, bis „eine Gestalt des Lebens alt geworden" ist, bevor sie also im nachhinein „erkennen" kann. Wie die positive Heuristik aussehen soll, kann man nach meinem Konzept eher aus der Verbindung dieser beiden gegeneinander stehenden Paradigmata zu entwickeln versuchen. Denn beide haben einen guten Sinn. Nicht die Methodologie des idiographischen Paradigmas hat diesen guten Sinn gehabt, das kann man nicht behaupten, weil sie nicht einlösbar war. Ich glaube also nicht, daß die ganzheitliche Landschaftskunde je eine Methodologie in dem von ihr geltend gemachten Sinne gehabt hat. Aber das Konzept als Theorie hat ja an sich eine Utopie, aus der viele politische Strömungen folgen, im wesentlichen anti-industrielle (gegen die industrielle Arbeitsteilung, gegen das industrielle Wachstum gerichtete) Utopien mit dem Ziel konkreter maßvoller Verhältnisse in begrenzten Regionen. Das ist vom politischen Regionalismus aus betrachtet etwas sehr Modernes oder total Utopisches und z.B. auch eine Verlängerung der marxistischen Konzeption; etwas Utopisches etwa in dem Sinne: „Was heißt regionale Arbeitsteilung, wenn man das als Angriff auf zentralistisches industrielles Wachstum betrachtet?" Das ist eine interessante politische Frage. Das klassische idiographische Konzept von Geographie enthält ja genau diese Utopie. Leider als konservatives Konzept, nämlich als Resistenz gegen die Industrie, in dem Sinne, daß die Industrie sich doch gar nicht erst entwickelt haben möge. Als neue Utopie kann es aber gegen die bereits existierende Industrialisierung gerichtet sein. Das könnte eine ganz progressive Definition von Region sein.

PH: Ich weiß nicht genau, was Sie mit „Gesellschaftstheorie" meinen. Ist das etwas Empirisches, etwas Normatives und wie wird es legitimiert?

UE: Das ist so eine Sache. Ich verweigere, mich hinzustellen und aus dem Stand per Definitionem etwas zu leisten, worüber sich die Philosophen seit fünfzig Jahren die Köpfe einschlagen, also so nebenher das Problem zwischen der analytischen und der normativen Haltung gegenüber der Gesellschaftstheorie zu lösen. Das kann ich überhaupt nicht. Ich benutze hier das Wort Gesellschaftstheorie in einem Common Sense, nämlich als den Versuch einer inhaltlichen Realitätsabbildung, als objektsprachliche Auswahl, wobei ich nicht in der Lage und nicht willens bin, das z.B. sehr scharf von irgendeinem Bereich von Metatheorie, von philosophischer Spekulation, die darin eingeht, also von Prämissen, die darin stecken, abzutrennen. Ich gebe ein Beispiel: Für mich sind die politische Ökonomie und die funktionalistische und interaktionistische Rollentheorie Gesellschaftstheorien und das im Kontext theoretischer Erwägungen auch immer *einschließlich* ihrer Backgrounds. Es muß nicht in jeder empirischen Untersuchung erwartet werden, daß die Backgrounds genannt werden; da ist dann nur die objektsprachliche Ebene von Bedeutung. So verwende ich das meistens: ein theoretisches Konzept oder die Kombination solcher Konzepte plus der metatheoretischen Implikationen auf einer bestimmten Ebene der Explikation, zumindest innerhalb einer theoretischen Diskussion, wobei das letztere dann stillgestellt wird in dem Moment, wo die empirische Arbeit beginnt.

WK: Wie können wir die Geographie als Gesellschaftswissenschaft von den übrigen Gesellschaftswissenschaften abgrenzen, wenn wir keinen Raumbegriff mehr haben? Sie haben eine interessante Lösung gegeben. Sie haben die Bewegung eingeschaltet. Damit liegen Sie nicht ganz daneben in der Wissenschaft. Wir hatten etwas Ähnliches in den dreißiger Jahren. Es war dann das Pech, daß diese Bewegung, nämlich die „dynamische Geographie", von anderen Bewegungen überlagert wurde und damit auch mit kompromittiert wurde. Wir müssen doch unsere spezifischen Gedanken gegenüber Soziologen und Psychologen abgrenzen können. Dann habe ich dazu die Anschlußfrage, wohin die vielen physisch- geographischen Vorgänge gehören, die gesellschaftlich völlig irrelevant aber sehr zahlreich sind? Die andere Frage hat damit nichts zu tun, sie geht mehr in die Philosophie hinein. Sie haben sich heute recht aufgeklärt gegeben, aber die Idee, gesellschaftliche Vorgänge sozialphysikalisch zu klären, scheint mir weniger aufklärerisch zu sein, als aus dem Idealismus zu stammen.

UE: Die erste Frage war das mit dem Raum. Die haben Sie praktisch selber beantwortet. Das Konzept mit der Bewegung als Alternative ist natürlich nicht von

Zum Paradigmenwechsel in der Geographie 169

mir. Das kommt von Ratzel und in seiner modernen Form aus der analytischen Geographie der ersten Phase. Ich halte dieses Objekt oder diese Definition von Geographie für zu schmal. Ich habe die Definition gelesen, die vom Institut abgegeben wurde, um in Stein gemeißelt zu werden. Ich habe als erstes den Daumen auf das Wort „räumlich" gehalten und habe gefragt, was passieren würde, wenn man dies wegließe. Es wäre eine Definition gewesen, in die man ganz viele Wissenschaften hätte einsetzen können, ergo mußte an dieser Stelle „räumlich" stehen. Was mich an der Definition stört, ist, daß der Begriff „räumlich" zu wenig seine Richtung zeigt und zu formal ist. Ich bin auch dafür, daß es eine Aspektspezialisierung eines konstituierten Objektes innerhalb der Gesellschaftswissenschaften geben muß. Das andere ist, was mit der ganzen physisch-geographischen Richtung passieren soll, d.h. mit den Prozessen, die nicht gesellschaftstheoretisch erklärt werden können. Daraus, daß es die gibt, kann nicht gefolgert werden, daß sie irgendwie „räumlich" erklärt werden können oder müssen. Aber „räumlich" heißt ja für die physische Geographie auch letztlich wieder – metaphorisch – „Mensch-Natur-Verhältnis" im oben genannten, idiographischen Sinne. Damit sind wir aber dann in einem Dilemma: Wenn das in diesem klassischen Sinne gemeint ist, kann man es nur noch metatheoretisch nachweisen und geltend machen. Man kann bei den alten Geographen nachlesen, daß die Geomorphologie eigentlich als Wegsamkeitsbeschreibung auf Safaris, d.h. auf Entdeckungsreisen, entstanden ist. Dieses morphographische Ideal wurde dann im Zuge der Systematisierung der Wissenschaft zum morphologischen Ideal als auf Genese-Vorstellungen zielender Erklärungszusammenhang vertieft und gleichzeitig „neutralisiert". Diese Konstitution eines Methodenideals hat zugleich die Konstitution einer bestimmten Form der Datenerhebung erfordert, die eine Form der Theoriebildung ist und die, so gesehen, eigentlich immer noch an den ursprünglichen Bezug auf ein Mensch-Natur-Verhältnis gekoppelt ist. Aber diese „Eigentlichkeit" nützt nichts für eine gemeinsame Perspektive mit der Sozialgeographie, weil ja *diese* Art der Regionalklassifikation und Naturbeschreibung als immanente wissenschaftliche *Spezialisierung* den Anschluß an den gesellschaftstheoretischen Teil der Geographie verloren hat. Zu Ihrer Frage: „Wohin mit diesen Prozessen?" Ich weiß es nicht, und es ist mir auch ziemlich egal. Ich kann nur konstatieren, daß die gesellschaftstheoretische Geographie *diese* Beschreibung der Prozesse nicht oder kaum *unter ihrem Dache* braucht (und umgekehrt) und daß die andere Strategie in der physischen Geographie, sie als geoökologisch zentriertes Sammelsurium von angewandter Physik, Chemie, Biologie usw. zu betreiben, auch auf die Sozialgeographie verzichten kann (und umgekehrt). Das liegt nicht *mir* zur Last, sondern ist die faktische Entwicklung in der Geographie, auch wenn die derzeitige Orientierung an „Umweltproblemen" das Gegenteil suggeriert. Zur philosophiegeschichtlichen Einordnung: Ich glaube, ich bin da anderer Meinung als Sie. Ich habe den sogenannten „mechanischen Materialismus" immer als Bestandteil oder im Gefolge der atheistischen Aufklärung gesehen und gleichzeitig in erklärter Gegnerschaft zum Idealismus. Ich meine damit z.b. Lamettrie, Condillac, Helvetius, Holbach, Moleschott, Haeckel usw. Ich bemühe diese Tradition wegen der Gemeinsamkeit mit der Sozialphysik, was den Gedanken der „Einheit der Welt" als materielles System angeht. Mir ist allerdings klar, daß die Sozialphysik strukturalistischer und formalistischer argumentiert und verfährt als die klassischen Materialisten. Dort ging es letztlich um die Reduktion von Bewußtsein auf Materie, hier geht es eher um strukturelle Analogien zwischen den beiden Bereichen, die *in den Formalismen* substantiell *identifizierbar* sind. Stewart z.b. beruft sich philosophisch auf Leibniz. Das ist sicher richtig, ich empfinde das aber nicht als Widerspruch zu meiner Einordnung.

Zitierte Literatur

Bobek, H. (1950): Aufriß einer vergleichenden Sozialgeographie. Mitt. Geogr. Ges. Wien 91: 34-45.

– (1959): Die Hauptstufen der Gesellschafts- und Wirtschaftsentwicklung in geographischer Sicht. Die Erde, Jg. 90, 1959: 259-298.

Carol, H. (1956): Zur Diskussion um Landschaft und Geographie. Geographica Helvetica 11: 111-132.

Ruppert, K. und Schaffer, F. (1973): Sozialgeographische Aspekte urbanisierter Lebensformen. Veröff. d. Akad. f. Raumforschung und Landesplanung, Abhandlungen Bd. 68. Hannover.

Schaffer, F. (1970): Zur Konzeption der Sozialgeographie. In: Bartels, D. (Hrsg.): 451-456.

Weitere Literatur, auf die hingewiesen wurde

Bunge, W. (1966)(2): Theoretical geography. Lund Studies in Geography. Ser. C, No. 1, Lund.

Bartels, D. (1968): Zur wissenschaftstheoretischen Grundlegung einer Geographie des Menschen. Geographische Zeitschrift, Beihefte 19, Wiesbaden.

– (Hrsg.) (1970): Wirtschafts- und Sozialgeographie. Köln/Berlin.

Bobek, H. (1957): Gedanken über das logische System der Geographie. Mitt. Geogr. Ges. Wien 99: 122-145.

Hardtke, W. (1970): Gedanken über die Bestimmung von Räumen gleichen sozialgeographischen Verhaltens. In: Bartels, D. (Hrsg.): 125-129.

Lakatos, I. (1974): Falsifikation und die Methodologie wissenschaftlicher Forschungsprogramme. In: Lakatos, I., Musgrave, A. (Hrsg.): Kritik und Erkenntnisfortschritt, Braunschweig: 89-189.

Ruppert, K. und Schaffer, F. (1974): Zu G. Leng's Kritik der „Münchner" Konzeption der Sozialgeographie. Geographische Zeitschrift 62: 114-118.

Schaefer, F. K. (1970): Exzeptionalismus in der Geographie: Eine methodologische Untersuchung. In: Bartels, D. (Hrsg.): 50-65.

Sieger, R. (1917): Zur politisch-geographischen Terminologie. Zeitschrift der Ges. f. Erdkunde zu Berlin: 497-529.

Vogel, W. (1926): Zur Lehre von den Grenzen und Räumen. Geographische Zeitschrift, Jg. 32: 191-198.

Literatur

Eisel, U. (1980): Die Entwicklung der Anthropogeographie von einer „Raumwissenschaft" zur Gesellschaftswissenschaft. Urbs et Regio, Kasseler Schriften zur Geographie und Planung. Bd. 17, Kassel.

Schultz, H.-D. (1980): Die deutschsprachige Geographie von 1800 bis 1970. Ein Beitrag zur Geschichte ihrer Methodologie. Abh. d. Geogr. Inst. – Anthropogeographie, Bd. 29, Berlin.

Regionalismus und Industrie
Über die Unmöglichkeit einer Gesellschaftswissenschaft als Raumwissenschaft und die Perspektive einer Raumwissenschaft als Gesellschaftswissenschaft

1 Das Dilemma der Geographie im Widerspruch zwischen disziplinärer Abgrenzung und gesellschaftstheoretischer Perspektive

In der Anthropogeographie zeichnet sich ein Trend ab, der als endgültige Hinwendung zur Gesellschaftswissenschaft beschrieben werden kann, zumindest als ein solcher Versuch. Diese allgemeine Lockerung des „räumlichen" Paradigmas[1] im *behavioral approach*[2] fällt zusammen mit der metatheoretischen Kritik des Status' „räumlicher" Theorien und Gesetze als der Basis einer „exakten" nomologischen Geographie (vgl. Olsson 1969; Sack 1972; 1974, 1974 a).

Damit wird das Programm der Geographie und Regionalforschung äußerlich attraktiver, aber auch zunehmend diffuser: Der *behavioral approach* öffnet auch solchen Teilen der Soziologie die Tür, die bis dahin (in der Frühphase des Paradigmenwechsels, dem *spatial approach* (vgl. als Standardwerk Bunge 1966), unter streng behavioristisch-erfahrungswissenschaftlichen Kriterien der Wahrnehmung der geographischen Fachgemeinde entgangen waren.[3] Trotzdem wird vornehmlich im Sinne des raumwissenschaftlichen Paradigmas mit sogenannten Theorien räumlichen Verhaltens gearbeitet. Es ist also eher so, daß sich der umgebende gesellschaftstheoretische Rahmen dieser noch immer im engeren Sinne als „geographisch" empfundenen Theorien allmählich erweitert. Gegen die Assimilation dieser diversen soziologischen Teiltheorien steht jedoch das harte erfahrungswissenschaftliche Methodenideal (obwohl dieses Methodenideal innerhalb der Entwicklung des *spatial approach* ande-

---

1 Vgl. zur immanenten Eigendynamik der Selbstauflösung des raumwissenschaftlichen Paradigmas Eisel 1980: 185-273.
2 Vgl. als Einführung in diesen Trend Cox. and Golledge (eds.) 1969; Downs 1970; Thomale 1974.
3 Es handelt sich hierbei primär um die diversen Formen und Weiterentwicklungen der „verstehenden Soziologie" in der funktionalistischen Handlungstheorie, der Konflikttheorie, der Interaktionstheorie und der Phänomenologie.

Regionalismus und Industrie 173

rerseits auf der metatheoretischen Ebene gerade das Plädoyer für die Vorrangigkeit der Gesellschaftstheorie vor ihren allfälligen „räumlichen Theoremen" mit hervorgerufen hatte (vgl. Olsson 1969: 18; 1971; sowie Eisel 1980: 198 bis 216).

Die methodologischen Barrieren gegenüber den nicht-behavioristischen Gesellschaftstheorien werden wiederum unterstützt durch den mit dem ganzen Vorgang des *behavioral approach* einhergehenden, tendenziellen Verlust der Fachabgrenzung gegenüber anderen Disziplinen: Wenn die Geographie ihrem eigenen Trend als *behavioral approach* nachgibt, verliert sie nicht nur ihre neu gewonnene methodologische Orthodoxie, sondern auch die einzige Fachlegitimation, die sie besitzt, nämlich eine „räumliche" Wissenschaft zu sein.[4] Dennoch ist es aber gerade dieser Trend, der wissenschaftstheoretisch und aus Relevanzgründen zwingend geworden ist. Denn neben dem wissenschaftstheoretischen Status steht auch die gesellschaftliche und planerische Relevanz der „räumlichen" Verhaltenstheorien des *spatial approach* in Frage.[5]

Die Geographie ist also in einem Dilemma, in dem es formal zwei Alternativen gibt: Man kann dem alten Trend des *spatial approach* folgen[6] oder man kann auf die Perspektiven des *behavioral approach* vertrauen. Das eigentliche Dilemma besteht allerdings darin, daß auch diese vertrauensvoll fortschrittliche Strategie immer wieder in den durch den *behavioral approach* kritisierten *spatial approach* einmündet. Wie entsteht diese Kreisbewegung?

Wenn die Anthropogeographie ihrer Logik als erweiterter Verhaltenswissenschaft einfach folgt und im allgemeinen Fluidum der Kritik an der *philosophy of science* den weiteren Bereich der soziologischen Handlungstheorie übernimmt, deckt der bis dahin verwendete Begriff von „Verhalten" nicht mehr die Sachverhalte der Ökonomie ab, die ja im Behaviorismus unter „Verhalten" und „Entscheidung" theoretisch abgehandelt werden.

Damit entstehen zunächst (endlich) die „normalen" Probleme der allgemeinen Gesellschaftstheorie. Wenn der *behavioral approach* die nicht-behavioristische Handlungstheorie für Teile seiner Fragestellungen assimiliert, muß auf die behavioristische Reduktion von Arbeit und Handeln verzichtet werden, weil diese Strategie ja gerade

---

4 „It is ironic that Schaefer's scientific enthusiasm for the elimination of exceptionalism has still left us a fairly peculiar discipline. To what kingdom, physical or cultural, do we belong? The administrators will simply have to invent a new category – spatial" (Bunge 1966: XIV).

5 „The main issue relates to the feeling shared by many geographers and planners that the new analytical methods of the last few years are failing to help with many of the problems that their originators thought they were designed for" (Wilson 1976 über Olsson 1975). Vgl. auch Taaffe 1974, sowie die Literaturhinweise in Eisel 1980: 261, Anm. 2.

6 Dem entspricht das, was in der Bundesrepublik Deutschland als „moderne Regionalanalyse", die sich nicht um die Frage, ob das „Geographie" sei, kümmere, vertreten wird.

wegen des Vorwurfs der empirischen Irrelevanz zur allgemeinen Erweiterung des *behavioral approach* geführt hatte. Andererseits wird die Fachgemeinde nicht die schlichte Aufgabe des erreichten instrumentellen Niveaus der anti-idiographischen Revolution akzeptieren.[7] Daraus ergibt sich aber der klassische Gegensatz zwischen den Theorien der „verstehenden Soziologie", der Politischen Ökonomie und dem erfahrungswissenschaftlichen Wissenschaftsideal. Damit sieht sich die Geographie erneut einem wissenschaftstheoretischen Problem ausgesetzt (diesmal allerdings einem allgemeinen und keinem „separatistischen" (vgl. Sack 1974a), wenn sie als Gesellschaftswissenschaft auf ihren erfahrungswissenschaftlichen Idealen besteht, denn die empirisch relevante Theorie in der Soziologie und Ökonomie und erst recht deren Verbindung in einer allgemeinen Gesellschaftstheorie widersteht vorerst einer Formalisierung. Da die Formalisierung nicht gelingt, fällt der *behavioral approach* zum einen immer wieder hinter sein Programm zurück, indem er die Irrelevanz seiner bestehenden behavioristischen Gesellschaftstheorie akzeptiert (oder nicht durchschaut) und durch ad-hoc-Formalisierungen von „räumlichem Verhalten" zu kompensieren versucht, d.h. indem er wieder dem alten Abgrenzungskriterium folgt. Er befindet sich dergestalt wieder im „separatistischen" Kontext, so daß man vorerst oft nicht zwischen *spatial* und *behavioral approach* unterscheiden kann. Oder der *behavioral approach* besinnt sich zum anderen auf seine metatheoretischen Gemeinsamkeiten mit der Tradition der hermeneutischen Geographie wie in der „humanistischen" Geographie der phänomenologischen Schule und verspielt die Perspektive prognostischer Theoriebildung.

Einer der Gründe für die Permanenz der geographischen Revolution ist also der ständige Rückfall ins gewohnte Paradigma der ersten Revolutionsphase (*spatial approach*), das nach immanenten Kriterien von empirischer Wissenschaftlichkeit zum Gegenteil, nämlich zu seiner eigenen Überwindung im Sinne des *behavioral approach* tendiert, oder der Rückfall ins klassische Paradigma. Die so entstandene, diffuse Kreisbewegung ist die äußere Gestalt der permanenten Revolution der offiziellen Geographie.

Ihre innere Dynamik ist mit den Ursachen für diese faktische Orientierung am *spatial approach* gegeben: Der Anschluß der Geographie an das Methodenideal der experimentellen Wissenschaften und an die behavioristische Gesellschaftstheorie erfolgt historisch sehr spät. Durch die Aufgabe ihres „räumlichen" Abgrenzungskriteriums und die verspätete Integration in den Bereich der Gesellschaftswissenschaften findet sie alle Nischen besetzt vor, und daher ist das, was sie als „revolutionär" bezogen auf sich selbst werten kann und wertet, bezogen auf die „Normalwissenschaft" der Nachbardisziplinen ein Konkurrenzunternehmen mit hoffnungslosen Startnach-

---

7 Vgl. als „Vorwärtsstrategie" die Arbeiten von Olsson zur mehrwertigen Logik. Olsson 1970, 1970a, 1971, 1972, 1974 sowie Gale 1972 und 1972a und Smith 1972.

teilen.⁸ Deshalb hat die Geographie Mühe, ein disziplinäres Forschungsprogramm zu entwickeln, was den Kriterien der Gegenstandskonstitution bei der Ausdifferenzierung neuer Wissenschaften entspricht.⁹

Ein solcher Gegenstand wird aber innerhalb der problemorientierten Modestrategien der um ihr Überleben kämpfenden Geographie meist in seiner Funktion unterschätzt: Sogenannte Integrationsfächer gelten als eher problembestimmt, und somit erübrigt sich scheinbar ein disziplinäres Objekt, zumal im Regelfall in der Geographie noch immer der „räumliche Aspekt" auch im *behavioral approach* als wissenschaftssystematische Legitimation und Abgrenzung benutzt wird. Ein solcher Aspekt der Welt ist aber auch für Integrationsfächer keine ausreichende Orientierung. Die Friedensforschung behandelt ja nicht alle friedlichen Aspekte der Realität, sondern das Phänomen und Problem sich selbst verstärkender Konfliktzustände und ihrer möglichen Balance; die Frauenforschung behandelt Struktur und Auswirkungen patriarchalischer Herrschaft, die Altersforschung behandelt nicht etwa das Altern jedweder Gegenstände usw. In diesem Sinne konstituieren „Raum" und „räumlich" – auch abgesehen von den wissenschaftstheoretischen Einwänden gegenüber einer „räumlichen" Theoriebildung – kein mögliches Objekt/Forschungsprogramm (so wie es auch keine „Zeitwissenschaft" gibt¹⁰), weil sie nicht einen Strukturzusammenhang zu selektieren erlauben, dem ein Problem entspricht, und es gibt daher keine Möglichkeit, in einem vernünftigen Sinne von Gesellschaftswissenschaft als „räumlicher" Wissenschaft zu sprechen. Soweit damit jedoch bestimmte Theorien gemeint sind (oder waren), wie z.B. in der Sozialphysik, hatten sie eine zu geringe Problemlösungskapazität, was ja einer der Gründe für die Entwicklung des *behavioral approach* gewesen war. Erfolgt die Integration von Fachanteilen jedoch über das Problem (z.B. Stadtentwicklungsprobleme), dann ist eine Integrationswissenschaft, die zu dieser Integration (Stadtforschung) den „räumlichen Aspekt" behandelt, sicherlich überflüssig. Andererseits ist die so erreichte Orientierung an der allgemeinen Gesellschaftstheorie noch keine disziplinäre Perspektive, denn ein Abgrenzungskriterium fallen zu lassen, statt es zu benutzen, ist keine Perspektive, sondern allenfalls die Bedingung ihrer Möglichkeit.

---

8   „Geography, it seems, is always a step behind its sister sciences. Our search for hard and formal theory began at a time when theory building elsewhere was beginning to soften" (Blaut 1977: 348).

9   Vgl. dazu Eisel 1977 im geographischen Kontext, sowie allgemein Böhme 1975, Böhme, Daele v. d. und Krohn 1972, 1974, 1977; Daele v. d. 1975; Daele v. d. und Weingart 1975; Steck 1977.

10 So war auch nie die Geschichtswissenschaft eine „Zeitwissenschaft", wie wissenschaftstheoretisch dilettierende Geographen es sich ausgedacht hatten, sondern die Wissenschaft von der Evolution des kultivierten Geistes und der Abfolge seiner politischen Taten als Repräsentation des Sinns dieser Evolution.

Damit ist die Anthropogeographie des *behavioral approach* zunächst ohne ein Forschungsprogramm, das sie überhaupt als problemorientierte Disziplin interdisziplinär anbieten könnte.

Disziplinäre Orientierung durch ein Forschungsprogramm und Problemorientierung sind aber aufeinander verwiesen, weil ein Fach sich nicht durch Interdisziplinarität formiert, sondern die Institutionen eines „Faches" sind vielmehr die Voraussetzung für die Problemorientierung ihrer Theorie, bevor diese „Finalisierung" das Fach dynamisieren kann.[11]

Daher ist die Anthropogeographie auf eine exklusive, fachkonstituierende Theorieperspektive im Sinne der Vorstellung eines „Objekts" angewiesen, auch wenn sie durch Problemorientierung überleben will.

Allerdings hat ein Paradigmenwechsel stattgefunden, d.h., die Bedeutung der theoretischen Begriffe ist kontrovers und ein Teil der Forschungsaktivität innerhalb der „permanenten Revolution" bezieht sich auf die metatheoretische Festlegung und Sicherung der verschobenen Bedeutungen – oder sollte es zumindest tun. Diese aktive „Bedeutungsverschiebung" (vgl. Diederich, Einleitung zu Diederich (Hrsg.) 1974: 25 sowie die angegebenen Literaturhinweise) der Grundtermini auf metatheoretischem Gebiet muß erfolgen, weil es sinnvoll ist, nicht die Wörter der Tradition einfach durch andere, von der Tradition nicht belastete, zu ersetzen, und weil diese dann aber andererseits den Inhalt ihrer Tradition penetrant geltend machen. Es wird in diesem Stadium von Theoriebildung nicht nur nach instrumentellen, empirischen Theorien gesucht, um das technologische Potential des neuen Paradigmas möglichst schnell zu erhöhen, sondern auch nach einer neuen Philosophie des Fachs.

Für die Anthropogeographie heißt das, es muß nach einer neuen gesellschaftstheoretischen Interpretation (im weiteren Sinne von „Objekt") von „Raum" bzw. „Region" gesucht werden, nach einer neuen Ontologie.

Dieses Objekt sollte ein allgemeines disziplinäres Abgrenzungskriterium als theoretisches Selektionskriterium innerhalb der allgemeinen Gesellschaftstheorien beinhalten (gemäß dem Stand der Intention des *behavioral approach*) und dennoch im Rahmen der alten Termini seinen Sinn erhalten. Das bedeutet, die Reflexion müßte an der Geschichte des gesellschaftstheoretischen Sinns des geographischen Raumbegriffs anknüpfen und diesen Sinn fortzuführen suchen, indem er den Intentionen des Paradigmenwechsels angepaßt wird.

---

11 Vgl. zur Finalisierungsthese im geographischen Fachzusammenhang Eisel 1977 und 1980: 9/10 und 12/13, sowie allgemein Böhme, Daele, v. d. und Krohn, 1974.

2 Kulturtheorie und Metatheorie der Arbeitsteilung

Die neuzeitliche Geographie entwickelt ihr Paradigma des „konkreten Raumes" als einem „Land", in dem „konkrete" Menschen charakteristische Kulturlandschaften in organischen Entwicklungsprozessen in Verbindung mit der „konkreten Natur" hervorrufen, als Reflexion vorindustrieller Arbeits- und Lebensformen bei der „Entdeckung" der außereuropäischen Welt („Land-und-Leute"-Paradigma). Der entstehende Weltmarkt erzeugt demnach eine Wissenschaft, die die vorausliegenden Bedingungen seiner Realisierung empirisch erhebt und systematisiert und daher mit dessen Entstehung eine theoretische Grundfragestellung entwickelt, die für eine Realität geeignet ist, die sich historisch bereits bei ihrem Zustandekommen tendenziell überholt. Diese konservative Utopie[12] von einer in die Natur eingepaßten Kultur faßt – in Abgrenzung zu den anderen „idiographischen" Wissenschaften von der Kultur – diesen Zusammenhang als charakteristische und evolutionistische Einheit und Abgeschlossenheit von Räumen oder Regionen. Konkrete Erdräume sind der jeweilige materielle „Leib" eines Organismus, dessen „Geist" die menschliche Kultur ist; „Raum" und „Region" als „Land" stehen aber nicht nur für den Anteil „konkrete Natur" in dieser Relation, sondern haben den sinngebenden Kontext der Theorie einer organischen Anpassungsbeziehung, in der es eine Höherentwicklung autonomer Systeme (Regionen) gibt, deren „Kulturhöhe" den teleologischen Sinn der in der determinierenden Erd-Natur angelegten Möglichkeiten realisiert und repräsentiert. Denn Geographie war ja nicht nur als Regionalklassifikation entstanden, sondern im Rahmen einer konkreten Philosophie der Geschichte auch als Mensch-Natur-Beziehungstheorie.[13]

Die Geschichte der Geographie vollzieht sich dann als langwieriger Anpassungsprozeß dieser konservativen Weltperspektive an die nicht zu leugnende Realität ihres Gegenteils, an die Ablösung des „konkreten" Menschen von der konkreten lebensweltlichen Natur und den „organischen" ländlichen Sozialbeziehungen oder „primitiven" Stammesbeziehungen sowohl durch die industrielle Arbeitsteilung als auch in der damit entstehenden städtischen Lebensweise und durch die historische Zerstörung idiographisch reflektierter, singulärer Mensch-Natur-„Organismen" über den universellen Warenmarkt des Kapitals und die expansive Politik der imperialis-

---

12 Zum „aufklärerischen" Sinn und Kontext dieses Konservativismus vgl. Eisel 1979: 46-50 und ausführlicher 1980: 274-292, insbesondere 274-286.

13 Zum stimmigen Verhältnis dieser doppelten Grundperspektive der Reisebeschreibungen zu dem Vulgär-Empirismus der geographischen Beobachtungstheorie, zum „räumlichen" Theoriestandpunkt, zum „äußeren" Beobachtungsstandpunkt und zum Konkretismus „geographischer" Daten vgl. Eisel 1980: 286-292 und 572-577 (in diesem Band 117-120).

tischen Nationalstaaten.[14] Die neue, industriekapitalistische Produktionsweise setzt in diesem Sinne gesellschaftliche Zustände erhöhter Abstraktion von „konkreter" Natur auf allen Ebenen der Realität durch, so wie sie in der physikalischen Abstraktionsform von lebensweltlich gegebener Natur durch die maschinelle „Technik" als Mensch-Natur-Beziehung vorliegen.

Der Paradigmenwechsel erfaßt schließlich mit seinen Begriffsdefinitionen, Theorien und seinem Wissenschaftsideal dieses Phänomen der Industrie als ökonomisch-technischen Kern der „abstrakt" gewordenen Mensch-Natur-Beziehung im Maschinensystem selbst in einer abstrakten Reflexion. Der konsequente Kampf der „Analytischen Geographie" gegen das idiographische Ideal (vgl. als Schlüsseltexte Schaefer 1970 und Bunge 1966) ist die (völlig bewußtlose) Zerstörung der philosophischen Vorstellung der harmonischen Anpassung in organischen Mensch-Natur-Systemen zugunsten der Vorstellung von Gesellschaft als einem Systembestandteil der Natur im Sinne von physikalischer Natur. *Space* ist in diesem universalistischen Kontext eine disziplinäre Abgrenzung, die als gesellschaftstheoretische Konzeption reflektiert, daß das Mensch-Natur-Verhältnis, das im Arbeitsprozeß einen Kraft-und Energieaustausch darstellt, universell als Organisation dieses Austauschs im Sinne der physikalischen (maschinellen) Abstraktion von konkreter Natur geworden ist (vgl. ausführlicher Eisel 1980: 494-516). Sie thematisiert diese unbewußte Reflexion aber – getreu ihrem empirischen Konstitutionsideal von Daten – als gesetzmäßiges (Bewegungs-)Verhalten in der Sphäre der „positiven" Daten der Gesellschaft als Gravitation, Interaktion, Diffusion gesellschaftlicher Energien oder Massenpunkte, statt als Theorie der Arbeitsteilung.[15]

---

14 Zur Interpretation der wichtigsten Phasen der geographischen Paradigmenentwicklung (Entstehung der Anthropogeographie, Possibilismus, Funktionalismus) bis zur Entstehung der Sozialgeographie in diesem Bezugsrahmen vgl. Eisel 1980: 274-493 und 545-588 (in diesem Band 114-126).

15 „Von welchen Motiven auch einzelne Personen angetrieben sind, die Positionen der Menschen im Raum und ihre Bewegungen von einem Punkt zum andern fallen in den Zuständigkeitsbereich der Physik ..." (Stewart 1945, zitiert nach Sprout, Sprout 1971: 121). „Eine Begründung für die Behandlung von Individuen als Masse geht davon aus, daß individuelles Verhalten ähnlich unvoraussagbar sei wie das Verhalten einzelner Moleküle. Diese Behauptung hat zur Entwicklung der oben erwähnten Gravitations- und Potentialmodelle der Sozialphysik sowie zu statistischen Untersuchungen über Arbeitspendler, Umzüge, Versandhandel und Einkaufsverkehr geführt. Derartige Studien haben das Verhalten meist als Funktion dreier Umstände analysiert: (1) der Entfernung, (2) der sozioökonomischen Kennzeichen von Knotenpunkten und (3) der sozioökonomischen Charakteristik des Raumes zwischen den Knotenpunkten. Eine Vielzahl entsprechender Studien stützt inzwischen die Hypothese, daß die Interaktionen zwischen einem Knotenpunkt und der Umlandregion (oder zwischen zwei Knotenpunkten) mit zunehmender Entfernung abnehmen" (Isard und Reiner 1970: 422).

Die zweite (verhaltenswissenschaftliche) Phase der geographischen Revolution eliminiert (unbewußt) die (unbewußte) Idee, daß menschliche Arbeit überhaupt etwas mit „Natur" zu tun hat, sowohl als Aktion mit Bezug auf die außermenschliche Natur als auch als Aktivierung von subjektiver Natur. In der behavioristischen Reduktion von Arbeit auf „Verhalten" wird das Phänomen abgebildet, daß industrielle Arbeit nicht einmal bei den Arbeitenden dominierend die subjektive Empfindung von natürlicher Aktivität in Verbindung mit Natur erzeugt, sondern nur noch eine abstrakt (physikalisch) verallgemeinerte „Handlung" ist (vgl. ausführlicher Eisel 1980: 517-533 (in diesem Band 97-102)). Im *behavioral approach* ist der „Raum" (auch im Sinne von *space*) sekundär geworden, eine abgeleitete Dimension, weil jede materielle „objektive Natur" endgültig aus der Gesellschaftstheorie verbannt wurde. Sie existiert nur noch als Bestandteil subjektiver Perzeption. (Und selbst dies entspricht einer fundamentalen Tendenz in der Realität, nämlich der Trennung von Arbeit und Freizeit als Folge industrieller Arbeitsteilung und des damit gegebenen Verlusts von Naturempfinden, die zur massenhaften kognitiven und emotionalen Rückgewinnung von Natur in die Gesellschaft durch die kontemplative, private Beziehung zu ihr im Urlaub und in der „Naherholung" führt.)

Diese Stufen gesellschaftstheoretischer Reflexion auf der Ebene der Arbeitsteilung betreffen den eigentlichen Wert der Begriffe der Geographie und zeigen die Konsequenz und das Potential ihrer Paradigmengeschichte. Sie hat natürlich nie eine Theorie der Arbeitsteilung auf dem Programm gehabt oder entworfen, sondern ihre „Philosophie" ist, als Wissenschaft vom konkreten Mensch-Natur-Verhältnis, nicht darum herum gekommen, implizit diese Reflexion in ihren Begriffen aufzunehmen und die darauf aufbauende „Theorie" der regionalen oder räumlichen „Ausprägung" von Kultur daran zu orientieren und jeweils entsprechend zu formulieren. Daß solche Formulierungen nach dem Paradigmenwechsel ihren Sinn verlieren, ist selbstverständlich, denn der Übergang von der Einheit in konkreter Natur („Land", „Landschaft") zur Einheit in abstrakter Natur (allgemeine Gesetze über Bewegung von Partikeln, *Space*) und zum Primat subjektiven Handelns (allgemeine Gesetze subjektiven Verhaltens) entspricht dem Übergang von der Idee (und der Realität) singulärer Kulturen zur Idee (und Realität) einer universellen Weltgesellschaft, wie sie durch die Idee des Christentums und den Weltmarkt der industriellen Warenproduktion durchgesetzt wurden.[16] Der aufklärerische (mechanizistisch-materialistische) Universalismus einer Einheit in abstrakter (physikalischer) Natur und in der Natur des Subjekts erlaubt es nur noch im übertragenen Sinne, von Kultur als einer Anpassungsleistung an die Natur zu reden. Dennoch wird auch nach dem Wandel und zuletzt dem gänzlichen Verlust des Bezugs auf Natur die Form

---

16 Der entsprechende Vorgang ist der Übergang von den hermeneutischen Geisteswissenschaften zu den Sozialwissenschaften.

der Arbeitsteilung eben genau damit reflektiert, ohne zugleich eine „Theorie" über das Mensch-Natur-Verhältnis zu formulieren. Es gilt demnach herauszufinden, was eine gesellschaftstheoretische Perspektive auszeichnet, die das Reflexionsniveau von „Arbeit" als abstrakter Kraftentfaltung und „Arbeit" als abstrakter verallgemeinerter „Handlung" aus dem neuen geographischen Paradigma mit der Utopie von Arbeit und Kultur als Relationen zwischen Menschen und konkreter Natur aus dem alten Paradigma (vgl. dazu Eisel 1979: 46-50 sowie ausführlich 1980: 274-292) verbindet und als aktuelle gesellschaftliche Strukturebene erfaßt. Eine solche Übersetzung von „Raum" erklärt als Metatheorie, warum der Bezug auf diesen Begriff gerade nicht mehr der auf konkrete Natur ist, inwiefern aber die reale Abstraktion der Natur im industriellen Arbeitsprozeß als theoretischer Ausgangspunkt genommen, dennoch Probleme der Industrialisierung so zeigt, daß klar wird, daß sie nur unter Einschluß eines idiographischen Raum- und Kulturbegriffs behandelt werden können. So wäre gerade der alte Begriff von Raum ein theoretisches Selektionskriterium innerhalb einer allgemeinen Gesellschaftstheorie.

3 Regionalismus als gesellschaftliche Autonomie statt als natürliche und teleologische Bindung

Der neue Reflexionsstand ist die intuitive Gewißheit über die erreichte Abstraktion und Universalität im Arbeitsteilungsprozeß, d.h. darüber, daß das Mensch-Natur-Verhältnis in seiner industriellen gesellschaftlichen Form universell und strukturell dominierend geworden ist. Es bliebe daher zunächst bei einer anti-idiographisch und gesellschaftstheoretisch orientierten Strategie.

Wenn sich eine solche Grundstrategie in ihrer disziplinären Spezialisierung dennoch am Paradigma einer Kulturtheorie mit konkretistischem Naturbezug ausrichten soll, weil das die bisherige Fachabgrenzung abermals disziplinpolitisch geschickt verlängern würde, bleiben zwei Gegenstands- und Problembereiche der Realität diskussionswürdig: Es bietet sich die in den Industrieländern zu beobachtende, rapide zunehmende Ausnutzung des privaten Lebensbereichs im Sinne einer kommerzialisierten Erholung als Phänomen und Problem an. Dabei wären es primär die Bereiche Urlaub und Naherholung, soweit sie auf die Erfahrung von Natur bezogen sind, die in Frage kämen.[17] Es handelt sich hierbei eindeutig um ein Phänomen zunehmender Trennung von Arbeit und Freizeit, wie es für ausgestaltete Produktionsverhältnisse industrieller Arbeitsteilung charakteristisch ist, um ein gesellschaftstheoretisch („systematisch") behandelbares Phänomen und um eine

---

17 Dem entspricht ja bereits eine enorme Zunahme der geographischen Publikationen im Bereich der Freizeit- und Fremdenverkehrsgeographie.

Rückbeziehung auf konkrete Naturerfahrung, ausgehend gerade von den Defiziten industrieller Arbeit und städtischen Lebens. Dies als kultur- und sozialgeographisches Programm verarbeitet, hätte den Nachteil, daß es nicht tragfähig wäre als Basis einer „Regionaltheorie". Die alten Grundbegriffe könnten nicht aufgenommen werden, weil die Theoriekonstruktion sich auf die allgemeinen Strukturen von auseinanderfallender Arbeits- und Freizeitsphäre, auf die gesellschaftliche Funktion der Naturromantik, auf die Funktionsweise des Wahrnehmungsapparates im Sinne der Semiotik und Wahrnehmungspsychologie usw., im ganzen also auf sehr heterogene allgemeine Teiltheorien beziehen müßte, für die „regional" oder „Raum" gerade kein Integrations- und Theoriebegriff wäre, sondern lediglich ein Hinweis auf die Art der Konzeption von Fallstudien im Unterschied zu reinen Zeitreihen. Zudem hat die Freizeitsoziologie in dieser Thematik, sowohl mit ihren ideologiekritischen Reflexionen als auch in der positivistischen Forschung, deutlich einen Vorsprung.

Die zweite Perspektive nähert sich demgegenüber den beiden Paradigmen, vor allem der Gesamtheit der entwickelten Grundbegriffe, besser an, auch wenn sie letztlich eine glatte Umkehr der Theorieperspektive beider Paradigmen zur Voraussetzung hat.

Das zukünftige Paradigma und Thema der Geographie könnte sich abermals mit „Regionalismus" beschäftigen, allerdings mit Regionalismus im Sinne der Besonderheiten von Regionen im Rahmen ihrer industriegesellschaftlichen und staatlichen Allgemeinheit, nicht im Rahmen einer landschaftskundlichen Typologie als Verallgemeinerung.

Das idiographische Denken hat seinen Sinn durch die ihm entgegenstehenden universellen Tendenzen in der Geschichte erhalten, primär (positiv) durch das Christentum und (negativ) die Industrie, und es ist als Denken einer Welt in zweckmäßiger Angepaßtheit konzipiert. Nun ist aber inzwischen die Industrialisierung – ebenso wie in der klassischen konservativen (idiographischen) Kulturkritik und im Marxismus – nicht mehr alleine als technischer Fortschritt im allgemeinen Bewußtsein verankert, sondern wird in ihrem fortgeschrittenen Stadium als universelle Bedrohung empfunden. Das heißt, das idiographische und konservative Denken gewinnt Perspektive als progressives Denken[18] unter explizitem Bezug auf die Industrie (und ihre staatlichen Organisationen), sobald diese nicht nur die Existenzbedingungen einer Klasse bedroht, sondern die Naturbasis „der Menschheit". Die konservative Haltung gegenüber der Industrie, die immer im Namen der Interessen der Grundbesitzerklasse gegen den liberalen Staat geltend gemacht worden war, erreicht erneut den Stand ihrer Herkunft in der Frühaufklärung, wo sie Bestandteil des Kampfes gegen den

---

18 Vgl. etwa die Diskussion über „linken Konservativismus" in: Linker Konservativismus? 1979.

absolutistischen Staat in seiner Funktion als Garant des ökonomischen Wachstums gewesen war. Sie wird, wie jedes Klasseninteresse, als universelles Menscheninteresse formuliert, bevor es universell geworden ist, gewinnt dann aber progressive Gestalt, wenn sie von der Realität „eingeholt" wird und sich damit zu Recht gegen die Institutionen der allgemeinen Wachstumsgarantie richtet.

Es gibt demnach einen Regionalismus, der im Sinne eines progressiven Kampfbegriffes verstanden werden kann, weil er sich auf die politische und ökonomische Sphäre bezieht und nicht auf die Anpassung an Natur. Das hat aber zur Voraussetzung, daß das Problem der universalistischen Industrie, der Abstraktion von konkreter Individualität in der Arbeits- und Lebenswelt, der individuellen Autonomie und der zentralen Staatlichkeit (bis zum „totalen Staat") zum Ausgangspunkt des Regionalismus gemacht wird. Nur so ist „idiographisches" Denken bzw. „Regionalismus" ein gesellschaftliches Kampfprogramm, das eine reale Entwicklung und Problemlage als „erscheinendes Bewußtsein" reflektiert an Stelle eines Konzeptes von naturgesteuerter Anpassung zur resignativen Verherrlichung vergangener Kulturen und Ausbeutungsverhältnisse, auch wenn hierin die „eigentliche" Idee als Klassenposition beim progressiven Beginn der Industrie liegt. Damit wird aus dem teleologischen und organizistischen (also konservativen) Aspekt ein konstruktivistischer (also aufklärerischer) Aspekt der Planung von Autonomie, Autarkie usw. innerhalb der industriellen Arbeitsteilung und einer übergeordneten Administration.

„Kampfprogramm" ist hierbei nicht so zu verstehen, daß die geographische Wissenschaft eine politische Legitimationsinstitution für existierende oder zukünftige Autonomiebewegungen zu sein hätte, sondern daß sie erstmals die Fähigkeit zur Entwicklung eines kritischen Theoriestandpunktes sowie daß sie eine Theorieperspektive innerhalb der Gesellschaftstheorie hätte, weil sie mit ihren Grundbegriffen auf das aktuelle und historisch sicherlich schärfer werdende Problem des Widerspruchs zwischen industrieller Realabstraktion mit zentraler staatlicher Herrschaft und kultureller und ökonomischer Autonomie bezogen wäre.

„Regionen" und „Länder" wären dann, ganz im Sinne ihrer alten Utopie, keine Nationalstaaten, sondern würden sich „idiographisch" von ihrer kulturellen Tradition her bestimmen. Nahezu jeder der fundamentalsten Begriffe der klassischen Kultur- und Sozialgeographie (wie z.B. „Lebensformgruppen") hat in diesem Konzept einen präzisen Sinn unter total veränderter Perspektive: nicht organische Einbindung der Kultur und Arbeit in die konkrete Natur einer Region, sondern industrielle Emanzipation, so wie sie als reale Verallgemeinerung aller Kulturen vollzogen wurde, als Bedingung der regionalen Partizipation an diesem allgemeinen Stand des „Stoffwechsels" und der „Beseitigung von Knappheit" und kulturelle Autonomie als Basis der Auflösung der „despotischen" Tendenzen der abstrakten zentralen staatlichen Herrschaft in solchen Industrienationen – also die bislang fundamental widersprüchliche Idee idiographischer industrieller Kulturen. Das wäre der abstrakte, pro-industrielle Reflexionsstand des neuen geographischen Paradigmas als Aspekt innerhalb der allgemeinen Gesellschaftstheorie und als Problemorientierung. Mit diesem Reflexionsstand stünde die Geographie erstmals explizit im Gefolge der politischen Aufklärung, gegen die ja die Grundbegriffe, nachdem sie in der Frühaufklärung entstanden waren, dann als Konservativismus definiert worden waren, und sie stünde auch im Bereich theoretischen weil gesellschaftlichen Neulands. Der Bezug auf eine kulturelle Tradition, die sich autonomistisch gegen den Schematismus einer zentralen Administration und gegen den Verlust von sozialer Identität richtet, ist aufklärerisch, wenn er nicht (oder zumindest nicht nur) gegen die industrielle Arbeitsteilung unter Berufung auf vorindustrielle Produktions- und Lebensformen gerichtet ist, sondern gegen den Despotismus, der als Garant von industriellem Wachstum per se auftritt (und der sich offensichtlich sowohl unter kapitalistischen Bedingungen als auch unter Bedingungen der Warenökonomie des „realen Sozialismus" strukturell durchsetzt). Dem widerspricht nicht, daß die reale gesellschaftspolitische Bewegung, die sich im Sinne des idiographischen Weltbildes äußert, ihre alternativ-kulturelle Praxis eher konservativ bestimmt. Die klassisch konservative (und in gar keinem Sinne „schon wieder" progressive) Ideologie der grünen Parteien und Alternativ-Kulturen ist unverkennbar auf die alte geographische Utopie von konkreter Natur (und von einem harmonischen, bäumchenpflanzenden Leben darin) bezogen, richtet sich aber trotzdem unter diesem falschen Bezug gegen die Allianz von industriellem Wachstum und zentralem Staat und ist somit Bestandteil eines gesellschaftlichen Prozesses, dessen „erscheinendes Bewußtsein" die Basis einer progressiven Zukunftsperspektive der Geographie ist.

Die Entwicklung dieser Perspektive legitimiert sich somit aus beidem: aus der Verlängerung der Tradition beider Paradigmen unter Verschiebung der Bedeutung der Grundtermini und aus dem Verweis auf ihren Charakter als „erscheinendes Bewußtsein" eines Aspekts gesellschaftlicher Realentwicklungen. (Wenn es gelingt, beides in Übereinstimmung zu bringen, sind die Bedingungen einer „Perspektive" erfüllt.)

Die Theorie der Kultur- und Sozialgeographie hätte also die Aufgabe, aus dem Verhältnis der universellen industriellen Arbeitsteilung und ihrer staatlichen und bürokratischen Organisationsformen zu regionalistischer Autonomie und Kultur (und den daraus entstehenden Widersprüchen) ihren allgemeinen gesellschaftstheoretischen Horizont zu bestimmen, bevor sie sich, weil ihre Begriffe so „gut passen", den autonomistischen Bestrebungen regional zuwendet. Das wäre – im Sinne des neuen Paradigmas – eine nicht-idiographische, gesellschaftstheoretische, problemorientierte, in ihrer Problembrisanz sicher zunehmende, pro-industrielle, auf den Staat statt auf Natur bezogene Orientierung; zugleich wäre es – im Sinne des alten Paradigmas – eine auf das Phänomen idiographischer Kulturen bezogene, regionalistische, den Formen und Folgen der Industrie kritisch gegenüberstehende, auch objektorientierte Theorie. Entscheidend ist hierbei, daß vorerst in bezug auf beide Paradigmen die theoretische Bindung an „konkrete Natur" fehlt, denn auch im Kontext der Berufung auf singuläre Kulturen im Sinne des alten Paradigmas sind „Regionen" und „Kulturen" durch ihr politisches Verhältnis zum Staat definiert, also als autonomistische Bewegungen; sie sind nicht als harmonisch integrierte Mensch-Natur-Verhältnisse theoretisch relevant, selbst wenn sie so geartet wären oder sich in ihrem Kampf so legitimieren würden. Das hält sozusagen den erreichten Stand des neuen Paradigmas im Sinne des *behavioral approach* als einer liberalistischen Gesellschaftstheorie – denn dieses Paradigma hatte ja unbewußt die konservative Theoriestruktur, die an die teleologische und deterministische Utopie von „konkreter Natur" gebunden gewesen war, zerstört – ohne auf eine inhaltlich regionalistische Perspektive zu verzichten.

Damit ist, bezogen auf die (unbewußte) metatheoretische Orientierung der Geographie am Phänomen Arbeitsteilung, das klassische Paradigma zunächst als sein abstraktes Gegenteil etabliert, nämlich als aufklärerische Kulturtheorie statt als konservative Arbeitsteilungstheorie. Bedingung dafür ist es, die Tatsache, daß die Geographie sich letztlich an der industriellen Arbeitsteilung orientierte, zu bemerken und zum expliziten Ausgangspunkt zu machen. „Regionalismus" heißt, ausgehend von der Industrie und ihrem Verhältnis zum Staat, als Theorie (die explizit von den diffusen Einflüssen ihrer Metatheorie als einer Reflexion der Arbeitsteilung befreit ist) zunächst „Autonomie". Das aber entspricht genau dem historischen Stand des industriegesellschaftlichen „Regionalismus" als politische Bewegung. Er ist noch nicht auf der Stufe der regionalen kooperativen Organisation und Planung der allgemeinen industriellen Arbeitsteilung, sondern erst auf der Stufe des politischen Kampfes gegen abstrakte Administration in Anknüpfung an vorindustrielle Traditionen. Daher verbindet er sich bei Legitimationen des Autonomismus gegenüber dem Staat nicht zufällig widersprüchlicherweise immer wieder mit Bewegungen oder Ideologien vorindustrieller Arbeitsteilung, denn der Bezug auf „Region" und „Land" in deren Implikationen als organischer Einheit von Kultur und konkreter Natur legt oberflächlich die Orientierung am vorindustriellen Arbeits- und Lebensideal nahe.

4 Das Paradigma der Zukunft

Eine weitere (spätere) Stufe der Paradigmenentwicklung der Kultur- und Sozialgeographie läßt sich unter Bezug auf ihr Verhältnis zur Arbeitsteilung bzw. ihre Verpflichtung als Mensch-Natur-Theorie spekulativ extrapolieren.

Es ist schwierig, die politische Realität einer solchen Geschichtsstufe soweit zu antizipieren, daß ihr „erscheinendes geographisches Bewußtsein" konzipiert werden kann. Es kann lediglich einerseits das ökonomische und politische Problem formuliert werden, das sich aus industrieller Arbeitsteilung ergibt und gelöst werden muß, und andererseits kann die Paradigmengeschichte der Geographie in ihrer bisherigen Logik zu Ende gedacht werden.

Somit abermals ausgehend vom Stand und von den Problemen industrieller Arbeitsteilung und von den Bedürfnissen autonomistischer Bewegungen stellt sich realhistorisch nicht nur das Problem, wie denn kulturelle und administrative Autonomie mit den Wachstumsbedingungen größerer nationaler und übernationaler Industrien vereinbar sein sollen, sondern vor allem die Frage, ob nicht diese Industrie politisch und ökonomisch „rational" gerade nur im Sinne „regionaler Arbeitsteilung" organisiert werden kann. „Rational" heißt hier nicht, organisiert als optimale Ausbeutung der Arbeitskraft, des Landes, der Frauen und der Dritten Welt wie im Kapitalismus und „realen Sozialismus", sondern als optimale Beseitigung von Knappheit, die dem zentralen Staat nur noch die Organisation der Erhaltung der Natur als allgemeiner Produktionsbedingung überläßt und damit eine der wesentlichsten Mechanismen zum „Absterben-lassen" des Staates ist.

Das geographische Paradigma dieser fernen Zukunft müßte nach seiner bisherigen eigenen Logik zum Bezug auf konkrete Natur zurückkehren, ohne seine explizite Reflexion auf die industrielle Arbeitsteilung aufzugeben, also das konkrete Gegenteil seiner klassischen und modernen Gestalt werden. Regionalismus als Theorie der industriellen Arbeitsteilung wäre Theorie der regionalen Arbeitsteilung, und industrielle Arbeitsteilung als Anpassung in konkreter Natur wäre zu formulieren in einer Theorie der stofflichen Seite der Wertbildung. Eine Theorie regionaler Arbeitsteilung als Theorie der stofflichen Seite der Wertbildung und dies als Verlängerung kulturell motivierter und politisch erkämpfter Autonomie würde zum ersten Mal in der Geschichte der neuzeitlichen Geographie die Entstehungs-Utopie dieser Wissenschaft im 18. Jahrhundert mit der Struktur der Realität und ihren Problemen in Übereinstimmung sehen; allerdings wäre sie jetzt formuliert als proindustrielle Theorie der Anpassung in „Ländern", also als ihr eigenes Gegenteil, in dem die (idiographisch gedachte) Evolution in Verbindung mit der konkreten Natur Ergebnis und Mittel allgemeiner gesellschaftlicher Planung wäre. (Dann wären auch der Widerspruch zwischen Arbeit und Kultur und die Trennung von Metatheorie und Theorie aufgehoben.)

Die Andeutung dieser Zukunftsperspektive als Extrapolation der bisherigen Logik der Paradigmenentwicklung kann für die ausstehende (nächste) Phase der Paradigmenentwicklung in Verbindung mit deren Perspektive nicht mehr als eine Orientierung zur Unterscheidung konservativer und fortschrittlicher Bezüge auf „konkrete Natur" sein. Eine solche Vergewisserung ist andererseits sinnvoll, denn eine vorschnelle „Rückbesinnung" der Geographie auf ihren klassischen Paradigmenkern gerade unter Anknüpfung an „fortschrittliche", „grüne" und „alternativ-kulturelle" Bewegungen kann sie sehr schnell unter dem Wahn einer progressiven Strategie ins alte Paradigma zurückwerfen.

5 Die Integration existierender Trends und das Anwendungspotential

Für eine realistische Perspektive sollten nicht nur die Grundbegriffe der Paradigmen im neuen theoretischen Rahmen eine einleuchtende Bedeutung erhalten, sondern es sollten auch diverse Modelle der Analytischen Geographie im Sinne des neuen theoretischen Kontextes als empirische Konzepte verwendbar bleiben.

So wären die instrumentalistischen Bewegungstheorien als Bestandteil der entworfenen Gesellschaftstheorieperspektive Konzepte der empirischen Erhebung der Diffusion, Migration usw. von Phänomenen der allgemeinen, universalistischen Aspekte der industriegesellschaftlichen Realität. Und diese Bewegungen und entsprechenden „Innovationen" wären mit Bezug auf die Veränderung der von ihnen erfaßten singulären Lebenswelten zu betrachten, aber auch mit Bezug auf die kulturellen „Barrieren" gegenüber Innovationen, die als politisches Potential konservativer Technikfeindlichkeit, aber auch zugleich als Potential eines autonomistischen Bewußtseins aufgefaßt werden können.

Die Kontroverse zwischen Dependenztheorie und Modernisierungstheorie für den Gegenstandsbereich „Dritte Welt" ist bereits als „erscheinendes Bewußtsein" im Rahmen der angedeuteten Perspektive zu sehen. Sie geht, in einem anderen Maßstab und Definitionssinn, genau auf die Problematik des Verhältnisses von politischer und ökonomischer Autonomie zur Abhängigkeit von universellem industriellem Wachstum ein.

In den diversen marxistischen Versuchen, gesellschaftswissenschaftliche Geographie zu betreiben, wird die Frage nach einem disziplinären Forschungsprogramm mit einem gesellschaftswissenschaftlichen Programm von „Raumwissenschaft" nicht gestellt. Normalerweise werden die gängigen bürgerlichen raumwissenschaftlichen Beschreibungen durch eine politökonomische Interpretation ergänzt. Dieser ökonomische „Reduktionismus" orientiert sich, wie die bürgerliche Geographie, an „Problemen" und umgeht damit die Suche nach einem disziplinären Objekt (Forschungsprogramm). Das heißt, diese Versuche können und müssen sich rein pragmatisch legitimieren als erweiterter Erklärungsrahmen; sie „leben" in dieser Ergänzungsfunktion quasi von der Dummheit der bürgerlichen Wissenschaft. Dabei wird das Unvermögen, an disziplinärer Theoriebildung zu arbeiten, was ja einem Unvermögen an hinreichender, realitätsabbildender Selektion von Strukturzusammenhängen entspricht, als politische Entscheidung für das Primat „richtiger" (= politökonomischer) Theorien gegenüber einer angeblich antiquiert in „Schubfächern" denkenden, scheinbar eingeengten, scheinbar nur fachlegitimierenden, objektgebundenen Theoriebildung verkauft.

Soweit, wie z.B. bei David Harvey, dennoch der Versuch gemacht wird, die Politische Ökonomie unter einem auf „Raum" bezogenen Aspekt zu erweitern, wird nicht

Regionalismus und Industrie 187

klar, warum dann gerade der jeweils gewählte Theoriebereich für die Geographie konstitutiv sein soll (z.b. „Stadt" oder „Peripherer Kapitalismus" usw.). Solche Strategien bilden keinen Gegensatz zu der hier abgeleiteten Paradigmenzukunft, aber sie ersetzen sie auch nicht. Sie bewegen sich innerhalb des bisher erreichten anti-idiographischen Konzepts und verbessern seine Reichweite. Daher sind sie sinnvoll und werden vermutlich die Praxis der marxistischen Geographie der nächsten Jahre ausmachen.

Aber sie haben natürlich keine Chance, als disziplinpolitischer Vorschlag ernst genommen zu werden, weil die bürgerliche Geographie nicht akzeptieren kann, sich mittels der typischen Erklärungsideale des Marxismus zu sanieren und zu legitimieren. Deshalb erhebt die *left-wing-geography* auch gar nicht einen solchen Anspruch; damit verzichtet sie dann aber auch automatisch auf eine eigene geographiewissenschaftliche (paradigmatische) Perspektive.

Bezogen auf die gesellschaftlichen Anwendungs-(Berufs-)Bereiche bietet das sich herausbildende neue Paradigma erheblich bessere Chancen als die Analytische Geographie.

Der traditionelle Hauptabnehmer der geographischen Wissenschaft, die Schule, ist an „qualitativem", problemorientiertem Wissen interessiert (etwa im Unterschied zu formalen Standort- oder Entscheidungsmodellen). Innerhalb der Gesellschaftslehre oder der politischen Weltkunde, aber auch als eigenes Fach, wäre so für eine solche „regionalistische" Geographie eine unbesetzte Nische gegeben.

„Länderkunde" als allgemeine Theorie (und Theorie realer Formen) des zunehmenden Widerspruchs zwischen autochthonen Kulturrelikten bzw. neu gebildeten regionalen Interessengruppen (die sich der alten Traditionen erneut bemächtigen) einerseits und dem industriellen Wachstum sowie dem Staat andererseits könnte große Anteile des existierenden geographischen Wissens umgearbeitet benutzen und ist eine aktuelle, realitätsgerechte Zentrierung für ein „regionalistisch" orientiertes Fach, das schon immer „politische Bildung" betrieben hat (vgl. Schramke 1978: 9-46). Es wäre natürlich nicht ein Fach, das sich in der Behandlung einiger gerade auftretender politischer Bewegungen erschöpfte, sondern das unter dem grundsätzlichen Gesichtspunkt der Struktur und Geschichte des Verhältnisses von idiographischen und universalistischen Tendenzen diese an regionalen Beispielen verfolgt.

Für den Bereich der Dritten Welt wäre die gleiche Programmatik in umgekehrter Betrachtungsweise gegeben, denn das Problem ist dort eher, daß die „Länder" zwar über den Weltmarkt vermittelt strukturell abhängig sind von der industriellen Arbeitsteilung, daß aber die Industrie sinnvoll in vorindustrielle Kulturen eingeführt werden muß, statt daß kulturelle Autonomie im Staat eine Vorstufe für die Auflösung der bestehenden Organisation der Industrie ist. Beide Prozesse laufen aufeinander zu.

Zweifellos wäre das Programm auch relevant für die planerische Berufspraxis. Die Geographen brauchten nicht mehr den Ökonomen die Standorttheorie und den Soziologen die Mobilitätsforschung nachzuäffen, sondern hätten einen eigenen brisanten gesellschaftlichen Aspekt von regionaler Planung (einschließlich „Bürgernähe"), der mit einem wissenschaftlichen Forschungsprogramm korrespondiert. In der empirischen Forschung müßten sie dennoch nicht auf den Gebrauch ökonomischer, soziologischer und psychologischer Teiltheorien sowie ihr eigenes erreichtes instrumentelles Niveau verzichten.

Es ist nicht zu übersehen, daß Teile dieser Problematik bereits seit einiger Zeit am Rande der Wissenschaft (vgl. Gustafsson (Hrsg.) 1976), im ganzen bisher als Aspekt in der Politologie oder der Kulturanthropologie, bearbeitet werden. Einer solchen Situation wird sich jedoch die Geographie mit ihrer gerade aufgeholten, hundertjährigen Verspätung ohnehin nicht entziehen können. Es geht daher eher darum, welches die beste Ausgangsposition im Konkurrenzkampf ist. Die angegebene Thematik ist bisher nur sehr am Rande und ohne größere Anstrengung in der allgemeinen Theoriebildung bearbeitet worden. Sie ist für keinen wesentlichen Teil irgendeines Faches konstitutiv. Andererseits ist sie für die Logik der geographischen Paradigmenentwicklung zwingend und kann den wesentlichen Anteil ihrer Grundbegriffe und Konzepte durch Bedeutungsverschiebung, aber vor allem auch die Problemlage (nicht jedoch die Problemformulierung) ihres klassischen Weltverständnisses[19] benutzen.

Es ist unrealistisch, zu glauben, daß solche metatheoretischen Ableitungen und Vorschläge, selbst wenn sie metatheoretisch/theoretisch und historisch konsequent sind, disziplinpolitisch unmittelbar wirksam werden. Ihre Relevanz besteht darin, daß sie vorliegen, d.h. daß sie nicht im entscheidenden Moment noch fehlen, sondern eine Realität in Verbindung mit der Logik des Paradigmas reflektieren, von der sie andererseits noch weiter „eingeholt" werden müssen. In diesem Sinne sind sie aber für den Fortschritt eines Faches nur relevant, insoweit sie nicht Perspektiven als Konstrukte rein „erfinden", sondern als „erscheinendes Bewußtsein" einer Realität auftreten (und sich legitimieren können) und so bereits existierende Trends des Faches metatheoretisch neu organisieren und „auf den Begriff bringen". Andererseits müssen sie in einem gewissen Sinne als spekulatives und institutionelles Wagnis betrieben werden, denn „Perspektiven" sind nicht dadurch erhältlich, daß man die intellektuelle Anstrengung nicht weiter treibt, als daß man der disziplinären Praxis resümierend bestätigt, daß

---

19 Vgl. z.B. die langanhaltende Diskussion über natürliche und künstliche Grenzen und über das Verhältnis von „Charakterlandschaften" zu „organischen Landschaften", zu „harmonischen Landschaften", zu „Zwecklandschaften" usw. Dort wird letztlich nichts anderes als das Verhältnis von universalistischen zu idiographischen Tendenzen in der Geschichte verhandelt. Aber auch die Fortführung der bei Ratzel begonnenen Metatheorie des Universell-werdens der Menschheit als Ende eines Ausbreitungsvorgangs und des industriekapitalistischen Naturbeherrschungsprinzips z.B. durch Hettner und Schmitthenner gehören hierher (Hettner 1923; Schmitthenner 1938).

das, was sie bereits bewußt tut (unter methodologischer Verbesserung), ihre Perspektive sei. Das wäre eher Ausdruck einer Karriereperspektive von Wissenschaftlern als einer wissenschaftlichen Perspektive des Faches. Es würde nur zutreffen in Zeiten fest etablierter *normal science*, genau dann aber wäre es völlig funktionslos[20].

Literatur

Blaut, J. (1977): Two views of diffusion. Annals of the Association of American Geographers 67: 343-349.

Böhme, G. (1975): Modelle der Wissenschaftsentwicklung. Starnberg. Als Ms. vervielfältigt. Erscheint in englischer Übers. als Kap. II a in: Price de Solla, D. J., Spiegel-Rösing, I. (eds.), Science Policy Studies in Perspektive.

–, Daele v. d, W., Krohn, W. (1972): Alternativen in der Wissenschaft. Zeitschr. f. Soziologie 1: 302-316.

–, Daele v. d, W., Krohn, W. (1974): Die Finalisierung der Wissenschaft. In: Diederich, W. (Hrsg.): 276-311.

–, Daele v. d, W., Krohn, W. (1977): Experimentelle Philosophie. Ursprünge autonomer Wissenschaftsentwicklung. Frankfurt/M.

Bunge, W. (1966) (2): Theoretical geography. Lund Studies in Geography, Ser. C, No. 1, Lund.

Cox, K. R., Golledge, R. G. (eds.) (1969): Behavioral problems in geography. A symposium. Northwestern University, Dep. of Geogr., Studies in Geogr. No. 17, Evanston III.

Daele v. d., W. (1975): Autonomie contra Planung: Scheingefecht um die Grundlagenforschung. Vortrag vor dem wissenschaftlichen Rat der Max-Planck-Gesellschaft, H. 2: 29-32.

–, Weingart, P. (1975): Resistenz und Rezeptivität der Wissenschaft – Zu den Entstehungsbedingungen neuer Disziplinen durch wissenschaftspolitische Steuerung. Zeitschr. f. Soziologie 4: 146-164.

Diederich, W. (Hrsg.) (1974): Theorien der Wissenschaftsgeschichte. Beiträge zur diachronischen Wissenschaftstheorie. Frankfurt/M.

– (1974): Einleitung zu Diederich, W. (Hrsg.) (1974): 7-51.

Downs, R. M. (1970): Geographic space perception. Post approaches and future prospects. In: Board, Ch., Chorley, R. J., Haggett, P., Stoddard, D. R. (eds.): Progress in geography. International Reviews of current research, Vol. 2, London: 65-108.

---

20 Nachträgliche Anmerkung: Auf die nach der Fertigstellung dieses Manuskripts erschienenen Arbeiten, die der „Prognose" entsprechen, konnte nicht mehr eingegangen werden. Das Thema „Regionalismus" bzw. „Minderheiten" wird in der Schulerdkunde und im Bereich der Planung behandelt; vor allem der Zugang zum wichtigen „geographischen" Gegenstand der regionalen Disparitäten verschiebt sich von einer „zentralistischen" zu einer „autonomistischen" Perspektive hin. Das weist darauf hin, daß die kontinentale, „moderne klassische" Geographie bereits intuitiv ihr neues Paradigma zu „haben" beginnt, und daß dies nicht zufällig im Bereich ihrer Praxis zu entstehen beginnt (vgl. dazu allgemein Eisel 1980: 549-553 (in diesem Band 111-113)).

Eisel, U. (1977): Physische Geographie als problemlösende Wissenschaft? Über die Notwendigkeit eines disziplinären Forschungsprogramms. Geographische Zeitschrift 65: 81-108.

– (1979): Paradigmenwechsel? Zur Situation der deutschen Anthropogeographie. In: Sedlacek, P., (Hrsg.): Zur Situation der deutschen Geographie zehn Jahre nach Kiel. Osnabrücker Studien zur Geographie, Band 2, Osnabrück: 45-58.

– (1980) Die Entwicklung der Anthropogeographie von einer „Raumwissenschaft" zur Gesellschaftswissenschaft. Urbs et Regio. Kasseler Schriften zur Geographie und Planung. Bd. 17, Kassel.

Gale, St. (1972): Inexactness, fuzzy sets, and the foundations of behavioral geography. Geographical Analysis 4: 337-349.

– (1972a): Remarks on the foundations of logical decisionmaking. Antipode 4, No. 1: 41-79.

Gustafsson, L. (Hrsg.) (1976): Thema: Regionalismus. Tintenfisch 10, Edition Tintenfisch, Berlin.

Hettner, A. (1923): Der Gang der Kultur über die Erde. Leipzig, Berlin.

Isard, W., Reiner, Th. A. (1970): Regionalforschung: Rückschau und Ausblick. In: Bartels, D. (Hrsg.): Wirtschafts- und Sozialgeographie. Köln, Berlin: 435-450.

Linker Konservativismus? (1979): Ästhetik und Kommunikation. Beiträge zur politischen Erziehung. 10. Jg., H. 36.

Olsson, G. (1969): Inference problems in locational analysis. In: Cox, K. R., Golledge, R. G. (eds.): 14-34.

– (1970): Explanation, prediction and meaning variance: An assessment of distance interaction models. Economic Geography 46: 223-233.

– (1970a): Logics and social engineering. Geographical Analysis 2: 361-375.

– (1971): Corresponding rules and social engineering. Economic Geography 47: 545-554.

– (1972): Some notes on geography and social engineering. Antipode 4, No. 1: 1-22.

– (1974): The dialectic of spatial analysis. Antipode 6, No. 3: 50-62.

– (1975): Birds in egg. Michigan Geographical Publications, Dep. of Geography, University of Michigan, Ann Arbor.

Sack, R. D. (1972): Geography, geometry and explanation. Annals of the Association of American Geographers 62: 61-79.

– (1974): Chorology and spatial analysis. Annals of the Association of American Geographers 54: 439-452.

– (1974a): The spatial separatist theme in geography. Economic Geography 50, No. 1: 1-19.

Schaefer, F. K. (1970): Exzeptionalismus in der Geographie: Eine methodologische Untersuchung. In: Bartels, D. (Hrsg.): Wirtschafts- und Sozialgeographie. Köln, Berlin.

Schmitthenner, H. (1938): Lebensräume im Kampf der Kulturen. Leipzig.

Schramke, W. (1978): Geographie als politische Bildung – Elemente eines didaktischen Konzepts. In: Geographie als politische Bildung. Geographische Hochschulmanuskripte 6, Göttingen: 9-46.

Smith, Ch. J. (1972): Epistemological problems in planning. Antipode 4, No. 1: 23-40.

Sprout, H., Sprout, M. (1971): Ökologie. Mensch–Umwelt. München.

Steck, R. (1977): Organisationsformen und Kooperationsverhalten interdisziplinärer Forschergruppen im internationalen Vergleich. Referat zur Tagung der Sektion Wissenschaftsforschung der deutschen Ges. f. Soziologie. Heidelberg (Masch. Manuskr.).

Taaffe, E. J. (1974): The spatial view in context. Annals of the Association of American Geographers 64: 1-16.

Thomale, E. (1974): Geographische Verhaltensforschung. In: Studenten in Marburg. Marburger Geographische Schriften, H. 61, Marburg: 9-30.

Wilson, A. G. (1976): Rezension von: Olsson, G. (1975). Environment and Planning A No. 8: 847-849.

Geographie – Die Wissenschaft von den Unterscheidungen und Korrelationen, die jedem zugänglich sind; oder: Wie man die Landschaftskunde nicht retten kann

Einige Bemerkungen zu Paul Hoyningens Interpretationsversuch von Hans Carols „Revolutionierung" der Landschaftskunde[*]

Ich verzichte auf „Randbemerkungen" im einzelnen, also auf Einwände, wie sie beim Lesen des Manuskripts chronologisch auftauchen. (Beispielsweise könnte man zeigen, daß Hoyningens Definition von Wissenschaft eine ausgezeichnete Definition von Handwerk abgeben würde.) Nur auf einen Einwand Hoyningens will ich vorweg direkt eingehen: Ich habe nie behauptet, daß die Geographie den Landschaftsbegriff wegen der Konnotation mit nationalistischen Ideologemen hätte aufgeben sollen oder können, wie Hoyningen das suggeriert. (Hoyningen-Huene 1982: 27). Ganz im Gegenteil wäre das naiv, denn ich habe ja gerade argumentiert, daß von dort die innerwissenschaftliche Aufwertung u.a. determiniert wurde. Wie also hätte die Geographie das abstoßen sollen, was ihr gerade plausibler als alle anderen Alternativen wurde? Daß jedoch eine Aufwertung in dieser Weise stattfand, ist durch semantische Analysen von Hard empirisch belegt und ist bisher nicht widerlegt.

Es gibt allerdings einen möglichen Einwand, den ich hier selbst formulieren werde: Ich habe in meinem Vortrag (Eisel 1981: 179) kurz darauf hingewiesen, daß die idiographisch-realistische Landschaftskunde als konservatives „Bollwerk" gegenüber pro-faschistischen Ideologien fungierte (vgl. dazu auch Eisel 1980: 324-330). Nun war es dieser Teil der Geographie auch gerade, der auf dem Landschaftsbegriff bestand und der ihn zu einem utopischen (und emotionalen) Objekt stilisierte. Wenn im Gefolge der Ausbreitung faschistischen Gedankengutes wegen der genannten Konnotationen die Landschaft als Objekt ihren Siegeszug antreten konnte, dann steht das im Widerspruch dazu, daß sie das innerwissenschaftlich gesehen durch besonnene Gegner derjenigen Ideologie konnte, von der sie forciert wurde.

---

[*] Der folgende Beitrag war als unmittelbar ergänzende Bemerkung und Kommentierung des Vortrags von Paul Hoyningen spontan verfaßt worden, als „Brief an die Leser von Hoyningen" sozusagen, weil die Aussicht bestand, daß beide Beiträge gemeinsam erscheinen könnten. Nachdem sich das nun aus redaktionellen Gründen nicht hat realisieren lassen, möchte ich den Leser bitten, den Beitrag dennoch in diesem Sinne und Kontext aufzufassen.

Ich vermute, daß der Widerspruch sich dadurch auflösen läßt, daß ja die Ebene der angesprochenen Konnotationen durchaus noch beiden Ideologien gemeinsam ist und daher im konservativen Lager ebenso wirksam war wie im faschistischen. Für die klassischen Landschaftskundler bestand daher dann immer das Problem, ihre „Landschaft" als ganzheitlichen Organismus, den heimlichen (oder offenen) Geodeterminismus und das idiographische und ästhetische Harmonieideal innerwissenschaftlich gegenüber den Befürwortern von „Zwecklandschaften" im nachhinein politisch „sauber" zu halten – „sauber" im konservativen, idiographischen Sinne, nachdem die Landschaft auf einer politischen Woge zum Objekt geworden war.

Im folgenden soll nun auf Hoyningens Defizite im Verständnis der Situation, in der sich die Geographie befindet, eingegangen werden, soweit mir dies unabdingbar für eine wie auch immer geartete wissenschaftstheoretische Annäherung an die Geographie erscheint.

Man kann bemerken, daß Paul Hoyningen kein Geograph ist. Das ist nicht polemisch oder kritisch gemeint, sondern bezieht sich auf seine Gutwilligkeit. Die ist ihm erhalten geblieben, weil er vermutlich nie geographische Seminare besucht hat in einer Phase, in der er seine Zukunft und seine Perspektiven, seine intellektuelle Kapazität und seine diffusen Wünsche nach Wissenschaftlichkeit in der Universität zu Markte getragen hat. Es ist ihm also erspart geblieben, sich für das engagieren zu müssen, was er nun als Philosoph analysiert. Und so ist es ihm auch erspart geblieben, sich damit anzufreunden, daß das, was er als „uns allen bekannte und sicher handhabbare Unterscheidungen" nennt, schon alles ist, was angeboten wird.

Der menschliche Fundamental-Common Sense als Konstitutionsideal einer Disziplin – das ist ja in der Wissenschaft immerhin ziemlich beispiellos, und daran muß man sich, wenn man dieser Disziplin angehören möchte, zunächst erst einmal gewöhnen. Es besteht kein Zweifel, daß viele Wissenschaften aus einer naiven Weltsicht heraus entstanden sind (und noch entstehen), aber daß sie diese Sichtweise fürderhin als ihre Definition von Wissenschaftlichkeit geltend machen, ist nicht bekannt. Die Geographie scheint mir in dieser Hinsicht eine Besonderheit darzustellen. Und hier setzt sinnvollerweise eine Forschungslogik der Geographie an. Kurzum, Paul Hoyningen kennt vermutlich nicht das systematisch auftretende Erlebnis der Geographiestudenten, daß immer dann, wenn die Probleme interessant werden, die Zuständigkeit anderer Wissenschaften in Kraft tritt, und daß, solange sie nicht in Kraft tritt, die Probleme unbefriedigend formuliert zu sein scheinen. Das sind keine wissenschaftstheoretischen Argumente, aber sie sind vermutlich nicht unwichtig, um Paul Hoyningen zu verstehen, und das ist sinnvoll, wenn man verstehen will, was er über Carols Landschaftskunde geschrieben hat.

Zudem weisen diese Reminiszenzen meines Geographiestudiums auf die allgemeine Situation hin, die Ausgangspunkt jeder metatheoretischen Diskussion über

Geographie sein sollte: Es gibt einen Riß in der Tradition, die Carol zu retten versucht, und das ist ein wissenschaftshistorisches und forschungslogisches Faktum, das in jedem Falle mitinterpretiert werden muß. Es ist irreführend, sich 1980 gewissermaßen naiv zu stellen und so zu tun, als hätte in der internationalen Geographie nicht eine Revolution stattgefunden und eine Gegenrevolution begonnen. Erstens ist diese Entwicklung schlicht als historisches Faktum ernst zu nehmen, weil es kaum wahrscheinlich ist, daß eine Wissenschaft sich ganz zufällig mal so zwischen 1950 und 1970 umwälzt, zweitens wurde in diesen beiden Revolutionen das oben angedeutete Unvermögen der Geographie intensiv wissenschaftstheoretisch (vor allem methodologisch) reflektiert, und drittens steckt ja Carol schon mitten drin in dem, was dann einige Jahre später „Paradigmenwechsel" der Geographie genannt werden wird. Deshalb kann man ihn auch ohne Rekurs auf die Paradigmen nicht verstehen. Das heißt, eine methodologische Position zu Carol ergibt sich sinnvollerweise aus den Kriterien, die das Fach als disziplinärer Ausdifferenzierungsprozeß naturwüchsig entwickelt hat. Zumindest ist das der primäre Zugang, unabhängig davon, wie man selbst zu diesen Kriterien steht. (Ich habe selbst nie Zweifel daran gelassen, daß ich eine kritische Einstellung zur erfahrungswissenschaftlichen Philosophie habe, und habe versucht, diese Perspektive der „neuen" Geographie zu kritisieren, aber ich kann mir nicht vorstellen, wie man das Gewicht der Existenz der Argumente der eigenen Forschergemeinde unterlaufen könnte. Man kann diese Argumente widerlegen, aber man muß sie berücksichtigen.) Darüber hinaus ergibt sich aus der Kenntnis der Paradigmen, die gewechselt haben, eine theoretische und forschungslogische Position zu Carol.

Nun kann man natürlich das alte Paradigma verteidigen – sowohl unter Kenntnis als auch unter Unkenntnis dieser Wissenschaftsgeschichte; in jedem Fall hat man dann die ganze Last der Argumente des Paradigmenwechsels zu tragen. Ich habe nicht das Gefühl, daß Hoyningen diese ganze Last trägt.

Er entwickelt eine gutwillige und etwas vom geographisch „brisanten" Aspekt ablenkende Interpretation von Carols „zweckmäßiger" Festlegung von Landschaftseinheiten. Von dem, was Carol lösen will, lenkt es ab, weil es im Sinne der Paradigmengeschichte hierbei zweifellos um den Streit über „Zwecklandschaften" im Unterschied zu harmonischen, organischen Real-Ganzheiten geht, also um eine „problemorientierte" im Gegensatz zu einer idiographisch-klassifizierenden Regionalisierungsstrategie.[1] Jedenfalls formuliert in diesem verschobenen Zusammenhang Hoyningen zuletzt: „Das Objekt schreibt mir vor, was die relevanten Eigenschaften sind, diese bestimmen in letzter Instanz die Untersuchungsmethoden, und die Ergebnisse der Untersuchung sind – jedenfalls so lange gewisse quantenmechanische

---

1 Vgl. zu dieser paradigmengeschichtlichen Interpretation meine Bemerkungen zu Carol in Eisel 1981: 178/179 und 186/187 (in diesem Band 149-150 und 164-166).

Effekte keine Rolle spielen – gänzlich meiner Willkür entzogen und allein vom Objekt her bestimmt" (Hoyningen 1982: 26).

Ich weiß, daß Hoyningen weiß, daß ein solches „Objekt" ein hochtheoretisches Konstrukt ist und daß man es seit einiger Zeit aus guten Gründen ein „Paradigma", ein „Forschungsprogramm" oder einen „Strukturkern" mit einer „Umgebung" nennt bzw. daß man es nur als in einem solchen Konstrukt eingebunden verstehen kann. Ich weiß allerdings nicht, warum er nicht extrapoliert, was daraus folgt. Ein Objekt entspricht einem Konstitutionsideal von Daten. Dieses Konstitutionsideal folgt zumeist einem gesellschaftlichen Interesse. In diesem Sinne ist ein Objekt durchaus „objektiv" vorgegeben, und die im nachhinein aus diesem Objekt/Konstrukt innerwissenschaftlich abgeleiteten Untersuchungsmethoden geben keine Auskunft mehr darüber, daß sie dergestalt oder in vulgärer Form eine Praxis waren, von der das Objekt in dieser Form erst herauspräpariert wurde. Für die Geographie ist dieser Zusammenhang von beiden Seiten der Theorie aus geklärt: Sowohl die konstitutive Praxis der Entdecker als auch die Praxis der Schullehrer sind verantwortlich für das (und trivialerweise kompatibel mit dem) Objekt, das sie determinieren. Unter dieser Bedingung ist es aber nicht sinnvoll, diesen *point of view* total außer acht zu lassen, denn gerade der Widerspruch zwischen der überkommenen Anforderung der Schule[2] und der immanenten Dynamik einer empirischen Wissenschaft bildet einen realistischen Zugang zur Situation der Geographie. Das heißt, daß dieser Aspekt der Unmittelbarkeit des Zugangs zur Welt, den Hoyningen wegen seiner Unmittelbarkeit als problemlos erachtet, gerade im Fach derjenige oberflächlich erkennbare Aspekt des Paradigmas wurde, der den gehobenen erfahrungswissenschaftlichen Idealen widersprach. Daß diese Ideale sich entwickelt hatten, verdankt die Geographie einer Kombination ihres Anspruchs, eine empirische Wissenschaft zu sein, mit dem behavioristischen und physikalistischen Kontext in der angelsächsischen Entwicklungstradition, der es weitgehend ausschloß, das empirische Ideal als „verstehendes" aufrechtzuerhalten.

So ist die Geographie an einem Punkt angelangt, an dem die „verstehende" Soziologie, Psychologie usw. schon vor vielen Jahrzehnten waren.

Daher vermute ich, daß kritische Geographen unzufrieden sind, wenn das in der Geographie neu entstandene Problem des alten „Methodenstreits" mitsamt den am *new empirism* ausgerichteten Präzisierungen, die ja durchaus nicht mehr naiv gegenüber dem Wert der „verstehenden" Strategien sind, so glatt unterlaufen wird, wie es Paul Hoyningen getan hat. Und dementsprechend fröhlich können Landschaftskundler reagieren, denn sie werden einer beträchtlichen Arbeitsleistung, Beweispflicht und

---

2 Ich verkürze hier. Die Schule war es gerade, die, zumindest im Zuge einer „Bildungsreform", theoretisch verschärfte Anforderungen an die Hochschulgeographie stellte. Das verstärkte die „Krise", die durch die „quantitative Revolution" hervorgerufen worden war.

Unsicherheit durch diesen vom Philosophen ausgeführten Handstreich enthoben. Dennoch bleibt es dabei: Sei es durch Willkür oder durch gesellschaftliche Interessen konstituiert worden, das Objekt Landschaft, Land, Geomer usw. als Geosphärenmodell leidet unter dem Widerspruch, daß der Sinn dieser Konstitutionsform und die Wissenschaftlichkeitsideale empirisch-experimenteller Wissenschaften unvereinbar sind. Denn daraus, daß der Objektfestlegungsaspekt nicht aus dem Objekt folgt (und damit meint Carol das alte geographische „Grenzproblem", während Hoyningen den Sinn der Geomer-Konzeption überhaupt meint), dann aber aus diesem irgendwann festgelegten Objekt die „Untersuchungsmethoden" folgen, kann nicht geschlossen werden, daß diese Untersuchungsmethoden zeitgemäß sind. Im Gegenteil zeigen sie meistens als erste an, daß, weil sie es nicht mehr sind, das Konstitutionsideal des Objekts seines gesellschaftlichen Hintergrundinteresses verlustig gegangen ist. So drückt denn auch Carols Begriff „Schau" mehr aus, als Hoyningen meint, denn in ihm konzentriert sich die ganze Philosophie der idiographischen Entdecker-Geographie, die intuitionistische Phobie vor Theorie und Operationalisierung. Daher ist die Geographie auch mit dem Hinweis auf sinnvolle erkenntnistheoretische Abstinenz gegenüber einer Aktivierung einer Methodologie des subjektiven Eingreifens im Beobachtungsprozeß (ebd.: 26) nicht zu entlasten, denn sie ist nicht am Anfang ihrer Karriere, wie Hoyningen unterstellt (ebd.: 26), sondern nach zweihundert Jahren aufgefordert, ein sehr altes Problem der anderen Fächer wenigstens zur Kenntnis zu nehmen und zu verstehen. Das würde den Wissenschaftsbetrieb nicht „vorgängig" blockieren, sondern z.B. das Sphärenmodell als Nonsense-Konstruktion entlarven. Wohlbemerkt: Nonsense-Konstruktion nicht per se; sie ist in einem trivialen Sinne wahr, sie hat eine Geschichte des vernünftigen ersten Zugangs zur Welt hinter sich, und sie ist etwas, was man Kindern in der Schule vermutlich vermitteln sollte (obwohl eine hohe Wahrscheinlichkeit des Geodeterminismus impliziert ist). (Mit dem Argument der Relevanz für die Schule bin ich allerdings unsicher, ob es überhaupt zutrifft.) Aber ob es sich um ein „Objekt" handelt, das für eine empirische Wissenschaft 1980 ein „Forschungsprogramm" impliziert, wird durch Formulierungen wie „Die Gliederung der Geographie in Subdisziplinen ist durch die Gliederung der Erdhülle in die verschiedenen Sphären vorgegeben. Die einzelnen Subdisziplinen haben sich methodisch der speziellen Natur ihres Gegenstandes anzupassen ...." eher verschleiert als diskutiert. Denn daß diese Formulierungen das gesamte Problem der klassischen Geographie als empirische Wissenschaft enthalten und nicht lösen, zeigt ja bereits die langanhaltende Diskussion über das Verhältnis von „Allgemeiner Geographie" (in den „Subdisziplinen") zu Landschafts- und Länderkunde (in der „Integrations"-Ebene) innerhalb der klassischen Tradition der Geographie – die ja nicht einmal orthodoxe erfahrungswissenschaftliche Kriterien zu befolgen vorhatte.

Nun begegnet Hoyningen einem überzogenen (beispielsweise systemtheoretischen) Anspruch auf Behandlung der Sphären dieses Modells einschließlich ihrer inneren Beziehungen durch den Vorschlag, die Geographie habe es mit Korrelationen zu tun und mit mehr nicht. Das hieße, wenn es ein sinnvolles Forschungsprogramm für eine moderne empirische Wissenschaft gäbe, die diese aufs „Korrelieren" als heuristischen Zugang, als methodisch-technisches Instrumentarium, als intellektuelle Selbstkastrationsübung usw. festzulegen erlaubte, wäre das Problem erledigt, daß die bombastischen Allzusammenhangs-Versprechungen der Geographen nicht im Rahmen einer neueren Methodologie, sondern immer nur als Zusammenhangsschaubildchen eingelöst werden können. Das würde den Geographen zwar nicht passen (wegen des Image-Verlusts), aber es wäre immerhin realistisch, was das Anknüpfen an die klassische Forschungspraxis angeht. Unrealistisch wäre es jedoch, was die Mechanik disziplinärer Ausdifferenzierungsprozesse angeht. Die letzten zehn Jahre Geographieentwicklung z.b. sind gerade davon bestimmt, daß der traditionelle Theorieverzicht in der Geographie nicht mehr von der Fachgemeinde hingenommen wird. (Das liegt nicht zuletzt an der Konkurrenz mit anderen Fächern im Berufsfeld „Planung".) Das bedeutet, daß Hoyningens Vorschlag bereits jetzt vom Fach überholt ist. Ob zu einem früheren Zeitpunkt realistisch gewesen wäre, wage ich zudem zu bezweifeln, denn die Tatsache, daß das Fach sich dergestalt entwickelt hat, läßt darauf schließen, daß man Fächer nicht auf einem bestimmten theoretischen, methodischen und intellektuellen Niveau der Vorläufigkeit einfrieren kann, auch dann nicht, wenn man ihnen mit der „Altehrwürdigkeit" der Physik schmeichelt und so tut, als sei die didaktische Aufbereitung der Welt für Schulkinder, so, wie sie äußerlich als Korrelationsgefüge erscheint, ebenso löblich wie die Theorie der Physik. Daß das dann etwas „Eigenständiges" wäre, kann nicht darüber hinwegtäuschen, daß es zugleich fragwürdig wäre, weil es erstens ein geringes Image hätte,[3] zweitens kein

---

[3] Ich benutze hier bereits zum zweiten Mal das Image als Argument. Dem hat Paul Hoyningen (bezogen auf Argumente von Bartels und Hard) bereits entgegengehalten, daß „mangelnde Integration in das Sozialsystem (...) kein Anlaß sein (sollte), einen gut begründeten Ansatz einer Wissenschaft aufzugeben. Weder Ludwig Boltzmann, einer der Begründer der statistischen Mechanik, noch Gottlieb Frege, der Hauptbegründer der modernen mathematischen Logik, waren 'in das Sozialsystem integriert': sie erhielten ihr Leben lang fast keine Anerkennung – heute werden sie als geniale Wissenschaftler gefeiert. Die guten Gründe sollten in der Wissenschaft Vorrang haben vor der Anerkennung durch die Massen" (Hoyningen 1982: 27). Ich glaube, daß er hier Personen, die im Fach kontroverse Ansätze vertreten – „ungeliebte" Schulen also – mit der Rechtfertigung des traditionellen Gesamtobjekts verwechselt. Der Rechtfertigung der Landschaft (oder des Geomers) und des Geosphärenmodells entspräche in der Physik die Rechtfertigung der Mechanik gegenüber der Quantenmechanik und Relativitätstheorie oder in der Logik allenfalls die Rechtfertigung der Aussagenlogik gegenüber der Prädikatenlogik, eher jedoch die Rechtfertigung der aristotelischen Logik gegenüber „transklassischen" mehrwertigen Logiken. Hoyningen tut also so, als sei Carol ein diskriminierter Revolutionär, wenn er ihn mit Boltzmann oder Frege vergleicht. Er hätte Carol aber

intellektuell tragfähiges Programm wäre und drittens nicht der „darwinistischen" Mechanik von Wissenschaftsentwicklung in Wissenschaften, die eine „verstehende" mit einer „prognostischen" Methodologie austauschen, entspricht.

So bleibt es noch immer bei dem Problem: Wie soll eine Wissenschaft aussehen, die eine objekt- und aspektbezogene, schlechte Didaktik der anderen Wissenschaften war und ist, wenn sie sich nicht als Didaktik begreift – was sie nicht kann, weil sie eben eine „moderne" Wissenschaft sein muß und will?[4] Daß dies bezogen auf den Entstehungszusammenhang ein verständliches und hinreichendes Programm war und daß es als Lehrerausbildung immer Relevanz hatte, daß aber gerade aus dem Letzteren der Widerspruch des „modernen" Fachs an der Universität und daraus seine Krise folgt – das wird von Hoyningens Rettung der Carolschen Landschaftskunde eher verschleiert. Es handelt sich in diesem Sinne um eine abstrakte Interpretation, weil sie nicht auf ein reales Problem des Faches eingeht (und auch nicht auf Carols Problem, das Geosphärenmodell der realistischen Landschaftskunde mit einem problemorientierten Regionsbegriff verbinden zu wollen), sondern nur auf Carols Text als kontextlosen Vorschlag. Man kann das tun, weil man vielleicht, etwa in Analogie zu Feyerabends Position, für die Wissenschaftler größtmögliche Freiheit sichern möchte. Aber auch das wäre abstrakt, denn es übersähe, daß das eben nur bezogen auf die Personen fortschrittlich ist und Carol zu Unrecht aus der Tradition, in der er steht, herauslösen würde. Denn die Landschaftskunde, die so durch Aufspaltung in alle Landschaftskundler per se unangreifbar gemacht würde, verbietet ja den Geographen alles außer Landschaftskunde – was aus ihrem Charakter, ein „Paradigma" und Bestandteil einer „negativen Heuristik" im Sinne Lakatos' zu sein, durchaus völlig verständlich ist. Aber daraus folgt auch, daß sie nur mit Hinblick auf solche Kennzeichnungen analysiert werden kann. Eine Philosophie der Ketzer dagegen gilt eben nur für Ketzer – nicht für die Institution, die sie bekämpfen.

---

mit Gegnern von wissenschaftlichen Revolutionen vergleichen müssen; d.h., daß er an dieser Stelle eigentlich ungewollt für die „modernen" Kritiker Carols spricht. Geht man aber dennoch vom „Revolutionär" Carol aus, also von seiner Abweichung von der idiographischen Landschafts- und Länderkunde, dann wird ihm mit dieser Behandlung als Seminarthema und durch Hoyningen fast zu viel Ehre zuteil, denn er war viel weniger konsequent als viele andere Revolutionäre seiner Zeit und seines Interesses. Dennoch bleibt das Image-Argument ambivalent. Ich plädiere damit nicht für die persönliche Integration in das vorherrschende Paradigma oder in die Ideologie der Geldgeber. Aber ich werde diese persönliche Haltung nicht mit einer Einschätzung von Wissenschaftsentwicklungsprozessen verwechseln. Image und Haushaltsmittel hängen eng zusammen. Daher halte ich bei einer Einschätzung der Tragfähigkeit eines Objektbegriffs für ein Forschungsprogramm das damit verbundene Image für eine relevante Variable.

4   Vgl. dazu auch meine Kontroverse mit G. Hard in Eisel 1977; vgl. dazu Hard 1978.

Ich habe bisher bewußt nicht (oder kaum) auf der Ebene eines Verständnisses des Paradigmas der klassischen Geographie diskutiert, sondern nur auf der Ebene des Verständnisses der Situation der Geographie als Indikator für disziplinäre Entwicklungen. Das bedeutet, daß ich eigentlich auf einem vor einiger Zeit verlassenen Niveau der innergeographischen Diskussion argumentiert habe. Es wäre nun angezeigt, zu diskutieren, was der Sinn solcher „uns allen bekannte(r) und sicher handhabbare(r) Unterscheidungen" wie „anorganisch", „organisch" und „geistig" als „Sphären" ist, denn es handelt sich um ein Muster, das in manchen anderen als den warengesellschaftlich-christlich-abendländischen Kulturen quer zu allem stünde, was als eine natürliche Unterscheidung empfunden würde. Es sind Unterscheidungen innerhalb einer Ontologie, die nur in bestimmten Produktions- und Verteilungsverhältnissen Sinn hat. An diesen Sinn ist dann z.B. auch das Geosphärenmodell und „die Gliederung der Geographie in Subdisziplinen" in Abhängigkeit von ihrem „Objekt" gebunden. Aber es ist sicherlich einsichtig, daß das nicht mehr Bestandteil dieses ergänzenden Beitrags sein kann. Ich habe diese Diskussion in einer längeren Arbeit zu beginnen versucht.

Literatur

Eisel, U. (1977): Physische Geographie als problemlösende Wissenschaft? Über die Notwendigkeit eines disziplinären Forschungsprogramms. Geographische Zeitschrift 65: 81-108.

– (1980): Die Entwicklung der Anthropogeographie von einer „Raumwissenschaft" zur Gesellschaftswissenschaft. Urbs et Regio 17, Kasseler Schriften zur Geographie und Planung, Kassel, 1980.

– (1981): Zum Paradigmenwechsel in der Geographie. Geographica Helvetica 4: 176-190.

Hard, G. (1978): Noch einmal: Die Zukunft der Physischen Geographien. Zu Ulrich Eisels Demontage eines Vorschlags. Geographische Zeitschrift 66: 1-23.

Hoyningen-Huene, P. (1982): Zur Konstitution des Gegenstandbereichs der Geographie bei Hans Carol. Geographica Helvetica 1: 23-34.

Landschaftskunde als „materialistische Theologie"
Ein Versuch aktualistischer Geschichtsschreibung der Geographie*

Es gibt verschiedene Formen, sich am geographischen Paradigmenwechsel zu beteiligen. Die einen produzieren ihn, die anderen quittieren ihn. Diejenigen, die gezwungen sind, ihn zur Kenntnis zu nehmen, haben oft ihre liebe Not, in der neuen Zeit zu bestehen – falls sie es darauf anlegen. Sie sind daran erkennbar, wie sie mit der Tradition umgehen: Sie versuchen das Neue eklektizistisch zu assimilieren, nachdem sie es zuerst bekämpft haben; sie konstruieren nicht mehr Theorien in der Logik des alten Paradigmas (was durchaus respektabel wäre), sondern sie blähen es auf mit Brocken und Namen aus dem neuen Paradigma; sie verbiegen es und machen es unleserlich. Das neue Paradigma kennen sie gar nicht, weil sie es eben nicht „haben". Dafür ist eine solche „theoretische Geographie" dann zitierfähig für jedermann, zumindest für diejenigen, die mehr an Karrieren als in der Wissenschaft arbeiten.

Dietrich Bartels hat auf den Paradigmenwechsel anders reagiert. Er hat in seiner Habilitationsschrift im klassenlogischen Teil einen originellen, eigenständigen Anpassungsversuch an das neue Paradigma unternommen; im theoretischen Teil hat er den Versuch einer „progressiven Problemverschiebung" (Lakatos, I. 1974: 14/15), zumindest aber den Versuch der expliziten „Bedeutungsverschiebung" (Kuhn 1967, insbesondere 139 ff. und 181 ff., sowie weitere Literatur in Eisel 1980: 544) von Begriffen des alten Paradigmas vom neuen Paradigma aus unternommen (eine Bedeutungsverschiebung, welche die Voraussetzung für eine derartige Problemverschiebung ist).

Solche Versuche übersetzen die Logik von Konzepten, die sich hinter den Begriffen verbergen, statt zwei Paradigmen zusammenzukleistern. Das Zentrum seiner Reformulierung des alten Paradigmas aus der Logik des neuen heraus war der handelnde Mensch als Ausgangspunkt für Vergesellschaftung. Mit diesem Zentrum ist natürlich die anthropogeographische Geschichte als progressive Vorgeschichte einholbar, da sie immer als Mensch-Natur-Theorie den Widerspruch zwischen Naturdetermination und Handlungsdetermination ausgefochten hat, und zwar notwendigerweise unter

---

* Das Manuskript wurde Ende 1985 abgeschlossen.

der Situationslogik der *Verstärkung* der Idee der Handlungsdeterminiertheit.[1] Ungefähr zu dem Zeitpunkt, an dem Bartels für die deutschsprachige Geographie die Entwicklung der angelsächsischen Geographie in einer positiven Hermeneutik der Tradition plausibel zu machen versucht, indem er dieser ihre eigene behavioristische Geschichte zeigt, gerät – selbst immanent in der behavioristischen Geographie – dieses Handlungssubjekt in Verruf: Die Stimmen mehrten sich, daß es nicht „rational" sei, so wie es die Kosten-Nutzen-Analyse bisher vorsah; daß es von „Wahrnehmungen" gesteuert sei, deren Imaginationszusammenhang alters-, schichten-, ethno-, klassen-, situations-, religions-, geschlechts-, sprach- usw. -spezifisch organisiert sei. Verhalten war keine Reaktion auf Reize mehr, sondern auf innere kognitive Welten; Bedürfnisse waren mit Werten vermischt.

Diese Entwicklung hat Bartels noch miteinbezogen in seine Idee vom Menschen und von der Geographie; gegenüber der nachgefolgten Weiterentwicklung in der *humanistic geography* ist er verstummt: Sie entsprach metatheoretisch seinem humanistischen, anthropozentrischen Ideal, widersprach aber seiner Methodologie und vor allem seinem strategischen Ziel der Auflösung der inhaltlichen Einheit der Geographie als Fach, das mit Raumbegriffen materielle, ästhetische und emotionale Mensch-Natur-Beziehungen zum Objekt des Verstehens macht.

Das heißt: Die im Dienste der behavioristischen Auflösung der subjektiven Wertlehre begonnene Abkehr vom „rationalen" Subjekt endet alsbald an einem Punkt, den Bartels' Methodologie nicht verarbeiten konnte, denn diese Methodologie ist geboren in Verbindung mit der euphorischen Durchsetzung der neuzeitlichen Rationalitätsidee.[2]

Es hätte natürlich die Möglichkeit gegeben, ausschließlich den instrumentellen Weg der deskriptiven Verhaltensanalyse weiterzugehen, der sich durch die Wahrscheinlichkeitstheorie anbot und im angelsächsischen *behavioral approach* ja auch gewählt wurde; aber dagegen sperrte sich Bartels' Interesse, die Tradition immer noch mit neuem und gutem Sinn zu versehen; dazu war er wohl ein zu europäischer Denker, als daß er die kulturtheoretische Wendung des *behavioral approach* gänzlich den technischen Perspektiven der Stochastik geopfert hätte.

Die Situation hat sich für die Geographie verändert: Die Idee der Einheit von Gesellschaft und Natur erlebt einen neuen Aufschwung, und zwar gerade in der Weiterentwicklung der von Bartels *gegen* die Einheit eingeschlagenen behavioristischen Richtung, die für den Primat des „lebensweltlichen" Wissens eintritt.

---

1 Ich habe die Geschichte und den Sinn dieser Entwicklung als Anpassung an die Bedingungen der industriellen Arbeitsteilung rekonstruiert. Eisel 1980: 494-541 und 588-600 (in diesem Band 126-133).

2 Bartels' Gewährsleute von Leibniz bis Popper geben ausreichend Beleg dafür.

Daher wird die Landschaftskunde permanent methodologisch und inhaltlich neu erfunden. Die Kritik des naturwissenschaftlichen Denkens aus der Perspektive, der Kraft und der Eigenheit des „lebensweltlichen" Wissens führt auch in ihren differenzierteren und durchaus nicht an selbstgestrickten Pullovern orientierten Formen unweigerlich zu einer verstehenden Naturwissenschaft, die sich als ökologische begreift. Nicht selten soll dann das epistemologische Wahrheitsproblem durch „Bürgerbeteiligung" gelöst werden. Denn mit der Lebenswelt als Ausgangspunkt wird nicht nur der verstehende Wissenstypus auf die Natur angewandt, sondern auch die soziale Determiniertheit von naturwissenschaftlichem Wissen (z.B. im Rahmen des „Finalisierungskonzepts", Böhme, Daele v. d., Krohn 1974; Daele v. d., Weingart 1975) als bewußte Verantwortlichkeit für Soll-Werte von Entwicklungen thematisiert. Dieser Aspekt ist zwar der Geographie fremd, aber das Umfeld dieser Konzepte (gerade dort, wo sie – statt wie bei Böhme mit Wissenschaftstheorie verbunden – nur „atmosphärisch" benutzt werden) stimuliert eine „Wissenschaftskritik", die in den wesentlichen Punkten die methodologischen Perspektiven (und Leerformeln) der Geographie erfüllt, die diese aus der Notwendigkeit der „Einheit der Geographie" abgeleitet hatte, und deren Sinn und Antiquiertheit Bartels angegriffen hatte.[3]

Neben der methodologischen Restitution der „hermeneutischen", durch „menschliches Handeln" „orientierten", Naturwissenschaft gibt es aber auch einen konsequenten Vormarsch des Objekts Landschaft. Die Entstehungsbedingungen der Landschaft als geographisches Objekt sind bekannt (vgl. Eisel 1980; Hard 1964, 1969, 1970; Schultz 1980). Die erneute „Entstehung" außerhalb der Geographie soll an zwei Beispielen gezeigt werden.

In der Geschichte der Geographie waren die Metaphern „Land" und „Landschaft" Decknamen für das heuristische Prinzip gewesen, gesellschaftliche Verhältnisse als Anpassungsleistungen zwischen Mensch und Natur zu sehen. Die Begriffe gewährleisten, daß der „Stoffwechsel" zwischen Mensch und Natur nicht von der Wertform her, die die Arbeit als industrielle hat, betrachtet wird, sondern so, als bestünde die Umformung der Natur nur aus Gebrauchsproduktion. In diesen Vorgang „konkreter" Arbeit in „konkreten" Lebenswelten ist auch die Umformung der Naturlandschaft eingebunden. Sie ist „Zeugnis" des dergestalt betrachteten Mensch-Natur-Verhältnisses als einer Kultivierung von Natur. Die gesellschaftliche Form, die diese Betrachtungsweise dem Arbeitsprozeß zuordnet, ist die komplexe Geisteshaltung einer „Lebensformgruppe"; sie vermittelt sich dem Geographen als „Ausdruck" der Kulturlandschaft, in der sich die Ausdrucksform der Arbeit ausdrückt. Die Land-

---

[3] Vgl. im gleichen Sinne Hard 1983: 157 ff. und 164 ff. Verschiedene Zugänge der genannten Art vgl. bei: Böhme (Hrsg.) 1980; Böhme und Engelhardt (Hrsg.) 1981; Böhme, Schramm (Hrsg.) 1985; Trepl 1983, 1985; Wormbs 1978; in einem anderen Rahmen Piepmeier 1980.

Landschaftskunde als „materialistische Theologie" 203

schaft ist demnach eine äußere Repräsentation eines äußeren Kultivierungsprozesses, der einem inneren „Stoffwechselprozeß" entspricht.

Von diesem landschaftlichen „Ausdruck" auszugehen heißt nun, *nicht* von dem auszugehen, was *nicht* „konkret" signifikant ist für die vergangene und gegenwärtige Relation von Mensch und Natur in einer *bestimmten* Region. Daher vermeidet man mit „Landschaft" die gesellschaftlichen Prozesse, die *universell* wirken:[4] Alles, was aus der Unterwerfung unter das Wertgesetz mit Einsetzen der industriellen Produktionsweise an Realität folgt, ist irrelevant für diesen Blick[5] oder kann als „Niedergang" einer möglichen Landschaftsgestalt thematisiert werden.

So richtet sich „Landschaft" strukturell gegen die Anerkennung der Industrie (und der „Moderne") im Namen einer Einheit von Mensch und Natur (und im Namen einer Einheit von Anthropogeographie und Physischer Geographie). Der *gute* Sinn, der in diesem Begriff als Heuristik liegt, vermittelt sich über die *Gestalt* der Landschaft und die Bezüge ihrer Elemente auf diese Gestalt. Sie ist das äußere Bild einer inneren Einheit von Mensch und Natur, in der sich der „objektive Geist" in variierenden Formen zeigt. Dieser „objektive Geist" steht für die Vergesellschaftung auf einer Ebene, die *Grenzen* schafft, d.h. *nicht* universellen (oder auf Universalisierung hin tendierenden) Vergesellschaftungsprinzipien angehört. Er äußert sich im „Konkreten" der Kultur von Lebensweisen (und Naturadaptionen), die von der Moderne erst erfaßt werden. Unter diesem Blickwinkel wird also das betrachtet, was quasi das gesellschaftliche „Material" abgibt für universalistische Abstraktion.

Die Betrachtung dieser Ebene der Vergesellschaftung abstrahiert also von der Abstraktion durch die Tauschwertform und deren Eindringen in die Produktion von Kapital. Sie abstrahiert damit vom „Wesen" ihrer eigenen Marginalisierung und der *Unangemessenheit* ihrer Resistenz gegenüber der Realität, seit die „abstrakte Arbeit" im Wertgesetz die Synthesis der Gesellschaft gewährleistet. Darin liegen die *Begrenzung* der landschaftskundlichen Heuristik und eine Zuordnungsmöglichkeit der verstehenden Methode für ein Repräsentationsobjekt zu dem gesellschaftlichen Interesse, das sie repräsentiert. Dieses gesellschaftliche Interesse ist das an einer nicht vom Tauschwert regierten Produktion.

---

4 Wegen solcher Negationen nennt Lakatos das Objekt einer Wissenschaft die „negative Heuristik" ihres „Forschungsprogramms" (Lakatos 1974: 129 ff.).

5 Vgl. z.B. Hassinger 1929. So ist es verständlich, daß die vielfältige Kritik, die von der Kritik der Wertform ausgeht, in der Geographie ihren neuen Verbündeten sieht. Ausgangspunkt ist die Kritik der Wertform; deren Abstraktheit wird kritisiert. Damit wird die Herrschaft der Wertform in den Theorien, die ihr kritisch entgegenstehen, übersehen. Die Alternative wäre, die Funktionsweise der Realität nicht zu kritisieren, sondern mittels einer geeigneten Verbindung der idiographischen und der universalistischen Theorien *abzubilden*.

Hierin liegt die Gemeinsamkeit der „alten" geographischen und der „neuen" außergeographischen Landschaftskunden. Zugleich lastet damit auf den neuen Versuchen die Schwierigkeit, die mit der „Materialisierung" des „objektiven Geistes" einhergeht: Hard hat oft darauf hingewiesen, daß die Hermeneutik eines Kunstgegenstandes überdehnt wird, sobald die hermeneutischen Verstehensleistungen gegenüber seinem Repräsentationscharakter auf ihn als reales „Ding" angewandt werden. Die Idee der Landschaft plumpst dann in die Realität. Er nennt das „Hypostasierung" und „Ontologisierung". Das heißt, solange die Landschaft „Zeichen" ist, haben „verstehende" Verfahren eine Berechtigung; sobald diese Verfahren sich auf materielle Gegenstände mit physikalischen und funktionalen Relationen beziehen, werden sie „leer" gebraucht.

Dieser methodologischen Kritik entspricht eine philosophische Kritik: Eine leere Methodologie im ernsthaften Gebrauchskontext *konstituiert* eine „Metaphysik", denn es wird über nichts geredet, so als sei es existent.

Die hermeneutische Geisteswissenschaft betrachtet ja Dinge und Ereignisse als „Zeugnisse" und als „Ausdruck". Sowohl in der Kunst als auch in historischer Perspektive sind sie Ausdruck der Produktivität eines „Subjekts", Produktivität gedacht im weitesten Sinne eines „Wirkungszusammenhangs", in dem das Subjekt einem objektiven Zeitgeist Ausdruck verleiht. „Werke" repräsentieren die Verschmelzung eines objektiven und eines subjektiven Sinnzusammenhangs und sind damit „objektivierter Geist". Diese Methodologie ist also auf einen Symbolisierungszusammenhang bezogen und leistet die Rekonstruktion von *„allgemeinem Sinn"*. Sie eignet sich nicht für die Beschreibung von nicht sinnhaft deutbaren Prozessen, denn sie setzt ein *allgemeines Subjekt,* das sich durch „konkrete", politisch, künstlerisch, kriegerisch, wissenschaftlich produktive Subjekte hindurch „äußert", voraus. Die Ausdruckskraft ihrer Werke ist Zeugnis eines allgemeinen Schöpfungsprozesses. Hermeneutik bezeichnet ein Verfahren der Kommunikation mit diesem allgemeinen Subjekt (Apel 1955, 1966, 1968, 1970). Schwind belegt diesen Aspekt der Kulturlandschaftskunde mit allen seinen Konsequenzen:

> „Der Ausdruckswert liegt im Objekt selbst, nicht im deutenden Subjekt, und nur der Geograph kennt den Sinngehalt seiner Objekte. Deshalb vermag auch nur er zu beurteilen, was über den Sinngehalt hinaus als Wesensausdruck von Völkern und Volksstämmen gedeutet werden kann" (Schwind 1951: 8; vgl. dazu Hard 1970a).

Der Geograph verschmilzt im Erleben des landschaftlichen Ausdrucks (seiner Objekte) mit dessen Schöpfer und wird zum Schöpfer dieser Landschaft, wenn er sie als „Text" desjenigen realen Textes erstellt, über den er mit dem „objektiven Geist" kommuniziert. In diesem Sinne ist „Landschaftskunde" in der Lage, Geschichtswissenschaft zu sein, freilich anhand eines etwas eingeengten, räumlichen Textverständnisses.

Wenn dieses Symbol eines „Geistes" nun in irgendeinem Sinne neuzeitlich „materiell" gedeutet wird, sind zwei Konsequenzen unausweichlich: 1. Die säkularisierte

Theologie der Geisteswissenschaften wird remystifiziert, d.h., Landschaft wird das Zeugnis eines *wirklichen Schöpfungsaktes.* 2. Die Methodologie, die *das* nicht wahrhaben will, weil sie sich das Eingeständnis als aufgeklärte Wissenschaft nicht leisten könnte, wird „leer".

Insofern kann die Geographie ihre neuzeitliche Entstehung bei Ritter nicht abstreifen, weil sie von ihren realen Konstitutionsbedingungen als anti-universalistische, „konkrete" Wissenschaft dem Diktat der hermeneutischen Geisteswissenschaften unterliegt und zugleich als neuzeitliche, empirische Wissenschaft von realen Ressourcen einen „materiellen" Gegenstand hat. Gerade ihr „materialistischer" Charakter restituiert ihre theologische Implikation und deren Leugnung ihre Leere. Dabei wird dieser „theologische Realismus" nicht zuletzt durch die *Einheit* der Geographie reproduziert: Die *Kulturlandschaft* als Inkarnation der Schöpferkraft eines „objektiven Geistes" zu betrachten und damit im Rahmen des historischen statt theologischen Sinns zu bleiben, wäre möglich gewesen; aber die *Naturlandschaft* ist schwerlich aus dem Wirkungszusammenhang der menschlichen Geschichte ableitbar. Daher ist das Postulat der Einheit (nicht die physisch-geographische Praxis in den „allgemeinen Geographien") die theoretische/metatheoretische Maßnahme, in Verbindung mit der Aufrechterhaltung der hermeneutischen Methodologie die Paradoxie der Geographie als gesellschaftlichen Theologie-Ersatz produktiv zu machen.[6]

Bartels entschied sich deshalb gegen diese Methodologie *und gegen diese Einheit.* Es bot ihm die Möglichkeit, die historische Seite der Geographie, in der immerhin die handelnden Subjekte konkreten Sinn konkreter Kultur isolierter Kulturepochen durch Arbeit in der Landschaft ausdrücken, im handelnden Subjekt der Sozialwissenschaften aufzulösen.

Diese Theoriebewegung entsprach zugleich auf der Ebene des Übergangs von „Arbeit" auf „Verhalten" der behavioristischen Wendung in der subjektiven Wertlehre. Eine Ökonomie, die keine Mensch-Natur-Theorie mehr sein will, kann keine Einheit mit einer verstehenden Naturwissenschaft gebrauchen. Nur die Auflösung der „Einheit der Geographie" als Mensch-Natur-Theorie bot also die Voraussetzung für ihre Modernisierung. Ohne diesen Akt gibt es keine Möglichkeit, die Methodologie der „quantitativen Revolution" und den Behaviorismus auf das geographische Objekt anzuwenden, ohne Unsinn zu produzieren.

Das bedeutet nicht, daß die hermeneutische Methode für die Kulturlandschaft als „objektivierter Geist" unangemessen ist, falls man sich für eine solche Betrachtungsweise entscheidet. Sie ist nicht sinnlos, sondern konservativ, denn sie erstellt

---

6   Es soll hier nicht weiter behandelt werden, inwieweit *diese* Form „materialistischer Metaphysik" gerade die Anfälligkeit der Geographie für autoritäre politische Ideologien und Staatslehren ausmacht, die als säkularisierte, materialistische Versionen christlicher Theologie betrachtet werden können, wie die faschistischen und stalinistischen.

eine vor-moderne Welt. In einem solchen Rahmen ist die „verstehende" Physische Geographie dann durchaus angemessen, denn ihre Methoden übersetzen das „Lesen im Buche Gottes" (Leibniz) geschickt in quasi-experimentelle Beobachtungs- und Schlußverfahren, die der kulturlandschaftskundlichen Hermeneutik angepasst sind (Eisel 1972, 1980: 84-97; Böttcher 1979). Für Länderkunden in Verbindung mit Kulturlandschaftskunde sind experimentelle Naturwissenschaften unbrauchbar.

Daß Bartels sich mit seinem Vorschlag an mehr als der Antiquiertheit der geographischen Fachtradition abarbeitete, zeigt die Vorgeschichte der Geographie und die Folgezeit nach Bartels' Vorschlag: Die „Landschaft" entstand als Bestandteil einer Theorie, mittels der ein Mythos *gegen* die Aufklärung *als Ersatz für das Christentum gesucht wurde,* und die „Landschaft" entsteht immer wieder neu innerhalb und außerhalb der Geographie, wenn, *gegen* die industrielle Arbeitsteilung und die Abstraktheit ihres Universalismus gerichtet, eine „konkrete Natur" verstanden werden soll. Wenn dieses „Verstehen" zugleich mit dem Anspruch technologischen Potentials des Wissens auf landschaftliche Natur als *materielle, ökologische* bezogen sein soll, ist der metaphysische Charakter solcher Theorien unausweichlich; sie werden dann Kern einer „materialistischen Theologie".

Im folgenden soll zuerst die Entstehung der „Landschaft" im Hinblick auf die Funktion als Religionsersatz dargestellt werden; sodann soll in diesem Rahmen auf eine moderne Neuerfindung der Geographie eingegangen werden. Rainer Piepmeier (Piepmeier 1980; vgl. zum folgenden auch Eisel 1982 sowie Eberle 1984) hat sehr genau gezeigt, wie die „Landschaft" als *Gegenstand* in einem Prozeß *konstituiert* wird, in dem eigentlich die Idee des autonomen Subjekts entsteht. Sie ist die „Außenseite" in einer Welt, die sich endgültig trennt in Subjekte und Objekte. Deren *praktische* Einheit in der ländlichen Produktion und grundherrlichen Leibeigenschaftsordnung wird durch die Aufklärung theoretisch im Namen des freien Subjekts angegriffen; durch die industrielle Kapitalbildung wird sie praktisch zerstört, weil die Lohnarbeiter als Warenbesitzer ebenso auf dem Markt als ökonomische Subjekte auftreten wie die bürgerlichen Kapitalbesitzer. So wird die Natur als zusammenhängendes eigenständiges „Außen" plötzlich sichtbar. Aber die Idee des autonomen Subjekts hat eine gesellschaftliche Stoßrichtung, die der Landschaft eine archaische Funktion zuweist: Das Subjekt ersetzt in der atheistischen Aufklärung nun den Gott; Kirche und Religion sollen nicht mehr die Orte des lebenspraktischen und gesellschaftlichen Sinns sein. Diese Auflösung des religiösen Sinns in vernünftiges Denken und Handeln des freien Subjekts ist es, der die Romantik keinen Glauben schenkt, obwohl sie weiß, daß das Zeitalter der christlichen Religion mit der Transformation in den Protestantismus seinen eigenen Untergang eingeleitet hat.

> „Die Griechen haben die Schönheit der Formen und Gestalten auf's höchste gebracht in der Zeit, da ihre Götter zu Grunde gingen; die neuen Römer brachten die historische Darstellung am weitesten, als die Katholische Religion zu Grunde ging: bey uns geht

wieder etwas zu Grunde, wir stehen am Rande aller Religionen, die aus der Katholischen entsprangen ...'. Hier nun wird 'Landschaft' ihre historisch-systematische Stelle angewiesen" (Piepmeier 1980: 19, Zitat von O. Runge).
„Die romantische Landschaftsmalerei versteht sich (...) als Kunst in einer Zeit des Endes wie des Anfangs. Auf der Ebene der Ikonographie betrachtet, bedeutet das, daß der antike Götterhimmel wie die christliche Bilderwelt nicht mehr die Verbindlichkeit haben, dem gegenwärtigen Bewußtsein die adäquaten Möglichkeiten seiner Verbildlichung zu geben. Dies weist auf die nachaufklärerische Situation, daß das übergreifende Deutungssystem des Christentums die Kraft verloren hat, alle Aspekte der neuzeitlichen Wirklichkeit für das Verständnis aller zu integrieren und fortschreitend sich zurückzieht auf den Bereich der Moral und nicht nur die naturwissenschaftlich erklärbare Welt außer sich läßt. Die Suche nach einer 'neuen Mythologie', die der Sache nach sich seit Klopstock findet und in der deutschen Klassik zum Versuch der Wiederholung der alten Mythologie führt, hat hier ihre Stelle. Daß der Bereich der Kunst und das Problem eines übergreifenden Deutungssystems hier in einen Zusammenhang der Suche nach einer Problemlösung kommen, hat seinen Grund darin, daß die Kunst den Anspruch erhebt, mit einer 'neuen Mythologie' zum Schöpfer, Medium und Bewahrer eines neuen umfassenden Deutungssystems zu werden, einer neuen Religion als 'Kunstreligion', die 'künstliche', d.h. mit Bewußtsein geschaffene Religion wäre, wie auch Kunst als Religion und Religion als Kunst. In dieser Situation bekommt Natur als Landschaft eine überragende Bedeutung. In einer geschichtlich neuen Zeit, die als Krise verstanden wird, soll sie den Gehalt der Tradition bewahren und muß sich so unter den Bedingungen einer neuen Zeit als das ganz Neue verstehen und postulieren" (Piepmeier 1980:17).

Aber Landschaften „gibt" es nicht einfach, wenn sie solchen „Sinn" haben sollen, sondern, wie Clemens von Brentano an Runge schreibt, „der Künstler (muß) sich umsehen (...) in sich selbst, um das verlorene Paradies aus seiner Nothwendigkeit zu construieren" (zitiert nach Runge in Piepmeier 1980: 20, Anm. 55). „Landschaft" kann die Paradoxie zwischen Aufklärung und Gegenaufklärung nur auffangen, wenn sie Kunstprodukt ist. So, wie das Kapitalsubjekt nun die Arbeit als variables Kapital und Mensch-Maschine „in sich selbst" enthält und produktiv optimiert, sieht die Romantik die Notwendigkeit der Selbstkonstitution durch Produktivität. Denn hinter den Primat eines autonomen Subjekts und hinter den Tod der Götter kann auch die Gegenaufklärung nicht mehr zurück; aber sie konnte einen Ort finden, in dem sich religiöser Sinn objektiv kristallisieren kann, weil die Probleme, auf die er antwortet, nicht restlos von der formalen Vernunft beantwortet werden können. Es ist der alte Ort, an dem sich die Mythen ansiedeln: die Einheit von Natur und Göttlichem.

In der „Landschaft" steht das neue Subjekt dem Effekt seiner eigenen gesellschaftlichen Herauslösung aus der praktischen Einheit in einer Sehnsucht gegenüber: „Natur als Landschaft ist distanzierte Natur und Nähe zur Natur" (Piepmeier 1980: 18). Da es als *produktives* Subjekt sich den Ort religiösen Sinns *schaffen* muß und als *„konkret"* produktives Subjekt, das dem abstrakt freien Subjekt der Aufklärung entgegensteht, eine „konkrete" Sinninstitution schaffen muß, schafft es diesen Ort als „konkrete" Natur „Landschaft" in Bildern, statt als „abstrakte" Natur „Physik" in der wissenschaftlichen Theorie der Religion *abstrakter* Produktivkräfte.

„Die höchste Anerkennung der Landschaft entwertet so paradoxerweise die natürliche Natur, die zum Konstruktionselement wird. So ist auch Natur als Landschaft nicht dem Prinzip der Machbarkeit entzogen, der Natur als gesellschaftlich angeeignete unterworfen ist. Es ist das Bedeutende der Kunst Friedrichs, daß er die Fremdheit auch zwischen der vom Menschen so gemachten Landschaft und dem Menschen, der sie dann als natürliche betrachten will, ins Bild gesetzt hat. An die Landschaft heftet sich aber noch die Hoffnung einer neuen Mythologie und die Verheißung des Paradieses. Dies ist jedoch eine Station auf dem Weg zu den 'privaten Mythologien' und der Vorschein eines von vielen 'künstlichen Paradiesen'" (Piepmeier 1980: 19).

Es zeigt sich, daß die Alternative zum Kult des abstrakten Subjekts ein *ästhetisches* Objekt ist, das den Kult eines „konkret" produktiven Subjekts verdeckt, so daß dieses Objekt nicht ohne philosophische und wissenschaftstheoretische Folgen als physikalischer Gegenstand betrachtet werden kann. Da es strukturell ebenso den Gott ersetzt wie das autonome Subjekt, ist es als „erwirktes Zeugnis" in materieller ökologischer und gesellschaftlicher Form ein identitätsphilosophisches Reduktionskonstrukt, das eine „Religion" vom naturgebundenen, landschaftspflegenden, gesellschaftlichen Leben in „künstlichen Paradiesen" (Piepmeier) stützt. Das spricht nicht gegen Landschaftspflege, sondern nur gegen das Ansinnen *als wissenschaftliches,* ökologische Ganzheiten und gesellschaftliche Beziehungen in Einem „instrumentell" verstehen zu wollen. Zu dieser Überlegung läßt sich dann auch Piepmeier verleiten, nachdem er „das Ende der ästhetischen Kategorie Landschaft" als Notwendigkeit erwiesen hat. Er folgert daraus *nicht* die Wahrscheinlichkeit des Weiterlebens der *Funktion* der ästhetischen Kategorie in den ökologistischen Leerformeln, sondern er folgert aus der Materialisierung eines Sinnbegriffs die Möglichkeit der Anwendung instrumenteller Wissenschaft auf das ganzheitliche Landschaftsobjekt, nur weil eben das *reale* Umweltproblem so brisant sei.[7]

Es gibt aber noch immer, so wie in der gesamten Geschichte der Geographie, kein Rezept für die Bereitstellung zugleich hermeneutischer und konstruktivistischer

---

[7] Piepmeier 1980: 36-42. Piepmeier verkennt, daß das, was er als *aktuelle* Tendenz und derzeitigen „Umbruch" in der Verwendung des Begriffs Landschaft kennzeichnet, nämlich das „Ende" der Kategorie als ästhetische, sofort mit Entstehung der ästhetischen Landschaft einsetzt und seitdem parallel läuft, so wie konstruktivistisches, aufklärerisches Denken und organizistisches, konservatives Denken als Klassenposition parallel laufen. Die Landschaft als materielle „ökologische" Ganzheit tradiert sich in der Geographie *und* in den Vorformen der Teildisziplin „Ökologie" der Biologie. *In* der Geographie spiegelt sich dann die grundsätzliche Trennung abermals in der dauerhaften Ambivalenz zwischen harmonischer Landschaft als Gestalt und harmonischer Landschaft als Organismus. Den Prozeß der Materialisierung von Innerlichkeit belegt sehr schön Gradmann 1924: 132-133.

Landschaftskunde als „materialistische Theologie" 209

Methoden für das Objekt Landschaft, nur weil nachweisbar wäre, daß es *wirkliche äußere Dinge mittleren Beobachtungsmaßstabs in einem Zusammenhang* tatsächlich gibt. Sowenig wie das Objekt Landschaft dies von sich aus produziert hat, sowenig produziert das *Problem* Landschaft solche Methoden.

Die Idee dieser Verbindung der Methoden ist alt; sie ist der Kern des „Rationalismus". Aber dort tritt sie eben als Mittel des *Gottbeweises* auf, d.h., der metaphysische *Sinn* des Kurzschlusses war explizit, und dann, falls man an Gott und seine Schöpfung glaubt, bewegt man sich wissenschaftstheoretisch in einem sinnvollen identitätsphilosophischen Rahmen.

Leibniz hatte die neue Form der Wissenschaft, die mathematische Theorieform und das Experiment, als Möglichkeit eines Naturverständnisses betrachtet, welches erlaubt, gesetzmäßige Zusammenhänge zu *beweisen*. Wenn die Gesetzmäßigkeit der Natur beweisbar war, war die Schöpfung rational. Das „Lesen im Buche der Natur" bestand daher *nicht* in hermeneutischen Verfahren, sondern in der Konstruktion eines gesetzmäßigen theoretischen Universums. Das Gelingen des Letzteren konnte als wissenschaftlicher Beweis der Existenz Gottes gelten. Der physikalische Kosmos war Zeugnis eines vernünftigen Gottes und die bestätigten Theorien der Physik Beweis seiner Existenz. Mathematik, Kausalität und die experimentelle Methode waren die Ebenen, in denen ein allgemeines Subjekt und seine „Werke" einheitlich repräsentierbar waren.[8]

Solange man also die materielle Welt als Schöpfung betrachtet, gibt es keine Schwierigkeit, den Widerspruch zwischen Erklären und Verstehen oder zwischen Gegenstand und Symbol kurz zu schließen: Das allgemein Erklärte gilt gerade wegen seiner objektivistischen Allgemeinverbindlichkeit als verständlicher Ausdruck einer allgemeinen Vernunft, die als die Welt hervorbringende „Gott" heißt.

Als Produkt eines säkularisierten Gottes, nämlich des produktiven Subjekts, kann Landschaft deshalb durchaus aufgefaßt werden; dann aber nur als *Kunstgegenstand* bis hin zu deren *realer* Erstellung in der Landschafts- und Gartengestaltungskunst. Dann ist sie umgekehrt auch hermeneutischer Methodologie zugänglich. Oder man benutzt diesen Zugang als Metapher für die reale Landschaftsentwicklung, in der sich ein „objektivierter Geist" zeigt; dann erstellt man eine konservative historische Theorie des kulturellen Sinns einzelner Kollektivsubjekte (Lebenswelten). Aber als

---

8 Wenn man von der theologischen Semantik abstrahiert, handelt es sich um einen Versuch, eine universalistische und eine idiographische Strategie in einer „Systemtheorie" zu verbinden. Jede nicht-reduktionistische Lösung dieses Problems läuft auf Theorien selbstorganisierter Prozesse hinaus (vgl. auch Jähnig 1984). Leibniz reflektiert ja in dieser Form an der Schwelle des Übergangs von „erster ursprünglicher Akkumulation" zu „zweiter ursprünglicher Akkumulation", d.h. zu einem Zeitpunkt, an dem das Selbstorganisationsprinzip evolutionärer Systeme im „sich selbst verwertenden Wert" des Kapitalsubjekts ökonomisch explizit wird. Vgl. auch Eisel 1980: 423 ff.

materielles Produkt eines produktiven Subjekts der *Einheit* von Mensch und Natur in einem Gerüst instrumenteller Methoden verobjektiviert, betreibt man unweigerlich eine Reinkarnation des Gottes der Rationalisten, wenn man dies als eine Form des „konkreten Verstehens" von „Produktivität" postuliert. Man kann das als Intention leugnen, das ändert aber wenig am Faktum einer solchen Theoriestruktur. Im Umweltmanagement setzt sich nun aktuell eine Verbindung der Ideen von subjektiver Produktivität, „Naturverstehen" und Instrumentalrationalität durch. Das stellt einen Kurzschluß zwischen Schellings (und Blochs) „Natursubjekt" und Leibniz' rational verstehbarer Schöpfung dar: Es gibt umweltökonomische Bewertungskonzepte, die das Ziel haben, ökosystemtheoretisch die Natur zu „verstehen", um deren Produktivität zum Ausgangspunkt eines *ökonomischen* und zugleich pflegerischen Produktionskalküls zu machen. „Konkrete Natur" „verstehen" hat hier keinen induktionistischen, sensualistisch-empiristischen oder hermeneutischen Sinn, sondern bedeutet, daß ökonomische Fertigungsprozesse von ihrer ökologischen Wirkung in *bestimmten* realen, das produzierende Unternehmen umgebenden Landschaftsteilen her organisiert, beschränkt und gegebenenfalls verändert werden sollen. Dieses Bewertungsverfahren überträgt ein fertigungstechnisches Instrument der Betriebe, die „Stoff- und Energiebilanz" (Bechmann, Hofmeister, Schultz 1985), auf den *Zusammenhang* zwischen Ökologie und Produktion an einem „konkreten" Ort, so, als seien Natur und Kapitalist in diesem Falle *ein* „Betrieb" mit gemeinsamen Zielen. Definition für „Produktivität" soll dabei nicht das Profitkalkül, sondern der Eigenwert einer sich entwickelnden Natur sein, die als reproduktiv „*arbeitend*" im werttheoretischen Sinne angesehen wird. Durch den Einbezug in die „Stoff- und Energiebilanz" der Produktionseinheit erhält sie den Status eines arbeitenden Subjekts, das Wert bildet: Ökonomie als Teil von „konkreten" Landschaften, die *sich* „produzieren".

Die gesellschaftstheoretische Implikation dieses Bewertungskonzepts ist die Ausschaltung des Tauschwertkalküls für die Ökonomisierung der Natur.[9] Die Produktion wird quasi an den ökologischen „Gebrauchswert" der Natur angehängt; im Idealfall kann die Produktion nur noch von der geschickten Herstellung von

---

9 Immler 1975; Hampicke 1975, 1977; Projektgruppe 1984. Stärker als philosophische Kritik ausgearbeitet, ohne daß deutlich würde, was „konkrete Natur" sein kann, wenn sie *nicht* ökosystemtheoretisch gedeutet werden soll, in: Deutschmann 1973; Hassenpflug 1974, 1980; Immler 1973, 1985; Immler (Hrsg.) 1979. In einer gänzlich anderen Version und gerade durch die Vertreter der „Gebrauchswertökonomie" kritisiert, wird die Ökosystemtheorie als Modell für gesellschaftliche Prozesse und Organisationen vorgeschlagen. Vester 1976, 1980; Odum 1980; Kreep 1979; Rosnay de, 1977. Zur Kritik vgl. Trepl 1983, 1985a; Becker 1984; Dinnebier 1985; Kluge 1985.

Dingen her bestimmt sein.[10] „Geschickt" bedeutet „produktiv" als technisch-stofflich-energetischer Fertigungsablauf unter Einbezug der *gewünschten Naturumgebung*. So „produziert" das „Subjekt" Natur die Gesellschaft jenseits der Wertform, weil die Gesellschaft nach Maximen der Natur produziert.

Wer aber entscheidet, was wünschbare ökologische Natur ist (zum folgenden vgl. auch Trepl 1985)? Der Ausgangspunkt war die Analogie zum rationalistischen „Verstehen" gewesen. Dort wird der Schöpfungsplan durch eine „prästabilierte Harmonie" verbürgt, die in einem alle Individualität durchziehenden Kraftprinzip liegt. Aber inzwischen gibt es in der Wissenschaft jenen Gott nicht mehr, dessen „Text" die physikalische Natur ist. Die Natur ist selbst „verantwortlich" durch ihre Evolution. Die *Ebene*, auf der sie als „Subjekt" „*ökonomisch*" relevant ist für die Produktion als Variable, die in die Kosten der Wertbildung mit eingeht, ist die „ökologische". Aber sie hat als Evolution keinen Plan. Daher muß es, wenn man von einer Gebrauchswertökonomie und der Naturproduktivität ausgeht, eine Instanz geben, die jene „prästabilierte Harmonie" auf ökologisch-ökonomischer Ebene herstellt. Diese Instanz ist der Staat. Es ist das säkularisierte allgemeine Subjekt, das nun für die „Schöpfung" zuständig wäre. Er müßte eine perfekte Vision (und Analyse) von den ökonomischen und natürlichen Evolutionszuständen der Zukunft haben, um aktuell Entscheidungen fällen zu können.

Abgesehen davon, daß eine solche Analyse nicht denkbar ist als „konkretes" ökologisches Wissen von größeren Regionen, ist das Ausmaß an Totalitarismus kaum vorstellbar, das die Voraussetzung für eine solche Ökonomie wäre.[11] Es würde sicher den Zukunftsplanern für eine saubere rassische Natur oder für die Befreiung der Natur der entfremdeten Arbeit nicht nachstehen.

Dies zeigt, daß, wenn der Zeichencharakter der Landschaft dem materiellen System weichen muß, weil das allgemeine Subjekt nicht mehr der Gott ist, sondern der

---

10 Es wird hier von den prinzipiellen Schwierigkeiten abgesehen, diese Stoff- und Energiebilanz als Einheit ökologischer und fertigungstechnischer Systemanalyse herzustellen, weil der *Sinn des Konzepts* den entscheidenden Anknüpfungspunkt bietet. Faktisch beschränkt man sich auf die Wirkungsanalyse *einzelner* Schadstoffe im Ökosystem und leitet daraus Korrekturen des Produktionsprozesses ab. Das führt natürlich langfristig zu technischen Innovationen, die abermals entsprechende Wirkungen haben können usw. Dies scheint mir ein recht vernünftiges Prinzip der Reaktion des Kapitals auf seine Reproduktion zu sein: Es bringt die Natur nach und nach durch ökologische Theorien in Gebrauchswertform, so wie die Ware Arbeit als „Kraft" der „Gebrauchswert des Kapitals selbst" (Marx) ist. Zur Darstellung einiger Fallstudien zur „Stoff- und Energiebilanz" vgl. Bechmann, Hofmeister, Schultz 1985a.

11 Trepl bezieht in 1985a auch die New Age-Philosophie von Capra in die Totalitarismuskritik ein. Bei Capra bezieht sich die Kritik jedoch weniger auf den umfassenden Plan als auf die Verplantheit durch Technologie und Fortschrittsglauben, gegen die er ja antritt.

Staat der freien und gleichen Subjekte, die Rekonstruktion des Sinns und das Verstehen der Schöpfung sich in die Konstruktion von materieller zukünftiger Realität transformieren. Aus dem Gottesbeweis wird eher der Beweis für die Qualität von Parteiprogrammen von Einheitsparteien der Natur.[12] Von gebrauchswertorientierter Produktion auszugehen, heißt auf der politischen Seite, für die Auswahl der Gebrauchswerte Verantwortliche zu nominieren. Dabei ist es unerheblich, ob sich diese Produktion primär an innergesellschaftlichen oder primär an ökologischen Zielen orientiert. Die ökologischen Ziele bieten lediglich bessere Vorwände für Sachzwänge und entziehen die Zielfindung dem politischen Kampf um Interessen endgültig. In den kapitalismuskritischen Konzepten, die die Wertform der reproduzierenden Natur verhindern wollen, indem sie vom „Stoffwechselprozeß" und der „Einheit" in einem Adaptionssystem her „Landschaften" zum Ausgangspunkt gelingender, „materiell" betrachteter Mensch-Natur-Beziehungen machen, hat die Landschaft der Geographen eine Neuauflage gefunden. Die genannten Bestimmungen entsprechen der „Idee der Landschaft" der Geographie. Diese hatte sich ja *gegen* die *entstehende* Industrie entwickelt. Wenn man die Rekonstruktion der aktuellen Neuerfindungen miteinbezieht, so ist verständlich, warum sich immer die „materialistischen" Deutungen dieses Konzepts, die nicht oder kaum den Symbolcharakter der Landschaft thematisieren, in der Nähe totalitärer Ideologien befunden haben.

Es gibt jedoch eine zweite Möglichkeit, jene Instanz zu denken, die die Entscheidungen über die wünschbare Natur fällt. Es muß nicht der „Plan" sein, der der ökologischen Natur zu ihrem Recht in der Reproduktionstechnologie verhilft, wenn der Ausgangspunkt die einzelne „Gegend" ist. Die konkrete Intervention für die Natur ist auch als konkreter regionalistischer Kampf vorstellbar. Die Ziele sind dann partikular und eher konservierend als planend/evolutiv. Dennoch könnte dies der faktische Ablauf des Verhältnisses von regionaler Erhaltungsstrategie (die jeweils neu staatliche Unterstützung für ihre Ziele erkämpft) und technischer Innovation als einer Evolution eines „Mensch-Natur-Verhältnisses" sein. Hier befände sich die *politische* Ebene in Übereinstimmung mit der natürlichen, nicht die ökonomische. Beide Sphären würden dem Evolutionsgedanken der unbewußten, offenen Fortentwicklung von den Ausgangszuständen aus gerecht. Nicht die Abstraktion von Stofflichkeit und Gebrauchswert würde angegriffen durch einen Plan für die Natur, sondern der Staat in seiner Funktion als Gesamtkapitalist zur Reaktion auf *politische* Forderungen ökologischen Inhalts gegen ein Einzelkapital gezwungen. Entscheidend für die Andersartigkeit dieser Perspektive ist, daß es keine *Reduktion* des Mensch-Natur-Verhältnisses auf eine Einheit in einem allgemeinen Subjekt gibt, gleichgültig,

---

12 Es ist hier nicht möglich, auf den allgemeinen systemtheoretischen Zusammenhang zwischen Gebrauchswertform und Macht im „Despotismus" näher einzugehen. Vgl. dazu Eisel 1986: 38-84.

Landschaftskunde als „materialistische Theologie"

ob dieses „Subjekt" Gott oder Natur oder objektiver Geist oder Staat oder Produktivität heißt. Das „Subjekt" bestünde in der nicht-teleologischen Gesamtheit dieser Art von Einzelaktivitäten ohne ihre verallgemeinerte reale Repräsentation.

In Verbindung mit diesem Interesse steht jene Entwicklung, in deren Kontext ich Bartels' Dilemma zwischen Methodologie und Menschenbild postuliert habe. Die *humanistic geography* versteht sich als „lebensweltlich-konkrete", „verstehende" Theorie. Ihr *politischer* Rahmen ist die Industriekritik (analog zur klassischen Geographie), die Abstraktionskritik, die Entfremdungskritik, die Kritik zentralstaatlicher Organisation der universalistischen Rationalitätskonzeption, der Trennung von Subjekt und Objekt (Geist und Natur).[13]

Die Einordnung ist kompatibel mit der oben genannten Kampfstrategie für die gelingende Einheit von ökologischer Natur und Produktion. Aber die *humanistic geography* bestimmt sich in diesem Rahmen eben als „humanistisch", also durch Bezug auf „den Menschen" (wie Bartels) *gegen* die Rationalitätskonzeption der Aufklärung samt ihrer Methodologien (entgegen Bartels). Sie steht damit an der gleichen Stelle wie die Romantik in ihrem am konkret produktiven Subjekt orientierten Feldzug gegen den abstrakt rationalistischen Subjektivismus der Aufklärung.

Entsprechend kann man die Vorgeschichte deuten, auf die die *humanistic geography* reagiert: Die analytische Revolution beginnt „rationalistisch". Das zusammenfassende Standardwerk dieser Phase ist William Bunges „Theoretische Geographie". Er sucht nach einer Einheit der Geographie, wenn auch nicht im Sinne der idiographischen Tradition. Aber dennoch ging es ihm um eine *theoretische* Einheit. Sie wird in übergreifenden räumlichen Strukturen und in für Natur und Gesellschaft gleichermaßen gültigen Bewegungsgesetzen gesucht. Damit steht Bunge in der Tradition der Sozialphysik.[14] Der *spatial approach* ist letztlich an diesem Einheitsideal ausgerichtet. Es gibt aber hierbei noch keinen Primat eines handelnden Subjekts, sondern betrachtet wird ein „System", in dem Subjekte im Sinne der verstehenden Wissenschaften oder der Nutzen-Ökonomie noch nicht auftauchen.[15]

Der *behavioral approach* ist im Hinblick darauf die der Aufklärung entsprechende Wendung der Geographie. Die Einheit von Mensch und Natur als System tritt weit in den Hintergrund, die Fragen verschieben sich auf die rationalen Strategien der Subjekte, später auf die Rationalität ihres Nichtvorhandenseins. *Dies* ist der Ansatz-

---

13 Das weitere ideologische Umfeld dessen sind die „New Age"-Philosophien von Capra, Bateson, Ferguson usw.: Bateson 1982; Capra 1984; Ferguson 1982; vgl. auch Jantsch 1982; Prigogine, Stengers 1981; Rifkin 1982.

14 Ich habe darauf hingewiesen, daß Stewart sich mit seinem Programm explizit auf Leibniz bezieht. Vgl. Eisel 1981: 190 sowie Stewart 1950: 241/242.

15 Ich vernachlässige hier die theoretischen und historischen Übergänge im *spatial approach*. Vgl. dazu Eisel 1980: 185-234, 494-516 (in diesem Band 90-97).

punkt der *humanistic geography* im *behavioral approach.* Sie wendet sich nicht wie dieser nur vom *maximizer* ab, sondern auch vom positivistischen Methodenideal, denn *diese methodologische* Art der Einheit von Naturwissenschaften und Gesellschaftswissenschaften gibt es ja auch im *behavioral approach.* Damit befindet sie sich im Fahrwasser eines gegenaufklärerischen konkretistischen Subjektivismus wie seinerzeit die Romantik.

Aber die Differenz ist evident: Die Romantik stand gegen die *Entstehung* der oben genannten Formen der „Moderne" und orientierte sich dabei an der „konkreten" Natur „Landschaft" als sinnstiftendem Kunstprodukt. Die *humanistic geography* und ihre politische Umgebung sieht sich im Dienste von Erfahrungen mit den realen Folgen der Moderne und versucht sich dabei kritisch an der „konkreten" Natur „Landschaft" als sinnstiftendem Realding – einer „Unterlage" und eines „Ausdrucks" konkreter Lebenswelten in Verbindung mit ihren Ökosystemen quasi – auszurichten.

Diese Differenz bringt den Ansatz wieder auf den Boden der klassischen Landschaftskunde, die Bartels angegriffen hatte. Wie kann man das relative Recht dieser neuen Kritik gegenüber der analytischen Mainstream-Geographie zur Geltung bringen und dennoch auf der Kritik an der Landschaftskunde bestehen? Offenkundig muß die *Frage,* die zu einer Lösung führt, anders gestellt werden als bisher, denn in der Alternative „Rationalismus" versus „Rationalismuskritik als Entfremdungskritik" bewegt sie sich *innerhalb* eines Widerspruchs, der sich selbst produziert.

Es soll im folgenden noch die Umformulierung derjenigen Frage angedeutet werden, die immer bei der Alternative „abstrakte Vernunft" versus „konkrete Natur" landet und damit in die philosophischen Alternativen zwischen Aufklärung und Konservativismus verstrickt ist, aus der der „Humanismus", aus dem sie *permanent entstehen* (vgl. dazu Eisel 1980: 561-567), keinerlei Ausweg bietet. Die Umformulierung wird recht weit unter die Wurzeln des Common Sense gehen müssen, der auf jener philosophischen Alternative aufbaut.

Bisher bot üblicherweise der Marxismus die Mittel, diese Alternative zu unterlaufen. Er versteht sich als dritte Position gegenüber einer schiefen „bürgerlichen" Alternative zwischen positivistischer und konservativer, hermeneutischer Wissenschaft. „Dialektisches" Denken soll die Aufklärung mit der Entfremdungskritik an der Aufklärung, die durch die konservativen Kulturkritiker erfolgt, verbinden. Nun macht sich aber die – im weitesten Sinne – hermeneutische und phänomenologische Tradition ihrerseits gegen die *Gemeinsamkeit* von Empirismus und Marxismus stark: gegen das aufklärerische, rationalistische und reduktionistische Weltbild. Sie billigt offenbar dem Sozialismus (und dem „historischen Subjekt" Proletariat) keine ausreichende praktische und theoretische Perspektive für die Formulierung der Probleme zu, die ihrer Meinung nach *unterhalb* des Widerspruchs zwischen Lohnarbeit und Kapital liegen, nämlich auf der Ebene der Instrumentalisierung der Vernunft und der Natur. Die politischen Träger dieser Kritik sind der Ökologismus und die Frauenbewegung.

Ausgangspunkt soll daher hier sein, ob es zutrifft, und was es bedeutet, daß der Marxismus als wissenschaftlicher Standpunkt nicht der Notwendigkeit einer fundamentalen kulturellen Transformation gerecht wird. Denn dieser Vorwurf wird ja, zumindest implizit, von denen erhoben, die ihn im Namen der Kritik der abendländischen Rationalität angreifen und damit entweder bei Naturromantik oder beim guten autoritären Staat landen. Andererseits behauptet der Marxismus – und ich stimme ihm darin zu –, daß er die einzige Philosophie bereitstellt, die überhaupt in der Lage ist, die Logik der Rationalität zu rekonstruieren und zu kritisieren.

Die Perspektive, unter der eine solche Rekonstruktion vollzogen werden soll, muß – *für* die politischen Bewegungen der Kritik der Industrie – den alten geographischen Paradigmenkern der konkreten Natur geltend machen *gegen* das omnipotente Subjekt, und sie muß gegen den Konservativismus dieser idiographischen Weltanschauung den gesellschaftlichen und produktiven Charakter eines Subjekts geltend machen. Das heißt: Der Marxismus müßte endlich das tun, was er schon immer vorgibt zu tun: Die Produktivität der Natur nicht auf die des Subjekts reduzieren und die Produktivität des Subjekts nicht auf die Materialität seiner Natur reduzieren. Somit geht die Rekonstruktion von einem Paradox aus. Es lautet: Diejenige Theorie, die – z.B. von der *humanistic geography* – zu Recht kritisiert wird als „rationalistisch", kann – durchaus besser als die *humanistic geography* – diesen Rationalismus verstehen und auflösen und damit Perspektiven eröffnen, die ihrer eigenen Logik widersprechen. Der Widerspruch besteht inhaltlich im Widerspruch zwischen den Bezugspunkten „Materialität" und „Produktivität" im Verhältnis von Objekt und Subjekt.

Zunächst soll kurz angedeutet werden, was unter „rationalistisch" verstanden werden soll. Der Begriff soll hier nicht philosophiegeschichtlich gebraucht werden, also nicht als Hinweis auf Spinoza, Leibniz oder Descartes.

„Rationalistisch" soll bedeuten, daß die Vernunft das Medium der Machbarkeit und Bestimmbarkeit von gesellschaftlichen Verhältnissen ist, daß die Entstehung dieser Vernunft identisch ist mit der Entstehung des „autonomen" Subjekts, daß diese Entstehung eine Emanzipation von Naturzwängen und naturhaften gesellschaftlichen Bindungen ist und daß dieses Subjekt damit das Zentrum eines Zivilisationstypus wird, der folgende Eigenschaften als Werte und Handlungsweisen vereinigt:
– Verallgemeinerung (versus Einmaligkeit),
– Abstraktion (versus Konkretheit),
– Verwertung (versus Kontemplation/Annäherung/Existenz),
– logische Reduktion (versus paradoxe Diversifikation).

Wenn dieses rationale Subjekt also der Fetisch einer ganzen Zivilisation ist und die Ur-sache, die die Selbstzerstörung des Planeten bewirkt, dann muß es gesellschaftliche Orte in Form dieses Fetischs realisieren, deren Auflösung die Voraussetzung für die Auflösung der Selbstzerstörung wäre.
– Der subjektive Ort dieses Fetischs als Institution ist der Mann als „Rolle".

– Die objektiven Orte des Fetischs in der Ökonomie sind das Geld als Inkarnation einer Abstraktion, einer Verallgemeinerung und einer Verwertung sowie das Kapital als Subjekt einer Produktionsweise.
– Der objektive Ort des Fetischs als ein Typus der Machtergreifung (und der Organisation von Macht durch Ersatz von „Sinn" durch „politische Vernunft") ist der Staat.
– Der objektive Ort des Fetischs als Sinnbezirk ist der eine, rein geistige Gott.
– Der objektive Ort des Fetischs als Diskurs, der zur Wahrheit und zu objektivem Wissen durch Intersubjektivität führt, ist die Logik.

Daraus folgt: Die genannten Orte sind als Dimensionen von Realität Bestandteile einer Einheit, die festlegt, was oder wer in den Geltungsbereich von Subjektivität fällt. Alles, was nicht dieser einheitlichen Rationalität angehört, wird definitionsgemäß ausgegrenzt durch die Ausformung spezifischer Merkmale von Rationalität in diesen einzelnen institutionellen Ebenen. Aber alles, was in diesem Sinne nicht „Subjekt" ist, ist zunächst „Natur".

Die Existenz der Natur ist demnach an die Existenz einer ihr gegenüberstehenden Instanz gebunden. Das bedeutet nicht, daß die Natur nicht älter wäre als die empirischen Subjekte, aber es ist sinnlos, von ihr im politischen und utopischen Sinne zu sprechen, um von ihrem „Standpunkt" auszugehen, wenn man nicht einbezieht, daß es nicht nur ein *kulturelles Produkt* ist, *wie* sie den Menschen *gegenübersteht,* sondern auch, daß sie ihnen überhaupt gegenübersteht. (Der längere Teil der Menschheitsgeschichte war dadurch bestimmt, daß die Natur und die Subjektivität im Mythos und Kult sich *vermischten;* sie standen sich *nicht* gegenüber.) In dem gesellschaftlichen Trennungsakt, welcher „Subjekt" und „Objekt" als Sinn- und Realitätsdeutungskriterien *gegenüberstellt,* stellt *sich* ein Subjekt auf seine eigenen Füße, indem es *sich* eine Rationalitätskonzeption gibt. Die wesentlichen Systemebenen gesellschaftlicher Realität, die dies als eine „Zivilisationsleistung" durchsetzen, wurden oben schon genannt. Das bedeutet aber: Die Analyse der *Einheit* von
– Männerrolle,
– Kapitalbildung als Produktivitätskonzeption eines ökonomischen Subjekts,
– staatlicher statt kultischer Organisation von Gesellschaft,
– religiöser Organisation von Lebenssinn und
– logischem Denken

ist die Voraussetzung für die Analyse der Entstehung und damit auch der Ausbeutung eines *gesellschaftlichen Standorts*, der „Natur" genannt wird und der den Fetischen der Rationalität gegenübersteht. In einer Darstellung der Einheit der Instanzen des Rationalen wird selbst die Natur (und die Subjekt-Objekt-Trennung) als ein *abgeleitetes Kulturprodukt* erscheinen, was von der Machtergreifung jenes rationalen Subjekts abhängt; trotzdem würde gerade dadurch klar, daß und in welchem Sinne die Natur als „konkrete" Dinglichkeit einen *politischen* (und nicht etwa einen natürlichen) Gegenstandpunkt zu den Realitäten der Rationalität markiert. „Ein Ding ist nicht, was produziert, sondern erst, was getauscht wird. Seine Dingkonstitution ist funktional" (Sohn-Rethel 1978: 34).

An welcher historischen Bruchstelle läßt sich in Form eines Konstrukts die Einheit jener Systemebenen als Entstehung einer Grundstruktur von Gesellschaftlichkeit erstellen?[16] Die Natur im Sinne einer ökonomisch und durch Gewalt ausgegrenzten Ressource entsteht mit der Säkularisierung des Opfers. Die Abgabe von produzierten Gütern an eine übergeordnete Instanz erhält eine „ökonomische" Form, sobald sie einem Staat geschuldet wird, nicht einem Gott. Der „Tribut" als staatlich organisiertes, „ökonomisch" definiertes Ausbeutungsverfahren gegenüber bäuerlichen Dorfgemeinschaften löst die primär im Kult und über die Heirat geregelte Verteilung des Reichtums ab. Dieser Staat entsteht in städtischen Zentren, die dem Land gegenüberstehen wie das Subjekt dem Objekt. Die Organisation der Tributökonomie hat zwei Seiten: Nach außen, gegenüber den ländlichen Gemeineigentumswirtschaften, haben Steuerbeamte, die zugleich Pächter und Händler sind, die Aufgabe, das ländliche Mehrprodukt einzutreiben. Damit gelangen die Produkte durch staatlich organisierten Zwischenhandel in den Kreislauf einer übergeordneten Handelskapitalbildung, der sich über die despotischen Machthaber als Fernhändler herstellt. Auf diese Art entsteht eine arrivierte Warenökonomie, in der einerseits, in Verbindung mit den staatlichen Machthabern, eine Handelskapital bildende „Produktionsweise" entsteht, andererseits stellt sich diese despotische und Kapital bildende Sphäre als ganze einem Bereich von außerhalb von ihr bereitliegenden Ressourcen räuberisch gegenüber, der den materiellen Input in dieses Verwertungssystem gewährleistet.

Die Inkarnation dieser gesellschaftlichen Sphäre ist der männliche, despotische König. Er ist die weltliche Institution eines universellen Subjekts (also eigentlich des Gottes), das die Gesellschaft als politische Organisation und Kapital bildende Produktionsweise repräsentiert. In dieser Gestalt konstituiert er alles, was nicht *seiner* städtischen, staatlichen, ökonomischen Sphäre angehört als zum tributären Raub bereitliegende natürliche Ressource. Die Logik der Trennung von Subjekt und Objekt als Sinnbezirke und duale Bereiche folgt also der Machtergreifung eines mit sich identischen, öffentlichen Repräsentativ-Subjekts, das eine Weise von Produktion sichert, die eine aus der Gesellschaft ausgegrenzte Natur *für* diese Gesellschaft ver-wertet. Diese ländliche „Natur" wird *ausgegrenzt, um* im Tribut räuberisch einbezogen werden zu können. Die ökonomische Einvernahme organisiert sich in Verbindung mit einer Ausgrenzung als „Naturressource". Das bedeutet: Aus der paradoxen Logik dieser handelskapitalistischen Ökonomie heraus wird durch die Zirkulationssphäre die Welt der Natur als einerseits konkreter Gebrauchswert und andererseits als pro-

---

16 Zum folgenden vgl. Eisel 1980: 340-412, 1984, 1984a; Döbert 1973; Eder 1980; Vernant 1973; Meillassoux 1973; Sohn-Rethel 1978: 32-88.

duktive Natur *konstituiert*. Zugleich wird gerade durch die Art der kapitalbildenden Verwertung im *Tausch* von diesen *so* konstituierten „Naturprodukten" als konkreten Gebrauchswerten *abstrahiert*. Es wird damit davon *abstrahiert*, daß es sich bei den bäuerlichen Gemeineigentumswirtschaften um Sphären von Subjektivität (also um „Gesellschaften") mit eigener Logik handelt. (Subjekte oder Ebenen des Subjekts, die *nicht* nach der Ökonomie der abstrahierenden Verwertung funktionieren, erhalten damit definitionsgemäß den Charakter von produktiver „Natur"; der gesellschaftliche Ort dessen sind die Frauenrolle und der Aspekt der „Irrationalität" des Produktiv-Gefühlvollen aller Subjekte.) Der Doppelcharakter von Abstraktion und Konkretion, die sich wechselseitig voraussetzen und im allgemeinen Äquivalent „Geld" auf ein ökonomisches Fetisch-Ding reduziert sind, hat ein politisches Äquivalent des Fetischs der Wertform: Jenes despotische, *allgemeine* Subjekt als materielle Repräsentation einer gewaltsamen Erzeugung von „Natur" und einer Ausbeutungsstruktur durch Abstraktion von dieser Natur (vgl. auch Sohn-Rethel 1978: 77).

In dieser äußerst komprimierten Darstellung handelt es sich um das strukturelle und historische *Konstrukt* der zur Diskussion stehenden Rationalitätskonzeption als Konstrukt der Einheit von Warenökonomie und verallgemeinerter Subjektivität. Entscheidend ist, daß die Entstehung der Merkmale von Rationalität als ökonomische, politische und diskursive Systemstruktur (zu diesem Aspekt vgl. Eisel 1984) nicht nur einem Modell vom Subjekt und von Vergesellschaftung zur Macht verhelfen, sondern, daß damit „Natur" als ökonomischer und politischer Standort und als Objekt von Ausbeutung entsteht. Solange diese gemeinsame historische Konstitution nicht als ein politischer Machtergreifungsakt der Systemstruktur einer räuberischen, tributheischenden Subjekt-Objekt-Relation als kapitalbildende Produktionsweise begriffen wird, wird „konkrete Natur" ebenso abstrakt und unpolitisch begriffen, wie das rationale Subjekt unkritisch hypostasiert wurde.

Die Geographie hat in ihrer Geschichte durch einen „Paradigmenwechsel" den Übergang von der einen abstrakten Position in die andere abstrakte Position vollzogen. Sie folgt damit der Logik der Rehabilitation des autonom handelnden Subjekts der industriellen Neuzeit (Eisel 1980). Der „Paradigmenwechsel" in der *behavioral revolution* war – nach der sogenannten „possibilistischen" Phase – der endgültige Wechsel des Standpunkts auf die Seite des allgemeinen, abstrakten Subjekts der Wertform. Sie ist damit moderner geworden, aber theoretisch und strukturell nicht weiter als vorher.

Gegen diesen Trend des abstrakten Subjektivismus stellt die *humanistic geography* eine Gegenbewegung dar. Sie ist jedoch insofern eine konsequente Folge der Entwicklung, als sie ihren Ausgangspunkt beim verbleibenden „*Rest*" des Subjekts nimmt, der dem „Rationalen" gegenübersteht. Damit macht sie einerseits die Entwicklung des Subjektivismus mit, denn sie geht in ihrer Kritik an der „Analytischen Geographie" nicht einfach auf das Paradigma des konkreten Naturraums zurück, sondern geht von den Elementen der produktiven Konkretheit des Subjekts aus. Das ist jener weite Bereich des Nicht-Rationalen, der, weil das Rationale ja das „Subjekt" ausmachen soll, seit der Aufklärung in die archaische und sumpfige Zone von „Natur" verwiesen ist.

Aber diese Perspektive der *humanistic geography* ist erneut politisch konservativ, wenn sie nicht in einer Zivilisationstheorie abgeleitet wird in Verbindung mit der Rekonstruktion des anmaßenden Subjektivismus, der sich „Humanismus" nennt und der die Natur als gesellschaftlichen Ort hemmungsloser Ausbeutung erst *hervorruft* (vgl. allgemein auch Althusser 1974).

Wer also die Abstraktion von der Natur im Namen der Konkretheit und des Gebrauchswerts der „verständlichen" Natur angreift, greift sie aus dem Blickwinkel des allgemeinen Subjekts, das er kritisieren will, an – daher die Ausweglosigkeit der Kritiken und die ständige Neuauflage der Naturromantik. Dieser Blickwinkel ist zwar nicht der des Abstraktionsaspekts der Wertform, aber der Aspekt der konkret dinglichen Materialität und Reproduktivität ist die Kehrseite der Abstraktion und *Bestandteil* der Warenform: Es ist die *Konstitutionsseite* der Abtrennung der Natur von der Seite der Subjektivität als „Ding" und Ressource zum Zwecke der räuberischen Subsumtion.

Wenn nun dieser passive Ressourcencharakter in kritischer Absicht mittels des „produktiven Eigenwerts" der Natur umgedeutet wird, *ohne* daß das konstitutive Verhältnis von Produktivität und Reproduktivität in der Bindung an allgemeine Subjektivität und Natur thematisiert wird, findet eine eigentümliche Verschiebung statt: Die Natur wird zum Subjekt. Da es „dahinter" keine Sphäre der Reproduktivität mehr gibt, aus der „geraubt" werden kann, wird der Staat als allgemeines Subjekt zuständig für den „Plan der Natur", der zuvor in ihrer eigenen Regie lag. Damit ist nur auf der semantischen Ebene im identitätsphilosophischen Reduktionsschema etwas verschoben worden, was strukturell das „allgemeine Subjekt" verstärkt: Es ist nicht mehr nur repräsentativ für die Sphäre der Gesellschaft und verantwortlich für die Reproduktion der „allgemeinen Produktionsbedingungen" des Kapitals, sondern auch Stellvertreter der Natur und verantwortlich für deren Reproduktion. Das verstärkt seinen „Despotismus".

Das heißt, das Anknüpfen an die dingliche Konkretheit und den Gebrauchswert der Natur in der Absicht, sie dem rationalen Subjekt entgegenzustellen, vermindert keineswegs die Macht dieses Subjekts, sondern erhält sie auf der politischen Ebene. Nur die Kritik der „Konkretheit" und des „Gebrauchswerts" der Natur könnte eine vollständige Kritik jenes rationalen Subjekts *als politisches Subjekt* nach sich ziehen, bzw. eine Reflexion der Machtergreifung des Prinzips „Subjekt" könnte die philosophisch hilflosen Neuerfindungen der Geographie abstellen.

Eine rationalismuskritische Wertformanalyse dagegen produziert das Verständnis für jenen „Grundwiderspruch" zwischen Wertform und „konkreter Natur", der das als *gesellschaftliche* Position konstituiert, was die Geographie (und auch der orthodoxe Marxismus) naiv als bereitliegendenden, natürlichen Ausgangspunkt nimmt. Die gute alte Geographie ist also deshalb plötzlich wieder so modern als lebensweltliche und idiographische Wissenschaft, weil sie das unverstandene Paradigma dieses Grundwiderspruchs hat, der politisch und ökonomisch die Basis der Industrie und der Industriekritik bildet. Daher konvergiert sie mit Bewegungen des Ökologismus und der Frauenbewegung und wird dort als kritische Wissenschaft verstanden. Aber nur dann, wenn sie diese alte Perspektive des konkreten *Naturbezugs* und die Philosophie dieser Bewegungen im *Rahmen der Wertformanalyse* reformuliert *als Humanismuskritik*, verliert sie mit der Kritik der Machtergreifung jenes Prinzips „Subjekt" den konservativen Bias ihres Naturbezugs.

Dazu ist es allerdings notwendig, diese Kritik der Politischen Ökonomie ihrerseits umzuformulieren, denn sie hätte ja nun ihren Standpunkt vom Grundwiderspruch zwischen Lohnarbeit und Kapital auf den Grundwiderspruch zwischen Wert und Natur verlagert. Ihr Ausgangspunkt soll nun die Produktivität der Natur sein, nicht die der Arbeit. Der philosophische Widerspruch zwischen Subjekt und Objekt selbst, den Marx in den ökonomischen und klassentheoretischen Grundwiderspruch als dessen innergesellschaftliche Ausprägung umformuliert hatte, als er das „Ende der Philosophie" ankündigte, wird damit gesellschaftlich thematisiert.

Es ist daher zu formulieren,
- was das ökonomisch heißt: Es wäre eine Neuformulierung der gesamten Mehrwerttheorie aus der Sicht der reproduktiven Ökonomien. Sie stehen Kapital *und* Lohnarbeit gegenüber;
- was das klassentheoretisch heißt: Es wäre eine Bestimmung des Klassencharakters und des gesellschaftlichen Sinns der Natur als „Subjekt" in Form von politischen Bewegungen;
- was das wissenschaftstheoretisch heißt: Es wäre eine Auflösung der Voraussetzung für szientistisches, logisches und kausales Denken, denn die Subjekt-Objekt-Trennung würde nicht vorausgesetzt, sondern ihre *Entstehung* müßte ins „exakte" Denken miteinbezogen werden. Das wäre eine Verbindung dessen, was Levy-Strauss „wildes Denken" genannt hat, mit Systemtheorie;
- was das technologisch heißt: Es wäre eine Auflösung des Widerspruchs zwischen Subjekt und Maschine sowie des Widerspruchs von Kunst und Technik unter der Perspektive der Auflösung jenes *Subjekts* der Wertform und nicht von Technik;
- was das für Rollenbeziehungen der Geschlechter heißt: Es wäre die Bestimmung der Interaktion zwischen Subjektrolle und Naturrolle in Termini der Wertformanalyse mit dem Interesse, die Affinität dieser Rollen mit ihrer erotischen Unterlage festzustellen.

Wie solche Gesellschaften aussehen sollen, kann wohl niemand angeben (und es interessiert mich auch nicht). Aber es ist wahrscheinlich, daß man ohne die Formulierung dieser Programmpunkte überhaupt nicht über Gesellschaft nachzudenken braucht. Zumindest ist zunächst nur auf diesen theoretischen Ebenen wenigstens eine einheitliche Theorie der relevanten politischen Bewegungen, nämlich der Arbeiterbewegung, des Ökologismus und der Frauenbewegung zu erwarten.

Die Geographie wäre dann natürlich nicht die neue Superwissenschaft des im Rahmen der veränderten Kritik der Politischen Ökonomie reformulierten Mensch-Natur-Verhältnisses, sondern hätte ihren eigenen Ort als Aspekt dieser Reformulierung. Dieser neue Ort ist ihr alter Ort.

Sie hat immer dieses Mensch-Natur-Verhältnis als „Raum" behandelt. Das bedeutet, sie hat letzten Endes das Gelingen oder Nicht-Gelingen dieses Verhältnisses als eine Anpassungsproblematik untersucht. Im umformulierten Rahmen der Wertformanalyse des Subjekts wäre eine Theorie des Raumes als „Zeichen" eine kritische Theorie der „Heimat", der räumlichen Identität, des Verhältnisses ästhetischer und emotionaler Variablen bei der Erzeugung von „Sinn" usw.

Und das ist genau das, was im Rahmen der *humanistic geography* vorgeschlagen und getan wird. Nur wird es dort bezogen auf das „konkrete" lebensweltliche Subjekt in genau dem Sinne bewußtlos und konservativ getan, wie die klassische idiographische Geographie bezogen auf die konkreten Sphären „Land" und „Landschaft" konservative und politisch pervertierbare Theorie produziert hat.

„Identität", „Heimat", Bindung an den „Boden", „Sinn" usw. sind aber nicht per se konservative Themen (denn sie charakterisieren Zustände, und die können nicht politisch festliegen), sondern ihr politischer Gehalt hängt davon ab, aus welcher Art von Zivilisationstheorie und aus welchem Verhältnis zu Modernisierungsprozessen heraus sie als *Deutungen* auftreten.

Im Ganzen wäre die Geographie in die Erstellung einer kritischen Sinntheorie eingebunden, die nicht auf die Kritik der Politischen Ökonomie als reformulierte Philosophie und Wissenschaftstheorie verzichten könnte, die aber endlich die Details der Ökonomie wieder den Ökonomen überlassen könnte, die ja dafür ausgebildet werden.

Eine „Geographie des Menschen" in Bartels' Sinn wäre dann nicht ohne weiteres möglich. Denn seine wissenschaftliche Reflexion war unter dem Diktat der scheinbaren Notwendigkeit und Möglichkeit staatlicher Planung der räumlichen Struktur von Gesellschaften zustande gekommen. Daher betrachtet er Raum instrumentell, nicht sinnhaft, wie die klassische Geographie. Vermittelt über die *humanistic geography* erhält der Raum erneut symbolischen Sinn. Aber auch die Vorstellungen von Planung haben sich entsprechend entwickelt, nicht zuletzt wegen der Erfolglosigkeit staatlicher Organisation der allgemeinen Produktionsbedingungen. In diesem *politischen* Rahmen war Bartels bereit, an die Kritik des instrumentellen

Paradigmas anzuknüpfen. Vielleicht sind Bartels' Epigonen bereit, erneut an einer neuen „Geographie des Menschen" zu arbeiten.

Literatur

Althusser, L. (1974): Für Marx. Frankfurt/M.
Apel, K.-O. (1955): Das Verstehen. Archiv für Begriffsgeschichte 1: 142-199.
– (1966): Wittgenstein und das Problem des hermeneutischen Verstehens. Ztschr. f. Theologie und Kirche 63: 49-87.
– (1968): Die erkenntnisanthropologische Funktion der Kommunikationsgemeinschaft und die Grundlagen der Hermeneutik. In: Moser, S. (Hrsg.): Information und Kommunikation. München/Wien: 163-171.
– (1970): Szientismus oder transzendentale Hermeneutik? (Zur Frage nach dem Subjekt der Zeicheninterpretation in der Semiotik des Pragmatismus) In: Bubner, R. (Hrsg.): Dialektik und Hermeneutik. Festschrift für Gadamer. Tübingen: 105-144.
Bateson, G. (1982): Geist und Natur. Eine notwendige Einheit. Frankfurt/M., Suhrkamp.
Bechmann, A., Hofmeister, S., Schultz, S. (1985): Umweltbilanzierung – Darstellung und Analyse zum Stand des Wissens zu ökologischen Anforderungen an die ökonomisch-ökologische Bilanzierung von Umwelteinflüssen. Forschungsbericht 10104050 des Umweltbundesamtes. Berlin.
Bechmann, A., Hofmeister, S., Schultz, S. (1985a): Leistungsfähigkeit für Stoff- und Energiebilanz als Instrument der umweltbezogenen Planung betrieblicher Prozesse, dargestellt an sieben ausgewählten Fallstudien. Ergänzungsbericht zum Forschungsbericht 10104050 des Umweltbundesamtes. Berlin.
Becker, E. (1984): Natur als Politik? In Becker, E., Kluge, Th. (Hrsg.): Grüne Politik. Frankfurt/M.: 109-122.
Böhme, G. (Hrsg.) (1980): Alternativen der Wissenschaft. Frankfurt/M.
–, Daele v.d., W., Krohn, W. (1974): Die Finalisierung der Wissenschaft. In Böhme, G., Engelhardt v., A. (Hrsg.) (1979): Entfremdete Wissenschaft. Frankfurt/M.
–, Schramm, E. (Hrsg.) (1985): Soziale Naturwissenschaft. Wege zur Erweiterung der Ökologie. Frankfurt/M.
Böttcher, H. (1979): Zwischen Naturbeschreibung und Ideologie. Versuch einer Rekonstruktion der Wissenschaftsgeschichte der deutschen Geomorphologie. Geographische Hochschulmanuskripte 8. Oldenburg.
Capra, F. (1984): Wendezeit. Bausteine für ein neues Weltbild. Bern, München, Wien.
Daele v.d., W., Weingart, P. (1975): Resistenz und Rezeptivität der Wissenschaft – Zu den Entstehungsbedingungen neuer Disziplinen durch wissenschaftspolitische Steuerung. Ztschr. für Soziologie 4, H. 2: 146-164.
Daxner, M., Bloch, J. R., Schmidt, B. (Hrsg.) (1981): Andere Ansichten der Natur. Münster.
Deutschmann, M. (1973): Theoretische Überlegungen zum Verhältnis von Mensch und Natur. Ztschr. der Technischen Universität Berlin, Berlin: 682-698.
Diederich, W. (Hrsg.): Theorien der Wissenschaftsgeschichte. Beiträge zur diachronischen Wissenschaftstheorie. Frankfurt/M.

Dinnebier, A. (1985): Biokybernetik, Ökostadt und Valium. Ballungsgebiete in der Krise und ihre Rettung durch Frederic Vester. In: Hamman, W., Kluge, Th. (Hrsg.): In Zukunft. Berichte über den Wandel des Fortschritts. Reinbek bei Hamburg: 136-152.

Döbert, R. (1973): Zur Logik des Übergangs von archaischen zu hochkulturellen Religionssystemen. In: Eder, K. (Hrsg.): Seminar: Entstehung von Klassengesellschaften Frankfurt/M.: 330-363.

Eberle, M. (1984) (2): Individuum und Landschaft. Zur Entstehung und Entwicklung der Landschaftsmalerei. Gießen.

Eder, K. (1980): Die Entstehung staatlich organisierter Gesellschaften. Ein Beitrag zu einer Theorie sozialer Evolution. Frankfurt/M.

Eisel, U. (1972): Über die Struktur des Fortschritts in der Naturwissenschaft. Geographiker 7/8: 3-44.

– (1980): Die Entwicklung der Anthropogeographie von einer „Raumwissenschaft" zur Gesellschaftswissenschaft. Urbs et Regio 17. Kasseler Schriften zur Geographie und Planung. Kassel.

– (1981): Zum Paradigmenwechsel in der Geographie. Geographica Helvetica 36, H. 4: 176-190.

– (1982): Die schöne Landschaft als kritische Utopie oder als konservatives Relikt. Über die Kristallisation gegnerischer Philosophien im Symbol „Landschaft". Soziale Welt 33, H. 2: 157-168.

– (1984): Wissenschaft: Ein männlicher Wahrheitsmythos! In: Schaeffer-Hegel, B., Wartmann, B. (Hrsg.): Mythos Frau. Projektionen und Inszenierungen im Patriarchat. Berlin: 128-136.

– (1984a): Brief an Gerburg Treusch-Dieter. In: Schaeffer-Hegel, B., Wartmann, B. (Hrsg.): Mythos Frau. Projektionen und Inszenierungen im Patriarchat. Berlin: 213-229.

– (1986): Die Natur der Wertform und die Wertform der Natur. Studien zu einem dialektischen Naturalismus. Berlin.

Ferguson, M. (1982): Die sanfte Verschwörung. Persönliche und gesellschaftliche Transformation im Zeitalter des Wassermanns. München.

Gradmann, R. (1924): Das harmonische Landschaftsbild. Zeitschrift der Gesellschaft für Erdkunde zu Berlin: 129-147.

Hampicke, U. (1975): Kapitalistische Expansion und Umweltzerstörung. Das Argument 93: 794-821.

– (1977): Landwirtschaft und Umwelt. Ökologische und ökonomische Aspekte einer Umweltstrategie, dargestellt am Beispiel der Landwirtschaft der BRD. Urbs et Regio 5. Kasseler Schriften zur Geographie und Raumplanung. Kassel.

Hard, G. (1964): Geographie als Kunst. Zur Herkunft und Kritik eines Gedankens. Erdkunde 18: 336-341.

– (1969): Die Diffusion der „Idee der Landschaft". Präliminarien zu einer Geschichte der Landschaftsgeographie. Erdkunde 23: 249-264.

– (1970): Die „Landschaft" der Sprache und die „Landschaft" der Geographen. Colloquium Geographicum 11. Bonn.

– (1970a): Noch Einmal: „Landschaft als objektivierter Geist". Zur Herkunft und zur forschungslogischen Analyse eines Gedankens. Die Erde 101: 171-197.

– (1983): Zu Begriff und Geschichte der „Natur" in der Geographie des 19. und 20. Jahrhunderts. In: Grossklaus, G., Oldemeyer, E. (Hrsg.): Natur als Gegenwelt. Beiträge zur Kulturgeschichte der Natur. Karlsruhe: 139-167.

Hassenpflug, D. (1974): Umweltzerstörung und Sozialkosten. Berlin.

– (1980): Umweltökonomie und Fachökologie als Gegenstände philosophischer Aufhebung zu einer „Ökonomie der Natur" – Eine philosophische Studie zum Ökologieproblem der Industriegesellschaft. Dissertation. Kassel.

Hassinger, H. (1929): Können Kapital, Volksvermögen und Volkseinkommen Gegenstände wirtschaftsgeographischer Betrachtung sein? Geogr. Jahresberichte aus Österreich 15: 58-76.

Immler, H. (1973): Aspekte zu einer politischen Ökonomie der Umwelt. Zeitschrift der Technischen Universität Berlin, Berlin: 626-650.

– (1975): Die Notwendigkeit von Stoff- und Energiebilanzen. Das Argument 93, Berlin: 822-834.

– (Hrsg.) (1979): Materialien zur Sozialökologie. Forschungsprojekt Sozio-Ökologie an der Gesamthochschule Kassel. Kassel.

– (1985): Natur in der ökonomischen Theorie. Opladen.

Jähnig, D. (1984): Leibniz und die Kybernetik. Parabel 1, Münster: 42-58.

Jantsch, E. (1982): Die Selbstorganisation des Universums. Vom Urknall zum menschlichen Geist. München.

Kluge, Th. (1985): Die große Transformation zum radikalisierten Fortschritt. In: Hamman, W., Kluge, Th. (Hrsg.): In Zukunft. Berichte über den Wandel des Fortschritts. Reinbek bei Hamburg: 240-263.

Kreeb, K. (1979): Ökologie und menschliche Umwelt. Stuttgart.

Kuhn, Th. S., (1967): Die Struktur wissenschaftlicher Revolutionen. Frankfurt/M.

Lakatos, I. (1974): Falsifikation und die Methodologie wissenschaftlicher Forschungsprogramme. In: Lakatos, I., Musgrave, A. (Hrsg.) (1974): Kritik und Erkenntnisfortschritt. Braunschweig: 89-189.

Meillassoux, C. (1973): Versuch einer Interpretation des Ökonomischen in den archaischen Subsistenzgesellschaften. In: Eder, K. (Hrsg.): Seminar: Entstehung von Klassengesellschaften. Frankfurt/M.: 31-68.

Odum, E.P. (1980): Grundlagen der Ökologie. Stuttgart.

Piepmeier, R. (1980): Das Ende der ästhetischen Kategorie „Landschaft". Westfälische Forschungen 30. München, Köln, Wien: 8-48.

Prigogine, I., Stengers, I. (1981): Dialog mit der Natur. Neue Wege naturwissenschaftlichen Denkens. München, Zürich.

Projektgruppe (1984): Stoff- und Energiebilanzen als Instrument zur Kontrolle und Einschätzung ökologischer Auswirkungen des Produktionsbereichs, dargestellt am PVC-Werk ICI-Wilhelmshaven. Werkstattberichte des Instituts für Landschaftsökonomie 3. TU Berlin. Berlin.

Rifkin, J. (1982): Entropie. Ein neues Weltbild. Harnburg.

Rosney de, J. (1977): Das Makroskop. Neues Weltverständnis durch Biologie, Ökologie und Kybernetik. Stuttgart.

Schultz, H.-D. (1980): Die deutschsprachige Geographie von 1800-1970. Abhandlungen des geographischen Instituts, Anthropogeographie 29. Berlin.

Schwind, M. (1951): Kulturlandschaft als objektivierter Geist. Deutsche Geogr. Blätter 46: 5-28.
Sohn-Rethel, A. (1978): Warenform und Denkform. Frankfurt/M.
Stewart, J. Q. (1950): The development of social physics. American Journal of Physics 18, H. 5: 239-253.
Trepl, L. (1983): Ökologie – eine grüne Leitwissenschaft? Über Grenzen und Perspektiven einer modischen Disziplin. Kursbuch 74, Berlin: 6-27.
– (1985): Vom Nutzen der Ökologie für eine emanzipatorische Bewegung. Kommune 4: 55-62.
– (1985a): „Ökologisches Denken" – Zwischen Perfektionierung der Naturbeherrschung, neuem Irrationalismus und emanzipatorischem Anspruch. In: Dinnebier, A., Pechan, B. (Hrsg.): Naturbild – Naturverständnis – Naturbegriff. Landschaftsentwicklung und Umweltforschung 33, Berlin: 64-88.
Vernant, J. P. (1973): Arbeit und Natur in der griechischen Antike. In: Eder, K. (Hrsg.): Seminar: Entstehung von Klassengesellschaften. Frankfurt/M.: 246-270.
Vester, F. (1976): Ballungsgebiete in der Krise. Stuttgart.
– (1980): Neuland des Denkens. Stuttgart.
Wormbs, B. (1978): Über den Umgang mit Natur. Landschaft zwischen Illusion und Ideal. Frankfurt/M.

Orte als Individuen
Zur Rekonstruktion eines *spatial turn* in der Soziologie

Die Stadt- und Regionalsoziologie will sich auf eine fundamentale, metatheoretische Art ihrer Grundbegriffe versichern. Es sollen nicht mehr nur räumlich bezogene Varianten von Soziologie *betrieben* werden wie Stadtsoziologie oder Regionalismusforschung, sondern es soll auch begrifflich mit dieser Ebene der Objektspezifizierung allgemeine Gesellschaftstheorie gebildet werden. Jene Soziologien gibt es, weil sie sich mit Problemfeldern der vergangenen Jahre deckten. Aber daß nun das Gemeinsame der Problemfelder theoretisch eingeholt werden soll, folgt einer anderen Tendenz. Es wird ja damit eine Kritik beziehungsweise Perspektive von Soziologie überhaupt verbunden – wie nach 1920 schon einmal, aber nun unter Einbezug der Kritik an solchen frühen „geographischen" und „biologischen" Neuerungsversuchen. Läpple[1] schlägt zu diesem Zweck zweierlei vor: 1. Die Soziologie soll das Begriffsfeld „Raum" wissenssoziologisch durchdringen (vgl. Läpple 1992: 2) sowie 2. eine Konzeption konkreter Örtlichkeit aufbauen.

Damit gerät diese räumliche Soziologie in ein strategisches Dilemma: Es gibt nämlich keine Möglichkeit, im Horizont einer Theorie konkreter Örtlichkeit diese Theorie wissenssoziologisch zu untersuchen. Eine solche Theorie greift die sinnorientierte Soziologie mit einer – im Lindeschen Sinne – „sachorientierten" Soziologie (ebd.: 6) des Ortes an, und dies aus guten Gründen (zu Linde vgl. 1972). Und sie will zugleich Wissenssoziologie des Raumes betreiben, um zu zeigen, daß sinnorientierte

---

1 Im April 1993 fand in Bonn eine Sektionstagung der Stadt- und Regionalsoziologie der Deutschen Gesellschaft für Soziologie zum Raumbegriff statt. Die vorliegende Arbeit war die Grundlage für einen kurzen, dort vorgelegten Text, der im Nachrichtenblatt der Sektion, August 1993, Jg. 8, Heft 1 abgedruckt wurde. Ich mache Dieter Läpples Text „Thesen zu einem Konzept gesellschaftlicher Räume" (Läpple 1992) zum Ausgangspunkt der Auseinandersetzung mit der allgemein erkennbaren ökologischen Wendung des linken Denkens sowie der Renaissance von „räumlichem Denken", weil er mir methodologisch und inhaltlich repräsentativ für diese Trends zu sein scheint. Es kann natürlich nicht die ganze Bandbreite seiner ideengeschichtlichen und problemorientierten Rekonstruktion diskutiert werden. Ich behandle nur die Art der Problemwahrnehmung sowie die Ergebnisse, insoweit sie mein Vortragsthema auf der Sektionstagung berührten. Zu einer ganz anderen Art der Kritik vgl. auch Pieper 1993.
Der vorliegende Text wurde bisher nicht veröffentlicht. Er wurde in seiner ursprünglichen Form belassen, sowohl was den Vortragsstil als auch was die (damals) aktuellen Bezüge sowie die Literaturverweise angeht.

Handlungstheorie durch raum-/naturorientierte Funktionstheorie (im Sinne Altvaters) (vgl. Läpple 1992: 13 f.) ersetzt werden muß (zu Altvater vgl. 1987). Sie kann aber gar keine Wissenssoziologie betreiben, ohne ein Primat von Sinnorientierung, welches aber gerade kritisiert wird, vorauszusetzen.

Die Paradigmen der „Sachorientierung" und der Sinnorientierung schließen sich aus – außer in der transzendentalphilosophischen Tradition. Aber wollte sie an deren „dritten Weg" anschließen, müßte die Kritik an der Soziologie eine Idee der Vernunft – vernünftiger Geschichte – voraussetzen, die definitiv der Theorie des konkreten Ortes widerspricht.

Das ist die paradoxe strategische Ausgangslage des Vorschlags.

Ich werde versuchen zu beleuchten, was Läpple in dieses strategische Dilemma bringt, indem ich die Ebene dessen, was die Metapher des konkreten Ortes gesellschaftstheoretisch bedeutet, ideengeschichtlich betrachte. Damit wird der Widerspruch zwischen jenem Anspruch, das Konzept wissenssoziologisch zu durchdringen, aber zugleich der Basis der Wissenssoziologie den Rücken zuzukehren, behoben. Es wird sich aber herausstellen, daß das ein neues, nämlich ein politisches Dilemma zum Vorschein bringt: Die Theorie des konkreten Ortes ist ideengeschichtlich gesehen vordemokratisch und politisch gesehen konservativ beziehungsweise „völkisch". Gewiß ist ein theoretischer Progreß in diese politische Richtung von Läpple aber gar nicht intendiert. Auf der theoretischen Ebene wird deutlich, daß die transzendentalphilosophische Tradition nicht den einzigen dritten Weg zwischen Sinn und Sache wies. Der Idee der vernünftigen Geschichte steht – mit dem gleichen problemlösenden Effekt – im holistischen Vitalismus die Idee einer willentlichen Natur gegenüber. Sie führt zu einer anti-emanzipatorischen Entwicklungstheorie.

Das Interesse von Läpple richtet sich auf die Gültigkeit und Brauchbarkeit der verschiedenen von ihm dargestellten Konzepte vom Raum im Verlauf der Geschichte und im Kontext unterschiedlicher Paradigmen, nicht so sehr auf deren Herkunft – auch wenn diese durchaus anklingt. Mich interessiert dieser zweite Aspekt mehr. Ich möchte konsequenter dem nachgehen, was uns diese Raumwirklichkeiten in der von ihm vorgeführten Weise denken lässt, und werde mich auf das Konzept der konkreten Örtlichkeit konzentrieren, das Läpple als Ausweg einer materielles Leben und sinnhaftes Leben verbindenden Soziologie sieht.

Ich glaube, daß eine solche ideengeschichtlich-konstitutionstheoretische Fragestellung, wie ich sie wählen werde, durchaus eine praktische Fragestellung ist. Wenn man den Sinn von Deutungssystemen kennt, wundert man sich weniger darüber, welches (politische) Eigenleben sie oft gewinnen, daß sie gar nicht das leisten, was man ihnen zugemutet hat, sondern das, was ihre Herkunft ihnen abverlangt. Der Kern von Läpples Aussage ist, daß alle „Räume" letztlich so etwas wie Betrachtungsweisen seien. Das macht dann durchaus plausibel, daß man nach einem neuen, fruchtbaren Raumkonzept suchen kann. „Umdenken" setzt immer voraus, daß die Welt und das

Bewußtsein von ihr nicht bruchlos ineinander aufgehen. Läpples Anliegen ist es, das stärker zu beachten, was sich auf der Ebene des Raum*begriffs* zwischen die Welt und das Bewußtsein schiebt, beziehungsweise zu konstatieren, daß die Soziologie es vermeidet, irgendeinen Raumbegriff dazwischenzuschieben – mit Ausnahme der social ecology natürlich –, sondern daß sie nur den Sinnbegriff dazwischenschiebt. Das ist natürlich für die Stadt- und Regionalsoziologie unbefriedigend.

Wenn man Läpple folgt, ist aber das, was an den Räumen nur Betrachtungsweise ist, mit dem, was an ihnen dann dennoch reale Existenz ist, auf eine eigentümliche Art verschmolzen. Kritisiert und in ihrem Status „zurechtgerückt" wurden die Räume als Konzeptionen, als Betrachtungsweisen; aber *insgesamt* stellt sich mir der Text als der Versuch dar, nun endlich doch an die „Raum*wirklichkeit*" heranzukommen. „Raum" bedeutet dann weniger eine dazwischengeschobene Theorie, wie zuvor behauptet, als vielmehr eine Integration von *Welt*, für die es Sensibilität zu entwickeln gilt. Das heißt: Der Text von Läpple zeigt erstens, daß und wie die bekannten Sichtweisen von der Welt als Räumlichkeit eingeschränkt sind und zweitens, daß diese Einschränkung in den Sozialwissenschaften ungerechtfertigterweise gewissermaßen hundertprozentig ist, nämlich jenen Raum, *den es unversehens gibt*, ganz eliminiert. Das erste geht gegen „Sozialphysik" im weitesten Sinne, das zweite gegen ihr erklärtes Gegenteil. Also ist der dritte Weg gefordert.

Dieser dritte Weg läßt nur noch die *guten* Gründe für das existierende Räumliche zu. Auf diese Art wird ein Widerspruch produziert. Die Untersuchung der Art und Weise, wie der Raum auf *unzulängliche* Weise konstituiert wird, impliziert natürlich auch, daß es etwas wirklich geben muß, was ganz *anders beschaffen* ist. Das heißt: Angesichts *ungenügender* räumlicher Betrachtungsweisen wird aus der Belehrung, daß *alle* Raumwirklichkeit nur aus theoretischen *Blickwinkeln* besteht, unversehens die Klage über eine schief gesehene oder gar vergessene räumliche *Wirklichkeit*. Der Sinn der *guten* Gründe der (handlungstheoretischen) Soziologie *gegen* das Räumliche als Gegenstand der Soziologie, nämlich das Argument, daß Räume nicht Gegenstände, sondern nur eine Dimension sowie symbolischer Ausdruck von Handlungsfunktionen sind, wird damit umgebogen zur Möglichkeit der Angabe guter Gründe *für* das Sehen wirklicher Räume *gegen* die radikale Strategie der Mißachtung seitens der Soziologie. Daran schließt sich zwanglos die Frage an: Wie sieht der für die Gesellschaftswissenschaft *richtige* Raumbegriff (und das heißt für die anstehenden Probleme fruchtbare Raumbegriff) aus, der, weil er der angemessene ist, die soziologisch relevante „räumliche Wirklichkeit" „erfaßt"? Und da ist es dann geschehen: Die Mahnung an die Adresse der Anderen, die Wirklichkeit nicht mit der eigenen Brille zu verwechseln, wird angesichts der Tatsache, daß die eigene Brille die anderen Raumtheorien als unzureichend zu kritisieren erlaubt, paradox.

Wo liegt der Bruch, d.h. der Übergang vom konstitutionstheoretischen Einstieg in den abbildtheoretischen Normalbetrieb der Wissenschaft? Offenbar werden reale Probleme geltend gemacht, die gelöst werden sollen, aber mit sinnorientierter Handlungstheorie nicht gelöst werden können. Die Vorstellung einer, gemessen an der Lösung bestimmter Probleme, besseren Raumtheorie erzeugt aber zugleich die Implikation, es gebe jenen Raum, von dem man zuvor gesagt hatte, er sei in den Theorien so schnell im schiefen Licht, weil alle Raumrealitäten letztlich ja nur theoretische Konzeptionen seien. Die Unangemessenheit der Konzeptionen steht gleichzeitig dafür ein, daß sie alle nur Betrachtungsweisen sind, und daß sie zudem alle nicht nur Betrachtungsweisen sind, sondern auch Abbilder von Wirklichkeit (sonst könnten sie nicht – im Extremfall – falsch sein).

Man kann festhalten: Der Übergang auf die logisch-semantische Ebene (→ wahr – falsch; → angemessene – unangemessene Raumtheorie) macht es unmöglich, die konstitutionstheoretische Sichtweise aufrechtzuerhalten. Denn der gesamte Sinn der Suche nach wahren Aussagen liegt in der Voraussetzung begründet, daß eine indexikalische Objektreferenz existiert. Eine richtigere Raumtheorie kann nicht mehr gewollt werden, wenn unterstellt wird, daß ihre Inhalte gar nicht objektiv in der sozialen Gegend herumstehen, sondern bloß problemorientierte Sinngebilde einer Sichtweise sind. Gegen die rein sinnorientierte Soziologie war man aber angetreten. Also muß man Objektreferenz voraussetzen, also sind Räume nicht nur Sichtweisen, also hat man einen Widerspruch zu seiner eigenen Voraussetzung. Der Kurzschluß zweier Ebenen – Ideologieverdacht und empirische Geltung – verwickelt die theoretische Kritik in das Dilemma zwischen Konstitutionsanalyse von Begriffen und Widerlegung von Theorien.

Zusammenfassend kann man feststellen, daß die Frage nach dem richtigen Raumbegriff als Kritik an allen anderen „Betrachtungsweisen" selbst genauso unreflektiert eine naive Ontologie des Raumes konstituiert, wie es die Kritisierten tun. Eine neue, „richtigere" Erklärung „*versteht*" ihre Information genausowenig wie eine alte, weil Erklärung sowieso kein Verstehen ist. Das ist ein alter Hut. Planungstheoretisch und -praktisch ist das unproblematisch, für Theoretiker – selbst wenn sie keine wissenschaftstheoretischen Puristen sind – nicht. Denn ein neuer „approach" ist ein metatheoretisches Unternehmen und sollte Kriterien der metatheoretischen Diskussion genügen. Ich werde jetzt versuchen, das an einem Beispiel zu demonstrieren, am Raumparadigma des ökologischen Denkens. Ich werde im folgenden auf jenen „konkreten Ort" eingehen, den es allem Anschein nach gibt, der der „Weltmarkttendenz" „gegenübersteht", aber selbst nicht auch irgend so eine „Tendenz" zu sein scheint, kein innergesellschaftliches (ökonomisches) Prinzip, sondern eher ein Ding, an dem sich jener Gegner Weltmarkt „abarbeitet" (und zwar in der Form des Abstrahierens von dem Konkreten, Objektiven, Räumlichen, unwiderbringlich Einmaligen alles Dinghaften).

Dieser Gegenstand gehört einer Problemstellung an, die ein Verhältnis beschreibt: Universalisierung versus konkrete Vereinzelung (vgl. Läpple 1992: 15). Insofern ist meine bisherige Rekapitulation nicht ganz hinreichend, zumindest überpointiert, was die Unterstellung angeht, das Konzept stehe deshalb unversehens für den Raum selbst, weil Läpple über es redet, als sei jener nicht ein gesellschaftliches Sinngebilde, sondern einfach da. Denn die Konzeption vom „konkreten Ort" ist ambivalent. Läpple versucht eine zugleich „gesellschaftstheoretische" und „räumliche" Fragestellung aufzuwerfen. Die Existenz der sogenannten äußeren Form der Anschauung (Kant) soll als eine Ebene, die die Welt für uns überhaupt erst empirisch sein läßt, aus der Innensicht gesellschaftlicher – gänzlich „unräumlicher" – Funktionszusammenhänge wie Mehrwertbildung, Konkurrenz, Klassenzugehörigkeit usw. reformuliert werden; der spezielle Fokus ist die Tendenz der Warengesellschaften, lokale Selbstreproduktionszusammenhänge zu zerstören. Ich teile diese Betrachtungsweise als fruchtbar (vgl. Eisel 1982). Ich komme nämlich aus einem Fach – der Geographie –, das sich seit 150 Jahren mit diesem Problem herumschlägt. Allerdings war der Blickwinkel umgekehrt. Die Frage lautete: Wie kann man alle – selbst die universalistischen – Prozesse so beschreiben, als *seien* sie „örtlicher" Natur, beziehungsweise, was an ihnen ist *tatsächlich* konstitutiv nur „räumlich" wirksam (und verständlich)?

Die Geographie hat dabei die Perspektive eingenommen, jenen „konkreten Ort" zu rehabilitieren, ihn gewissermaßen vor den Abstraktionen, die gesellschaftlichem Sinn und ökonomischen Funktionen anhaften, durch die Struktur ihrer Theorie zu schützen. Das ist die Perspektive der konservativen Kulturkritik in positivierter Form, wenn man es nicht als fachliche Abgrenzung, sondern als Weltbild betrachtet (vgl. dazu Eisel 1980, 1982, 1982a).

An dieser Stelle, an der die Theorie der (verwerflichen) Abstraktionen als gesellschaftstheoretischer Rahmen der Behandlung des Verhältnisses von Universalität und einzelnem Ort in Anschlag gebracht wird, wird der „konkrete Ort", der Bestandteil einer theoretischen und wissenschaftstheoretischen Relation war (Universalismus versus Singularität), ein Ding; er wird echter, wirklicher, letztendlicher Raum. Das Wirkliche, auf dem man steht, der Boden, die Scholle, die Heimat, die Landschaft, der stoffliche Ressourcenstandort, die Wiese, der sterbende Wald im Harz, die Erde als Planet im Weltraum, der Westerwald, der Kiez, in dem man lebt, das sind konkrete Örtlichkeiten; wer könnte deren Existenz bezweifeln. Deshalb wird nicht untersucht, wie sie – als Sichtweise – zustandekommen, sondern was mit ihnen als Realität passiert, wenn eine abstrakte Sichtweise (und eine analoge ökonomische Handlungsweise) auf sie angewandt wird. Die Beschreibung des Raumes unter dieser entfremdungskritischen Perspektive verdeckt gewissermaßen, daß dieser unbezweifelbare Gegenstand aus den gewählten *Kategorien* folgt, ein Sinngebilde ist, das jeder Abstraktionskritik innewohnt.

Hier schnappt dieselbe Falle wie die oben geschilderte zu, wo sich zeigte, wie unter bestimmten Umständen aus der Frage nach der richtigen Raumtheorie die unterschwellige Gewißheit der Existenz des Raumes und damit die hinterhältige

Orte als Individuen

Konstitution der Realitätsgewißheit aller Raumtheorien folgt, d.h. aus dem Rekurs auf die logische Wertigkeit eine Ontologisierung folgt, die den eigenen konstitutionstheoretischen Anspruch konterkariert.

Nur tritt diesmal die logisch-semantische Ebene der benutzten Theorie schon „inhaltlich" in einer bestimmten Semantik, nämlich in einer philosophischen Begriffsform als „Abstraktheit", auf. Diese Abstraktheit sitzt dem Anschein nach kategoriell genauso auf der scheinbar empirischen Konkretheit auf, d.h. ist ihr als Bewußtseinsprozeß oder ökonomischer Prozeß nachgeordnet, wie die logische Wertigkeit eines Gegenstandsbezugs der Existenz dieser Gegenständlichkeit selbst, wie der Wahrheitswert des Zeichens dem Sein oder auch wie der Tauschwert dem Gebrauchswert. Wenn nun aus guten politischen Gründen die gesellschaftlichen Abstraktionsprozesse vom „Eigenleben" konkreter Orte kritisch untersucht werden, entsteht – etwas spezieller nun – eine Ontologie des konkreten Raumes. Das ist nichts anderes als das, was von Läpple kritisiert wird; nur handelt es sich nicht mehr wie zuvor um den Common Sense eine Ontologie des Raumes überhaupt in der Gestalt der verschiedenen Ontologien abstrakter Räume, sondern – gewissermaßen eine Ebene tiefer – um die Brille der konkreten Lebensweltlichkeit der „äußeren Form der Anschauung". Diese allgemeine Raumontologie wird, obwohl vorher ausführlich gezeigt wurde, daß all diese vermeintlichen Raumwirklichkeiten Betrachtungssysteme sind, nun in der „besseren" Sichtweise vom *konkreten* Ort heimlich mitgeschleppt.

Da aber jede dieser Raummetaphern faktisch eine Theorie über die Gesellschaft ist, interessiert uns daran natürlich die Gesellschaftstheorie des konkreten Ortes. Wer die entwickeln will, wird sich auch damit beschäftigen müssen, daß es sie schon gibt.

Um Mißverständnissen vorzubeugen: Damit will ich nicht sagen, daß ein solcher Ausgangspunkt – „konkreter Ort" – unbeachtet bleiben soll. Es geht mir nicht um Verbote, sondern darum, daß man wissen sollte, was man tut – zumindest in der Wissenschaft. Und dafür sorgt in der Regel eine bewußt konstitutionstheoretische Perspektive. Ich schlage vor, sie durchzuhalten.

Ich habe die These schon angedeutet, daß die Theorie des „konkreten Ortes" einige unangenehme Implikationen und einige unerwünschte Folgen hat. Auch das spricht nicht grundsätzlich gegen ihre Verwendung; sie hat nämlich in jedem Falle ihre „Wahrheit", wie jede Theorie, und es gibt immer eine Perspektive, aus der sie nützlich ist. Zu wissen, worin diese tatsächlich besteht, setzt aber voraus, über die Logik und die Dynamik von gewählten Konzeptualisierungen etwas zu wissen, wenn und weil man sich politisch ihren Folgen stellen muß. Andernfalls posaunt man alle zehn Jahre eine neue Theorie aus und wundert sich in denselben Abständen, daß es nicht das Gelbe vom Ei war und zudem mit dem Ergebnis, daß mit großem Aufwand wieder abgerissen werden muß, was zuvor mit hohen Kosten an materieller und sozialer Realität gebaut wurde. (Die Geschichte der Stadt-, Regional- und Raumplanung ist ein Paradebeispiel dafür, die Bildungsplanung ein anderes.)

Ich werde mit argumentativen Thesen zum Kontext die Diskussion über das Konzept des konkreten Ortes vorbereiten.

Eigenart und christliche Kultur

Einleitende Thesen:
- Die Theorie des konkreten Ortes ist eine Theorie der Eigenart; dieser Begriff bezeichnet die systematische innergesellschaftliche und soziologische, d.h. „sinntheoretische" Begriffsebene.
- Die Theorie der Eigenart ist, wie jede Theorie überhaupt, eine Theorie des Subjekts.
- Jede Theorie des Subjekts ist – spätestens seit der Renaissance – eine Theorie darüber, wie Individualität möglich ist, wenn doch das Einzelne immer durch das Ganze bestimmt ist. (Das Ganze kann verschieden benannt werden: Schöpfung, Gesellschaft, Kultur, Geschichte, Sinn, Kosmos, Natur, Volk, Staat, Wertform usw.)
- Das Paradigma des konkreten Ortes ist die Erde (in Relation zum Universum). *Auf* der Erde ist das Paradigma des individuellen Ortes die Landschaft.

Eigenart ergibt sich als Ausdruck zweier fundamentaler christlicher Werte: Freiheit beziehungsweise Selbstverantwortung sowie Gesetzestreue; jeder Mensch muß *seinen* Weg zu Gott finden. Aber diese Freiheit ist selbst Ausdruck einer bedingungslosen Abhängigkeit von Gottes Ratschluß und Geboten. Gott hat nicht nur das Ganze geschaffen, sondern auch schon immer alles einzeln so gewollt, wie es existiert. Seine Gründe sind unerkennbar. Wäre Existenz nicht einzeln von Gott gewollt, wäre sie nur vernünftige Ordnung – ein Mechanismus. Die Existenz bestünde nur aus Vorsehung.

Aber dem Alten Testament wurde ein neues hinzugefügt. Der christliche Gott ist nicht nur gesetzgebend und allmächtig, sondern auch gnädig. Er hat die Menschen erlöst und jedem damit die Freiheit geschenkt, einen eigenen Weg zu wählen, den Gesetzen Folge zu leisten. Seitdem ist jeder einzelne aufgerufen, seinen Beitrag zur Errichtung des Reiches Gottes zu leisten. Die Schöpfung existiert nicht nur, sondern ist nun auch ein Projekt der Menschen. Die „erarbeiten" sich je einzeln die bereits ergangene Erlösung aller, indem sie sich in der Besonderheit, in der Gott sie gewollt hat, entdecken und diese in den Dienst seiner Schöpfung stellen. Sie verwirklichen individuell den Geist, die Gesetze und den Sinn des Ganzen, wenn sie nicht in Sünde leben.

Das Einzelne muß als Besonderheit erfahren und gewollt werden. Dem entspricht die Zustimmung zu einem universellen Willen, der die Erde auserwählte und die Menschen erlöste. Deren Wesen ist das der Besonderheit. In göttlicher Gnade zu sein bedeutet, in einer Vielfalt von Besonderheiten zu existieren.

Damit steht Eigenart für den allmächtigen Willen Gottes und gegen abstrakte Allgemeinheit von Naturprinzipien, die eine Gleichgültigkeit der Erscheinungen vor dem Gesetz impliziert. Zwar sind alle Menschen *vor Gott* gleich, aber das ist kein Recht (auf Gleichbehandlung), sondern nur eine Verpflichtung, den gemeinsamen Gnadenstatus, der aus der Erlösung folgt, individuell zu verantworten: Keiner hat Startnachteile, wenn es um Begnadigung geht; auch der Bettler nicht gegenüber dem Priester. Aber die Gleichheit *der Menschen* folgt daraus nicht. In letzter Instanz ist das Insistieren auf Eigenart undemokratisch, weil Demokratie auf allgemeinen Prinzipien bei unbedingtem Wissenszugang und Wissenszuwachs basiert (und umgekehrt) sowie auf natürlichen Gleichheitsrechten des Einzelnen.

Der Auserwähltheit der menschlichen Gattung, d.h. der Entscheidung Gottes, einen Menschen zu *machen*, dessen Nachkommen sich dann von der Genesis aus durch Zeugung Geschlecht für Geschlecht zu einer erzählbaren Entwicklungsgeschichte aneinander anschließender Einzelner vervielfachen, ihm eine Seele sowie einen *individuellen Namen* zu geben, entspricht auf der räumlichen Seite die Auserwähltheit der Erde als Ort, an dem das Konkret-Werden Gottes durch „Menschwerdung" und durch das Opfer des Menschensohnes sich ereignet. Aus der Erde der Erde wird das Blut gemacht, das den ersten Namen erhält. Aber Adam versagt individuell und mit ihm alle, die diese Verunreinigung in sich tragen, weil sie einen Geschlechtsnamen tragen, der sich von ihm ableitet. Deshalb muß die Erde erneut im Universum ausgezeichnet werden. Aus Jesu Opfer und Auferstehung folgt die Kirche Christi auf Erden. Ihr Programm ist die Mission. Sie ersetzt die Genealogie der Namen als Folge von Zeugungsprozessen, die eine geheiligte Genesis verlängerten. Das Erbe liegt nun nicht mehr in Herkunft und Gesetz, sondern in Erlösung und Zukunft, weil die Überwindung der Erbsünde einen neuen Anfang setzte, der aus der Erwartung der Erlösung die Notwendigkeit der Ausbreitung ihres Erfolges werden ließ. Deshalb bedeutet Erbe Ausbreitung der empirisch unvollendeten Erlösung. Die Taufe aller muß noch vollzogen werden. Das hält den Schöpfungsakt als Erlösungsprogramm historisch bis zum jüngsten Gericht offen. Ursprung und Maß des Handelns ist nicht nur die Gesetzesordnung des *Ganzen*, sondern auch das Jüngste Gericht, an dessen Tag jeder *Einzelne* sich verantworten wird. Dort steht jeder Einzelne vor dem Richter und sucht erneut um jene Gnade nach, die die Erlösung durch Jesus vorsah, nicht um Gerechtigkeit. (Denn Gerechtigkeit zu fordern bedeutete, selbstgerecht gewesen zu sein; das ist Sünde.)

Bezogen auf die vielen heidnischen Kulturen gilt es, jedem Menschen Zugang zur Erlösung zu verschaffen, d.h. die ganze Erde zu christianisieren. Sie ist dann ein Ort im Universum, der Eigenart besitzt, das bedeutet: mit einem eigenen Auftrag gegenüber der ganzen Schöpfung, den die Nachfolger von Petrus verantworten. Sie trägt das Leben, das allein Gott einhauchen kann. Bezogen auf jeden einzelnen Menschen gilt es zu erreichen, daß dieser an der Verwirklichung der universellen Ordnung

Gottes mitwirkt, ohne ihre allgemeinen Gesetze erkennen zu wollen – das Letztere wäre jene Blasphemie, die zur Selbstgerechtigkeit führt. Der Besitz des allgemeinen Prinzips würde Freiheit von der partikularen Existenz implizieren; der Mensch wäre göttlich. Am göttlichen Prinzip einer allgemeinen Ordnung hat der Mensch nur vermittelt über die Gnade, und das heißt im einzelnen Glauben, teil. Deshalb muß für den Dienst am Ganzen statt des allgemeinen Wissensdurstes der Blick für die Vielfalt göttlicher *Willens*äußerungen im Einzelnen geschult werden (nur so ist Naturwissenschaft legitim), und in jedem Individuum (in jeder Kultur) muß die spezielle Form des göttlichen Planes erkannt werden: Die auferlegten Wege werden begriffen und in Liebe verfolgt; aber die Möglichkeit der Sünde ist ein Prüfstein für einzelne Selbstverantwortung im Vorgezeichneten. Jeder Weg ist anders; Gleichheit der vor Gott Gleichen ist der Schöpfung unwürdig, ist unnatürlich.

Ich habe in diesem kurzen Überblick versucht, den Begriff der Eigenart aus seinem gewohnten Kontext zu lösen. Das Vertraute verdunkelt ja oft die Herkunft; vor allem der modische ökologische und regionalistische Kontext (in Verbindung mit Theorien der Vielfalt) leistet das. In der christlichen Kultur steht Eigenart für die Einheit von allgemeinem absolutem und gleichwohl freiem einzelnem Willen und von einem auserwählten Ort der Erlösung; der Begriff steht für die besondere Situation, die eine *notwendige* Einheit ist, wenn das Allgemeine nicht nur eine gesetzmäßige Ordnung, sondern auch ein einzelner Wille (des Allmächtigen) ist. Die Erde als besonderer Ort im Universum dokumentiert die omnipotente Wahlfreiheit Gottes *und* die „menschliche Substanz" der Erlösungsnotwendigkeit (ohne die Gott nicht als gnädig erwiesen wäre); Gott braucht die Erde und die Menschen, nachdem Adam versagte, genauso zur Dokumentation einer seiner notwendigen Bestimmungen, der der Gnade, wie sie ihn für die Erlösung vom Übel brauchen. Hier *wollte* Gott seine Ebenbilder, und hier *lebte* Jesus; aber Gott hätte nicht einen Gnadenakt nicht gewollt haben können – er wäre dann der unchristliche des alten Bundes geblieben. Deshalb ist konkrete Erdräumlichkeit ein systematisches Prinzip der Selbstüberwindung zur Vollkommenheit hin. Ohne Bezug auf den Raum, nur systematisch betrachtet, bedeutet Eigenart ein Entwicklungsprinzip, demzufolge die Realisierung der ohnehin herrschenden transzendenten Prinzipien der Freiwilligkeit des Einzelnen auferlegt sind; ohne sie wären diese vorgängigen Prinzipien ohne die empirische Substanz eines vielfältigen Antriebes im Einzelnen[2]: Eigenart indiziert eine Paradoxie, nämlich die *vorgegebene freiwillige* Selbsterlösung.

---

2   „Die Substanz ist ein der Tätigkeit fähiges Wesen" (Leibniz 1966: 423). Ich zitiere hier und im folgenden in Verbindung mit einigen Grundfiguren der Ökologie aus den Gottesbeweisen von Leibniz und Spinoza, um darauf zu verweisen, daß es sich um „Rationalisierungen" der Gottesidee, nicht um empirische Begriffe der modernen Biologie, handelt.

Orte als Individuen

Exkurs: Eigenart in der Handlungstheorie

In der Soziologie gibt es eine andere als die ökologische und regionalistische Redegewohnheit über Eigenart. Da kennen wir die Idee der Eigenart durch Max Webers Begriff des Typus. Weber hat in der neukantianischen Tradition den paradoxen Versuch unternommen, eine erfahrungswissenschaftliche Methodologie des Sinnhaften zu formulieren: Der Typus steht als kognitive Ebene dem Wert (in Rickerts Sinn) gegenüber und zur Seite. Der Real-Typ entspricht dem subjektiven Sinn, der Idealtyp dem objektiven Sinn. Und das Typische bezeichnet die Wahrnehmungsebene, die Werthaftes und Sinnhaftes vom Eigenartigen her, d.h. individuell, aber dennoch allgemein klassifikatorisch, begreift. In diesem verschobenen Kontext betrachtet ist das die formale Positivierung der christlichen Grundidee vom selbstverantwortlichen Repräsentanten einer objektiven Vorbestimmtheit. Ein Typus ist typisch für etwas (objektiver Sinn) und darin für sich selbst (subjektiver Sinn).

Auch im lebensweltlichen Sprachgebrauch hat das Wort „Typ" noch die eigenartige Doppelkonnotation, derzufolge einerseits eventuell Eigenart, also eine wahrnehmbare Gestalt, vorliegt, aber zugleich auch immer vorliegen *soll*: Ein „Typ" ist in diesem Kontext etwas Besonderes im normativen Sinne; keiner zu sein, heißt letztlich eine respektable, wiedererkennbare Menschlichkeit abgesprochen zu bekommen. So jemand wäre gestaltlos, und das wäre sozial wertlos. Wer kein Typ ist, ist eine Schablone oder eine Kopie. Beides ist nichts „Eigent-liches", sondern letztlich wertlos. Wertlos ist beides, weil es – obgleich im Original allgemein geschätzt (wie der unbeholfene knochige sensible Mann namens Gary Cooper oder die Landschaft der Toscana) –, wenn es perfekt nachgeahmt wird ohne weitere Zutat, nichts Eigenes hat, damit zugleich nichts Besonderes, Singuläres ist; keine neue Art des Seins wurde entwickelt. Es wurde dann etwas individuell Typisches einfach abstrakt durch Vervielfältigung verallgemeinert, nicht konkret weiterentwickelt, womit das Produkt nichts individuell Typisches mehr ist, sondern nur noch ein dem Allgemeinen subsumiertes Element.

Individualität ist demnach die kulturelle und soziale Festlegung auf Eigenart als allgemeines Entwicklungsprinzip.

Ich habe nun allerdings zwischen der christlichen Kultur und Max Weber einen wichtigen Schritt beziehungsweise zwei Schritte ausgelassen. Die Ausfüllung dieses Zwischenraumes soll uns dem Umweltbewußtsein näher bringen. Für unsere Kultur entscheidend ist der Säkularisationsschritt, in dem jenes Entwicklungsprinzip ein geschichtliches Projekt wird – und in der Folge ein politisches Projekt. Hierbei kommen die Natur und der Raum ins Spiel.

Individualität als Raum

Sobald die Natur und der Raum ins Spiel kommen, kommt die Natur *als* Raum ins Spiel, nämlich als Lebensraum. Das Wort gab es anfangs noch nicht, dafür hieß es „Land". So nannte Herder das Konzept, das zur Beobachtung und Beschreibung von Kulturen diente, insofern sie in ihrer Besonderheit als regionale Entwicklungsstufen humaner Möglichkeiten aufgefaßt werden sollten.[3] Ein Land (was wir heute eher Landschaft nennen, weil Land später mittels Heimat zum Vaterland wird und mit Nation identifiziert wurde) ist diejenige konkrete Örtlichkeit, in der Menschen aus der konkreten Naturumgebung das Bestmögliche gemacht haben oder zumindest dessen fähig erscheinen. Sie können sich damit als geschichtlich wertvoll erweisen, denn sie bieten der allgemeinen Humanisierung durch das Christentum sozusagen spezielles Material, eine strukturähnliche Anknüpfung, an, sind nicht mehr nur Wilde in einer Wildnis. Sie haben schon „Seele", wenn auch noch heidnisch verblendet, d.h. in ideeller Naturform als „Naturreligion". Daß sie sich dabei der Natur anpassen, ist die eine Seite. Das ist aber überhaupt nicht die Pointe der Geschichtsphilosophie von Herder. Adaption im naturdeterministischen Sinn ist nämlich eher eine mechanisch-materialistische Funktionsvorstellung. Im christlichen Humanismus liegt demgegenüber der Wert des Ortes gewissermaßen in der in ihm angelegten Förderung menschlicher Potenzen. Diese sind auf niedriger Stufe wenig ausdifferenziert, obwohl sie die Tendenz zur Differenzierung von sich aus haben. Da die Orte verschieden sind, können Kulturen zunächst ganz leicht verschieden werden, weil der Einfluß auf die technisch gesehen einfachen Handlungssysteme phänomenologisch prägend ist; d.h., alle Kultur muß im Ganzen vielfältig werden. Jede Vielfältigkeit als Einzelnheit betrachtet hat „Eigenart". Daher indiziert die Abwesenheit von Uniformität gelungene Menschlichkeit, dies aber nicht, weil die verschiedenartigen Völker so gut der Natur verschieden angepaßt sind, sondern – trotz jener anfänglich starken Naturbindung – umgekehrt: weil sie verschiedenartigen Natureinflüssen nicht gleichartig entronnen sind (wie dies später im abstrakt gleichförmigen Industriekapitalismus der Fall sein wird). Die naturbedingt entstandenen Differenzen indizieren ein Autonomieprinzip, kein Adaptionsprinzip. Diese Autonomie ist in den vielfältigen Besonderheiten der ganz unterschiedlichen „Volkscharaktere" (Herder) verankert. Weil die Menschen und die Volksstämme im Wesen *ungleich* sind, können die konkreten natürlichen Le-

---

3 Als politisches Symbol und Konzept taucht das Land schon früher in der sogenannten Country Opposition um Lord Harrington, Shaftesbury, Pope usw. gegen die absolutistische Zentralgewalt sowie später gegen die bürgerliche Whig-Regierung in England auf (vgl. Vesting 1993). Es bezeichnet eine platonische und zugleich empiristische Position gegen alle Formen abstrakter Herrschaft und abstrakten Gelderwerbs. Als Konkretheiten existieren diese beiden gesellschaftlichen Abstraktionen nur auf dem Land.

bensumstände *Differenzen* (von Kultur und Kulturlandschaft) bewirken. So werden vor allem *ungünstige* Naturvorgaben jederzeit die *Verschiedenheit* der inneren Anlagen der Völker offenkundig machen.

Darum geht es der christlichen Mission. Sie braucht Anknüpfungspunkte für eine Universalisierung, die paradox ist: Sie soll das Allgemeine im Einzelnen als Einzelnes fördern (eben das, was auch der Pfarrer tut, wenn er echte „Seelsorge" betreibt, oder ein guter Lehrer oder auch ein Professor – falls er nicht vor Hörsälen mit 500 Leuten sitzt und in neun Semestern Regelstudienzeit jeden abstrakt mit Rezepten angefüllt haben soll).

Der konkrete Ort ist damit nicht ein Set von Standortfaktoren, nach deren allgemeinem Wirken es sich zu richten gilt (denn dabei käme Gleichheit heraus überall da, wo diese Faktoren gleich sind, obwohl ihr Auftreten verschiedenartig kombiniert ist). Er ist nicht als „Variante" mittels einer allgemeinen Standortlehre beschreibbar, sondern er ist ein eigenartiges Individuum, gewissermaßen ein Interaktionspartner mit *Forderungen* an die Menschheit und mit *Angeboten*, deren Eigenart zu beweisen. Deren Ziel ist aber gerade *Ablösung* von diesem Raum; menschliche Freiheit in einem humanistischen Sinne (nicht im demokratischen) ist die Voraussetzung dafür, daß kulturelle Identität zur Geltung kommen kann. Geht die Freiheit gegen Null, geht das Humane verloren. Allgemein ereignet sich dieser Verlust, weil überhaupt die Grenze zum Tierischen überschritten wird (freier Wille wird durch Trieb ersetzt), und speziell bedeutet das, daß die Unterschiede minimal werden: Faustkeil, Besitz des Feuers und Angst vor Dämonen geben, egal wo, im Vergleich wenig Aufschluß über die Möglichkeiten der Gattung. Die Qualität primitiver Kulturen beginnt erst oberhalb der Stufe der ersten Tage des „Säuglings", wenn gewissermaßen der Liebreiz naiver Menschlichkeit schon einsetzt – wie beim kleinen Kind. Das liegt aber daran, daß Eigenart, die auf spätere Differenzen der hohen Kultur verweist, erkennbar wird.[4] Anpassung bedeutet demnach in diesem Weltbild die Ablösung von der unbedingten Bindung an die Naturgrundlagen, ohne diese durch irgendein universelles Prinzip formal in ihren konkreten Konstellationen zu negieren. Entsprechend bedeutet Freiheit die Vollkommenheit der Entwicklung einer Besonderheit durch Anpassung an eine Ordnung – in diesem Fall an eine Naturordnung; die Freiheit besteht dann in der Souveränität der eigenständigen einzelnen Repräsentation der Ordnung und im Abstand von allen anderen eigenständigen Lebensentwürfen. Die Integration des paradoxen Verhältnisses von allgemeiner Ordnung und einzelner Freiheit heißt Eigenart. Eine Entität, die diese Eigenschaft besitzt, heißt Individuum.

---

4   Im Rahmen der beliebigen Verschiebbarkeit dieser Grenze vermischten sich – und dominierten je nach politischem Nutzen – zwei parallel laufende Missionsprinzipien: Ausrottung (unwürdiger Tierarten) und Hochachtung (der Tiefe einfacher Menschlichkeit).

Ich habe jetzt einerseits unter der Hand die Grundstruktur des ökologischen und des modernen umweltbewußten Denkens mit einigen seiner Basismetaphern und andererseits die Grundstruktur des konservativen Denkens (Freiheitsbegriffs, Subjektbegriffs, Naturbegriffs usw.) entwickelt, welches sich – mit Herder – vehement der Aufklärung, insbesondere Kant und der Theorie der Gleichheit angesichts universeller Vernunft, damit aber auch der Faktizität der wissenschaftlichen, technischen, politischen, kapitalistischen usw. Entwicklung, kurzum dem Universell-Werden der Warengesellschaften/Geldwirtschaften, entgegengestellt hat.

Im übrigen hat dieses Denken sich auch gegen den zentralen Staat gewandt und zwar sowohl gegen den absolutistischen Zentralismus als auch gegen die moderne Nation. Insofern ist das Paradigma räumlicher Eigenart natürlich auch die Grundfigur des Regionalismus, auch wenn Gerdes es nicht wahrhaben will, daß es *„den"* Regionalismus gibt (vgl. Gerdes 1985). Aufgrund dieser doppelten historischen Frontstellung seines Paradigmas (abstrakte höfische Gesellschaft im Absolutismus; abstrakter moderner Industriekapitalismus mit demokratischem Staat) kann allerdings – genauso wie im Ökologismus – die Selbstbegründung des Regionalismus in ihrer politischen Semantik alternativ ausfallen beziehungsweise Aspekte der alternativen Semantiken können problemgebunden kombiniert werden, indem Ebenen (z.B. Ökonomie) des einen historisch-politischen Bezugssystems mit anderen Ebenen (z.B. Technik) des anderen Bezugssystems verbunden werden. So sieht es dann so aus, als sei alles im ganzen undeutlich und im Flusse. Auf so etwas stürzen sich die Phänomenologen immer gerne, damit die Welt ja bloß kein System sei.

Ökologie ist Raumwissenschaft

Ich will jetzt – mit einigem Vorbehalt – auf den Raumbegriff der Ökologie im engeren Sinne eingehen. Mit Vorbehalt deshalb, weil es diverse (mindestens aber zwei fundamentale) Konzepte von Ökologie gibt, die sich zum Teil paradigmatisch ausschließen. Denn ich glaube, daß man trotz der Ausdifferenzierungen dann einen allgemeinen Nenner behaupten kann, wenn es nicht um die intern empirisch ausdifferenzierte biologische Theoriedynamik geht, sondern um die sogenannte Umweltforschung und Umweltplanung, also um einen Kontext, in dem Ökologie vornehmlich übertragen beziehungsweise legitimiert wird auf den unterschiedlichsten Ebenen – von Fernsehtalkshows bis zu Bachrenaturierungen oder Gesetzesinitiativen. Also da, wo Ökologie nicht nur empirisch betrieben, sondern explizit als Leitbild eingesetzt wird – immer wenn ökologische Naturwissenschaft zugleich als Politik auftritt –, gibt es eine gemeinsame Sprechweise der Ökologen, die auf die Basisphilosophie zurückgreift (vgl. Trepl 1991). Das ist zwar dann eine relativ abstrakte Ebene, aber sie ist diejenige, die an die Theorie der Eigenart aus der Geschichtsphilosophie anschließt.

Orte als Individuen

Dieses Leitbild besteht darin, daß das Wesen der ökologischen Beobachtungseinheit als ein ganzheitlicher Organismus gesehen wird. Alle Teile erfüllen ihren Beitrag zum Funktionieren des Ganzen. Diese Ganzheiten treten auf jeder Maßstabsebene auf, d.h., jedes Teil ist selbst eine Ganzheit. Die Untergrenze ist problematisch, weil da irgendwo das physikalische Paradigma beginnt, die Obergrenze ist unproblematisch, das ist natürlich die Erde. Solche Organismen können wie jeder Organismus krank werden und sterben. „Ökologisch" bezeichnet einen Gesundheits- und Normalitätszustand; deshalb können der Mensch, die Industrie oder die Vernunft „unökologisch" handeln und wirtschaften. Alles, was den Gesundheitszustand stört, ist „unökologisch". Damit geht die Idee des Eigenrechts und des Eigenwerts der Natur einher; beides wird durch solche Störungen verletzt. Die Natur muß sich offenbar selbst so „ökologisch" wollen. Nur dann, wenn eine *bestimmte* Situation auch die angestrebte vollkommene Situation ist, hat es Sinn, so zu sprechen. Die Natursituationen werden zu Individuen mit der Tendenz zur, und somit, nämlich eben weil sie Individuen sind, auch dem Recht auf, Selbstausgestaltung (vgl. Trepl 1993). Damit sind wir wieder beim Christentum und Herders Humanismus.

Man kann bemerken, daß ich jetzt in einem eigenartigen Zwischenbereich spreche. Einerseits kann man die Basistheorie der Eigenart noch erkennen, andererseits klingt sie anders – primär normativ – ganz ähnlich der Mehrdeutigkeit des Typus. Das liegt daran, daß durch die Einführung der Kombination von Vielfalt mit Stabilität morphologische Kriterien als Leistungskriterien der Funktionserhaltung und formale Systemeigenschaften beschrieben werden. Wird dieser Gesundheitszustand als allgemeiner Entwicklungsprozeß betrachtet, wird die sogenannte Diversitäts-Stabilitäts-Hypothese benutzt. Die Ganzheiten bleiben in ihrer Eigenart nur erhalten, wenn sie sich selbst das Angebot funktionaler Äquivalente erhöhen, indem sie Vielfalt vervielfältigen. Das bedeutet: Wenn Eigenart nicht mehr als morphologisches Indiz für *einzelne* Lebenswege benutzt, sondern einem *allgemeinen* Gesetz folgend und dienend betrachtet wird wie in der Ökosystemtheorie, dann verändert sich der Charakter der Idee der Vielfalt: Er wird räumlich universell. Denn wenn unter diesen Umständen Eigenart als Indikator für Gelingen verstanden wird, wird Vielfalt auf eine abstrakte Leistungsnorm bezogen, die für jenes Gesetz steht: Aus Eigenart – das ist die einzelne Entwicklungsgestalt einer allgemeinen Vollkommenheit – ist Gesundheit – das ist die Leistung einer allgemeinen Funktionsvernunft – geworden. Damit wird das christliche Paradigma der widersprüchlichen Einheit von allgemeiner Ordnung und einzelnem Willen in der Idee des Subjekts als lebender Maschine innerhalb einer Naturordnung, welche leben will, konzentriert. Das ist weniger als göttlich zu sein und mehr als das natürliche Uhrwerk. Der Humanismus – die Einheit von vollkommen gestalteter Ordnung und freiheitlicher Geschichte – verengt sich zum Funktionalismus offener Systeme. Der Wechsel vollzieht sich immanent in der empirischen Biologie durch die formale Integration der holistischen (herderschen)

Individualitätskonstruktion, der Populationsökologie, der Evolutionsbiologie und der Physiologie vermittels der Systemtheorie (vgl. Trepl 1987: 177-204). Uns interessiert, was bei diesem Paradigmenwechsel vom morphologisch-geschichtlichen zum mechanistisch-funktionalistischen Denken immer Untergrund und die Brücke zum historischen Bewußtsein bleibt.

Das Wesentliche an der holistischen Ökologie ist – wissenschaftstheoretisch formuliert –, daß die Randbedingungen zu den Funktionsvariablen der Gesetze dazugehören. Das ist der abstrakte Kern und das ganze Geheimnis geographischen und „organismisch"-ökologischen Denkens und auch der Kern des Plädoyers für die Metapher des „konkreten Ortes" als einer nicht-banal standorttheoretischen Sichtweise (vgl. Läpple 1992: 10 und 13) in der Soziologie. Diese Ökologie beschreibt nicht einfach Orte wie Bilder oder Gebietsstatistiken, sondern sie beschreibt Lebensprozesse „örtlich" oder ortsgebunden. Ihre Theorie ist auf das nicht-allgemeine Wesen der Welt als Nicht-Innerlichkeit eingestellt, d.h. auf das Besondere der Räume. Das bedeutet, sie wendet nicht eine allgemeine Theorie auf besondere Fälle an, welche dann in der üblichen Form durch Raum-Zeit-Koordinaten und unter Angabe von zu vernachlässigenden Randbedingungen mittels dieser Angabe ihre empirische Form erhalten, sondern die Theorien selbst sind so geformt, daß das Allgemeine einer äußeren Situation aus ihrer Besonderungsform besteht. In diesem Sinne ist solche Ökologie eigentlich geographische Biologie. Die Klassiker des 19. Jahrhunderts beider Wissenschaften waren denn auch fast alle beides. Das heißt, sie ist eine räumliche Theorie des Lebens. Räumlich bedeutet hierbei: Leben, so wie es konkret-örtlich, also „landschaftlich", funktioniert und aussieht. Sie betrachtet Leben nicht als Entwicklung mit dem Blick auf die Entstehung neuer Arten, sondern als Gefüge in einem „*Lebensraum*". „Ökologisch" ist jeder Tatbestand, der als individuelle Einheit eines organischen Funktionszusammenhanges auftritt, in der das Ganze dieser Einheit oder der Prozeß ihrer Entwicklung einen räumlichen Aspekt hat. Nun werden aber nicht etwa Lebensräume beschrieben, das wäre geographische Länderkunde, sondern – umgekehrt – die Prinzipien des Lebens als eines Entwicklungsprozesses werden so begriffen, als sei Entwicklung ein Muster von wechselseitigen Einflüssen, das der Bedingung gehorcht, einen Interaktionsstandort zu bilden. Der Standort ist nicht der raumzeitliche Aspekt eines ansonsten gesetzmäßigen Ereignisses, sondern eine systematische Variable des Ereignisses selbst.

„Standort" besteht also nicht einfach darin, daß jede Pflanze bestimmte sogenannte abiotische Verhältnisse bevorzugt und benötigt; das wäre jener „banale" Standortbegriff und „autökologisch". Die Ökologie hat diese Vorstellung seit hundert Jahren überwunden, indem sie sie ergänzt hat. Standort impliziert in der sogenannten Synökologie, daß Interaktionsbeziehungen zwischen Pflanzen und Tieren (jeweils und gemischt) Systeme von Abhängigkeiten konkreter Art sind, egal, ob das als Dienstleistung oder Ausbeutung begriffen wird. Aber „Standort" ist eine Interaktionsbeziehung, gewissermaßen eine innergesellschaftliche Verarbeitungsform der sogenannten äußeren, abiotischen Standortfaktoren. *Diese* „wirken" zwar, aber die biologischen Gesellschaften organisieren sich als Standorte, d.h. als Standorte ihrer selbst im Sinne interner Kombinationseigenschaften, gerade in der Weise, daß sie sich im Hinblick auf die Einzelanpassungen der Individuen der Arten an die abiotische Umgebung tendenziell *unabhängig* von ihrem Lebensraum machen und sozusagen zu eigener Blüte, d.h. einem bei diesem Lebensraum bestmöglichen *internen* Arrangement von Lebenszusammenhängen im Sinne von Hilfeleistungen und wachstums- sowie ausbreitungsorientierten Kämpfen, kommen.

Das besagt die sogenannte Monoklimaxtheorie, welche die heimliche oder explizite Basis *aller* Welt- und Leitbildökologien in den Umweltwissenschaften und -planungen ist (vgl. Trepl 1987 und 1991). „Organisch" heißt jede gelungene Emanzipation von den banalen Standortfaktoren dann, wenn sie der konkreten Situation dieser Faktoren gerecht wird, d.h. die allgemeine strenge Determination jeder einzelnen Spezies seitens ihrer geographischen Standortfaktoren durch die kollektive Achtsamkeit auf deren *spezielle* Konstellation des Zusammenlebens listig überwindet. Obwohl sich aufgrund von Boden, Mikroklima usw. Kohldisteln ideal innerhalb von Feuchtwiesen entwickeln, setzt sich eine Eschenwald-Gesellschaft, in der die Kohldisteln nicht mehr vorkommen, durch. Das ist auf *einer* Betrachtungsebene ein Sieg der Eigenart einer diffundierenden Interaktionsgemeinschaft über das Abstrakt-Allgemeine wie Gestein, Boden, Klima, Hangneigung (Schwerkraft) usw., das bestimmten einzelnen Arten einer älteren Gemeinschaft Vorschub leistete. Eigen-artig ist hierbei die Gesellschaft der Pflanzen als ganze.[5] Das heißt, die räumlich gelungene Interaktion einzelner Arten wird hier *wie eine* Art betrachtet, nämlich so, als sei das Zusammenspiel dieser Arten der „Superorganismus" einer Spezies höherer (teleologischer) Entwicklungsordnung. Die *Einheit* dieser individuellen Ganzheit ist eine funktionale. Damit konstituiert sie einen einmaligen Lebensraum. Sie ist als Ort wie das Individuum einer Art, nämlich eine gelungene Entwicklungseinheit von Leben, die als organische Ganzheit auftritt. Man nennt sie (unter anderem) ein Biom. Ein Biom ist eine räumliche Art.

Ich muß noch einmal auf meinen Vorbehalt hinweisen: Ich habe jetzt 130 Jahre Ökologie – von 1800 bis 1930 – auf einige Grundstrukturen zusammenschrumpfen lassen und aus der Perspektive von 1930 – der der Monoklimaxtheorie – formuliert.

---

5 Auf einer ganz anderen Betrachtungsebene schieben sich räumlich und zeitlich zwei Gesellschaften ineinander, indem die jüngere nicht das Verhältnis einzelner Elemente der älteren zu deren abiotischen Faktoren dominiert, sondern sich als „optimale Ganzheit" im Verhältnis zu einer anderen optimalen, älteren sowie zu einem zukünftigen Klimakterium erweist.

Dabei habe ich auch wichtige Aspekte dieser Theorie ausgelassen, die ich erst später ansprechen werde.

Der ökologische Zeitgeist der Hinwendung zur Umweltproblematik stimuliert nun natürlich die Soziologie, sich solchen Traditionen zuzuwenden. Sie kann dann – und sei es unbewußt – kaum auf andere Ideen kommen, als auf solche, welche die Bedingung erfüllen, nicht banal autökologisch (sowie naturdeterministisch) zu sein und dennoch nicht die Standortvariable, die für den Aspekt natürlicher, äußerer – „materieller" – Anbindung sinnhafter gesellschaftlicher Binnenfunktionen steht, zu vernachlässigen.

Vorläufig können wir zusammenfassen, daß die Bedingung durch einen paradoxen Naturanpassungsbegriff erfüllt wird, welcher den *Ort als eine Gesellschaft mit konkreter Distanz zu allgemeiner Naturbestimmtheit* definiert. In diesem Zustand ist die Gesellschaft in einem räumlichen Sinne systematisch produktiv (und umgekehrt), so daß ihre *Distanz* zu *allgemeinen* Geofaktoren ein Beispiel für das Prinzip *organisch* genannter Anpassung ist. Die gemeinschaftliche Konstitution eines Ortes als Lebensraum, in dem man Abhängigkeit als Loslösung der Individuen der Arten von strikter Einzeldetermination durch geographische Faktoren organisiert, ist gleichbedeutend mit dem Leben eines räumlichen Organismus.

Man kann sehen, daß die holistische Synökologie das Raumparadigma der Gesellschaftswissenschaften bietet. Denn die Einheit monadischer gesellschaftlicher Entwicklungseinheiten kann gar nicht anders als räumlich abgegrenzt und bestimmt werden, wenn „Orte" aus einer paradoxen Adaptionsrelation entstehen, in der die besonderen Randbedingungen der allgemeinen Anpassungsfunktionen als Mittel betrachtet werden, die allgemeinen Funktionen auf spezielle Weise zu erfüllen. Wesentlich ist aber nicht nur, daß das gelingt, d.h. der allgemeine Prozeß sich auf diese Weise ereignet, sondern es wird beschrieben, was dabei die Leistung der Besonderheiten war, so daß *diese* und keine andere Gestalt des Allgemeinen entstehen konnte. Die sprachliche Wendung „diese und keine andere" kann empirisch nicht anders als durch räumliche Abgrenzung von Besonderheiten indiziert werden. Daß das zugleich eine Entwicklungseinheit in der Zeit ist, ist unbenommen; aber die kann man in der angegebenen Weise nur beschreiben, wenn man im Einzelfall zeigt, was *nicht* abstrakt allgemein war. Nicht allgemein, aber dennoch positiv formuliert, können empirische Tatbestände in der Zeit nur als ortsgebundene Charakterisierungen von Besonderheiten, d.h. einer besonderen Äußerlichkeit, sein.

Ich habe jetzt dargestellt, daß die Örtlichkeit eine systematische, nämlich die Besonderheiten einer Entwicklung in den Vordergrund stellende, Größe ist, sobald das Interesse darauf gerichtet ist, wie die allgemeine Entwicklung dadurch zustande kommt, daß alles, was real ist, durch eine sich selbst ausgestaltende Individualität hindurch muß. Es gäbe keine Allgemeinheit, wenn das Individuelle nicht seinen eigenen systematischen Weg ginge und dabei allgemeine Gesetze wirklich würden.

Ein Individuum ist hierbei nicht ein subsumiertes Element einer Ereignisklasse, sondern ein je eigener *Weg* zum Allgemeinen. (Alle Christen können irgendeinen breiten oder schmalen Pfad wählen.)

Aber wie hängt nun diese nicht-banale Örtlichkeit (die mehr als ein „Fall" eines Gesetzes ist und anders als eine einzelne Standortdetermination) systematisch mit der Eigenart zusammen? Ich hatte im Kontext der Geschichtsphilosophie Herders schon den Zusammenhang von Eigenart und Raum angesprochen. Ich will jetzt noch einmal dasselbe beschreiben, aber unter einem ganz anderen Aspekt. Dieser Aspekt ist schon mehrfach aufgetaucht. Ich hatte bereits gesagt, daß in der modernen systemtheoretischen Ökologie (von Odum, Potten usw.) *morphologische* Kriterien als Leistungskriterien benannt werden. Sodann hatte ich mehrfach in der Weise formuliert, daß das Allgemeine der Situation in ihrer Besonderungs*form* bestehe, daß Leben ökologisch gesehen das sei, wie es konkret-örtlich, nämlich landschaftlich *aussehe*, daß ein ökologischer Tatbestand, der immer örtlichen Charakter hat, eine *Gestalt* des Allgemeinen sei, wobei das Interesse sich auf diese Gestalt, nicht auf das Allgemeine, richte; eingangs hatte ich in dieser Hinsicht auf Max Webers Typ-Begriff verwiesen.

Raum als Gestalt

Ich will jetzt noch den Zusammenhang von Eigenart und Gestalt erläutern. Das hat zwei Aspekte, die auch schon benannt wurden. Einerseits betrifft das den „landschaftlichen Charakter" des Lebensbegriffes in den Umweltwissenschaften; andererseits betrifft es die Individualitätskonzeption, auf die ich ja alles zurückführen will.

Ich habe die These, daß der Raumbegriff der Ökologie und des Umweltdenkens mit einer ästhetischen und teleologischen Subjektkonstruktion einhergeht, die vorpolitischen Charakter hat. Aber sobald das Politische im modernen Sinne entstanden ist, wird es konservativ besetzt – und das mit Notwendigkeit.

Zunächst zum landschaftlichen Aspekt: Ein in seiner Besonderheit des Allgemeinen bedeutsamer Tatbestand ist empirisch nicht anders als räumlich zu bezeichnen. Das betrifft gewissermaßen die der umfangslogischen Bezeichnung entsprechende Ebene – obwohl gerade keine umfangslogische Subsumtion gemeint ist. Aber auf den Tatbestand empirisch zu verweisen, zu sagen: „hier ist das, worum es mir geht",[6] ist, obwohl man darum nicht herum kommt, nicht inhaltlich deskriptiv. „Ort" sollte ja eben nicht nur eine Standortangabe beziehungsweise eine Standortabhängigkeit bezeichnen, sondern bereits die Wirklichkeit eines inneren Erfahrungszusammen-

---

6 Man müßte eigentlich formulieren: „Das, worum es mir geht, ist diese Hierheit hier." Heidegger hat diese Sprache benutzt, um gleichzeitig die empiristische Positivierung der Welt und die konstitutionstheoretische Auflösung des Seins zu vermeiden.

hangs in ihrer Besonderheit unter Nicht-Vernachlässigung der räumlichen Ebene sein. Die Erfüllung dieser Bedingung ist der landschaftliche Blick. Raum bedeutet dann die Charakterisierung der Eigenart von sich ausschließenden Andersartigkeiten. Es wird nicht gelingen, einen Ort in seiner Besonderheit zu charakterisieren, indem das Besondere zum Wesentlichen erklärt wird, ohne seine landschaftliche Gestalt zu beschreiben, zu der dann trivialerweise *alles* gehört, was sich zur Unterscheidung eignet. Denn das Besondere ist ein der individuellen Abgrenzung dienlicher Perzeptionszusammenhang eigener Art; es ist eine erfahrbare Differenz. Deshalb fallen Gestalt und monadische Geschlossenheit funktional zusammen. Raum bedeutet dann die Abgeschlossenheit dieser Gestalt. Ein solcher Ort besteht daher zunächst nur aus „*sich*". Er ist in seinem Wesen nur vermittelt über das, was ihn (eigenartig) abschließt. Man sieht den Ort nicht, z.B. bei formaler umfangslogischer Betrachtung, wenn man dieses Individuelle als eigenartige Gestalt nicht erkennen kann; etwa weil man nicht das atmosphärische Ganze erfaßt, sondern einzelne Elemente betrachtet und summiert. Man befindet sich in der angrenzenden Nachbarschaft so definitiv anders, wie es dort *anders aussieht*, weil Individualität sich durch abgrenzende Selbstwahrnehmung aufbaut. Deshalb setzt umgekehrt die systematische Würdigung des Besonderen von Orten die Wahrnehmung einer Gestalt voraus. Sie macht den Betrachter zum Teilhaber an einer „Örtlichkeit", wenn er an einem Ort ist.

Diese Betrachtungsweise wurde in der Geographie kultiviert. Sie *ist* „Landschafts- und Länderkunde" – Erdbeschreibung im Bewußtsein von Subjektivität eben. Sie hat in einer etwas – zumindest für das 20. Jahrhundert – verquasten Sondermethodologie und -terminologie (d.h. ohne den geringsten hermeneutischen Abstand zum Zeitgeist, durch den sie determiniert war) eine äußerst subtile Theorie dieser Sichtweise als Wesenstheorie des Objekts Erde entwickelt (vgl. Eisel 1992; Hard 1973; Schultz 1980; und im Originalton Storkebaum (Hrsg.) 1975). Alexander von Humboldt, der ja heute wieder Konjunktur hat, hat den Zusammenhang zwischen Landschaftsbild und ästhetischer Erfahrung und Landschaftsbild und dem materiell standörtlichen Aspekt, der den Ort zu einem ökologischen Funktionsraum macht, ausformuliert. Er hat damit einerseits das morphologische Denken, das einen Zusammenhang zwischen Gestalt und materiellen Funktionen als Entwicklungszusammenhang beschreibt, als Raumtheorie formuliert und andererseits die Idee der Landschaft, die seit der Renaissance zuerst *nur* auf ein *Gemälde* bezogen war und erst danach den entsprechenden Eindruck von ihr als Realität bezeichnete, durch Einbezug in die Wissenschaft geographisch-ökologisch materialisiert oder genauso umgekehrt: durch eine erfahrungswissenschaftliche Auffassung, die dem Zeitgeist entsprach, verwissenschaftlicht, nämlich aus der alleinigen Zuständigkeit der Kunst und Gartenkunst gelöst und der wissenschaftlichen Beobachtung zugänglich gemacht.

Daß und wie sich das immanent ideengeschichtlich – im Gefolge von Herder – als fortschreitende Säkularisation und als Spiegelung der rationalistischen und

Orte als Individuen 245

der neuplatonischen Kosmos-Vorstellung ereignet, lasse ich hier aus. Für uns ist die Pointe, daß das, was Humboldt den „Totaleindruck einer Erdgegend" nennt und vornehmlich auf die Vegetation bezieht, bei ihm zunächst eine ästhetische Bedeutung hat. Die individuelle Eigenart einer Landschaft ist nur ästhetisch erfahrbar, beziehungsweise ohne Bezugnahme auf Eigenart wird jeder als damit einhergehend vermutete Entstehungs- und materielle Funktionszusammenhang sofort zu einem Abstraktum, ist vielleicht eine spezielle Faktorenkonstellation, aber keinesfalls mehr eigenartig. Der materielle Funktionszusammenhang *bleibt* aber jederzeit selbst auch „eigenartig", wenn man sich der Gestalt bedient oder sie wenigstens erinnert. Ein abgeholztes Kalkplateau auf 800 m Höhe in Kreta ist verkarstet und von Macchia bestanden. Wenn man nun Niederschlagsdaten und -amplituden, Temperaturdaten, Daten über Erosionsleistung bei gegebenen Hangneigungen und die Kalklöslichkeit von mesozoischem Massenkalk kombiniert als Ortsbeschreibung vor sich hat und zu dem Schluß kommt: „Da kann ja nichts anderes wachsen als Ginster, Zistrosen, ein paar Sukkulentenarten usw.", dann wird man nicht das Gefühl entwickeln und auch nicht sagen, das Beschriebene sei eine eigenartige Situation. Die ist nur ganz einfach so, wie sie ist; sie ist „erklärlich", nicht eigenartig. Eigenartig ist sie erst, wenn man ins Schwärmen kommt und den gestalthaften Ausdruck desjenigen Zusammenhangs schildert, der in der Vegetation plus Gestein plus Erdoberflächenformen als materielle Existenz einer Interaktionsbeziehung uns wiederum ästhetischen Eindruck macht, weil er teleologisch als eine Naturzweckmäßigkeit erfahrbar ist, die ein „moralisches Gefühl" (Kant) wachruft (und umgekehrt). Humboldt nennt diese wissenschaftliche Erfahrungsweise, vermutlich im Anschluß an Herder, „Genuß". Diese Trennungen zwischen Gestalt und Funktion *nicht* zu machen, und dennoch beide Ebenen zu benutzen, macht ökologisches Denken und das Raumparadigma der Umweltwissenschaften (und manche Traditionen von Soziologie, Ethnologie, Kulturanthropologie) aus. Der ganzheitlich-gestalthafte Aspekt der begrenzbaren besonderen Situation, d.h. des Raumindividuums, wird nämlich als materieller Funktionszusammenhang – meist hieß er dann Organismus –, als charakteristischer Ausschnitt von Welt genommen, als ein Ding, das sich dahin entwickelt hat, wo es nun ist als Funktionszusammenhang. Das heißt, das Ästhetisch-Gestalthafte wird in das Telos eines Entwicklungsvorgangs verlagert. Dieser Vorgang wird – sinnvollerweise – hypothetisch zwischen dem materiellen Funktionszusammenhang und der Gestalt als die *Einheit* beider im Sinne eines materiellen Prinzips und eines sich dabei immer ereignenden symbolischen Ausdrucksgeschehens angenommen. Physiognomik und Morphogenese bilden eine Einheit. So erhalten die Funktionszusammenhänge als Entwicklungseinheiten diejenige Eigenart, die eigentlich nur die räumliche Gestalteinheit als ästhetische hat und haben kann. Aus Eigenart einer Landschaft ist ein Organismus geworden. Als *Entwicklungs*einheit mit Eigenart ist damit ein „Individuum" im subjekt- und geschichtsphilosophischen Sinne entstanden. So assimilierte der in der Ökologie geographisch gewordene Lebensbegriff der Biologie die Idee der Individualität und tut es noch heute. Um welche Art der Individualität handelt es sich dabei?

Bevor ich darauf eingehe, will ich noch abschließend etwas zur morphologischen Methode sagen. Methodisch folgt aus dem Aspekt, daß inhaltlich begriffene Örtlichkeit eine Gestalt ist, der Vergleich. Morphologie = vergleichende Methode, denn die Feststellung der Verschiedenartigkeit läßt Rückschlüsse auf Unterschiede sowohl in den Standortfaktoren als auch – synökologisch – in der autochthon innerpflanzengesellschaftlichen Interaktion zur Verarbeitung der Standortfaktoren zu. Diese horizontale Ebene der Unterschiede nennen wir eher Region. Demgegenüber spricht der vertikale Interaktionszusammenhang zwischen abiotischen Faktoren und den jeweiligen individuellen Vergesellschaftungsgestalten mehr den Begriff Ort an. Die Eigenart einer Region besteht aus den Unterschieden zu den Nachbarn; das Besondere eines Ortes besteht aus seiner Gestalt als Ergebnis des einmaligen Wirkungszusammenhangs einer Anpassung. Regionen sind Differenzierungsgebilde (→ Vielfalt). Dieselben Regionen als Orte sind Integrationsgebilde (→ Eigenart). Landschaft beziehungsweise Raum ist das ambivalente Abstraktum objektiver Konkretheit in beiderlei Sinn.

Zur politischen Logik ästhetischer Individualität

Ich wende mich jetzt dem zweiten Aspekt des Zusammenhangs von Eigenart und Gestalt zu. Ich hatte gesagt, Individualität sei eine Entwicklungseinheit mit Eigenart, und dies sei eine ästhetische und zugleich teleologische Konzeption von Subjektivität, die im Gegensatz zum Subjekt steht, das die Geschichte mit allgemeiner Vernunft politisch vorantreibt. Im nicht-banalen Sinne Gesellschaftstheorie von der Metapher des Ortes her zu betreiben hieße demnach, Gesellschaftstheorie unter der unpolitischen Perspektive des ästhetischen Menschen zu betreiben.

Ich werde kurz darstellen, was ich darunter verstehe und was das politisch bedeutet. Ich wähle zwei Wege: Ich beginne mit einem ideengeschichtlichen Hinweis und schließe daran eine schematische Gegenüberstellung dessen an, wie verschiedenartig man das Allgemeine im Einzelnen repräsentiert sehen kann.

Zum ersten: Das Konzept von Individualität, das dem ästhetischen Weltverhältnis zugrunde liegt, ist das der Monade. Leibniz hat das Menschenbild des künstlerisch-technisch-schöpferischen Menschen der Renaissance in dem Moment, als es geschichtlich zu werden beginnt und der Mensch als Träger einer allgemeinen Entwicklung seiner eigenen Art angesehen wird, dem Allgemeinheitsprinzip der Vernunft mittels des Einzelheitsprinzips der Monade als gleichrangig gegenübergestellt. Das folgte immanent daraus, daß im Universalienrealismus an der Idee Gottes das Prinzip der allgemeinen, gesetzmäßigen und guten Ordnung betont wurde, während Gott im Nominalismus für den kontingenten, einzelnen Willensakt, für unergründbare

Orte als Individuen

Allmacht, stand. Leibniz übertrug die beiden gegnerischen Prinzipien des Gottesbegriffes aus der scholastischen Diskussion in *einen* Gottesbegriff. Gott hatte in einer prästabilierten Harmonie – das ist die gesetzmäßige Ordnung – von einer aus Monaden bestehenden Welt ein vernünftiges System geschaffen. Das monadische Prinzip verkörpert quasi eine Seite Gottes, der sich in der Welt vergegenständlicht hat. Die Welt ist nicht nur vernünftig geordnet, sondern gleichrangig von *sich* aus, insoweit ihr Wesen auch daraus besteht, daß sie *existiert*, also als von Gott gewollt, individuell.[7] Monaden sind so etwas wie Individualitätsprinzipbausteine, die der allgemeinen gesetzgebenden Vernunft strategisch gegenüberstehen. Sie sind die allgemeine Substanzform der Wirklichkeit gegenüber deren allgemeiner Vernunftform; Monaden sind beseelte einzelne Entwicklungsträger der vernünftigen harmonischen Ordnung. Nur durch Individuell-Sein kann irgendeine allgemeine Vernunft überhaupt auftreten, so wie Gott durch Christus, der die Welt durch eine individuelle, menschliche Passion erlöst hat, seinen Status als gesetzgeberisches Abstraktum verloren hat.[8]

Zum zweiten Punkt: Anhand der nachfolgenden Schemata kann man die empiristische Konzeption vom Individuum mit der von Leibniz vergleichen, wobei ich die rationalistische Variante schon etwas in der späteren Färbung, die sie im Historismus und der Lebensphilosophie sowie im Neukantianismus erhält, dargestellt habe. *(Vgl. die Schemata im Anhang.)*

Mit Kant können wir jetzt definieren, daß derjenige Aspekt der rationalistischen Betrachtungsweise, der in der Idee der Monade Ausdruck findet und nicht das Einzelne als durch das Allgemeine bestimmt auffaßt, sondern das Allgemeine als im Besonderen realisiert aufsucht, der ästhetischen beziehungsweise der teleologischen Urteilsform angehört; beides sind „Reflexionsurteile".[9] Je nachdem, in welcher Form

---

7 Parallel dazu Spinoza: „Zur Natur der Substanz gehört die Existenz." „Gott oder die Substanz, die aus unendlich vielen Attributen besteht, deren jedes ewige und unendliche Wesenheit ausdrückt, existiert notwendig." „Die Idee Gottes, aus der unendlich vieles auf unendliche Weisen folgt, kann nur einzig sein." „Die Idee eines wirklich existierenden Einzeldinges hat Gott zur Ursache, nicht insofern er unendlich ist, sondern sofern er als affiziert durch eine andere Idee eines wirklich existierenden Einzeldinges angesehen wird, deren Ursache auch Gott ist, sofern er durch eine andere dritte Idee affiziert ist, und so weiter ins Unendliche." „Das erste, was das wirkliche Sein der menschlichen Seele ausmacht, ist nichts anderes als die Idee eines wirklich existierenden Einzeldinges" (Spinoza 1963: Lehrsätze 7 und 11 aus dem ersten Teil sowie 4, 9 und 11 aus dem zweiten Teil; Seiten 7, 11, 53, 57, 60).

8 Die Einheit von Differenz und Integration im Raumbegriff erklärt sich aus dem Begriff der Monade. Seine philosophische Lösung für die theologische Paradoxie im christlichen Gottesbegriff hat Leibniz nicht nur in der Monadologie beschrieben, sondern als rationale Methode auch in der Infinitesimalrechnung zusammengefaßt.

9 Hier ist die Wortbedeutung von Kant gemeint. Zum Verhältnis zwischen Kantischer und Hegelscher Wortbedeutung vgl. Eisel 1993a.

es geschieht, beurteilt man die Welt entweder hinsichtlich ihrer Schönheit (und Erhabenheit), das ist: hinsichtlich der bloßen Form; dann enthält das Urteil sogenannte subjektive Allgemeinheit, d.h. ist allgemein, aber nicht objektiv im Sinne der Erfahrungswissenschaften. Ein Mensch, der das gut kann, hat Geschmack und Kultur. Oder man beurteilt die Welt hinsichtlich ihrer Vollkommenheit als zweckmäßigen Organismus und zwar als Selbstzweck mit Endzwecken, demgemäß sich die Dinge einer inneren, aber allgemeinen Idee zuliebe einzeln entwickeln; dann enthält das Urteil notwendig aber unbeweisbar die Vorstellung, Gott habe die Welt als einen objektiv der Vollkommenheit zustrebenden Organismus eingerichtet.

Das, was Kant hier unterscheidet, ist „*kurzgeschlossen*" die Herdersche Konzeption von Schönheit. Dieser wirft so die Form oder Gestalt der Dinge mit ihrer Funktion beziehungsweise Entwicklung durcheinander oder in eins, wie später die Geographen, Kulturanthropologen und umweltbewußten Menschen. In seiner christlichen Geschichtsphilosophie war das sinnvoll. Kulturen sollten ja danach beurteilbar sein, ob und in welcher Weise sie eine ausreichende Basis für die christliche Vollendung naiver Menschlichkeit vorbereitet hatten. Das Indiz für Kultur war dasselbe wie das, was die christlichen Humanisten auszeichnete: Eigenart und Vollkommenheit. Die Eigenart von Kultur, welche ihre Lebensräume als Besonderheiten dafür einsetzt und inwertsetzt, daß das Allgemeine im Menschen, seine Humanität, nicht uniform allgemein, sondern in unverwechselbar typischer Form den Naturgesetzen folgt, gehört zu einer Theorie der einzelnen Vollkommenheit.[10] Vernunft liegt nicht in abstrakter Regeltreue, sondern in der Fähigkeit eines Einzelnen, Erfahrungen zu sammeln (vgl. Gadamer 1965: 329 ff.) und das Besondere zu registrieren. Das kann er nur, wenn er mit seinen Eigenheiten die Umgebung stimuliert, zur speziellen Resonanz zwingt und genauso umgekehrt: die Besonderheiten der Orte zur Stimulation der eigenen Art geraten läßt. Jenes Individuum, das sich durch Eigenart auszeichnet (statt durch formale Gleichheit mit allen anderen, einer Form also, die dem Bürger nur die Gleichbe-rechtigung seiner eigenartigen menschlichen Interessen, insoweit sie von einem allgmeinen Recht erfaßt werden können, gewährleistet, nicht aber an seiner Eigenart interessiert ist), ist ideengeschichtlich und ideologisch eine vor-aufklärerische Subjektkonstruktion. Paradigmen sind der gute König, der weise Dorfälteste, der gute Vater oder Pfarrer oder Ordinarius, also die Menschen mit Persönlichkeit, welche auf Erfahrung, Verantwortungsbewußtsein und Augenmaß basiert. Dem stehen die kritischen Vernunft- und Freiheitsapostel (wie vielleicht Robespierre) entgegen, die an das allgemeine Prinzip mehr glauben als an die eigene, vorbildliche Kraft von Fall zu Fall, denn sie ersetzen menschliches Maß durch Prinzipien, weil das Maß nun der Wille aller sein soll. Der kann nur durch die Form der Entscheidungsfindung

---

10 Herder hat sich explizit gleichermaßen auf Leibniz wie auf Spinoza bezogen. „Unter Realität und Vollkommenheit verstehe ich das selbe" (Spinoza 1963: 50).

bezüglich der Grundrechte aller repräsentiert sein, nicht mehr durch eine besondere Entwicklungsstufe eines Einzelnen. (Daß die Patriarchen als souveräne Menschen gegen die revolutionären Prinzipienreiter leicht reden haben, weil sie zumeist die Macht haben, ist ein ganz anderes Problem.)

Zugleich hat ein Humanist Gefühl für das Maß und schätzt an der Gestalt, daß sie eine Ordnung hat. Er empfindet Schönheit als eine federleichte Demonstration von Eigenmaß. Der Humanist schätzt die schönen Dinge als Vollkommenheiten des Ausdrucks von etwas. Daher ist es wesentlich, daß dem Entwicklungsprinzip, das der Vollkommenheit fähig ist – das ist allein das Individuelle –, zur Geltung verholfen wird. Diese Entwicklung folgt Idealen, nicht Ideen. Ideale sind individuelle, typische Ideen oder Menschen, die das verkörpern. Wenn man sich also die ästhetische Urteilsform, die auf Einbildungskraft gründet, als ein Entwicklungsprinzip, das auf Lebenskraft beruht, vorstellt, erhält man ein Individuum, dessen Vernunft ganz anders ist als die des aufgeklärten, rationalen politischen Menschen. Das, was die Einbildungskraft kann, nämlich Erfahrungen „vorstellen" und Vorstellungen „zur Vernunft bringen" (im doppelten wörtlichen Sinne) (vgl. Kant 1968), wird als organische Einheit eines Entwicklungsbogens zwischen Geburt und Tod gedacht. Eine Entwicklung akkumuliert auf diese Weise Vernunft konkret mittels Erfahrung. Humanität in diesem Sinne ist die selbständige Wiederholung des Schöpfungsprozesses mittels Vernunft und Gestaltungskraft – das Menschenbild der Renaissance. Daher paßt sich der Mensch in seinem Entwicklungsprozeß an seine Umgebung an, indem er sich aus unwürdiger Abhängigkeit von natürlicher Reproduktion (Kind) durch Vernunftgebrauch löst und einer eigenen Vollkommenheit zustrebt (Weiser). Weisheit ist eine würdige Abhängigkeit – der intelligente Verzicht auf Blasphemie, der auf Erfahrung beruht. Eine „Würdigung" benennt die Besonderheiten eines Entwicklungsprozesses. Solch ein Mensch ist eine und hat „Persönlichkeit" mit Eigenart, er ist nicht ein politisches Interessenpartikel unter Gleichen. Er demonstriert sich gestalthaft und entwickelt sich teleologisch wie ein Organismus. In dieser Einheit führt er sich seiner Bestimmung zu: des Christen Selbsterlösung als Bestandteil der prinzipiell bereits erlösten Menschheit.

Jetzt will ich noch andeuten, warum ich die humanistische Idee der Individualität explizit noch einmal aus dem Horizont ästhetischer Erfahrung erzeugt habe. Heute bezeichnen wir Humanismus – positiv oder auch polemisch, je nach politischem Standpunkt – am ehesten unter Bezug darauf und begreifen ihn als unpolitisch. Er ist eine der Politik übergeordnete geistige Grundlage unserer Zivilisation. In der entwicklungsgeschichtlichen *Abfolge* vom historischen, humanistischen Selbstbewußtsein zum politisch tätigen Menschen werden die Humanisten der von ihnen wenig geschätzten Art von formaler Vernunft untergeordnet. Denn in der Demokratie fallen allgemeine Vernunft (Gleichheitspostulat, allgemeine Rechtssicherheit und Versachlichung) und Politisch-Sein zusammen. Seitdem ist die ästhetische Produktivität, die der Romantik als Grundlage des Menschlichen galt, das heißt die Produktivität der Einbildungskraft im Unterschied zur Definitionskraft von Verstand und Vernunft, für den Aufklärer zur Inkarnation des Unpolitischen geworden. Allerwenigstens ist sie der verbotene Rückzug aus dem Diskurs, das private Vergnügen und unbegründbares Urteilen. Im politischen Feld selbst wird die ästhetische Haltung zu etwas latent Gefährlichem bis Unmoralischem: Man darf Armut nicht ästhetisieren, indem man schöne Fotos von indischen Kindern macht (d.h. der menschlichen Anmutungsqualität einer solchen Leidenssituation nachgeben); und einer der schlimmsten politischen Vorwürfe ist der der Ästhetisierung von Politik. Das haben die Nazis gemacht: mit Lichtdomen, mit Aufmärschen, in Filmen. So etwas ist Schindluder getrieben. Womit? Mit einer Verbindungsstelle, die das respektable politische Bewußtsein mit der ganzen Persönlichkeit offenbar doch hat, so daß unversehens via Ästhetik gerade die Eigenart kollektiv politisch allgemein und nun ihrerseits uniformiert wird, ohne daß aus Uniformität Demokratie folgen würde. Die Nazis haben also gerade das Unmögliche gemacht: Eigenart mit Gleichschaltung und Freiheitsideen politisch und ideologisch kombiniert. Daher muß der fortschrittliche Fortschrittspessimist gut aufpassen, was er tut.

Ich habe jetzt eine Koordination von Örtlichkeit als Eigenart und von Individualität als humanistische Persönlichkeit hergestellt. Beides sind Konkretheitsideale, die einerseits der abstrakten, gesetzesförmigen Natur der experimentellen Erfahrungswissenschaften mit ihren entsprechenden Raumbegriffen und andererseits der abstrakten Einheit von Vernunft und Freiheit im aufgeklärten Subjekt entgegenstehen – bis heute. Die „Gestaltung" der Welt als Raum widerspricht ihrer vernünftigen Planung – das kann man ja auch durchaus sehen. Die Landschaftsarchitekten streiten sich seit langem mit den Landschafts- und Raumplanern über den richtigen Weg der Raumorganisation. Das Streben nach Vollkommenheit aller einzelnen Menschen widerspricht ihrer allgemeinen Gleichheit – zumindest tut sich die Demokratie schwer, ihre politischen Voraussetzungen und Ziele mit dieser kulturellen Sehnsucht zu koordinieren. In beiden Fällen ist es entscheidend, ob es darum geht, das Besondere zu verwirklichen oder aber es als Randbedingung auszuschalten. Daß dialektische Philosophien wie die Marxschen Frühschriften genau dies verbinden wollen, ist bekannt. Daraus folgt aber noch nicht, daß eine entsprechende Handlungspraxis allgemein ohne Verlust der Strukturebene, auf der Demokratie verwirklicht werden kann, operationalisierbar ist; bisher war es jedenfalls nicht möglich.

Auf der politischen Ebene läßt sich also sagen, daß jener vor-politische Humanist, der sich zum politischen Freiheitskämpfer oder Demokraten verhält wie Petrarca oder Erasmus von Rotterdam zu Lenin oder Helmut Kohl und Joschka Fischer (nur vom Bundespräsidenten erwartet man zwingend *beides*, denn er ist ja der König einer Zeit ohne Könige), nicht mehr nur eine allgemeine übergreifende und trivialerweise positiv bewertete Figur des Patriarchats ist, sondern selbst etwas Besonderes: Sobald die bürgerliche Revolution stattgefunden hat und Wissenschaft die Religion und Gesellschaft die Gemeinschaften einer Kultur abgelöst haben und Politik – also Macht – Sache aller wurde, wird Humanität privat und Kultur „Kulturpolitik". Wenn *alles* politisch *ist*, dann ist der vor-politische Mensch dann, wenn er *nicht* der abstrakten Vernunft und dem Gleichheitsprinzip, sondern der Eigenart und der Vollkommenheit folgt, konservativ. Denn die „Volksherrschaft" verlangt die Beteiligung aller am politischen Prozess. Somit ist automatisch jede apolitische Attitüde gegen den Fortschritt gerichtet.[11] Das ist von nun an *zwingend*, und es wird sich so lange nicht ändern, wie es die Demokratie gibt. Entsprechend wird die damit einhergehende Raumkonzeption ohne weitere Kontextverschiebungen nicht mit der Demokratie kompatibel spezifizierbar sein – zumindest war sie es in der Geographie und der Ökologie nicht. Dort konnten sich demokratische Metatheorien nur gegen dieses Raumparadigma entwickeln, d.h. aber letztlich, es – und damit das Selbstverständnis dieser Disziplinen – nur ganz verlassen.[12]

Ich muß in einer abschließenden Bemerkung einem möglichen Einwand vorbeugen. Diese Bemerkung demonstriert auch noch einmal die politische Differenz der beiden Individualitätsbegriffe im aktuellen Kontext. Man könnte sagen: Aber die Demokraten verfechten doch die Eigenart, indem sie gegen die Rassisten und Konservativen die Idee der multikulturellen Gesellschaft vertreten. Gerade die Konservativen achten doch nicht diese Eigenart, wenn sie fremd ist. Damit eröffne ich eigentlich ein riesiges Feld, das sehr eng mit dem bisherigen Thema verbunden ist. Ich werde das nicht ausführlich diskutieren, sondern damit zu einem zweiten Aspekt der Monoklimaxtheorie überleiten. Er betrifft die Diskussion über Eigenart und

---

11 Der Renaissance-Humanismus war natürlich immanent eher eine Säkularisationserscheinung, die „Freigeister" hervorbrachte, als eine politisch konservative Strömung. Als konservatives Ideal „entpuppt" er sich erst nach der Entstehung der Alternative zwischen Aufklärung und Gegenaufklärung. Im Neuhumanismus wird das Ideal der Werke schaffenden Produktivität idealistisch vergeistigt. Wissenschaft im Humboldtschen Sinne ist der persönlichkeitserweiternde Prozeß einer vernünftigen Interpretations- und Erfahrungsgemeinschaft. Das Bildungsbürgertum funktionalisiert dann das neuhumanistische Ideal für materielle Zwecke wieder werkschaffend, jedoch eher industriell. Demzufolge können mit Wissen (und Drill) Menschen konform mit dem Weltgeist und nützlich für den Staat geformt werden. Aus der Idee des genialen, umfassend lebenden Vorbildes wird der Oberlehrer.

12 „In der Ökologie als Disziplin ist das nicht zu bemerken, weil sie sich im wesentlichen – von holistischen Hardlinern abgesehen – nicht so sehr als eigene Disziplin, sondern als Subdisziplin der Biologie verstand und so die Abkehr vom 'morphologischen Paradigma' – d.h. in der Ökologie vom holistisch-organismischen –, das um die Mitte des 20. Jahrh. massiv einsetzt, weniger als Verlassen der Ökologie denn als Anschluß-Halten der Ökologie an die Entwicklung der Biologie im allgemeinen (d.h. unter anderem an die Evolutionsbiologie und Genetik) interpretiert wurde" (Hinweis von L. Trepl).

Vielfalt auf der Ebene des Gegensatzpaares „fremd und heimisch"; denn auch dies sind beides Raumkonzeptionen sowohl der Ökologie als auch des modernen Common Sense. Zu dem Einwand nur soviel: Die multikulturelle Gesellschaft ist die abstrakte demokratische Vereinnahmung des Eigenartskonzeptes unter Verschiebung auf den Aspekt der Vielfalt unter formaler Interpretation. Das Konzept heißt Pluralismus. Multikulturell heißt: Vielfältige Eigenart darf sich entfalten, weil jede Eigenart gleich viel gilt. Das ist die Differenz: In der vor-politischen Eigenart gilt jede Eigenart soviel, wie sie eigenartig ist; und genauso vielfältig ist sie auch im Inneren. Eine Kultur, die sich historisch als Ort auf der Erde noch wenig entwickelt hat, ist noch relativ einfach strukturiert. Vielfalt (Fülle, Reichtum) ist Ergebnis eines „Wachsens" mit dem Ort, nicht eines vielfältigen Zustroms von außen. Falls es Außeneinflüsse gibt, kann dieser „Zustrom" auf gute Art vielmehr nur in Gestalt der produktiven Deutungszuweisung vom Inneren der Kulturmonade aus stattfinden; andernfalls – wenn sie den Außeneinwirkungen nicht ihre eigenartige Deutung zuordnen könnte – würde die ansässige Kultur nicht noch vielfältiger, sondern „überformt". Die eigenartige Kultur ist vielfältig, weil sich die ganze Welt in ihr auf eigenartige Weise *spiegelt*, aber die Welt darf dann nicht einfach „materiell" in die Monade eindringen, sondern muß sich seinerseits jener „Perzeption" (Leibniz 1966: 423 ff. und 449 ff.) durch die Ortsansässigen öffnen. Das setzt aber voraus, daß die verortete Kultur ihre Perzeptionsweise – ihre Eigenart nämlich – als *bereicherbare* Vielfältigkeit affizierbar vorzeigt. Das bedeutet für beide Seiten, daß die eigene Eigenart als Bedürfnis nach Modifikation dargestellt werden muß. Die Bereitschaft der Fremden zur Anpassung muß einerseits für den durch die Fähigkeit zur Eigenart sicheren Ortsansässigen erkennbar sein. Das Indiz bestünde in der eigenwilligen Vervielfältigung und Bereicherung der *ortsansässigen* Eigenart durch fremde „eindringende" Kultur. Die ortsansässige Kultur müßte das als Wunsch anbieten. Andererseits müssten die Zuwanderer der ansässigen Eigenart etwas als Bereicherung ihrer eigenen, ganz anderen Kultur abgewinnen. Ihr einfach, geschützt durch das Toleranzgebot, bei Anerkennung der Differenz, subsumierbar zu sein, aber auch lediglich auf dieser formalen Gleichheit der Existenzberechtigung als ausreichendes Entgegenkommen, also auf Pluralität, zu bestehen, wäre verdächtig unproduktiv und interesselos. Es entstünde nicht Vielfalt einer Kultur, sondern die Vielzahl von (Über-)Lebensstrategien. Das substantielle Problem dessen, was „Entwicklung" einer Kultur ausmacht, wäre für beide Seiten verfehlt und ohne Beitrag geblieben. Eine Eigenart *braucht* eine sie erkennbar verändernde Bereicherung, *wenn schon* Einfluß von außen kommt; insofern steht gerade der Konservatismus nicht allem Fremden ablehnend gegenüber. Aber diese Bereicherung setzt die eigenständige Übernahme der vorliegenden Eigenarten seitens der Eindringlinge voraus, die jedoch eine Modifikationsbereitschaft der Ortsansässigen spiegelt und honoriert.

Für den konservativen Individualismus gilt die Kultur der toleranten Gleichmacherei deshalb überhaupt nichts, auch wenn sie noch so perfekte allgemeine

Orte als Individuen

Leistungen erbringt. Die sind alle wert- und gestaltlos, weil sie keine individuellen Vollkommenheiten sind und nicht in ihrem Wert eben danach beurteilt sein wollen. Die Demokraten nehmen den kulturellen Unterschied (und die Kompliziertheit von Entwicklungsprozessen) nicht ernst, wenn sie ihn formal heiligen. Die multikulturelle Gesellschaft im liberalen Sinne ist ein Unding für das Konzept der konkreten Örtlichkeit. Umgekehrt lügt der liberale multikulturelle Kämpfer, wenn er sagt, er wolle Eigenart fördern; denn wenn alles örtlich Eigenartige überall ist, ist nirgends mehr Eigenart – allenfalls noch von der Art amerikanischer Lebensweise, die ja *konkret* allgemeine moderne Multikulturalität verwirklicht und sie – da sie selbst als Sukzessionsprinzip entstand – *allgemein* über die Erde verbreitet. (Deshalb hat die Konkretisierung anti-demokratischer Ideologien bisher immer auch im Anti-Amerikanismus bestanden.) Jener Kämpfer will tatsächlich Gleichberechtigung fördern. Das ist nicht dasselbe wie Vielfalt.[13] Deshalb wird die liberale Art der Sicherung von Eigenart *immer* ihr Gegenteil fördern. Diese braven Menschen sind dann ja auch immer ganz entsetzt, daß alles ganz anders kommt, als sie es so wohlmeinend beabsichtigt haben, und die Welt so schlecht ist. Aber es sind natürlich die Anderen, die Intoleranten, schuld. Diese überhebliche Blindheit macht die liberalen Moralapostel so unglaubwürdig.

Die humanistische Kultur ist in dem Maße strukturell rassistisch, wie aus ihrer Grundidee der Individualität das Paradox des *notwendigen Ausschlusses notwendig benötigter Fremdeinflüsse* folgt. Diese Struktur kann natürlich wiederum nur auf der Ebene „persönlicher" Haltungen ausgeschaltet beziehungsweise „ausbalanciert"

---

13 Im Rahmen der Monoklimaxtheorie führt die Stabilitäts-Diversitäts-Hypothese genauso zu einer paradoxen Konsequenz wie umgekehrt die Idee der Eigenart im Rahmen der Odumschen Öko-Systemtheorie, weil die verwendeten Begriffe beide Bedeutungskontexte der sich ausschließenden Paradigmen im neueren, systemtheoretischen Paradigma sich ausschließend durchsetzen: Vielfalt ist morphologisch gesehen die Konseqenz von Eigenart (Humanismus), unter systemtheoretischen Voraussetzungen ist sie abstrakt, quantitativ und universell. Hätte sie allgemeine Stabilität zur Folge beziehungsweise zum Ziel, bedeutete das aus der morphologischen Perspektive eine Homogenisierung. Was systemtheoretisch sinnvoll ist, ist morphologisch unangemessen und umgekehrt. Ergo kann aus Stabilitätssteigerungsargumenten die Zerstörung von Eigenart folgen und aus dem Schutz der Eigenart Destabilisierung. Es widerspricht das teleologisch-ästhetische Gestaltkriterium (Eigenart) dem mechanistischen Leistungskriterium (Gesundheit durch Funktionsfähigkeit). Weil Schönheit und Vollkommenheit als Gesundheit definiert werden, entsteht die Konfusion. Das bedeutet: Wenn das ästhetisch-humanistische Ideal naturalistisch im Rahmen des erfahrungswissenschaftlichen Ideals definiert wird, erhält der Begriff Vielfalt eine sich ausschließende Implikation: einzelne Eigenart und allgemeine Stabilität. Vor diesem Hintergrund ist es klar, daß eine ökologische Begründung für oder gegen die Anpflanzung von Neophyten auf dem Wege über die Diversität-Stabilitäts-Hypothese niemals gelingen kann (vgl. Stöbener 1993).

werden, nicht aber politisch. Denn politisch ist mit dem Prinzip der Gleichheit nur die Viel*zahl* von Handlungsweisen begründbar, nicht die Viel*falt* einer gemeinsamen Eigenart.

Entwicklung als Anpassungsprozeß: Sukzession versus Auslese

Im folgenden werde ich die Monoklimaxtheorie unter dem Aspekt zusammenfassen, daß und wie die Vorstellung kultureller Höherentwicklung in der Theorie des „konkreten Ortes" einer imperialistischen Logik folgt.

Eine biotische Gesellschaft entwickelt sich um so „höher", je besser es ihr gelingt, sich die eigenen – *ihrer potentiellen Eigenart gemäßen* – abiotischen Fakten zu schaffen, d.h. von den konkreten Repräsentationen *allgemein* bestimmender Naturgesetze (am Standort) dadurch zu lösen, daß sie sie als *konkrete Möglichkeiten* so intelligent beachtet, daß die Klimaxformation die Bestimmtheit der einzelnen Spezies durch diese Lebensbedingungen besser ausschaltet als die vorherige Formation. *Das* ist „organische Anpassung" und „ökologisch".

„Intelligent beachten" bedeutet: Die vorherige, vorliegende Artenkombination so für sich zu benutzen, daß *deren selbstgeschaffene* Milieubedingungen gegenüber dem davorliegenden ursprünglichen abiotischen Milieu dem nunmehr neu entstehenden, eigenen Organismus angepaßt werden. Dieser eigene Organismus ist definiert als *potentieller Sukzessionserfolg*, also letztlich teleologisch.

Daher besteht Höherentwicklung durch Anpassung am Ort aus Loslösung durch Sukzession oder umgekehrt: Die Höherentwicklung der dominierenden, heimischen Formation durch Lösung vom abiotischen Milieu besteht aus sukzessiver Anpassung einer *neuen*, sie verdrängenden Formation, also aus einem Zweck für die Zukunft einer anderen Formation. *Das* ist das *Eigene*. Denn die alte Formation strebt dies an, indem sie ihre eigene Vollkommenheit durch Ausschluß anderer Individualitätsmuster organisiert. Wenn dies latent eine Offenheit für das Ausgeschlossene hervorruft, liegt die Bedingung für gelungene Vergesellschaftung, d.h. für Höherentwicklungsfähigkeit, vor.

Wir haben eine eigenartige Vermischung von Evolutionsprinzip und Teleologie vorliegen. Verdrängung ersetzt Auslese aus dem Darwinismus, der aber keine Höherentwicklung kennt, und daher nicht teleologisch ist. Im Darwinismus wird das Neue, das in der Auslese entsteht, ja nicht bewertet; es wird nur erklärt, wie seine Entstehung möglich war. Der Darwinismus beantwortet die Frage: Wie ist *Neues* allgemein *möglich*, ohne daß es geplant und gewollt sein mußte? Die Monoklimaxtheorie beantwortet die Frage: Wie *verwirklicht* sich endgültige Zukunft durch *Vollkommenheit* im Einzelnen?

Diese Alternativkonstruktion zum Darwinismus und seinem politischen Standort, die ich in der Beantwortung dieser Frage rein systematisch, d.h. ohne einen räumlichen Aspekt, charakterisiert habe, impliziert mit Notwendigkeit einen imperialistischen Entwicklungsbegriff. Ein Denkmodell, in dem vorausgesetzt wird, daß einerseits Entwicklungen aus konkreten geographischen Konstellationsnutzungen bestehen und andererseits Anpassung an solche Konstellationen eigentlich die Unabhängigkeit von ihnen als allgemein determinierende Naturgrundlage erhöht, setzt einen zweiten Maßstab voraus, an dem sich jene Unabhängigkeit im Verhältnis dazu, daß die Anpassung eine Abhängigkeit ist, bemessen läßt: Sie kann sich nur auf ein anderes, potentielles Nutzungsmuster beziehen, auf die Tatsache, daß die Anpassung ein Durchgangsstadium in eine Zukunft der Gesellschaft von Arten ist. Daran bemessen kann Anpassung Autonomie repräsentieren. Die Anpassung der biotischen Gesellschaft an die *Gesetze* der Natur hat im Besonderen der Situation immer den Aspekt, den eigenen Möglichkeiten gefolgt zu sein. Eine solche Gesellschaft ist ein typisches Exemplar veränderter interner Interaktionsbeziehungen, wenn „Höherentwicklung" vorliegt. Die schlichte *Existenz* einer solchen Gesellschaft demonstriert bereits die Unabhängigkeit vom geographischen Milieu, weil sie anders ist (lebt) als die ältere Gesellschaft desselben Ortes. Es ist als real gewordene Möglichkeit und Zukunft die bessere Wirklichkeit der Ganzheit eines verschwundenen Anpassungsversuchs; diese Veränderung verbürgt Autonomie gegenüber Naturvorgaben.

Der Vergleich zwischen dem Aspekt anpassender Naturnutzung und demjenigen unabhängiger Innenbeziehungen einer Vergesellschaftung im Hinblick auf dieselbe Gesellschaft benötigt aber zugleich eine Zielvorstellung als weiteren, nämlich allgemeinen Maßstab von Konkretheit – andernfalls könnte der Vergleich von Entwicklungsstadien nur Andersartigkeit von zeitlichen Ereignissen an demselben Ort feststellen, nicht aber „Höherentwicklung". Deshalb ist das Modell notwendig teleologisch. Jedes Stadium ist eigentlich wesensmäßig ein Zwischenstadium; die Hauptsache an ihm ist, was es noch nicht ist, sondern nur vorbereitet.

Wenn nun die verglichenen Formationen, der Monoklimaxtheorie entsprechend, als reale Konkurrenten auftreten, weil sie als reale regionale Ganzheiten beobachtet werden, dann ist es auch denknotwendig, daß Höherentwicklung als Sukzession von Arten thematisiert wird. Man kann die faktisch konkurrierende Nutzung von konkreten abiotischen Konstellationen gar nicht anders denken, denn als verdrängende Ausbreitung, wenn zugleich vorausgesetzt ist, daß jene Nutzung als Anpassung an die geographische Umwelt dennoch wegführt von allgemeiner Umweltabhängigkeit. Dieser Abstand von der Natur besteht ja nur in einer vergleichsweise größeren Nähe zum Ziel der Endformation beziehungsweise größeren Ferne vom Beginn des Prozesses. Die zeitliche Distanz bemißt sich in der Menge der unvermeidbaren Formationszwischenstadien. Da der zeitliche Durchgangsprozeß der menschlichen wie auch der Evolutionsgeschichte im Hinblick auf den „Gewinn" an Kultur bzw. Klimaxähnlichkeit, also als Höherentwicklung, systematisch an individuelle Selbstvervollkommnungen einer Gemeinschaft gebunden ist, an „Individualität" als allgemeines Prinzip einer Funktions- und Sinnganzheit, muß diese zeitliche Bewegung eine räumliche Bewegung auslösen.

Das liegt daran, daß alles Empirische in Raum und Zeit existiert, und in dieser Theorie im Unterschied zum empirischen Methodenideal Raum und Zeit keine unabhängigen Koordinaten sind, sondern abhängige Entwicklungsvariablen: Der Raum ist das Besondere an den in der Zeit wirkenden Gesetzen – ihre „Ökologie"; und die Zeit ist das Besondere an den „räumlich" wirkenden (Sukzessions-)Gesetzen – die Geschichte von Räumen. Die (zeitlich gesehene) *Höher*entwicklung (= Loslösung von allgemeinen Naturgesetzen) ist die (räumlich gesehene) Anpassung an konkrete, besondere Naturbedingungen und umgekehrt: Die (zeitlich gesehene) Höherentwicklung (= Anpassung an das Telos des Lebens) ist die (räumlich gesehene) Loslösung von besonderen Lebensräumen durch die sukzessive Diffusion der Lebensformen. Stellt man sich also die funktionale Selbstanpassung von Lebensgemeinschaften im Rahmen besonderer Naturkonstellationen als Teil einer zielgerichteten Entwicklung vor, so ergibt sich die Vorstellung einer Abfolge von Artenkombinationen, d.h. die Idee der Sukzession. Denn das Vorwärts der Artenentwicklung im darwinistischen Sinne durch Auswahl enthält an der Stelle, an der der Kampf um's Dasein die gesellschaftsinterne Konkurrenz für den Anpassungsdruck berücksichtigt, nicht die Voraussetzung, daß der interne Kampf der Einzelindividuen um Existenz im System gleichzeitig ein Kampf des „Überindividuums" Gesellschaft gegen Naturgesetze um einen Platz auf der Welt ist, ein Kampf, der mittels des Eingehens auf die Differenz zwischen konkreten Natur*bedingungen* und allgemeinen Naturgesetzen geführt wird. Macht man aber diese Annahme, wirkt der Anpassungsdruck notwendigerweise auch „räumlich", nämlich als konkurrierende Sensibilität für Besonderheiten, die als Kampf eine Durchsetzung im vielfältig besonderen Raum ist. Das Telos des Lebens setzt sich gewissermaßen als „Sucht nach Besonderheiten" durch, die sich als Suche im Raum nach solchen Gesellschaften realisiert, die weniger geschickt mit diesen Besonderheiten umgehen als möglich. „Leben" heißt dies: Eindringen in niederere Entwicklungsstufen, um sie als Mittel der verbesserten Nutzung ihrer eigenen Naturbasis zu benutzen. Als erdräumliche Bewegung betrachtet, ergibt sich Geschichte aus Sukzession. Genauso ergibt umgekehrt die Vorstellung, daß Entwicklung etwas Räumliches ist, d.h., daß Geschichte „siedelndes Wandern" ist – wenn dies als Gewinn von Kultur in der Zeit vorgestellt wird (Eigenart) und Kultur aus Auseinandersetzungen zwischen biotischen Individuen und abiotischen Lebensgrundlagen resultiert –, die Idee, daß die Okkupation von Räumen ein stufenweises, idealtypische Durchgangsstadien schaffendes Anpassen an Natur ist. Diese Anpassung erzeugt zuletzt eine Kultur, die durch souveräne *Loslösung*sprinzipien gekennzeichnet ist. Denn sie akkumuliert materiell alle historische Erfahrung der konkreten *Dienstbarmachung* von Naturbedingungen als allgemeines Anpassungsprinzip an die Gesetze der Natur. Räumliche Verdrängung und Kolonisation sind logische Implikationen

Orte als Individuen 257

der paradoxen, anti-darwinistischen Wahl der Voraussetzungen, weil eine Abfolge von allgemeinen, aber dennoch zugleich ortsabhängigen Höherentwicklungen trivialerweise nicht indifferent zum Raum gedacht werden kann. Und ein *wirklich* räumlich stattfindender „*Vergleich*" von Gesellschaften ist eine Kolonisation durch diejenige Art von stärkerer Gesellschaft, welche die vorhandene Gesellschaft durch sukzessive Anpassung an diese letztendlich ausschaltet, weil sie deren geographische Umwelt besser nutzt, indem sie die Loslösungstechniken der vorgegebenen Lebensgemeinschaft durch ihre eigenen ergänzt und dergestalt erstens nutzt sowie zweitens die Loslösung perfektioniert. Gelingt das, beweist sich zirkulär, welche Eigenart eine höhere Kultur ist. Überall, wo noch keine potentielle natürliche Vegetation bezogen auf die Klimazone vorherrscht, liegt noch ein kultureller Mangel vor.[14]

Wo tritt in diesem Konzept nun jene Vorstellung auf, daß Individualität allgemein sei?

Individuen sind hierbei alle Gesellschaften als interne Interaktionsstandorte, die auf dem Wege zum Monoklimaxstadium erfolgreiche Entwicklungseinheiten sind. Sie sind so etwas wie örtlich definierte, temporäre Lebensgemeinschaften mit potentieller Kontinuität im Rahmen eines allgemeinen Entwicklungszieles, also Individuen höherer Art als eine einzelne Pflanze oder Person.[15] Es sind örtliche Lebensgemeinschaften, die aber ganz äquivalent den allgemeinen Prozeß der klimakteriellen Höherentwicklung an konkreten Orten und beispielhaft betreiben, wie jene Individuen Wissenschaft, Kunst und technische Konstruktion in ihrer Person vereinen, die den Humanismus befördern. An allen Orten findet die Sukzession konkrete Konstellationen „niederer" Vergesellschaftung vor, welche darin besteht, daß die Abhängigkeit von abiotischen Faktoren noch immer höher ist als prinzipiell notwendig in dieser Klimazone. Das ist daran erkennbar, daß die Sukzession nicht nicht stattfindet – also zirkulär: Weil sie erkennbar ist, findet innergesellschaftliche Höherentwicklung statt; ergo ist die ältere Formation niedriger. (Der Imperialist stellt fest, daß er Rechte hat, weil es ihn *gibt*. Man könnte Natur mehr beherrschen durch größere Nähe zu dem Entwicklungs-Endstadium, welches das Prinzip der selbstgeschaffenen *Unabhängigkeit* von den abiotischen Faktoren repräsentiert.) Aber man kann das nur erreichen, wenn man die konkrete Region *anders* in Form einer

---

14 In dieser Passage habe ich die geschichtsphilosophische und die biologietheoretische Ebene z.T. sprachlich vermischt, um die Analogie zu unterstreichen. Dort wo „Kultur" die Assoziation historischer Entwicklung weckt, wäre im biologischen Kontext jeweils der „Superorganismus" „Lebensgemeinschaft" im Sinne einer *erhöhten Potenz* für das Klimaxstadium zu assoziieren.

15 „Unter Einzeldingen verstehe ich Dinge, die endlich sind und eine bestimmte Existenz haben. Wenn mehrere Individuen bei einer Handlung so zusammenwirken, daß sie alle zugleich die Ursache einer Wirkung sind, betrachte ich sie insofern in ihrer Gesamtheit als Ein Einzelding" (Spinoza 1963: 50).

darin angesiedelten *biotischen Gesellschaft konkretisiert*, als die Vorgänger sie ihrerseits *anders* als die andere Nachbarregion konkretisiert haben; aber bei dieser neuerlichen Konkretisierung muß dennoch ein *älterer* Formations*unterschied aufgehoben* werden, nämlich derjenige, der zwei niedere Formationsnachbarn in Unvollkommenheit noch hat verharren lassen – ein „schlechter" Unterschied gewissermaßen. Sie klebten damit entweder an ihrer eigenen Geschichte (bei gleicher geographischer Situation) oder aber an einer differenten geographischen Situation aus Mangel an Autonomie fest.

Dem stünde die liberale Alternative gegenüber, diese Differenzen gar nicht zu beachten, weil nicht die Eigenart von Gesellschaften zählt, sondern der universelle Anpassungserfolg. Deshalb wäre der Sukzessionserfolg einer Gesellschaft einfach verbesserte allgemeine Naturbeherrschung in einem universellen Kontinuum von Möglichkeiten.

Das gilt in der Monoklimaxtheorie nicht. Man kann nämlich die Natur gar nicht besser beherrschen, wenn man sie anders als das vorhergehende örtliche Formationsindividuum, jedoch darin auf die genau gleiche Art und Weise wie die angrenzende, eigenartige Nachbarschaft, konkretisierte. Das wäre abstrakter Naturgebrauch (also „industriell") und stellt sich biologisch nicht ein. Wirkliche Sukzession verläuft nicht so uneingedenk der eigenartigen Situation. Sukzession ist ja eine innergesellschaftliche Interaktion mit Wandel. In geschichtlicher Perspektive wird die Natur, deren Prinzip das Leben ist – und Leben ist die sukzessive Transfomation von Eigenart –, sich dann irgendwann rächen, und der Entwicklungserfolg entpuppt sich als Pyrrhussieg einer abstrakten Kultur.

Die Monoklimaxtheorie besagt, daß die Welt so nicht funktioniert, d.h., daß, wenn sie so funktioniert, weltfremde, falsche Prinzipien die Herrschaft ergriffen haben. Wesentlich ist also der differierende Weg zum Universellen, nicht etwa die Alternative universell versus nicht-universell. Diese Alternative gibt es so gar nicht, denn die Sukzession homogenisiert durchaus Unterschiede; aber eben auf unterschiedliche Art. Und der gegen die abstrakten, darwinistischen Freiheits-, Gleichheits-, Markt- und Konkurrenzprinzipien vertretene Weg ist der einer Kette einzelner Vollkommenheiten. Der Humanismus ist ein älterer, anderer Universalismus als der der Aufklärung.

Alles Allgemeine, d.h. die potentielle Endformation, muß durch subtile besondere Selbstausgestaltungsstufen räumlich begrenzter Einheiten hindurch. Das bedeutet: Das Allgemeine hat eine *notwendige* Erscheinungsweise, die Individualität heißt und aus sogenannten organischen Ganzheiten besteht. Andernfalls könnte sich die Entwicklung der Arten – das ist das allgemeine Ziel des Lebensprozesses unter systematischer, nicht-räumlicher Perspektive – nicht aus der Überwindung der Differenzen der Lebensräume ergeben, die aus der Transformation von urwüchsiger Ausdifferenzierung in systematische Ausdifferenzierung besteht, vom Urzustand in den höchsten Naturzustand, von kontingenter Individualität (Kind) zu wahrer

Individualität (Weiser) führt. (Unter dieser Perspektive ist Demokratie eine Ansammlung von Kindsköpfen.) Denn das System der Arten, die große Ordnung des Lebens, kommt nur real als Entwicklung voran, wenn jene Gesellschaften, welche die konkret-empirischen Entwicklungsindividuen dieser Ordnung an vielen Orten bilden, ihrerseits vorankommen: Die Wirklichkeit des Lebensprinzips der „Artigkeit" ist demzufolge in dieser Alternative zum Darwinismus die räumliche und damit kulturelle Eigenart, mit der die Gesellschaften das allgemeine System der Entwicklung von Höherwertigem adaptiv organisieren.

Artig = eine Entwicklungseinheit niederer Stufe, die einem allgemeinen Maß in einer Ordnung angepaßt ist; man denke einfach an die bekannte Erziehungsnorm gegenüber einem Kind.

Leben als (monoklimakterielle) Entwicklung der Arten = Ausprobieren aller denkbarer Anpassungsmöglichkeiten in diesem Sinne.[16]

Dem allgemeinen Prinzip der Artigkeit im Hinblick auf das *Repräsentieren* einer *genetischen Ordnung* (und kulturellen Unterordnung) – denn die Gattungen der Arten sind ja nach Fortpflanzungsmerkmalen klassifiziert – entspricht das allgemeine Prinzip der Sukzession im Hinblick auf die *Höher*entwicklung derselben Ordnung. Das „Eigen" indiziert Subjektivität. Deshalb entwickelt sich räumliche Eigenart im Einzelnen, d.h. Vielfalt im Ganzen, durch sukzessive Selbstausgestaltung von allgemeiner Individualität beziehungsweise umgekehrt genauso: durch individuelle Eigenart innerhalb von allgemeinen Sukzessionsprozessen. Neue systematische Arten ergeben sich nicht durch Auslese von Artvarianten im Kampf, sondern durch die Gestaltbildung der vollkommensten Einzelindividuen, die den im Gelingen befindlichen Prozeß der neuen Vergesellschaftung repräsentieren. Zumindest ist dies das Wesentliche an ihnen – ihre typische Repräsentation der besonderen Qualitäten des lebensräumlichen Individuums –, selbst wenn der Durchsetzungsprozeß im Detail eine Auslese ist. Die Auslese des Stärkeren beim Kampf gegen andere mittels Anpassung an die Umgebung wird begriffen als eine Art Züchtung des Vollkommensten durch die Gesellschaft. Solche Einzelerfolge indizieren optimalen Sukzessionserfolg. Der unter darwinistischer Perspektive stärkere Einzelversuch von Elementbildung einer Population wird in der holistischen Synökologie als gelungener Selbstordnungsversuch einer angepaßten ganzheitlichen Besonderheit gewertet. Der hat nicht systematisch gewonnen, sondern besonderes Geschick gehabt (etwa

---

16 Deshalb ist Vielfalt im morphologischen Paradigma das Komplement von Eigenart, während sie später im funktionalistischen Paradigma Odums aus Stabilitätsgründen die räumliche Eigenart durchaus vernichten kann.

so, als sei ein guter Läufer nicht jemand, der einen allgemeinen Zeitmesser schneller bezwingt als alle anderen, sondern ein Bewegungskünstler unter Dilettanten). Eine solche neue Art des Lebens bewährt sich nicht im allgemeinen, sondern ist glückliches Gelingen im Einzelnen. Das Neue ist nicht ein Sieg des Einzelnen in der Logik des Fortschritts, sondern ein Gewinn der Gesellschaft durch Besitz einer sie repräsentierenden und transzendierenden Besonderheit: Kein Sieg des Neuen, sondern ein besonderer Gewinn für das Alte auf seinem Weg zu seiner Bestimmung als Individualität höherer Ordnung, nämlich als Ganzheit, die auf die Möglichkeit verweist, einer monoklimakteriell noch näher am Endzustand liegenden Formation Platz zu machen. (Dies gilt nur, sofern diese Formation nicht selbst die Endformation ist. Für das imperialistische Stadium des Humanismus ist bezeichnend, daß jedes Volk von sich behauptet, die beste erdräumliche End-Variante ausgebildet zu haben: Nationalismus. Mittlerweile hat man sich international auf die Eigenart der multikulturellen Summe von Europa, nämlich Amerika, eingestellt.)

So ergibt sich, daß die Idee der Sukzession als eines allgemeinen Prinzips (in Konkurrenz zur Idee der Auslese), also Verdrängung durch Expansion als natürliche Anpassung und Örtlichkeitsprinzip des Lebens, eine *notwendige* Implikation (wenn auch keine notwendige empirische Erscheinungsweise) der philosophischen Idee individueller Eigenart ist; sie steht – auf dieser Ebene – den liberalistischen Entwicklungsprinzipien entgegen. Wenn aber die Idee der Eigenart als Entwicklungs- und nicht als Beharrungsgedanke der Modernisierung entgegengesetzt wird, wird der latente Imperialismus der Bodenständigkeit systematisch empirisch. Umgekehrt gilt genauso, daß die Idee der individuellen Eigenart eine Implikation des Interesses an Ausbreitung ist. (Sie folgt aus dem christlichen Missionsgedanken.)

Individualität als Kontinuität

Damit kommen wir jetzt in die gefährliche Zone des Konzepts. Ich meine die Vorstellung von historischer Wirksamkeit, die der Theorie räumlicher Eigenart anhaftet. Es stellt sich nämlich die Frage: Wie setzt sich das Allgemeine in der Zeit durch, wenn alles Allgemeine seinen individuellen Weg gehen muß, und dies bedeutet *auch*: stirbt? Das Individuelle muß in seinem Prinzip der Eigenart einen Mechanismus installieren, der das, was allem Individuellen gegenüber allgemein ist und im Individuellen nicht aufgeht, sondern ihm gegenüber steht, dennoch auch individuell fortpflanzt. Was das In-dividuum in seiner „Unteilbarkeit" verbindet, das allgemeine Gesetz und die einzelne Freiheit, existiert ja im Prinzipiellen getrennt; andernfalls könnte die Individualität nicht das Ergebnis einer Problemlösung sein. Die Bibel besteht aus zwei Büchern, einem über das Gesetz und einem über die Freiheit, und ohne das Alte Testament wäre die Bibel nicht vollständig als Gottes Lehrbuch für die Menschen. Das allgemein Gesetzmäßige aller Existenz ist in gelungener Individualität inkarniert. Aber als Prinzip muß es dann eben in der Widerspruchsbindung der individuellen Existenzweise weitergegeben werden, wenn es einer Entwicklung angehören soll. Das Allgemeine kann in diesem Konzept nur nach dem Modell der individuellen Vererbung weitergereicht werden. Denn Kontinuität muß auch in diesem Falle, in dem sie „diskret" realisiert wird, ein Kontinuum von „etwas" sein (das nicht gestorben ist, wenn eine Individualität beendet wurde – falls dieses Individuum sich fortgepflanzt hatte). Dieses Etwas liegt in dem, was alle Individuen gemeinsam haben: Das ist die natürliche Anlage einerseits zur Eigenart und andererseits zur Distanz zum abiotischen Milieu – also die biotischen Anlagen zur Eigenart. Das ist die Erbmasse. Sie ist im materialistischen Zeitalter an die Stelle der metaphysischen Kategorie der Substanz oder der theologischen Kategorie der Seele getreten, die dem Prinzip der Entelechie eine Wirklichkeit in den Lebewesen verschafften. Sie ist das subjektiv wirksame Allgemeine der Welt als empirische Entwicklung. Die Erbmasse hält die Eigenart gewissermaßen in jedem besonderen Fall der Kontaktaufnahme strategisch von der Umwelt fern, weil sie die Autonomie des Wirklichkeitsprinzips von Subjektivität als einer Möglichkeit in sich trägt. Auf diese Weise erhält sich ein Raum von Möglichkeiten; es existiert dadurch nämlich in jedem Einzelnen eine systematische Negation des Anpassungsdrucks auf das Einzelne. Natur kann in dieser Denkweise den Charakter von Menschen, Gesellschaften, Kulturen nicht „prägen", sondern nur stimulieren, seiner Erbmasse gerecht zu werden.

Wenn man allgemeine Möglichkeiten auf natürliche Art und aufgefaßt als individuelle Eigenart im Rahmen einer allgemeinen Ausbreitung weitergibt, und wenn dieser individuell und natürlich vollzogene Ausbreitungsversuch allgemeiner Möglichkeiten sich durch Eindringen in eine vorhandene Eigenart realisiert, dann nennt man das Vererbung.

Für das Gegenkonzept, in dem ein Individuum ein raum-zeitliches Ereignis einer Ereignisklasse ist, ist jene Kontinuität kein Problem und anders gelöst: Da ist das individuelle Ereignis ja nur eine mit „Schmutzeffekten" der Beobachtung versehene Erscheinungsweise des allgemeinen Gesetzes- und Kausalitätskontinuums. Das Allgemeine braucht die Ereignisse nicht, um sich zu einem Entwicklungsprozeß zu formieren, weil es gar keinen gibt: Die Gravitation entwickelt sich nicht. Prozesse haben zwar eine Zeitrichtung, aber die ist eine Implikation der Kausalitätskategorie und beschreibt nicht, wie das Allgemeine sich in seinem Gegenteil, dem Individuellen, fortpflanzt, sondern daß es selbst eine irreversible Erscheinungsweise hat. Die logische Struktur der Kausalität ergibt empirisch gesehen eine Richtung in der Zeit; das bedeutet nicht, daß Kausalität ein zeitliches Entwicklungsprinzip ist.

Daß einzelne Fortpflanzung als Kontinuitätsleistung aus dem humanistischen Individualitätskonzept folgt, ist plausibel, wenn man sich vor Augen hält, daß ja die Vernunft eines Individuums daraus besteht, daß es sich zu einer eigenartigen Besonderheit macht, die gerade darin am deutlichsten das Allgemeine, das Menschliche, zum Ausdruck bringt – (das Klonen von Menschen ist unmenschlich, genauso die demokratische Gleichmacherei der Demokraten und Kommunisten, die zur Uniformierung aller lebendigen Gestalten führt). Formal gesehen ist Vollkommenheit das Entwicklungsziel. Die kann nur dadurch existieren, daß sie einzeln angestrebt wird. Jeder Einzelne muß lernen, wie man vollkommen wird, denn eine allgemeine Vollkommenheit gibt es nicht – außer in der „prästabilierten Harmonie" (Leibniz) von Gottes Schöpfung. Aber die ist strukturell unvollendet, solange das Jüngste Gericht nicht stattgefunden hat und noch viele neue Menschen geboren werden. Das bedeutet aber, daß jeder neue Einzelne *seinen* Weg – zu sich und zu Gott – finden muß. Er lernt nicht durch billige Nachahmung, also Wiederholung, sondern durch „Nachfolge" (sagt Kant vom Künstler und Ästheten). Man wird Meisterschüler durch eigenen Stil. Ein rechtes Individuum ist ein „Lebenskünstler"; wem das Jonglieren mit Widrigkeiten – durch allzu günstige Umstände – nicht abverlangt wurde, der hatte Pech im Glück. (Deshalb ist der Militärdienst so wichtig für Jünglinge aus besseren Kreisen: Nicht etwa wegen des Drills – der ist eher unwürdig –, sondern weil man dort lernen muß, wie man sich durchschlawinert und dem Drill *nicht* erliegt. In der Rollentheorie würde man sagen: Wie man Gestaltungsnormen gegen Vollzugsnormen im Einzelfall auszubilden lernt. Das bildet Ich-Identität aus. Deshalb ist das Militär ja so eine schöne Zeit und führt zu endlosen unerträglichen Geschichten der pfiffigen Selbstbewährung.)

Der Entwicklungsbegriff des Monoklimax-Konzepts ist aber systematisch prekär: Allgemeinheit kann untergehen, wenn sie an individueller Originalität hängt.

Ob das Allgemeine nicht etwa doch untergeht, hängt wegen jenes eigenständigen Weges davon ab, ob die eigenartige Nachfolge bei der Fortpflanzung auch oft genug gelingt. Deshalb steht der Konservative ständig vor dem Untergang der Welt, denn es besteht die Gefahr, daß die „verrottete" Jugend es in dieser Generation nicht mehr schaffen wird, ausreichend vervielfältigt und zahlreich die Werte der Tradition mit neuem Leben zu erfüllen. Das Allgemeine kann gewissermaßen unterbrochen werden, wenn die Kette für einen Generationszyklus reißt, weil die nachwachsende Individualität keine Eigenart mehr erreicht. Das ist der Fall, wenn allenfalls noch kopiert wird, „Nachahmung" statt „Nachfolge" stattfindet, d.h. Tradition *falsch* verstanden wird: Eigenart braucht Veränderung, weil Vollkommenheit auf die Entwicklung von Möglichkeiten bezogen ist.

Eine solche Unterbrechung kann im Gegenmodell nicht auftreten. Die Gravitation erhält keine Risse, nur weil ein paar Ereignisse ausbleiben.

Für den Konservativen liegt die Tradition nicht nur hinten, sondern auch *vorn*, nämlich in den neuen Formen der Eigenart. Aber dieses Vorn besteht nicht aus einer allgemeinen offenen Zukunft, sondern aus der Reproduktion von neuartigen Vorbestimmtheiten im Einzelnen, so wie die Landschaften und Orte *nebeneinander* unterschiedliche *Wiederholungen* desselben Entwicklungsprinzips, das Eigenart hervorruft, sind. Der Aufklärer wartet demgegenüber einfach ab, bis das Vernunftgesetz sich wieder einmal durchsetzt, falls es für eine Weile nicht in Erscheinung trat, beziehungsweise er beseitigt allgemein (durch Revolution oder später durch Gesetz und Planung) die mißlichen Umstände (wie z.B. Privilegien), welche die Vernunft im Einzelfall behindern.

Wenn nun im Rahmen der Säkularisation in der Moderne die allgemeine Entwicklungsbedingung, die nur in Einzelform Kontinuität verwirklichen kann, in irgendeiner Weise als Natur gedacht wird, beziehungsweise wenn das Individuelle kulturelle Ganzheiten sind, deren Natur aus ihren Körpern besteht (und nicht entweder aus humanem Geist plus vernünftiger Tradition oder aus Vernunft, Verstand, Egalität und Freiheit), dann ergibt sich eine rassistische und eine völkische Vererbungslehre. Eine Kultur, die darin ihren Rang hat, daß sie sich auf die Besonderheiten ihres Lebensraumes einzustellen gelernt hat und dabei gelernt hat, auf diese spezielle Weise sich auf sich selbst als das Gegenteil dieses Raumes – gewissermaßen als den strategischen Kontrahenten im Hinblick auf das gemeinsame Ziel, hochkulturelle Eigenart zu entwickeln – einzustellen, eine solche Kultur gibt im geschichtlichen Prozeß ihre Individualität auch so weiter, wie ihr Wesen ist, nämlich individuell. Da Individuen aber Exemplare natürlicher, biotischer Entwicklungsprinzipien sind, die sich gegenüber den abiotischen Standortbedingungen autonom organisieren, sind es auch diese, deren Kontinuität organisiert wird. Die besteht in den Erbanlagen derjenigen Grundeinheiten des Lebensprozesses, die gemeinsame Erbanlagen haben: Rassen. Sie sind „Naturbedingungen", die von der Umwelt unabhängig sind und das Bindeglied zwischen der individuellen Ganzheit einer regionalen Gesellschaft und den einzelnen Individuen im Hinblick auf jene Kontinuität bilden.

Fortpflanzung als Raum: Sukzession

Im Außenverhältnis und auf der kulturellen Ebene bedeutet das, daß Hochkulturen, die ja im Klimaxstadium leben, eigentlich nur durch kolonisierende Eroberung anderer Kulturen, also von außen nach innen wirkend, ihr eigenes Erbe mit dem vorhandenen verschmelzen können. *Das* ist aber auch die vernünftige Fortpflanzung der *alten* Kultur dieses von der Sukzession betroffenen Ortes. Der alten Kultur kann in universalhistorischer Perspektive nichts Besseres passieren, als durch neue Kulturen überrollt und „befruchtet" zu werden, wenn ihr (vorläufiges) Klimax erreicht ist. In diesem Falle ist die zu kolonisierende *Fremde* die *eigenartige Heimat* (der zukünftigen Vollkommenheit) – aus der Perspektive der okkupierenden Kultur; und der eigene Untergang ein vernünftiger Beitrag zur Geschichte – aus der Perspektive der okkupierten Kultur.

Mit dieser wohlbekannten Denkfigur des völkischen Imperialismus habe ich noch einmal den Aspekt der Sukzession der Monoklimaxtheorie formuliert. In dieser räumlichen Theorie der Eigenart ist die in Formationsschüben ablaufende Infiltration und Verdrängung durch organische Ganzheiten das Entwicklungsprinzip von Leben. Im Ganzen korrelieren individuell räumlich gestaltete Formationen mit Stadien des immer Unabhängiger-Werdens von den abiotischen Faktoren, und zwar dadurch, daß die neuen Formationen, gewissermaßen unter Nutzung der Bestände des Eigenlebens der alten Formationen, die Besonderheiten des Raumes noch besser ausnutzen. Das ist präzise die völkische Kulturentwicklungstheorie des 19. und 20. Jahrhunderts.

Dem Außenverhältnis gegenüber kann sich eine Kultur im Innenverhältnis als Interaktionssystem betrachtet nicht zur Vollkommenheit aufschwingen, ohne daß Generation für Generation alle verschiedenen Individuen ganz artig ihre Eigenarten den Zielen der Formation gemäß ausbilden. Dieser Prozeß erhält seine Richtung dadurch, daß die natürlichen Besonderheiten der Umgebung das Maß für Gelingen im Allgemeinen bilden. Das bedeutet, daß *alle* Eigenarten dem Kriterium unterliegen, das Gesamt-Individuum, das ist der organische Staat einer Volksgemeinschaft, typisch zu repräsentieren und zu befördern. Der geordnete, eine uralte Sukzession abschließende und auf dem Sprung zur Expansion stehende Staat repräsentiert die soliden Verhältnisse in der konkreten Naturnutzung im Einzelnen; er muß aber eine (konservative) Revolution und einen neuen Menschen machen, um die Beschränkung seiner ortsgebundenen Vollkommenheit zu überwinden. Die Vollkommenheit bekommt den Beigeschmack einer im eigenen Saft schmorenden Kultur. Sie wird nur als stationäre Höchstleistung betrachtet. Wird die Perspektive jedoch *gewechselt* und zum kulturellen und politischen Programm erhoben, erscheint das Verhältnis von Außeneinfluß und eigener räumlicher Beweglichkeit im Blickfeld. Dann stellt sich jene erreichte Höchstleistung als Dekadenz dar, und nur fundamentale Rückbesinnung auf die großen Zeiten der Sukzession kann Zukunft verschaffen. Von diesem Kontext aus betrachtet ist daher eine regelmäßig wiederkehrende Problemstellung typisch und konsequent: die der „Überfüllung". Sie ist formales Indiz des Bewußtseins der Stagnation einer eigenen Höherentwicklung und gleichermaßen der Ohnmacht gegenüber Sukzession, insofern Lebensformen von außen eindringen – je nach betrachteter Bewegungsrichtung. „Volk ohne Raum" ist keine empirisch entstandene oder widerlegbare Tatsache, sondern eine metaphysische Voraussetzung sowie praktische Konsequenz moderner anti-demokratischer Politik. (In solchen historischen Augenblicken könnte das Allgemeine wieder dadurch unterbrochen werden und quasi historisch verloren gehen, daß die Jugend versagt, weil sie zu vielen falschen Einflüssen von außen unterliegt.) Die Hochkultur als Innenbeziehung ist demnach gegenüber einer älteren Gesellschaft der Erfolg eines ausklingenden Sukzessionsprozesses, der aus der Perspektive der nächst nachfolgenden Sukzession (sowie mit Blick auf sie) aber eine (latent borniert) Seßhaftigkeit (und unbewegliche Eigenart) ist, die von innen als bedrohliche Auslieferung an illegitime und schädliche Außeneinflüsse wahrgenommen wird.

Orte als Individuen

In diesem Widerspruch zwischen den beiden Ebenen derselben Mensch-Natur-Beziehung, nämlich zwischen Landgewinn und seßhafter Bindung, hat im gegenaufklärerischen Denken der Bauer eine wichtige Funktion. Denn der Ausweg aus der Stagnation konnte im völkischen Denken nur aus der (revolutionären) Rückkehr zu den eigenen Wurzeln bestehen: der erneuten Sukzession auf Basis der erreichten Kulturhöhe. Der Bauer ist der Prototyp und auch Garant der geforderten menschlichen Eigenart, gewissermaßen nachhaltig zu wandern, denn er besetzt per gesellschaftlicher Funktion die Nahtstelle zwischen Blut und Boden, zwischen allgemeinen Erbanlagen und Umweltbesonderheiten und zugleich zwischen besonderen Erbanlagen und allgemeinen „Geofaktoren". Er ist damit der gesellschaftliche Produzent und Träger der völkischen Eigenart (vgl. Bensch 1993 über Darré). (Deshalb ist es so wichtig, daß wenigstens die bäuerliche Jugend nicht den Versuchungen der Stadt erliegt.) Der Bauer ist funktional gesehen das individuell gewordene Allgemeine einer Kultur, so als seien alle Bauern eine einzige Person. Diese Stellung hat die „Bauern*schaft*" *gegenüber* dem Boden als „Land*schaft*", die ja auch eine solche allgemeine (typische) Kollektivindividualität von vielen Orten ist. Aber das, was alle Bauern wirklich verbindet, d.h. das, was sie weitergeben können, insoweit sie selbst eine Art Naturprodukt sind, ist das, was sie vererben können. Denn Individuen können nicht anders Allgemeinheit als historische Kontinuität von Kultur erlangen als durch Fortpflanzung. Tun sie das nicht, verschwindet ein für alle Mal ihr Beitrag, den sie zum Allgemeinen geleistet haben, als sie sich zu vollkommenen Menschen zu entwickeln trachteten. Sie können zwar auch Menschen erziehen, statt sie zu zeugen, aber unter naturalistischer Perspektive ist das eine ungewisse Basis; die angemessene Basis für konkrete Höherentwicklung ist die konkrete Natur des Individuums. Das sind seine Erbanlagen im Hinblick auf jene kolonisierende Arbeitskraft, die auf die am fremden Ort heimische Gesellschaft zersetzend wirkt – das Durchsetzungsvermögen des Einzelnen in der Fremde gemäß der eigenen kulturellen Formation, die im Ganzen des Volkskörpers lebt. Weil das Prinzip natürlicher Konkretheit mit einer Theorie von einer generativ lückenlosen Kette von Nachfolgern einen Sinnzusammenhang bildet, sind die Erbanlagen beziehungsweise deren Qualität im Hinblick auf jenes Ziel, der Natur vernünftig – d.h. ihre Besonderheiten achtend – zu begegnen, so wichtig. Sie bilden die einzige materielle Basis für Kontinuität der Kolonisatoren, existieren aber diskret; es gibt ja kein empirisches Universalsubjekt der Erbmasse, sondern nur Einzelindividuen einer wertvollen Rasse, die sich dem Staat unterwerfen, nicht der Natur. Damit sind sie aber der Natur, deren Kultur dieser Staat unterwerfen wird, nämlich der fremden Heimat der Zukunft, unterworfen.[17] Räumliche Eigenart und

---

17 Ich unterschlage hier etwas, will es aber erwähnen: Die zweite Ebene, auf der Individualität – ob Mensch oder Kultur – Allgemeinheit erlangen und weitergeben kann, ist die Schrift. Sie ist funktional und kulturell den Genen äquivalent, aber ideologisch

Vererbung hängen so zusammen, daß *Kolonisation* eine notwendige Voraussetzung für allgemeine Höherentwicklung ist. Der *Ort als Beitrag zur Entwicklung* liegt, wenn gerade Eigenart weitergereicht werden soll, immer woanders als in der Urheimat. Eigentliche Heimat ist die Kolonie.

In der Monoklimaxtheorie gelingt es demnach, ganz analog dem Zeitgeist, der in der Physik zur Einführung der Zeit als Raumkoordinate in einen vierdimensionalen Raum führte, umgekehrt durch den Sukzessionsbegriff zeitliche Entwicklung räumlich zu formulieren – dies aber im Unterschied zur Relativitätstheorie im teleologischen Paradigma. Auf diese Weise ist es möglich, unter Umgehung des Fortschrittsbegriffs der Aufklärung Gesellschaft dennoch mittels einer Zeitrichtung zu definieren, Geschichte ohne Emanzipation zu denken: Eine Gesamtsukzessionsfolge ist *eine* Gesellschaft, d.h., erst die Endformation ist diese Gesellschaft wirklich, so daß alle Vorstufen auf der *Möglichkeits*ebene diese *Wirklichkeit* sind. Daher ist es so wichtig, daß nichts diese mögliche Wirklichkeit verdirbt, d.h. in eine Vorstufe so interveniert, daß die Endformation, schon bevor sie existiert, gestört würde. Nun muß aber definiert werden, was das wäre, was gestört werden könnte, denn es ist ja eine Zukunft, die bewahrt werden muß. Die Zukunft wird bewahrt durch Reinhaltung der Herkunft. Das betrifft diejenigen Eigenschaften der Gesellschaft, die einen eingeschlagenen Weg durchzuhalten erlauben. Das wiederum sind diejenigen Eigenschaften, die (synökologisch gesehen) die abiotischen Standortfaktoren durch Beachtung ihrer konkreten Ganzheit insgesamt zu überwinden erlauben, d.h. sich bisher in jenem Entwicklungsweg über solche Faktoren zu erheben erlaubten. Das sind die Erbanlagen, die jene vertikal, in der Zeitrichtung, betrachtete Vergesellschaftung, nämlich die Geschichte, durchzuhalten erlauben. Da die Veränderung der Gesellschaft, also ihre Entwicklung, aber *nicht* im Hinblick auf die Entwicklung neuer Arten im Einzelnen betrachtet werden soll (zeitlicher Verlauf des Einzelnen), sondern im Hinblick auf die („synökologische") „Neuartigkeit" eines *Ganzen*, da ja das „Individuum" der Entwicklung eine ganze Gesellschaft ist, wird die Eigenart eines Formationsstadiums im „räumlichen Verlauf" beobachtet; das ist seine Sukzes-

---

entgegengesetzt. Das ist die unvermutete Wahrheit der ansonsten dummen informationstheoretischen Weltformeln sowie der Theorien der Einheit von Biologie und Informationstheorie in genauso dummen Ontologien. Der Besitz der Schrift ist das entscheidende Kriterium für „Hochkultur" (von „Schriftvölkern"). Hier verzweigen sich die hermeneutisch-historische und die vitalistische Tradition des Konservativismus. Aber die erstgenannte Tradition erfüllt dann auch nicht mehr unsere Bedingung, eine moderne Lehre im naturalistischen Sinne zu sein, auch wenn sie Lebensphilosophie hieß. Eine eigenartige szientistische Fortführung hat diese anti-naturalistische Tradition im Strukturalismus erfahren, der das Differenzprinzip (Eigenart/Vielfalt), d.h. ideengeschichtlich Husserl beziehungsweise Derrida, mit der universalistisch orientierten Semiotik verbindet.

sion. Geschichte einer gesellschaftlichen Individualität wird zum Eroberungsprozeß fremder Kulturen und Territorien oder aber zur Assimilation fremder Arten, bis eine neue Eigenart deutlich wird, die höhere Kultur (auf dem Weg zum Endstadium) auf der Basis gleich gebliebener Möglichkeiten darstellt, den Prozeß fortzuführen. Die alternative Deutung resultiert nur aus einem Perspektivenwechsel im Hinblick auf die Identität von Höherentwicklung und Sukzession: Eine Kultur, die die Kraft hat, in ihrem Lebensraum durch Assimilation von Fremdartigkeit neues Potential zur regionsspezifischen Beherrschung/Anpassung der Natur freizusetzen, wird ihrerseits Ausgangspunkt von Sukzession in neue Regionen sein (und umgekehrt). Deshalb wird jede Gemeinschaft, wenn sie einen natürlichen Entwicklungsverlauf nimmt – das ist: dem teleologisch vorgezeichneten Weg auf das Endstadium zu folgt –, peinlich darauf achten, daß die Basis der aus ihrer inneren Natur folgenden Eigenart, welche bisher erlaubte, allgemeine Naturgesetze als konkrete heimatliche Potentiale zu verstehen, nicht durch Außeneinflüsse wesentlich verändert wird. Denn es gibt gute und schlechte, falsche und richtige Kolonisation, die von außen her erfolgen könnte. Da Eigenart dem Gesetz der Besonderheiten folgt, sind jene Völker, die ihre Räume ohnehin *systematisch verlassen*, aber dabei immer neue Räume auf gleiche Weise nur *ihrer* (wurzellosen) Eigenart gemäß benutzen, keine Kolonisten, sondern Räuber. Das ist wichtig, sonst müßten seßhafte Kulturen *in jedem Falle* den eigenen Untergang durch Überfremdung akzeptieren, ja sogar begrüßen. Es muß eine Wertunterscheidung auf der Ebene der natürlichen, vererbbaren Eigenart eingeführt werden. Deshalb ist der Rassismus nie politisch-semantisch so neutral, wie die Grundstruktur der Monoklimaxtheorie, derzufolge „Überfremdung" ja trivial ist. Der nach der eigenen Landnahme nachfolgende, neuerliche Sukzessionsprozeß von außen im eigenen Lande muß immer als eine falsche Entwicklung – auf Gleichmacherei und/oder niedere Eigenart zu – abgewehrt werden können, obwohl zugleich irritierende Herausforderungen durch Außeneinflüsse und Eindringlinge durchaus als „Befruchtung" – der Monoklimaxtheorie entsprechend – vorgesehen sind. Das bedeutet: Die Kultur muß bereichert werden, ohne daß die Erbanlagen durch zu viele fremde Elemente in Gefahr gebracht werden können, quantitativ ins Hintertreffen zu geraten. Das neue Ganze muß immer noch das alte Eigene sein. Fremdes ist demnach immer willkommen, da Stabilität ein Sukzessionsprozeß ist; und es ist immer gefährlich und unerwünscht, weil Sukzession unkalkulierbar ist: Der Unterschied zwischen Fruchtbarkeit und Subversion würde immer zu spät sichtbar, deshalb wird das Fremde immer höher gelobt als es tatsächlich zugelassen wird und früher bekämpft als eingestanden. Das ist keine Frage der Einstellung, sondern eine Basisstruktur moderner Vergesellschaftung, wenn man ihre *kulturelle* Verfaßtheit als Humanismus berücksichtigt, und es ist ein Dilemma.

Allerlei Täuschungsmanöver

Läßt nun eine Kultur allzu oft solche Erbanlagen individuell intervenieren, die von der räuberischen, abstrakten Eigenart sind, also z.b. schlechte „nomadische", die zum „raffenden Kapital" der Juden geführt haben, welches nicht in einzelnen Bauernschaften „wurzelt", sondern ortlos dem gleichmacherischen Handel mit Geld und dem Weltmarkt entspringt, dann ist die gesamte Erbmasse in Gefahr, und das völlig zu Unrecht, denn es handelt sich ja nicht um legitime Sukzession einer respektablen Gesellschaft, sondern um räuberischen Betrug.

Deshalb ist im Rahmen des als normal und legitim gedeuteten Monoklimaxvorgangs – gleichrangig mit der Rasse als Träger der Erbmasse – die erkennbare Eigenart so wichtig. Rasse muß *kulturell praktiziert* werden, sonst lernen die Nachkommen nicht, zu *sein* wie sie eigentlich sind und heiraten die falschen Paarungspartner. Eigenart dokumentiert die Gewißheit, daß – falls in der Kette der kulturellen Fortpflanzungen durch Sukzession die Eigenart sich reichhaltiger vervielfältigt hat – der eigene, individuell beigetragene Wert der Erbanlagen zu neuer Kolonisationskraft in jedem Falle respektabel und relevant gewesen sein wird. Jeder möchte, insofern er definitionsgemäß einwirkt auf die Entstehung neuer kultureller Eigenart im Rahmen der monoklimakteriellen Tendenz, schon vor dem Ende der Geschichte als positiver Beitrag erkennbar sein. Also strebt er danach, die Basis der respektablen Ausdifferenzierung, die ständig gefährdete Herkunft, zu verkörpern – es sei denn, er wäre bedingungslos für eine Vielzahl beliebiger Lebensentwürfe (d.h. für Gleichheit und Pluralismus) wie die vaterlandslosen Gesellen der Demokratie. Paranoia ist eine kulturelle Struktur der antimodernen Moderne. (Parallel dazu wird sie dann – kulturell doppelt gesichert – auch noch „psychisch" verursacht.)

Daher – und wegen der räuberischen Kolonisten – ist es am besten, wenn man *die* Fremden erst einmal formal fernhält. In ihrer Heimat respektiert man sie zwar auch nicht, aber sie haben dort irgendeinen Wert, weil sie einen Ort haben; sie sind dort *das* Fremde, das man gelegentlich besucht und bestaunt. Die eigene Klimaxformation (und ihr Blut) soll jedoch sauber bleiben. Das hat zwei Aspekte: Die Fremden bedrohen zu Lebzeiten die Eigenart, und es könnte sich für die Zukunft eine andere Formation einschleichen. Das könnte nämlich passieren, wenn sie sich schlau und im Detail in die Funktionszusammenhänge der alten Formation einfügen – also gerade dann, wenn sie sich auf angenehme Art, jedoch heuchlerisch, einpassen – und dabei immer recht viele Nachkommen der eigenen Art in diesen Funktionsnischen nach sich ziehen. (Deshalb die Forderung, keine Familien eindringen zu lassen, zumindest aber die Kinder zu Hause zu lassen.) Jene Räuber haben nämlich die „Eigenart", kolonisatorische Kraft durch Täuschungsmanöver zu ersetzen, sonst könnten sie ja nie Fuß fassen, ohne die alte Formation sofort insgesamt zu vernichten (wie etwa ein Heuschreckenschwarm oder wie Dschingis-Khan). *Wenn* sie evolutionär vorge-

Orte als Individuen

hen, d.h. sukzessiv, dann müssen sie sich festsetzen, *obwohl* sie „klimatisch" gesehen schwächer sind, d.h. schlechte Infiltrationstaktiken im Hinblick auf die Achtsamkeit gegenüber den Besonderheiten der Natursituation im Erbmaterial tragen. Das bedeutet: Sie müssen anfangs nützen und zugleich lügen, d.h. schlau sein.

Unter dieser Perspektive sind die Juden *immer* gemeint, wenn es um Rassismus geht; sie haben das allgemeine Gegenprinzip zur Eigenart individuell als Eigenart entwickelt. (Die entsprechend gewählten Praxisfelder des Geldwesens und der Wissenschaft bieten sich wegen ihrer abstrakten Allgemeinheit an.) Sie haben nämlich die Eigenart, sich im kulturell toleranten Sinne um andere Eigenart als ihre eigene einfach nicht zu kümmern, unverwechselbar entwickelt. Daraus folgt eine Art unbekümmerte Kolonisation, die nur in geduldeter Anwesenheit bestehen möchte, und in der Unbeteiligtheit einen Anschein von Arroganz hinterläßt. Diese Anti-Eigenart ist ein Horror für den christlichen Anspruch auf konkrete Vollendung aller Möglichkeiten durch Einmischung und Mission, der hinter der Monoklimaxtheorie wirkt.

Das völkische Bewußtsein ist also doppelzüngig. Es basiert auf einer Theorie kultureller Überfremdung, und es respektiert eigentlich keinesfalls die Möglichkeit der kulturellen Überlegenheit durch Fremde, die es sich selbst gegenüber aller Andersartigkeit anmaßt.[18] Daraus folgt: Die Unschuld der Invasoren kann in *jedem* Falle nur gespielt sein: Entweder sie verbleiben in Nischen des unproduktiven Sektors, dann sind sie Parasiten, die an diesen strategischen Schaltstellen alsbald für das Gesamtsystem funktional erdrückend überlegen sein werden – das ist die strategische Räuberversion als Entwicklungsprozeß. Eine schäbige Professionalisierung wird bewußt kultiviert, um sie im System disfunktional positionieren zu können.[19] Oder die Fremden dringen in die produktiven Bereiche der alten Gesellschaft ein; dann nehmen sie Arbeitsplätze weg und überfremden durch quantitative Diffusion zuletzt qualitativ. In jedem Falle stirbt mit Notwendigkeit die alte Formation, wenn ein Umkippunkt erreicht ist, obwohl das ein Rückschritt wäre. Man kann nie sagen, wo dieser Punkt liegt; deshalb muß man abstrakte Vorsorge treffen und ein ausreichen-

---

18 Da es diese Überlegenheit aber empirisch und historisch kennt, verdrängt es psychisch, was es kulturtheoretisch weiß, und haßt das als minderwertig Bezeichnete, weil es das als höherwertig Eingeschätzte ist. Das gilt idealtypisch für die Juden wegen der Eigenart der universellen konkreten Anpassungsfähigkeit. „Echte" Einzeleigenarten dagegen können als Kultur (wie die französische seitens der Deutschen) durchaus geschätzt werden, sind aber trotzdem eine Gefahr als Erbmasse tragendes Volk: Das ist immer irgendwie „zunehmend verjudet". Dadurch kann man den Widerspruch lösen – der Monoklimaxtheorie entsprechend –, Fremdes als Bereicherung zu deklarieren, aber nach Belieben rassistische Politik betreiben zu können.

19 Das entspricht einer formalen Interpretation der Eltonschen Prinzipien im Rahmen der Klimaxvorstellung.

des Ausmaß an gestalthaft erkennbarer Eigenart positiv manifestieren, den eigenen Raum zum Ort des Volkes machen, Selbstbewußtsein verorten (Weltmeisterschaften, Olympiaden ausrichten und ähnliches). Andernfalls geht das Abendland, für das man einsteht, unter.

Parallel dazu ist das Bewußtsein, daß Natur Eigenrechte hat, nützlich für die völkische Grundeinstellung. Denn sonst könnte Natur nicht wie ein Individuum betrachtet werden, dessen Besonderheiten Maßstab für kulturelle Eigenart im Sinne eines Vergleichsniveaus sind. Damit ist ein wichtiges Indiz für Kultur der naturalistische Aspekt des rassistischen Ausgangspunktes selbst: Eine Nation, die heute noch die Natur zuschanden reitet, ist barbarisch; vor kurzem war sie es für das aufgeklärte Bewußtsein noch, wenn sie es nicht tat. Der Widerspruch ist perfekt: Die multikulturellen und umweltethischen Kämpfer für die Eigenarten und Eigenrechte der Natur schüren unter ökologischer Perspektive die Maßstäbe des Rassismus, den sie bekämpfen.

Ich habe nun die Theorie des konkreten Ortes als Entwicklungstheorie – räumlich als Sukzessionslehre und geschichtlich als Vererbungslehre – betrachtet. Diese Theorie ist, wenn sie nicht als Missionslehre des christlich-humanistischen Geistes, sondern in säkularisierter, aufgeklärter, moderner, nämlich naturalistischer ökologischer Form vertreten wird, unausweichlich rassistisch. Ob man diese Konsequenz beabsichtigte oder akzeptieren kann, ist eine ganz andere Sache. Danach fragen Weltbilder nicht. Ich will also davor warnen zu sagen: Na ja, ist ja schön und gut, aber daß um die Jahrhundertwende politisch und in der Biologie so gedacht wurde, ist bekannt. Was zwingt mich, das in der Konsequenz genauso zu denken?

Für diesen Fall möchte ich daran erinnern, daß ich nicht einfach ein Beispiel für völkische Ideologie vorführe, sondern daß ich *das* Beispiel für eine Theorie vorführe, das die Voraussetzungen zu erfüllen suchte, die einen fortschrittlichen Fortschrittspessimismus auszeichnen: Es sollte eine Handlungstheorie gefunden werden, die nicht nur sinnorientiert, sondern auch noch auf materielle Sachbindung, also auf Naturanpassung, orientiert ist; sie sollte aber auch Handlungstheorie im strengen Sinne bleiben, um nicht banal geodeterministisch zu sein, und sie sollte jenen Naturbezug als räumlichen Aspekt des Systems in konkreter Form formulieren. Ich behaupte nun, daß es keine andere Möglichkeit gibt, den Entwicklungsaspekt der Theorie eigenartiger gesellschaftlicher Funktionsorte konsequent zu denken, als die in der Monoklimaxtheorie durchgeführte.

Auch die Ökologisierung des Marxismus, der ja ein entgegengerichteter Versuch war, das gleiche Problem zu lösen, bietet keine Alternative – im Gegenteil, gerade das bringt ihn auf die Seite seines Gegners. Wenn man den Aspekt der Abstraktionskritik, der in der Konzeption der Eigenart enthalten ist, unter den theoretischen und politischen Stern der Wertform- und Ausbeutungskritik stellt, ändert das an der systematischen Logik und damit an der kulturellen Struktur überhaupt nichts. Im

Orte als Individuen 271

Gegenteil, es beweist, daß auf dieser Ebene rot gleich braun ist; das völkische Denken basiert selbst auf der Kritik am Geld, an den Kulturverlusten durch den schnöden Mammon und an dem damit einhergehenden „abstrakten Materialismus". Die letzten heiligen Werte verschwinden mit dem Idealismus, der auf den Altaren von Geld und Technik geopfert wurde. Es gibt sicher einen fundamentalen Unterschied der beiden fortschrittlichen Fortschrittskritiken, aber in dieser Hinsicht sind sie – wenn auch politisch intentional verschieden – strukturell gleich. Kulturelle Systeme richten sich aber nicht nach politischen Intentionen – im Guten wie im Bösen.

Inkompatible Alternativen: Vererbung oder Erziehung durch die Umwelt als Elaboration von Vernunft

Der Lehre, daß Sozialcharaktere erblich seien und ihre Qualität sich gesellschaftlich an der Natur bewähre, steht das Weltbild gegenüber, daß nicht die natürliche Umwelt vermittelt über die Auslese des bäuerlichen Blutes Entwicklung hervorruft, sondern die soziale Umwelt die individuelle Eigenart prägt und geschichtlich werden läßt. Erziehung ersetzt Erbanlagen und Vernunft ersetzt Herkunft. Aber das ist ähnlich wie mit der multikulturellen „Vielfalt" und der pluralistischen „Eigenart". Auch hierbei wird die Theorie des konkreten Ortes verlassen. Umwelt bedeutet hier etwas ganz Anderes. Sie verändert die Substanz des Menschen, weil sie seine Vernunft stimuliert, ein ganz anderes neues Verhalten einzuüben als das tradierte. Hierbei werden nicht die Besten im Umgang mit den Besonderheiten ausgelesen, sondern die Vernünftigen befreien sich von besonderen Umständen, d.h. von ihrer Herkunft. Man kann natürlich *diese* (Lamarcksche und aufgeklärte) Bedeutung zum Ausgangspunkt nehmen, aber dann wird man nicht bei der natürlichen Eigenart der sozialen Orte landen. Der Erzieher (und Vater) ist dann nicht Meister, sondern Ausbilder (so daß das Monster „Azubi" entstehen kann).

In der Theorie der sozialen Umweltbedingtheit des Einzelnen ist die Herdersche Vorstellung von
- Vernunft = Vollkommenheit,
- Freiheit = natürliche Bindung an die lebensräumlichen Besonderheiten als kulturelle Freiheit vom allgemeinen Naturgesetz,
- Anpassung = kulturelle Loslösung vom abstrakten Naturgebrauch,
- freiheitlicher Erziehung = Anpassung an konkrete Umstände usw.

ja gerade bekämpft worden. Die Erziehungstheorie (versus Vererbung), die den Umwelteinflüssen die Primärfunktion einräumt, ist eine Emanzipationstheorie. Sie ist strategisch gegen die Theorie, die irgendeine biologische Naturdetermination oder eine Traditionsdetermination voraussetzt, erfunden worden; beziehungsweise umgekehrt: Sie stimulierte jene in ihrer modernen rassistischen Form, weil sie als aufklärerische Ideologiekritik der Religion und der gesellschaftlichen Naturhaftigkeit (Leibeigenschaft) sich selbst *natur*rechtlich begründete. Dem setzte der Konservatismus einen anti-emanzipatorischen Naturalismus entgegen, der primär in der Geographie und der Biologie empirisch ausdifferenziert wurde.

Wenn also die Theorie, die alle Kontinuität der individuellen Ebene in äußeren Erziehungseinflüssen konstruiert, *damit eine Interventionsmöglichkeit durch Vernunft offen gehalten wird*, strategisch *gegen* die Theorie der Eigenart steht, dann können ihre „Individuen" gar nicht idealerweise solche sein wie die der bekämpften Politik: Sie sind nur Einzelexemplare eines allgemeinen Prozesses von Emanzipation; und gute Erziehung verhilft ihnen nicht dazu, Weise zu werden (sonst würden sie wie ihre (verhaßten) Väter, wenn auch etwas anders), sondern dazu, unabhängig von Herkunft zu werden. Ihre besonderen Entstehungsbedingungen sollen nicht mehr erkennbar sein – zumindest gelten sie nichts, denn sie trainieren „allgemeines Rüstzeug" für allgemeinen Erfolg, statt individuelle Nachfolger einer genealogischen Linie und familiären Eigenart zu werden. Leistung zählt, nicht der Adel der Geburt. Von einer soziologischen Handlungstheorie, die sich mit einer universalistischen Mischung aus Sinn-, Funktions- und Vernunftbegriff, d.h. mit der Idee der Kommmunikation, strategisch von der spekulativen Geschichtsphilosophie einerseits und jeder Idee der Naturbestimmtheit gesellschaftlicher Unterschiede andererseits freizumachen versucht hat, ist nicht zu erwarten, daß ihr Menschenerziehungskonzept zum Menschenbild paßt, das Individuen und Kulturen als abgeschlossene Orte einer natürlichen Kontinuität betrachtet.

Aber *wenn* man dieses räumliche Menschenbild mobilisiert (sowie seine ökologischen Metaphern), dann mobilisiert man in jedem Falle das dazu passende natürliche Vererbungskonzept mit, nicht etwa jenes Erziehungskonzept. Man schließt das letztere aus, obwohl es doch so passend klingt: Der Mensch wird durch seine Umwelt bestimmt, nicht durch sein Erbe. Das klingt sowohl emanzipatorisch, als auch ökologisch – was will man mehr. Aber das trügt. Das ökologische Weltbild führt gar nicht zu dem emanzipatorischen Erziehungskonzept: Es impliziert in letzter Instanz als naturalistisches diejenige Kulturtheorie und kulturelle Wirklichkeit, die es andererseits mit basisdemokratischen Argumenten politisch vehement bekämpft: den Rassismus.

Zusammenfassung und Schlußbemerkung über das derzeitige politische und kulturelle Klima

Ich habe versucht, eine Verbindung herzustellen einerseits zwischen dem Diskussionsvorschlag von Läpple für die Stadt- und Regionalsoziologie und andererseits der Raumkonzeption der Ökologie. Glücklicherweise wird in dem Vorschlag auch diese Raumkonzeption angesprochen. So fiel mir die Verbindung leicht, und ich konnte versuchen, dem Anliegen zu folgen, die gewünschten Begriffe etwas zu

Orte als Individuen

„durchdringen" (vgl. Läpple 1992: 2), bevor sie geschwind in der Planung zu Leitbildern werden – in vielen Bereichen sind sie es ja eigentlich längst.

Im Kern haben wir über die Monoklimaxtheorie gesprochen. Sie ist die antimoderne moderne Form des christlich-humanistischen Menschenbildes der Renaissance, das danach mit der Aufklärung gegen die Aufklärung Geschichtsphilosophie wurde, in der Philosophie konkret hauptsächlich gegen Kant gerichtet. Wenn man sie in der Ökologie als empirische Sukzessionslehre liest, sieht man ihr das natürlich nicht gleich an und schon gar nicht, wenn sie dann als abstraktes Begriffsgeklapper in der Sozialökologie für die Gesellschaft wiedererweckt wird und dort gar noch den Eindruck erweckt, sie sei – weil sie ein „sachbezogenes" Konzept gegen die sinnorientierte Handlungstheorie vertritt und eine stadtplanungsrelevante Kritik sozialer Mißstände zumindest nicht ausschließt – aufgeklärte Soziologie. Sie ist eher instrumentierte Antimoderne.

Was den politischen Gehalt meiner Ausführungen angeht, insbesondere im Hinblick auf den historischen Aspekt der Monoklimaxtheorie sowie die Art von zeitlicher Kontinuität, die einer Philosophie konkreter Individualität anhaftet, wenn sie zugleich naturalistisch ist, weil sie religiös-humanistisch gar nicht mehr sein kann, so bin ich der Überzeugung, daß die Verdrängung der sogenannten sozialen Frage durch die Umweltproblematik auf diffuse Art der Permanenz des Rechtsradikalismus förderlich ist. Das soll nicht bedeuten, daß ich den Grünen die Schuld für den Erfolg der Republikaner gebe. Es soll auch nicht heißen, daß ich gegen Umweltschutz bin – im Gegenteil.

Es soll vielmehr bedeuten, daß Mythen – und das meine ich nicht polemisch, sondern eher im strukturalistischen Sinne – strenge, konsistente Gebilde sind, die man nicht intentional, d.h. mit Vernunft und willentlich, übertölpeln kann. Man kann nicht eine Ökologisierung der Gesellschaft wollen und fördern und damit gar dem Rassismus entgegenwirken wollen – zumindest nicht, wenn man den Mythos gar nicht kennt. Deshalb verwundern mich die Überraschung und das pharisäerhafte Entsetzen über die Entwicklung in Deutschland, wenn ein dermaßen gut vorbereiteter Zeitgeist plötzlich durch zufällige Umstände wie die Wiedervereinigung Deutschlands konsequent seine Logik entwickelt und geltend macht. In einer ideologischen Atmosphäre, derzufolge die vernunftgesteuerten, männlichen, gierigen kapitalistischen Gauner die Eigenrechte der Natur einfach nicht achten wollen, in Europa nur noch drei bis fünf Apfelsorten angebaut werden sollen mit normierten Fruchtgrößen usw., ist zwar nicht unbedingt die Erbmasse in Gefahr, sondern zunächst nur die Eigenart. Aber dasjenige Bewußtsein ist kaum vermeidbar, das im Gefolge der Eigenart auch die Erbmasse wieder ins Gerede bringt; zumindest ist es politisch verlogen, sich derart über ein Weltbild aufzuregen, dessen Voraussetzungen man selbst vertritt. Die Universalisierungsprozesse des Kapitals sowie die Kriege, die sie permanent hervorrufen, erzeugen ökonomische und politische räumliche

Diffusionsprozesse, die auf eine alte und neue Ideologie prallen, welche sich diesem gleichen Prozeß verdankt, die völkische und die ökologische. Sie sind *konsequente* Selbstreflexionen und kulturkritische, zu Aufklärung und Liberalismus alternative *Legitimationen* kapitalistischer Realität. Daß sie nicht dafür gehalten werden, führt zu einer abenteuerlichen Konfusion von Realpolitik und dem ganzen Geschwätz, mit dem zynisch oder mit blinder moralischer Anmaßung aneinander und an der Wirklichkeit vorbeigeredet wird.

Wenn man den Mythos aber kennt, dann wird es spannend. Dann wird aus einer modischen Möglichkeit, wieder an den Zeitgeist anzuknüpfen, die sich ihrem Charakter nach als Mythos hinter Sachzwängen (wie z.B. dem Ozonloch) versteckt, eine Herausforderung, falls man Lust auf Widersprüche hat und auch Betroffenheit entdeckt. Natürlich interessiert auch mich beispielsweise das Konzept des konkreten Ortes mehr als jene übliche universitäre Organisation von Langeweile, die sich Sozialwissenschaft beziehungsweise – in unserem Kontext – Stadt- und Regionalplanung nennt oder als die Betriebsamkeit der unverbesserlichen Emanzipationsstrategen; ich liebe das, wogegen ich schreibe: Wie anders sollte ich es denn auch verstehen?

Die Fragen nach neuen soziologischen Perspektiven stellen sich dann aber auf der politischen Ebene ganz anders. Zum Beispiel: Wie kann ich das, was ich kulturell vertrete, politisch bekämpfen beziehungsweise wann und wo muß ich das, und wann und wo nicht? Oder umgekehrt: Wie kann ich das, was ich politisch und auch moralisch bekämpfe, leben? Und in der Wissenschaft dann: Wie sehen Theorien aus, die diese Ambivalenz aushalten?

Das sind Fragen im Sinne des Prinzips konkreter Örtlichkeit, die aber nicht diesem Konzept ausgeliefert sind, indem sie es „verfechten", sondern die aufhören, Konzepte zu verfechten, jedoch ohne aufzuhören, systematische Zusammenhänge zu suchen. Solche Fragen nehmen die Widersprüchlichkeit einer durch die Natur und das gesellschaftliche Innere systematisch doppelt bestimmten Realität genauso ernst wie die Randbedingungen, die die Wirklichkeit zur systematischen Existenzweise der Individualität zwingen. Die christliche Gemeinde glaubt nicht nur an den gerechten Gott, der die Ordnung des Himmels und der Erde setzte, sondern vor allem an den, der ein Mensch wurde, um diese Ordnung durch das der Weltlichkeit anhaftende Prinzip der einzelnen Individualität autonom zu erzeugen und damit zu bestätigen. Diese Kultur bestimmt unser Leben, auch wenn der Humanist nach einer Revolution noch zum Bürger erklärt wurde und der nun vom Ort, an dem er kulturell festgenagelt ist, nichts mehr wissen will.

Literatur

Altvater, E. (1987): Sachzwang Weltmarkt. Verschuldungskrise, blockierte Industrialisierung und ökologische Gefährdung. Der Fall Brasilien. Hamburg.

Bensch, M. (1993): Die „Blut und Boden"-Ideologie – ein dritter Weg der Moderne. In: Eisel, U., Trepl, L. (Hrsg.), Beiträge zur Kulturgeschichte der Natur, Band 2, München.

Eisel, U. (1980): Die Entwicklung der Anthropogeographie von einer Raumwissenschaft zur Gesellschaftswissenschaft. Urbs et Regio 17. Kasseler Schriften zur Geografie und Planung, Kassel.

– (1982): Regionalismus und Industrie. Über die Unmöglichkeit einer Gesellschaftswissenschaft als Raumwissenschaft und die Perspektive einer Raumwissenschaft als Gesellschaftswissenschaft. In: Sedlacek, P. (Hrsg.), Kultur-/Sozialgeographie. Beiträge zu ihrer wissenschaftstheoretischen Grundlegung. Uni-Taschenbücher. UTB 1053, Paderborn: 125-150.

– (1982a): Die schöne Landschaft als kritische Utopie oder als konservatives Relikt. Über die Kristallisation gegnerischer politischer Philosophien im Symbol „Landschaft". Soziale Welt, Jg. 33, H. 2: 157-168.

– (1992): Individualität als Einheit der konkreten Natur: Das Kulturkonzept der Geographie. In: Glaeser, B., Teherani-Krönner, P. (Hrsg.): Humanökologie und Kulturökologie. Grundlagen, Ansätze, Praxis. Opladen: 107-151.

– (1993a): Hat Goldmund jemals Narziss berührt? Über den Geschmack der Reflexion. In: Heger, R.-J., Manthey, H. (Hrsg.): LernLiebe. Über den Eros beim Lehren und Lernen. Weinheim: 192-206.

Gadamer, H.-G. (1965)(2): Wahrheit und Methode. Tübingen.

Gerdes, D. (1985): Regionalismus als soziale Bewegung. Westeuropa, Frankreich, Korsika: Vom Vergleich zur Kontextanalyse. Frankfurt/M., New York.

Hard, G. (1973): Die Geographie. Eine wissenschaftstheoretische Einführung. Berlin, New York.

Kant, I. (1968): Werke in zwölf Bänden X: Kritik der Urteilskraft und Schriften zur Naturphilosophie 2. Theorie- und Werksausgabe. Frankfurt/M., zuerst 1790, zitierte Ausgabe 1793.

Läpple, D. (1992): Thesen zu einem Konzept gesellschaftlicher Räume. In: Niethammer, L. (Hrsg.): Jahresbericht 1992 des Kulturwissenschaftlichen Instituts im Wissenschaftszentrum NRW, Essen: 1-16.

Leibniz, G. W. (1966): Vernunftprinzien der Natur und der Gnade; Die „Monadologie". In: Hauptschriften zur Grundlegung der Philosophie Bd. II (Hrsg. von E. Cassirer): Philosophische Bibliothek 108, Meiner, Hamburg: 423-456; zuerst 1714.

Linde, H. (1972): Sachdominanz in Sozialstrukturen. In: Albert, H. et al. (Hrsg.): Gesellschaft und Wissenschaft, Bd. 4, Tübingen.

Pieper, R. (1993): Keine Gesellschaftlichkeit des Raumes ohne Räumlichkeit der Gesellschaft. Einwände gegen Läpples Konzept gesellschaftlicher Räume. Nachrichtenblatt zur Stadt- und Regionalsoziologie, Jg. 8, H. 1.

Schultz, H.-D. (1980): Die deutschsprachige Geographie von 1800 bis 1970. Ein Beitrag zur Geschichte ihrer Methodologie. In: Abhandlungen des Geographischen Instituts – Anthropogeographie, Bd. 29, Berlin.

Spinoza, B. (1963): Die Ethik nach geometrischer Methode dargestellt. Philosophische Bibliothek 92, Meiner, Hamburg.

Stöbener, K. (1993): Das Problem der Neophyten in der heimischen Flora vor dem Hintergrund des idiographischen Weltbildes. Projektbericht des Hauptstudiumsprojektes „Landschaftsplanung zwischen Rationalität und Natur" am FB 14 Landschaftsentwicklung, TU Berlin, Berlin: 549-565; Manuskriptdruck.

Storkebaum, W. (Hrsg.) (1975): Zum Gegenstand und zur Methode der Geographie. In: Wege der Forschung Band LVIII, Wissenschaftliche Buchgesellschaft Darmstadt, Darmstadt.

Trepl, L. (1987): Geschichte der Ökologie. Vom 17. Jahrhundert bis zur Gegenwart. Frankfurt/M.

– (1991): Zur politischen Geschichte der biologischen Ökologie – Wunsch und Wirklichkeit. In: Hassenpflug, D. (Hrsg.): Industrialismus und Ökoromantik. Geschichte und Perspektiven der Ökologisierung. DUV, Wiesbaden: 193-210.

– (1993): Was sich an ökologischen Konzepten von „Gesellschaften" über die Gesellschaft lernen läßt. Loccumer Protokolle 75/92: 51-64.

Vesting, T. (1993): Die Ambivalenz idealisierter Natur im Landschaftsgarten. Vom Garten des guten Feudalismus zum republikanischen Garten der Freiheit. In: Eisel, U., Trepl, L. (Hrsg.): Beiträge zur Kulturgeschichte der Natur, Band 8, München.

Anhang

Schema 1: Das Wesen des Allgemeinen und die Stellung der Singularität

Empirismus

Geltungskriterium: allgemeine Gleichgültigkeit
Verhältnis: Allgemeinheit versus Kontingenz
Vernünftige Regel **bestimmt** die Mannigfaltigkeit
Einheit von Regel und Welt = einzelnes Ereignis

Individuell = ***Form*** des Ereignisses
Individuum = Regel mit Raum-Zeit-Koordinaten

Σ Allgemeine Einzelform = Raum-Zeit-Koordinaten
Verallgemeinerung = formales Subsumtionsprinzip
Empirisch = nicht-allgemein

Humanismus

Geltungskriterium: Vollkommenheit
Verhältnis: absolute Totalität versus Entelechie
Ordnung **realisiert** sich im Einzelnen
Einheit von Ordnung und Einzelheit = Individuum

Empirisch = **Besonderheit** des Allgemeinen
Einzelnes Ereignis = Allgemeinheit mit Eigenart = Typus

Σ Allgemeine Einzelform = Substanz
Verallgemeinerung = Selbstordnung
Individuell = substantiell = allgemein

Schema 2: Das Singuläre unter gegnerischer Perspektive

Empirismus
Das *formal* bezeichnete Individuelle ist allgemein.
Das substantiell *realisierte* Allgemeine ist prekär.
Es hieße „Fall". Fälle sind unklare Regeln bzw. hypothetische Ereignisse; sie enthalten besondere Randbedingungen.

Summe der Mängel: Randbedingungen müssen ausgeschaltet werden.

→ Empirismus registriert Humanismus und eliminiert ihn.

Humanismus
Das *substantiell* realisierte Allgemeine ist individuell
Das *formal bestimmte* Allgemeine ist unwürdig. Es hieße Individuum. Wird es erzwungen, hat es keine Eigenart; es müsste ohne besondere Umstände existieren.

Summe der Gewalttaten: Das Besondere muß gerettet werden, wo immer es noch auftritt.

→ Humanismus akzeptiert Empirismus nicht und konserviert sich gegen ihn.

Orte als Individuen 279

Schema 3: Das Singuläre unter
eigener Perspektive

Erfolg durch **abstrakte Subsumtion**
= Gleichgültigkeit

Das Empirische **bestätigt** die
allgemeine Regel,
wenn **die Randbedingungen
ausgeschaltet** sind.

Empirismus

Humanismus

Das Individuelle **realisiert** die
absolute Ordnung,
wenn das **Besondere ausgestaltet**
wird.
↓
Selbstverwirklichung durch **konkrete
Ausgestaltung** = Vollkommenheit

Konkreter Mensch im konkreten Raum
Individuelle Eigenart als Prinzip objektiver Geltung[1]

1 Einführung in die Problemwahl und in die Welt der Geographie

Die Geographie hat einen Begriff von der Welt als ganzer. Das ist naheliegend, denn der Prozess der materiellen Universalisierung Europas wird von ihr als Wissenschaft reflektiert. Dass die Geographie im Wesentlichen als methodische Kanonisierung von Entdeckungsreisen entstand, sagen die Geographen selbst. Sie sind stolz auf diese Tradition der Reisebeschreibungen:

> „Die Literatur der Reisebeschreibungen jener Zeit (die Zeit der Entdeckung der außereuropäischen Welt; U. E.) enthält zahlreiche Länderbeschreibungen von hohem wissenschaftlichem und oft auch künstlerischem Werte. Die Reisenden sind auf ihren Reisen Geographen geworden und sind in jener Periode die eigentlichen Vertreter der wahren geographischen Wissenschaft (...). Ihre Leistungen gingen erst in der folgenden Zeit in die geographische Wissenschaft über" (Hettner 1927: 89/90).

„Warum sieht es hier so aus wie es hier aussieht und wie weit reicht das" war die naturwüchsige Haltung des verständigen Entdeckers, und entsprechend berichtete er und fertigte eine Landkarte dazu an.

Damit will ich mich nicht lange aufhalten, denn das ist Common Sense. Nur ein Verweis auf die Wissenschaftstheorie: Im Sinne von Kuhn wäre die Landkarte das „Artefakt" der Geographie und die Reisebeschreibung der „Kniff", den alle Mitglieder der Disziplin praktisch parat, aber nicht im Bewusstsein haben (vgl. ausführlicher Eisel 1980: 84-98). Sie reden dann auf Nachfragen von einem Objekt wie Erde oder Landschaft usw., aber sie *können* wie Entdecker beobachten und denken. Man könnte zwar einwenden, dass die Geographie auch mit ganz anderen Begründungen als durch den Bezug auf die frühen Reisebeschreibungen legitimiert wurde; aber das vermischt zwei verschiedene Fragestellungen. Mit den unterschiedlichen wissenschaftspolitischen Argumenten im Verlaufe der Zeit wurde nicht ihr Paradigma geschaffen, sondern die Berechtigung dieses Paradigmas, das dann bereits abstrakt

---

[1] Der Text ist die geringfügig erweiterte Fassung eines Vortrages im Institut für Weltgesellschaft an der Fakultät für Soziologie der Universität Bielefeld. Er wurde anlässlich der Tagung „Weltbegriffe und soziologische Theorie" vom 27.-29. November 2003 mit dem Auftrag gehalten, das Weltverständnis der Geographie zu charakterisieren.

und losgelöst vom Interesse an Reisebeschreibungen formuliert war, in wechselnden Relevanzkontexten verteidigt und gewissermaßen erneut spezifisch erzeugt.

Wenn man die Kriterien von Kuhn weiter bemühen will, dann wäre neben den Sozialformen der Fachgemeinde noch die „Metaphysik" zu erwähnen, die jenen intuitiven praktischen Kunstgriff heilig spricht. Mit ihr werde ich mich im Folgenden nur noch beschäftigen.

Insofern sich die Geographie als eine empirische Einzeldisziplin versteht, muss sie ihrer Idee vom Ganzen einen Aspekt abgewinnen, der ihr ein Abgrenzungskriterium liefert gegenüber den anderen empirischen Wissenschaften. Dieses Kriterium ist der Raum. Geographie ist die Wissenschaft vom konkreten Raum. Der Hinweis auf das Konkrete ist wichtig,[2] denn andernfalls wäre Geographie Geometrie, bestenfalls Geodäsie. Dieser Aspekt trägt die gesamte Metaphysik des Faches in sich.

Die Geographie verlagert die Vision vom Ganzen in den Charakter ihres auf diese Weise gewonnenen spezifischen Objekts, das heißt, sie spricht von diesem Objekt als einer räumlichen Totalität. Ich füge auch hier wieder hinzu: von einer konkreten räumlichen Totalität. Das galt, bis es zu einer sogenannten wissenschaftlichen Revolution kam. Denn die Revolutionäre griffen auf den abstrakten Raum zurück. Sie nannten Geographie einfach Geometrie und untersuchten abstrakte Muster „räumlicher Bewegung". Das war für klassische Geographen Blasphemie. Darauf komme ich später zurück.

Das Ganze der räumlichen Totalität ist in der Geographie ein in „Sphären" aufgebauter irdischer Kosmos. Diese Sphären gelten als Stufen von Weltbeschaffenheit. Die Charakterisierung (und Bewertung) der Stufen folgt dem alten Muster anorganisch, organisch, geistbestimmt. Die Konstellation ist symmetrisch: Das Leben und die Kultur werden von der ihnen unterliegenden Erde und der darüber ausgebreiteten Atmosphäre gleichermaßen beeinflusst. Die Geographie ist beauftragt, die Sphären als lokale Funktionszusammenhänge im Denken „vertikal" zu integrieren (vgl. Bobek und Schmithüsen 1949). Die Vorstellung besteht darin, dass deren reale Integration im Hinblick auf die aus diesem Zusammenhang resultierenden natürlichen Phänomene (wie Erdoberflächenformen oder Vegetationskleid) oder gesellschaftlichen Phänomene (wie Siedlungsformen oder Wirtschaftsweisen) nachgezeichnet wird. Zugleich soll eine sogenannte horizontale Integration (vgl. ebd.) erfolgen. Sie soll Regionen typischer Ausprägung solcher Phänomene vertikaler Integration durch Vergleich abgrenzen, ist also in der Gesamtperspektive ein gewaltiges System der Differenzierung integrierter Typen. „Am Anfang steht die Aufgabe, die verschiedenen Landschaften der Erde und der Länder räumlich und dinglich zu erfassen und gegeneinander abzugrenzen. Der abwechselnde Blick auf Landschaftsinhalt

---

2 „Zunächst sollen es sinnlich wahrnehmbare, körperliche Gegenstände sein, auf die sich auch hier die geographische Beschreibung richtet" (Schlüter 1920: 215).

und Landschaftsgrenzen schärft dabei das Verständnis für die wesentlichen Landschaftsmerkmale und für die sogenannte *Landschaftsstruktur*" (Troll 1967: 426 f.). So gliedert ein kontinuierliches Feld von aneinander anschließenden eigenartigen Regionen die Erde.[3] Die Typen heißen Landschaft und gelten als Ganzheiten. Wenn diese Typen im Hinblick auf ihre historische Entwicklung benannt werden, heißen sie Länder und werden als „Individuen" bezeichnet; denn sie sind dann einzelne, spezifische Entwicklungsergebnisse einer universellen, differenzierten erdräumlichen Gestaltbildung. Die Gestalten (Landschaften) sind „harmonisch", wenn ihre Entwicklung „organisch" verläuft. Diese Beobachtungsperspektive wird wie eine ehrfürchtige Unterwerfung unter das Wesen des Objekts zelebriert.

> „Der seelische Gesamteindruck der Landschaft hat den verführerischen Vorzug, daß er sich in vielen Fällen geradezu mit einem *einzigen Wort* treffend kennzeichnen läßt, eine wahrhaft ideale Möglichkeit der gewünschten 'Zusammenfassung'. Eine Landschaft kann, wie jedermann weiß, heiter oder ernst, freundlich oder düster, süß oder herb, schwermütig, traulich, öd, gewaltig, wildbewegt, erhaben oder feierlich und noch vieles andere sein. Um die feineren Abstufungen der Landschaftsstimmung herauszuarbeiten, bedient man sich der *Schilderung*. Sie arbeitet mit künstlerischen Mitteln, kann sich mit besonderem Erfolg auch in poetische Formen kleiden und besteht in der packenden Heraushebung und Ausmalung einzelner, besonders bezeichnender Züge, Szenen, Erlebnisse.
> Das alles hat nun zweifellos seinen selbständigen Wert und verdient auch seitens der wissenschaftlichen Geographie eine sorgsame Pflege. Was nur erfühlt oder subjektiv erlebt, was nur mit den Mitteln der Kunst oder durch Prophetenmund wiedergegeben werden kann, steht ja überdies im Zeitalter der Neuromantik und des Expressionismus besonders hoch im Preise und entbehrt nicht eines gewissen sensationellen Reizes. *Aber man täuscht sich, wenn man glaubt, damit das harmonische Bild einer Landschaft nun wirklich erfaßt zu haben.* (...)
> Der seelische Gesamteindruck ist nur eine Seite, und zwar bei weitem nicht die wichtigste. Er ist für jeden empfindsamen Menschen ohne weiteres zugänglich; man braucht dazu nicht Geograph zu sein. Seine Wiedergabe in Form von künstlerischen Landschaftsschilderungen wird schon seit ungezählten Jahrhunderten geübt (Herodot, Tacitus). Um ihn in sich aufzunehmen, genügt für den dazu Veranlagten meist schon ein einmaliges Sehen. Man spricht dabei wohl auch zuweilen von einer Harmonie der Farben und Linien, eine besonders schwierige und subjektive Sache, wobei die Gewöhnung stark mitspricht. Diese ästhetische Harmonie ist aber unwesentlich; sie kann auch fehlen. Viele Landschaften zeichnen sich gerade durch grelle Dissonanzen, wilde Zerrissenheit, scharfe Kontraste aus.
> Was wir Geographen als *Harmonie der Landschaft* empfinden, ist etwas ganz anderes; es ist eine spezifische Errungenschaft der neueren wissenschaftlichen Geographie. Diese Harmonie erschließt sich keineswegs jedem, und auch den geschulten Geographen nicht auf den ersten Blick, auch noch nicht bei der Feststellung der einzelnen charakteristischen

---

3 Zur Kritik des Leerformelcharakters der geographischen Systematik und Methodologie vgl. Hard 1973.

Erscheinungen, vielmehr erst dann, wenn die unerläßliche Frage nach den *Ursachen* der Erscheinungen die Brücke schlägt von einer Erscheinungs*reihe* zur anderen. Beispiele sind jedem Geographen in beliebiger Zahl zur Hand. Eine ununterbrochene Kette von Ursache und Wirkung zieht sich vom Boden über das Klima zur Pflanzendecke und von da weiter zur Tierwelt, in einer anderen Abzweigung zur Besiedlung, Wirtschaft, Verkehr, Staatenbildung, zur Geisteskultur und zur Geschichte der Völker. Durch Wirkungen und Wechselwirkungen ohne Zahl sind geradezu sämtliche Erscheinungsreihen wenigstens mittelbar untereinander verknüpft. Dadurch entsteht in uns die Vorstellung eines *untrennbaren Ganzen* eines einheitlichen Werks, dessen Räder alle sinnvoll ineinandergreifen, eines Organismus, dessen Glieder alle ihre bestimmte Funktion im Dienste des Gesamtkörpers erfüllen.

Wo ein Faktor, z.B. das Klima, gleichzeitig eine große Zahl verschiedenster Erscheinungsreihen beherrscht, da wird aus den Kausalzusammenhängen die *Übereinstimmung*; die verschiedenen Reihen sind dann alle gleichsam auf *einen* Ton gestimmt. Diesen Eindruck kann schon die anorganische Welt hervorrufen; man denke an die Formkomplexe der ariden, der glazialen Landschaft, der *Davis*schen Stadien, der Küstenlandschaften. Überwältigend tritt uns der Eindruck der Übereinstimmung, der Beherrschung durch ein einheitliches Gesetz vollends im Pflanzen- und Tierleben entgegen. Statt bloß mechanischer Wirkungen ähnlicher Art sehen wir hier ganze Gruppen von gleichgestimmten, sichtbar zweckmäßigen und meist auch physiognomisch hervortretenden Anpassungen an Klima, Boden und die gesamte Umwelt. *Dieses Zusammenstimmen und Zusammenklingen ist es, was in uns die wohltuende Empfindung der Harmonie erzeugt; sie ist ausschließlich eine Frucht wissenschaftlicher Erkenntnis.*

Das Gefühl der Harmonie *wächst* daher auch an Stärke und Reinheit, je deutlicher die Zusammenhänge und Abhängigkeiten in Erscheinung treten. Objektiv sind wahrscheinlich alle Landschaften gleich harmonisch; nur das *Bewußtsein* der Harmonie ist nicht überall gleich stark. Seine Stärke ist aber nicht etwa abhängig von der Eindringlichkeit des ästhetischen Eindrucks, vielmehr von der Klarheit, mit der wir Zusammenhänge und Übereinstimmungen erkennen" (Gradmann 1924: 132-134).

So denken Geographen.

Im Folgenden werde ich nicht weiter die Geographie immanent kolportieren, sondern darauf eingehen, wie unter den genannten Prämissen die Welt funktioniert, und wie sich diese Weltkonstitution anders als aus der Binnenperspektive der Geographie begründen lässt. Dieser äußere Standpunkt der Beobachtung ergibt sich nicht aus einer irgendwie gearteten Kritik an der Binnenperspektive, sondern aus der Rückführung ihrer spezifischen Grundbegriffe (wie Landschaft) auf deren philosophische bzw. religiöse Implikationen. Wenn es überhaupt einen kritischen Aspekt gibt, dann den der Kritik an der permanenten bewusstlosen Neuerfindung der Geographie außerhalb dieser Wissenschaft unter dem Vorzeichen einer Kulturrevolution zugunsten der Natur als Umwelt.

Meine These lautet: Das räumliche Abgrenzungskriterium ist die metaphorische Bündelung einer politischen Philosophie und Kulturtheorie in Form einer wissenschaftspolitischen Immunisierungsstrategie gegen unerwünschte konkurrierende

Politische Philosophien. Inhaltlich bedeutet dies: Das klassische landschafts- und länderkundliche Paradigma der Geographie ist eine Theorie des neuzeitlichen Subjekts, die den christlich-humanistischen Individualitätsbegriff gegen die Angriffe des Liberalismus und der Aufklärung und materiell gesehen gegen den Industriekapitalismus verteidigt. Das werde ich zu zeigen versuchen. Danach werde ich darauf eingehen, dass die Geographie wie alle Wissenschaften sich dem Druck der Erfahrungswissenschaften beugen musste. Das führte von den frühen sechziger Jahren des 20. Jahrhunderts an zu einem sogenannten Paradigmenwechsel. Den werde ich kurz charakterisieren. Es gibt also inzwischen mehrere Weltbegriffe in der Geographie. Es handelt sich auf der inhaltlichen Ebene um den Versuch, den Raumbegriff kompatibel mit der industriellen Produktionsweise und dem demokratischen Individualitätsbegriff zu definieren bzw. ihn zu diesem Zweck ganz abzuschaffen. Das führte zum temporären Verlust von Geographie überhaupt.

Danach setzt eine Zeit ein, die durch zwei Prozesse gekennzeichnet ist: 1. Die Geographie bewegt sich mitsamt der von ihr gedachten Welt in schlingernden Kreisbewegungen immer wieder auf ihr altes Paradigma „Landschaft" zu, indem sie es geeignet mit neuen Etiketten versieht; groß in Mode ist „regionale Identität". Das bedeutet: Der alte Inhalt, der christlich-humanistische Individualitätsbegriff, wirkt weiter, und das räumliche Abgrenzungskriterium ist nicht substituierbar, wenn es eine Berechtigung für die Institution Geographie geben soll. 2. Es setzt eine frei flottierende „Geographisierung" des lebensweltlichen sowie des wissenschaftlichen Denkens ein. Primär im Rahmen „alternativen" Denkens und Handelns wird die Geographie – kaum dass sie sich aus edlen Gründen wissenschaftstheoretisch selbst abzuschaffen versucht – munter neu erfunden und angepriesen. Diejenigen, die über sie als Schulfach eher immer gelacht haben, vertreten sie nun in Wissenschaft und Politik, ohne es zu ahnen. Das bedeutet: Die konservative Zivilisationskritik, der die Geographie immer verpflichtet war, tritt nun – geheiligt durch ökologisches Krisenbewusstsein – als fortschrittliches Bewusstsein auf den Plan. Das klappt, weil das ökologische Paradigma identisch ist mit dem geographischen; es hat nur einen leicht verschobenen Schwerpunkt (vgl. Eisel 1992, 1997, 2004b). Das wirft auf alles, was ich über die Philosophie der Geographie aussagen werde, noch ein weiteres Licht; ich werde aber diesen Aspekt nicht ausführen.

2 Landschaft und Anpassung

Die Geographie konstituiert die Welt unter der Perspektive der Einheit in konkreter Natur. Landschaften sind die Einheiten solcher Einheit. (Daher wurde explizit das „landschaftliche Axiom" formuliert, vgl. Neef 1967.) Sie sind konkrete Räume konkreten Lebens – wenn das Mensch-Natur-Verhältnis gelingt. Gelingt es nicht, entstehen öde Städte und Agrarwüsten bzw. sogenannte ausgeräumte Landschaften. Das sind keine mehr. Gesellschaftliche Prozesse werden daraufhin beurteilt, ob harmonisch wirkende Ganzheiten *räumlicher* Eigenart vorliegen. Der Raum könnte demgegenüber durchaus auch ohne Bezug auf die Eigenart einer realen Ganzheit thematisiert werden, so z.B. in der ökonomischen Standortlehre, etwa als Transportkosten. Dann ist das Räumliche eine allgemeine funktionelle Beziehung zwischen ökonomischen Variablen, und die Ganzheit gerät aus dem Blickfeld. Nichts ist dort sichtbar eigenartig. Die Geographie verlangt aber genau dies. Denn ihr Objekt ist die Landschaft.

Geographie ist räumliche Wissenschaft gegenüber allen sogenannten systematischen Wissenschaften. Dazu gibt es einen illustrativen Text. Hugo Hassinger verfasste 1929 einen Aufsatz mit dem Titel „Können Kapital, Volksvermögen und Volkseinkommen Gegenstände wirtschaftsgeographischer Betrachtung sein?" (Hassinger 1929). Er kommt zu dem Schluss: Sie können es nicht. „Landschaft" ist die Gewähr dafür, dass man nicht-physikalisch, nicht-biologisch, nicht-chemisch, nicht-psychologisch, nicht-soziologisch, nicht-ökonomisch usw. Prozesse beschreibt. Man will stattdessen deren Zusammenspiel in einem großen Ganzen erfassen, das Gradmann-Zitat hat das deutlich gemacht. Das liefe auf eine monströse Weltformel hinaus. Die Geographen halten es aber für eine Lösung dieses Problems, sich auf das Zusammenspiel im Raum zu konzentrieren. Eine Meeresbrandung erklärt sich zwar nur aus komplizierten Formeln der physikalischen Strömungslehre, und wie wären die auf das Leben der Menschen am Meer zu beziehen? Man kann die Formeln aber beiseite lassen und den „*kulturlandschaftlichen Ausdruck*" dieses Prozesses studieren[4] und findet so z.B. die Brandung als Erklärung für den Bau von Auslegerbooten bei Südseeinsulanern. Auch sind die Rollenbeziehungen einer dörflichen Gemeinschaft im Sinne des symbolischen Interaktionismus nicht sehr hilfreich für die Erklärung der Landschaft, die durch Marschhufensiedlungen geprägt ist. Dazu muss man eher etwas über die rechtliche Normierung von Meliorationspraktiken in Sümpfen wissen. Das sind Beispiele eigenartiger Varianten des Mensch-Natur-Verhältnisses unter typischen Naturbedingungen. Die Verursachungszusammenhänge sind eigentlich praktische Sinnzusammenhänge mit der Natur.

Hieran kann man leicht sehen, dass das räumliche Abgrenzungskriterium selbst eine systematische Präferenz ist: Die Geographie sichert sich so den Blick auf die Welt als eine von konkreten Anpassungsleistungen. Das gilt für die Physische Geographie ebenso wie für die Anthropogeographie. Alexander von Humboldt hat das Forschungsprogramm ins Leben gerufen, den physiognomischen Ausdruck von Vegetationsbeständen durch das Zusammenspiel von Reaktionen einzelner Arten

---

4 „Die Sichtbarkeit und Greifbarkeit der Objekte genügt indessen noch nicht. Es muß hinzukommen, daß sie für das Landschaftsbild Bedeutung haben" (Schlüter 1920: 215).

auf spezifische Umweltbedingungen zu erklären. Oder in der Geomorphologie wird beschrieben, wie die vorhandene Erdoberfläche sich durch Formbildungen an die auf sie einwirkenden Kräfte durch Wasser, Wind, Eis, Schwerkraft usw. anpasst und dabei Landschaften wie die Schwäbische Alp oder die Nubische Wüste ausbildet. Es geht – mit oder ohne Menschen – immer um Räume typischer Anpassungsleistungen. Auch der Naturbegriff, der dem zugrunde liegt, ist konkret. Es ist die Erde, nicht z.B. die Gravitation oder die Energieumwandlung, von der die Rede ist. Ich wechsele jetzt die Ebene und komme zum Entstehungszusammenhang.

3 Ausrichtung an besonderen Naturbedingungen ist keine Naturdetermination

In einem Rückgriff auf das bisher Ausgeführte will ich, bevor ich fortfahre, einem Missverständnis und Vorurteil vorbeugen. Gerade mein eigenes Beispiel mit den Auslegerbooten ist geeignet, beides zu schüren.

Die Geographie verfolgt nicht einen banalen funktionalistischen Naturdeterminismus. Den gab es auch, aber eher als Randerscheinung. Stattdessen ist das Gegenteil der Fall. Man kann das z.B. gerade am angeblichen Kronzeugen für eine geodeterministische Politik, an Friedrich Ratzel, gut zeigen (vgl. Eisel 1980: 98-123 und 274-323). Anfang des 20. Jahrhunderts wurde – indem man gegen Ratzel gerichtet offene Türen einrannte – diese antinaturdeterministische Grundtendenz als „Possibilismus" benannt. Die Grundidee lautet: Das Ganze der Gesellschaft entwickelt sich autonom durch innere Anpassungsbeziehungen so, dass alle Einzelnen gut an die Naturbedingungen angepasst sind. Possibilismus bedeutete, dass die natürliche Umwelt nicht die Gemeinschaften vermittelt über die Standortwirkungen auf einzelne Individuen bestimmt, sondern einen spezifischen Handlungsrahmen dafür abgibt, dass sich sogenannte Lebensformgruppen ihren gruppeninternen Möglichkeiten gemäß entwickeln. Anpassung ist eine innergesellschaftlich erzeugte Praxis der Inwertsetzung von Umwelt. In der Biologie nennt sich das bezogen auf die Lebensgemeinschaft von Arten „Synökologie" und wurde im gleichen Zeitraum exponiert (vgl. Trepl 1987). Damit war dem lebensphilosophischen und phänomenologischen Zeitgeist sowie auf der Ebene politischer Philosophie dem „völkischen" Zeitgeist Rechnung getragen (vgl. Eisel 1993). (Die alternative Vorstellung der direkten Determiniertheit durch äußere Natureinflüsse heißt demgegenüber „autökologisch".)[5] Das staatliche Ganze wird als ein historisches Individuum gedacht und funktioniert „organisch". Das Volk überlebt in der Auseinandersetzung mit der materiellen Umgebung und mit Eindringlingen aus anderen Völkern durch hierarchisch organisierte, wechselseitig funktionierende

---

5 Zum Verhältnis von Autökologie und Synökologie im Kontext divergierender Anpassungsbegriffe vgl. Eisel 2004b sowie zur Synökologie 1993 und 2002.

Hilfeleistungen der Individuen. Seine Individualität erhält das Ganze durch den Charakter des Volkes. Der liegt in seiner Seele fest und hat Eigenart. Aber das kann historisch misslingen. Begründet sich der Staat nämlich durch die Schimäre, dass es auf völkische Eigenart historisch und politisch gar nicht ankommt, und gewinnen Völker die Oberhand, die dieser Schimäre – meist durch Infiltration von außen verdorben – Realität verleihen wie die englischen Liberalen und die französischen Aufklärer vereint in Konkurrenzkapitalismus, Demokratie, Verstädterung usw., dann wird die natürliche Umwelt zerstört. Dann regiert die abstrakte politische Freiheit des Besitzbürgers und die abstrakte Nutzung aller materiellen Möglichkeiten, nicht die Bewährung eines rücksichtsvollen Volkscharakters in der Angemessenheit ortsgebundener Umweltnutzungen. Es gibt dann nur noch Fehlanpassungen: Zersiedlung, Monokulturen, Versalzung, Artenschwund, Heimatlosigkeit, Badlands, Überschwemmungen, (später das) Ozonloch, schmelzende Gletscher, die gleichen Speisen und Getränke in jedem Winkel der Erde. Der Natur- und Heimatschutz entstand damals.[6] Die Geographie und die Synökologie vertraten die Idee, dass kulturelle bzw. artgerechte Entwicklung ein ausschließlich innergesellschaftlich funktionales Geschehen, d.h. keine direkte Reaktion auf äußere Naturbedingungen, ist, dass das Binnenleben der Gesellschaft aber nur gelingen kann, wenn es den besonderen Naturbedingungen der Umgebung – die nannte sich Lebensraum – freiwillig Rechnung trägt. Das soll nun im Folgenden erläutert werden.

4 Drei Alternativen, „gelungene Anpassung" zu definieren

Weltsicht und Wunschtraum der Geographen ist die gelungene Anpassung. Für Gelingen werden aber bestimmte Bedingungen gestellt. *Nicht* gemeint ist z.B. das Kriterium, dass sich im Überlebenskampf konkurrierender variabler Individuen einer Art durch optimale Anpassung eine neue Art von Individualität ergibt. Die Frage: „Wie ist eigenständig Neues durch beliebige Auswahl von optimalen Anpassungen möglich"?, interessiert nicht. Damit sind der Darwinismus und ein liberales Weltbild ausgeschlossen. Auf der anderen Seite soll gelungene Anpassung auch nicht folgendes bedeuten: Umweltbedingungen veranlassen die Individuen einer Art dazu, ihr angeborenes Verhalten zu verändern. Tiere, die auf dem Boden nichts zu fressen finden, beginnen das Laub von den Bäumen zu fressen. Sie recken ihre Hälse so lange, bis sie sich nicht nur daran gewöhnt haben, sondern ihnen auch mehr Halswirbel wachsen als zuvor. Die Umwelt prägt zuerst das Verhalten und danach –

---

6 Zur ausführlichen Darstellung der ideengeschichtlichen Herkunft und der aktuellen Widersprüche des Natur- und Heimatschutzes vgl. Körner 2000 und 2001; Körner, Eisel 2002 und 2003; Körner, Eisel, Nagel 2003; vgl. auch Eisel 2003, 2003a und 2004a; Piechocki et al. 2003.

auf welchem Wege auch immer – das Erbmaterial der Individuen einer Art so, dass ihre Anpassungsmöglichkeiten sich verändern und optimieren. Die Umwelt dringt gewissermaßen via Habitualisierung in die Gene ein. Das ist die Denkweise von Lamarck. Aus ihr folgt eine strikte mechanische Determination der Entwicklung von Lebewesen durch ihre Umwelt samt deren Veränderungen. Die französische Aufklärung baut auf diesem Weltbild auf (vgl. Eisel 1993). Fazit: Anpassung soll in der Geographie weder auf beliebige noch auf mechanische Weise Neues erzeugen. So bleibt für die dritte Alternative ein teleologisches Modell von Welt übrig.

Daher lautet die Frage ganz anders; sie ist gar nicht auf die Erklärung von Neuem gerichtet: „Wie kann eine zweckmäßige Höherentwicklung von Individuen, die ihrem Wesen nach konstant sind, aus Anpassungsleistungen an Umwelten, die ebenfalls in ihrem Wesen nicht verändert werden, erklärt werden"? Die Fragestellung mutet der Variabilität der Individuen einen konstitutiven Eigenbeitrag für ihre Entwicklung zu wie Darwin, jedoch nicht im Rahmen beliebiger Effekte von Konkurrenzkämpfen, die an Stelle der Vorstellung einer Höherentwicklung stehen; Höherentwicklung kennt die Evolutionstheorie nicht. Zugleich lernen die Individuen vernünftig auf ihre Umwelt zu reagieren, wie bei Lamarck, jedoch ohne dass jener konstitutive Eigenbeitrag einer Variante von Lebewesen durch äußere Einflüsse jemals umprogrammiert werden könnte. Vernünftige Individualität wird als zugleich variabel und konstant definiert.

Hier taucht eine Paradoxie auf, die sich noch mehrfach zeigen wird. Diese Alternative zu den beiden Evolutionstheorien beruht auf der Idee, dass sich auf der subjektiven Seite individuell festliegende Möglichkeiten angesichts spezifischer Anforderungen, die durch Umwelten gestellt werden, *bewähren*. Entwicklung hat den Endzweck, die allgemeinen Möglichkeiten eines Wesens individuell zu zeigen und zu realisieren. Oder umgekehrt: Individualität ist für die allgemeine Höherentwicklung konstitutiv, weil sie der Ort des Möglichen ist. Anpassung gelingt, wenn festliegende individuelle Möglichkeiten, stimuliert durch konkrete besondere Umweltbedingungen, ein Höchstmaß an realer Ausgestaltung erfahren. Wieder umgekehrt formuliert: Entwicklungen von Individuen haben die größte Chance, allen den Individuen innewohnenden Möglichkeiten gerecht zu werden, wenn ihnen zu ihrem *besonderen* Ausdruck verholfen wird. Das geschieht am ehesten durch Aufmerksamkeit auf besondere umgebende Bedingungen. Die Vielfalt der Welt als Umwelt ist deren Höherentwicklung zuträglich, weil sie dadurch Individualität anregt, die ihrerseits nötig ist, um umgekehrt jene (gewissermaßen horizontale) Vielfalt in geschichtliche Höherentwicklung umzumünzen. Die Bewährungsidee erlaubt also, das Primat eines individuell unverrückbar festliegenden Wesens bei Menschen und Völkern mit der Relevanz von gesellschaftlicher und natürlicher Anpassung für eine Entwicklung zu kombinieren. Das ist der Stein der Weisen der Konservativen. Voraussetzung ist, dass diese Unverrückbarkeit auf der Ebene der inneren Möglichkeiten liegt.

Fazit: Die Welt entwickelt sich, indem besondere Charaktere sich in besonderen Situationen bewähren, und sie entwickelt sich richtig, wenn genau darauf geachtet wird. Dann differenziert sich das gewaltige Feld individueller Möglichkeiten gemäß dem gegebenen Rahmen von wechselnden Bedingungskonstellationen zu einer optimalen Vielfalt von Eigenarten aus. Es ist die Idee der Individualität, die es erlaubt, Variabilität und Konstanz widerspruchsfrei zu verbinden, denn vielfältige Eigenart gehört zu ihrem Wesen. Wenn das als geschichtlicher Prozess gedacht wird, dann entwickelt sich eine Vielfalt von besonderen Kulturen in unterschiedlichen Landschaften immer höher, d.h. ihrer Eigenart und der Eigenart der Landschaften gemäß. Jetzt sind wir wieder bei der Geographie. Ganz allgemein: Die Menschheit bewährt sich dem Prinzip der Individualität folgend in ihrem historischen Auftrag, sich die Erde untertan zu machen, in der Weise, dass sie ihre innere Kraft zu Höherem, nämlich Kultur, an allen ihr durch die Erde vorgegebenen besonderen Anpassungssituationen demonstriert. Der Philosoph, der dieses Weltbild für die Idee der Geschichte ausgearbeitet hat, war Herder. Von ihm stammt auch die Metapher, die in der Geographie Karriere gemacht hat: Er hat die Erde als „Wohnhaus des Menschengeschlechts" bezeichnet. Das ist sicher ein wesentlicher Aspekt des Weltbegriffs der Geographie und verweist auf die politischen Alternativen im Hintergrund: Wohnen in der Natur ist sicherlich etwas ganz anderes als sie einfach nutzenorientiert zu beherrschen, wenngleich auch im ersten Fall eine Art von Beherrschung gewollt ist.

5 Das Anpassungs-Loslösungs-Paradox

Die Geographen benennen Herder selbst als einen wesentlichen Begründer ihrer Weltsicht. Er wird nicht – wie Humboldt oder Carl Ritter – als Begründer des räumlichen, landschafts- und länderkundlichen Paradigmas bemüht, aber er gilt als Berufungsinstanz für die richtige Fokussierung des Mensch-Natur-Verhältnisses. Herder begreift dieses Verhältnis im Rahmen eines Paradoxes, ich habe das schon öfter das Anpassungs-Loslösungs-Paradox genannt. Es expliziert die Paradoxie von Variabilität und Konstanz auf einer anderen Ebene. Geschichte wird so gedacht, dass die Anpassung der Kulturen an ihre natürliche Umgebung dazu führt, dass sie sich dem Naturzwang immer weiter entwinden. Kultur ist ja genau dies: beherrschte Natur, also eine Befreiungsleistung von unmittelbarer Abhängigkeit. Aber die Freiheit ist nicht durch allgemeine Naturbeherrschung definiert – das wäre sie in den beiden konkurrierenden Anpassungsbegriffen, die sich die Frage nach der Erneuerung der Überlebenskampfbedingungen bzw. der Rationalisierung der Umweltaneignung stellen –, sondern durch konkrete Bindung an die Naturvorgaben. Die Auslegerboote hatten als Beispiel gedient: Die Anerkennung der Brandung führt zur souveränen Nahrungssuche. Hier bewährt sich der menschliche Geist in der Gestalt eines kulturschaffenden Volkscharakters durch handwerkliches Vermögen am besonderen

Fall in einer Unterordnung unter die allgemeinen Gesetze der Strömungslehre. Die Unterordnung ist wegen der spezifisch intelligenten Lösung des Problems aber gerade keine mehr. Die Anpassung selbst ist die Loslösung. Das Intelligente besteht in einer Angemessenheit, nämlich darin, dass nicht die Brandung eingedämmt wurde, um zum gesellschaftlichen Nutzen zu kommen, sondern ein Arrangement mit der gegebenen Natur erfolgte. Natürlich ist es dennoch erlaubt, Buhnen zu bauen, wenn die Brandung allzu stark ist, oder etwa Sümpfe trocken zu legen, d.h. Wildnis zu kultivieren, wie im anderen angeführten Beispiel, aber nicht, indem an jedem Ort das generell Menschenmögliche auf der Basis der Kenntnis der Naturgesetze verwirklicht wird, sondern indem die einfachste konkrete Praxis gemessen an den örtlichen Gegebenheiten gewählt wird. Freiheit von Naturzwang besteht in der *konkret sinnvollen Bindung* an die *allgemeinen Gesetze* der Natur. Kultur ist dann – im Unterschied zu allgemeiner Zivilisation – einem Prozess geschuldet, in dem auf der Erde Völker ihren sogenannten Volkscharakter je verschieden von ihren Nachbarn regional typisch ausdrücken. Kulturen und die zugehörigen Länder sind individuelle Demonstrationen allgemeiner, aber immer in besonderen Charakteren vorliegenden Möglichkeiten. Das Allgemeine ist, dass alles sich besonders entwickelt. Das Menschliche, das die Kultur hervorbringt, ist seinem *allgemeinen* Wesen nach *individuell*. Das Anpassungs-Loslösungs-Paradox folgt somit – wie schon gesehen – aus einem anderen Paradox: dem der Individualität.

6 Individualität als allgemeines Entwicklungsprinzip, Vollkommenheit als Ziel der Freiheit: der geschichtsphilosophische und metaphysische Hintergrund des Bewährungsparadigmas

Die Paradoxie der Individualität kann man begriffslogisch und ideengeschichtlich vorführen. Ich will beides in äußerster Kürze versuchen.

a) Begriffslogischer Aspekt

Individualität bedeutet die Unteilbarkeit von Körper und Geist. Das korreliert mit der Unteilbarkeit von empirischer Einzelnheit und allgemeinem Gesetz. Diese Ebene werde ich wählen und das Paradox zunächst durch sein Gegenteil charakterisieren: Die Gegenseite geht von der strikten Trennung zwischen Einzelereignis und allgemeinem Gesetz aus. Das ist das konstitutive Prinzip der Erfahrungswissenschaften. Popper hat darüber einen berühmt gewordenen Text geschrieben, den mit dem Beispiel jener Leiche, die sich mittels Arsens vergiftet hat (Popper 1972), und der Empirismus sieht das seit Bacon nicht anders. Objektive Geltung können theoretische Sätze über einzelne Ereignisse nur beanspruchen, wenn die empirischen Beobachtungen nicht als Schlussfolgerung aus der entsprechenden Hypothese gewonnen werden. Deshalb kommt in beiden Traditionen den unabhängigen

Beobachtungssätzen solche Bedeutung zu, gleichgültig, ob als „Basissätze" (wie bei Popper) oder als „Protokollsätze" (wie im Positivismus) konzipiert. Die objektive Geltung eines Individualereignisses ergibt sich durch formale Subsumtion eines unabhängig festgestellten Tatbestands unter ein allgemeines Gesetz. „Individualität" ist hierbei also so etwas wie blankes, beliebiges Einzelvorkommen. Eine Paradoxie kann hier nirgends auftreten.

Der paradoxe Begriff der Individualität geht in jeder Hinsicht vom Gegenteil aus. Das Wesen der Individualität besteht gerade darin, dass das Empirische und Einzelne ein Ausdrucksgeschehen des Allgemeinen ist. Je mehr Individualität vorliegt, desto allgemeingültiger ist ein Ereignis. Grade von Individualität gibt es im Gegenmodell, dem der experimentellen Wissenschaften bzw. der demokratischen Herrschaft, gar nicht. Wie sollte ein im Vakuum fallender Körper oder ein Bürger individueller vor dem Gesetz sein als ein anderer? Demgegenüber kann man sich einen großartigen Menschen vorstellen, einen, der durch alle Höhen und Tiefen des Lebens gegangen ist und zuletzt doch Weisheit erlangt hat. Den nennen wir eine Persönlichkeit und meinen damit, dass er durch das Ausmaß seiner individuellen Größe ein beispielhafter Ausdruck dessen ist, was Menschlichkeit ganz allgemein sein kann. Menschlichkeit im Allgemeinen kennen wir gar nicht im Konzept formaldemokratischer Herrschaft, nur Menschenrechte – aber das ist etwas ganz anderes. Formale Menschlichkeit wäre ein geistiges Vermögen ohne alle Konkretionen durch Prüfungen, in denen das Leben des Leibes sein Recht forderte oder gar auf dem Spiel stand. Solch ein Mensch, das wäre eine Art Anti-Faust, vielleicht der Sprecher von Rudolf Carnaps rein logischer Sprache, wäre ein Monster. Das begründet das schlechte Image der Akademiker im Volke; deren Leben im Elfenbeinturm wird eine solche Tendenz unterstellt. Ähnlich werden Mönche beurteilt. Aber auch das Gegenteil ist verpönt: Jemand, der nur seinen Trieben folgt, ist ein Rohling, kein Mensch. Das Ideal liegt in der produktiven Durchdringung von Einzelexistenz und allgemeinem Prinzip, in diesem Fall dem der Humanität. Daher ergibt sich Objektivität aus einem Entwicklungsprinzip, nicht aus einem formalen Subsumtionsverfahren. Ziel der Entwicklung ist Vollkommenheit – eben solch ein wunderbarer Mensch. Vollkommenheit ist der Endzustand einer Entwicklungsbalance zwischen einzelner innerer Kraft (Entelechie) und allgemeinen äußeren Maßstäben. Diese innere Kraft ist die Einzelform des allgemeinen Geistes; sie heißt Seele. Der Dogmatiker und der Rohling besitzen keine. Der eine hat zu viel an Gesetzestreue, der andere hat gar keine, nimmt sich jede Freiheit. Das verweißt darauf, dass diese Balance der beiden Pole eine Form der Organisation von Freiheitsgraden ist. *Individualität*, wenn sie gelingt, *ist die dem Absoluten angemessene Bewährung der Möglichkeit zur Freiheit.*

Das erinnert an die vorher genannten drei Anpassungsmodelle. Hier zeigt sich, dass das Bewährungsmodell auf den paradoxen Individualitätsbegriff zurückgeht, demzufolge Freiheit nicht im Ausleben der Triebe und Gesetzestreue nicht im sklavischen Befolgen von Regeln, sondern beides in selbstverantwortlicher Lebensgestaltung besteht. Ausgeschlossen sind also Kontingenz und Mechanizismus; das angemessene Prinzip ist dasjenige organischer Entwicklung. Deshalb sind Darwinismus und Lamarckismus als Anpassungslehren – sowie streng genommen auch der Kapitalismus und die Demokratie – ausgeschlossen. Organismen entfalten auf individuelle Art die im Keime vorhandenen Möglichkeiten in Auseinandersetzung mit umgebenden Bedingungen nach Maßstäben des gemeinsamen Überlebens. (Das ist Cuviers ökologische Definition von „Leben".) Wenn das mit Bewusstsein passiert, nennt sich das organische Prinzip „vernünftig", und Freiheit ist seine Voraussetzung wie sein Ziel. Aber diese Freiheit ist immer eine spezifische Art der Bindung an höhere Maßstäbe. Darauf komme ich zurück.

In diese Welt gehören: die Weisheit/Klugheit gegenüber der Intelligenz bzw. dem Trieb, das Verstehen versus Erklären und Agnostizismus, das Telos gegenüber der kausalen Determination, der Dualismus gegenüber dem Monismus, die intensionale gegenüber der extensionalen Klassifikation, die Typenbildung, Hermeneutik, Morphologie gegenüber experimenteller Methode und Subsumtionsprinzip, Sinn versus Funktion, Eigenart versus Gleichheit und Masse, Vielfalt versus Eintönigkeit und Vielzahl, der Historismus, der Neukantianismus, die Lebensphilosophie und die Phänomenologie gegenüber den experimentellen Erfahrungswissenschaften und – mit gewissen Einschränkungen – der transzendentalen Systemphilosophie. Im Neukantianismus – von Windelband – wurde das zugrunde liegende Prinzip idiographisch genannt. Die Geographen haben dieses Prinzip in vielen Texten vehement für die Geographie reklamiert. Die Gegenseite nennt sich nomothetisch.

b) Ideengeschichtlicher Aspekt
Ideengeschichtlich geht das idiographische Prinzip auf die Monadologie von Leibniz zurück. Eine Monade ist eine weltliche, abgeschlossene Unteilbarkeit von innerem Antrieb (das sind die Möglichkeiten) und äußeren Maßstäben (das ist die Notwendigkeit) in der Art, dass der Widerspruch lebbar wird, einem vollständig vorausbestimmten (von Gott so gewollten) umgebenden Ganzen anzugehören, d.h. nur durch strikte Anpassung Geltung zu haben und dennoch ein mit ureigensten Möglichkeiten versehenes Einzelnes zu sein. Das Wesen des Einzelnen ist es, Ort derjenigen Ebene zu sein, die der Vorbestimmung (in einer prästabilierten Harmonie) gegenübersteht, um sie aber zu verwirklichen. Das Paradox der Individualität taucht hier wieder auf. Es ergibt sich durch die Existenz der Ebene der Möglichkeit, der Freiheit und der Liebe (Neues Testament). Sie steht der Notwendigkeit, dem Gesetz und der Strafe gegenüber (Altes Testament). Monaden verkörpern freiwillig einzeln das Ganze. (Das Beispiel vom prachtvollen Menschen hatte das illustriert.) Wären sie allein frei, ohne Bezug auf das Ganze, wären sie beliebig; wären sie aber nur Ausdruck des Ganzen, wären sie nicht mehr autonom, sondern nur Teile. Der

Widerspruch lässt sich auflösen, wenn man alle Monaden einzeln jeweils als negative Spiegelung aller anderen denkt. Jede Monade ist all das, was alle anderen nicht sind. Dann haben alle „Individualität". Das innere Entwicklungsprinzip jeder Monade besteht aus der organischen Summe aller einzelnen Negationen. Das gilt für alle, und alle stehen in einer Perzeptionsbeziehung, d.h. in einem universellen endlichen Wahrnehmungs- und Deutungszusammenhang, der gerade jene Spiegelung aller in allen real ermöglicht. Jede Monade entwickelt sich autonom so wie alleine nur sie ist, und genau dann, wenn alle das tun und darin komplementär perzipiert werden, ist ein vorbestimmtes Ganzes realisiert. Dieses Ganze ergibt sich somit aus autonomen Einzelbestrebungen. „Die beste aller möglichen Welten", die ein guter Gott gewollt haben musste, ist ein Reich der Bewährung individueller innenbürgiger Möglichkeiten im produktiven Abgleich mit allen anderen gleichartigen Versuchen, Vollkommenheit zu erreichen. Diese gemeinsame Einzelanstrengung realisiert zwingend eine prästabilierte Harmonie des Ganzen durch Autonomie. Freiheit führt zu Vorbestimmung und umgekehrt. Das ist die Paradoxie der Individualität auf der metaphysischen und formalen Systemebene.[7]

7 Das christliche Prinzip der Selbsterlösung

Es hat sich schon angedeutet, dass hinter dieser Ebene eine weitere liegt: der christliche Gottesbegriff. Auch der ist paradox: Gott ist allmächtig und absolute Güte. Die Paradoxie: Ist er allmächtig, kann er tun, was er will, also auch das Böse wollen. Das kann er aber nicht, wenn er die absolute Güte ist. Dann aber ist er nicht allmächtig und somit nicht Gott. Dieser Widerspruch ergibt sich aus dem Verhältnis von Altem und Neuem Testament. Ein gnadenreicher Gott kommt zum gesetzgebenden hinzu. Er hebt die Verdammnis der Erbsünde auf, indem er sich in einem leiblichen Sohn in die Welt entäußert, Körper wird, wie alle Menschen, und ihn opfert. Der Mensch Jesus übernimmt für alle und für alle Zeiten jene Sünde und geht den Weg des Opfertodes. Das tilgt die Schuld. Jesus hat seine Sendung aus Liebe zum Vater und zu den Menschen freiwillig erfüllt, das heißt, er hat freiwillig sein Schicksal erzeugt, etwa wie die Monaden das prästabilierte System.

Die Menschen sind seitdem erlöst. Jeder Getaufte kann nun nicht mehr verhindern, dass er die Möglichkeit hat, ins Jenseits einzugehen. Der Mensch muss nur freiwillig dem nachkommen, was er ohnehin ist: erlöst. Erlösung, d.h. jene schicksalhafte Möglichkeitsvorgabe, ist selbst ein Freiheitsprinzip (hier wieder das Paradox: Schicksal durch Freiheit und umgekehrt), denn sie befreit von der Erbsünde. Daher muss der

---

7 Zur ausführlichen Diskussion der Monadologie als der für den modernen Begriff von Leben ausschlaggebenden Grundkonstruktion vgl. Eisel 1991 und 2004a; Cheung 2000, dort auch zur Übersetzung durch Cuvier in „Ökologie".

empirische Weg in der Welt, der dem Prinzip Erlösung angemessen ist, ein Zugeständnis an Freiheit enthalten. Das christliche Prinzip ist das des selbstverantwortlichen Lebens vor Gott. Das gelingt, wenn man Jesus nachfolgt, d.h. freiwillig seine eigene Bestimmung erzeugt. Aber jeder hat die Möglichkeit zu sündigen. Vorbestimmt ist also seit der Erlösung nicht die Erlösung, sondern die *Möglichkeit* zur Erlösung. Das ist das Bewährungsparadigma der Anpassung. Jedes bewusste Lebewesen kann aus sich das machen, wozu es schon längst berufen wurde, oder es kann es sein lassen. Die Wohlfahrt der Welt hängt davon ab, ob alles Einzelne seine Möglichkeit der Selbstbestimmung ergreift. Dann bestätigt sich der Sinn der Vorleistung des gnädigen Gottes. Fest liegen die Möglichkeiten im Einzelnen, und Anpassung an die Gesetze Gottes besteht im Gebrauch der besonderen Lebensumstände zum Zweck eigener Höherentwicklung bis zur Vollkommenheit. Die bestünde im ewigen Leben.[8]

So hat Herder Kultur definiert unter Bezug auf den „Volkscharakter" (das ist die festliegende Möglichkeitsebene). Anpassung erzeugt Kultur dadurch, dass dieser Charakter als individuelle Volksganzheit sich in Bewährungsakten vor der Naturumgebung selbst ausschöpft wie ein guter Christ, der Jesus nachfolgt, wenn er die Lebensumstände zur Gottesfürchtigkeit nutzt.[9]

Man kann aber die Anpassung auch aus der Perspektive der Loslösung formulieren: Jede Monade spiegelt alle umgebenden Monaden auf ihre eigene Art durch deren Negation; alle sind einmalig eigenartig, aber gemeinsam individuell im Dienste des Ganzen. So betreibt sie die Losgelöstheit und Autonomie als Bereicherung der monadischen Umstände, die sie perzipiert und bearbeitet, wenn sie sich selbst entwickelt. Sie wird durch ihre Entelechie in Verbindung mit der Perzeption aller anderen Monaden ein vollkommener gewordener Umstand für jede andere Monade, die nun alle ihrerseits in sich neue Seiten durch Spiegelung entdecken usw. Das ist vernünftige Anpassung, denn sie bringt die Individualität gemeinsam vorwärts. Damit ist der Welt ein Entwicklungsprinzip vorgegeben, ohne es als Fortschritt zu definieren. Weil alles Allgemeingültige nur durch ein hohes Ausmaß an Individualität erreichbar ist, und Individualität nicht beliebig offen ist, sondern dem Endzweck der Vollkommenheit folgt und diese ein idealer Endzustand fixer innerer Möglichkeiten ist, kann Geschichte nicht positiv verlaufen, wenn sie beliebig, dem allgemein Machbaren folgend, in die Zukunft weist. Stattdessen ist der *zunehmende Reichtum der Formen des Vorbestimmten* ein Maß für Lebendigkeit und Kultur.

---

8 Zum christlichen Hintergrund vgl. auch Eisel 1993, 2003, 2004a, 2004b sowie zu einer ausführlichen Zitat-Sammlung, die die verschiedenen Aspekte der christlichen Selbstverantwortung bzw. das Nachfolgeprinzip theologisch beleuchtet 2003.

9 Zur Logik der Übertragung der Monadologie in die Geschichtsphilosophie vgl. Eisel 1982, 1992, 2004a sowie Kirchhoff 2002.

Das ist das Weltbild des christlichen Humanismus und die philosophische Basis des Konservatismus. Angesichts dieses Maßstabs versagen das industriekapitalistische System, die Demokratie und die Erfahrungswissenschaft völlig. Sie zerstören den Reichtum und die Besonderheiten aller Kulturen, treiben bestenfalls Zivilisation voran. Daraus folgere ich nicht die Notwendigkeit der Abschaffung der Moderne. Aber daraus, dass evtl. keine Alternativen zu dieser Zivilisation bestehen, kann man auch nicht folgern, dass das genannte Problem nicht besteht. Das sich immer wieder in andere Kontexte verschiebende Paradox des christlichen Gottesbegriffs zeigt sich hier als strategisches Dilemma der Moderne. Es ist wohl unaufhebbar – zumindest solange der Fetisch Individualität alle umtreibt.

Die Geographie ist im Kolonialismus unter dem Eindruck der Entdeckung des Reichtums all dieser Mensch-Natur-Beziehungen entstanden und war methodologisch prädestiniert, sich an den Besonderheiten der Welt zu erfreuen. Sie ist damit ideologisch von Anbeginn an in die konservative Zivilisationskritik eingebunden gewesen (vgl. dagegen Schultz 1996, 1997) und hat diese auf der raumwissenschaftlichen Ebene ausformuliert. Sie hat sich, wie der Konservatismus allgemein, zwar zur industriellen Arbeitsteilung und zum technischen Fortschritt bekannt, aber nur unter der Bedingung, dass diese als Mittel zum Zweck, so etwa wie ein perfektioniertes Handwerk, nicht aber als Motor der Entwicklung und Selbstzweck, angesehen werden. Sie sollen grundsätzlich der Entwicklung individueller Vielfalt zuträglich gemacht werden. Das nennen wir heute Nachhaltigkeit, und das sogenannte ökologische Bewusstsein ist erfüllt von dieser alten Sehnsucht.

Insofern erweist sich das Kriterium der Zustimmung zu industrieller Kapitalbildung und technischem Fortschritt, um konservative Politik von ihren fortschrittsorientierten Gegnern zu unterscheiden, als ungeeignet. Entscheidend ist, unter welchen Bedingungen Fortschritt akzeptiert wird. Der Konservatismus (und die klassische Geographie) befürworten diesen Fortschritt grundsätzlich nur unter der genannten Bedingung. Das bedeutet, dass sie – wie der politische Gegner – von einem Primat subjektiver Möglichkeiten bzw. gesellschaftlicher Entfaltungskräfte, statt von einer Unterordnung unter Natur, ausgehen. Diese Unterstellung der Idee des Naturdeterminismus und der Unterordnung unter Natur ist ein von den Gegnern des Konservatismus selbst aufgebauter Popanz. Der gegen ihn geführte Kampf ist ein Scheingefecht. Dennoch gibt es eine grundsätzliche Differenz im Rahmen der Gemeinsamkeit hinsichtlich des Primats gesellschaftlicher Autonomie gegenüber der Natur im geschichtlichen Prozess. Unter der Voraussetzung der Zuträglichkeit für kulturelle und regionale Eigenart und Vielfalt folgen „Naturbeherrschung" und „Anpassung" mittels Kapitalbildung und Technikfortschritt einer konträren Vision von gesellschaftlicher Synthesis im Verhältnis zu emanzipatorischer, pluralistischer Politik. Die Konservativen lösen – wie schon Herder – ihren strategischen Widerspruch – so wie oben beschrieben – mittels der Bewährungsvorstellung von Anpassung im Anpassungs-Loslösungs-Paradox. Das nenne ich (auf der „systemischen" Ebene) antimodern – und das ist ein moderner Gegenpol von modernem Fortschritt (vgl. auch Eisel 1993, 2004, 2004a, 2004b).

8 Der Paradigmenwechsel, der nicht gelingen kann, sowie die modische Rehabilitation der Landschaft

Abschließend will ich nicht verschweigen, dass es in der Geographie einen sogenannten Paradigmenwechsel gegeben hat. In den sechziger Jahren des 20. Jahrhunderts hat die Geographie ausgehend vom angelsächsischen Sprachraum ihr Paradigma der Einheit in konkreter Natur in individuellen Lebensräumen aufgegeben. Aus Land, Landschaft und Lebensraum wurden Raum, räumlich und Raumfunktion. Das nannte sich *spatial approach* und entstand im Kontakt mit der *social physics* von J. Q. Stewart und William Warntz (vgl. z.B. Stewart 1950; Stewart und Warntz 1958), mit der ökonomischen Standortlehre und mit der *regional science* sowie unter Berufung auf die Methodologie der Erfahrungswissenschaften.[10] Es wurden nacheinander die Mechanik, die Thermodynamik und die Relativitätstheorie adaptiert, um räumliche Muster zu erklären. Die Geographie folgte nun der Idee der Einheit in abstrakter Natur. Auf der anderen Seite wurde parallellaufend die Physische Geographie zur angewandten Physik und Systemtheorie erklärt. Aus Formenanalyse wie beispielsweise in der Geomorphologie wurde sogenannte Prozessanalyse. Damit war die Geographie auf dem Stand der modernen Erfahrungswissenschaft angelangt. In dieser Krise wurde vehement explizit gegen bzw. für den humanistischen Individualitätsbegriff, wie ich ihn beschrieben habe, Stellung bezogen. Aber schließlich wurde das Prinzip der Trennung von individuellem Ereignis und theoretischer Hypothese sowie der Erklärung durch formale Subsumtion durchgesetzt. Das Hempel-Oppenheim-Schema der Erklärung geisterte durch Lehrbücher, in denen früher von „Schau" und „Takt" bei der Beobachtung der Landschaft die Rede gewesen war.

Auch diesem neuen Wind entspricht ein Individualitätsbegriff. Er widerspricht dem teleologischen (und „organischen") Individualitätsbegriff. Er gehört der Welt an, durch die sich der Humanismus zerstört sieht; es ist der demokratische. Politische Geltung hat nicht Eigenart, sondern formale Gleichheit vor dem Gesetz. Das funktioniert nach dem formalen Subsumtionsprinzip. Freiheit bedeutet beliebige Wahlmöglichkeit. Diese Möglichkeiten liegen nun nicht innen, um durch Bewäh-

---

10 Als viel zitiertes Beispiel für eine neue theoretische Geographie kann William Bunge 1962 gelten. Zur ausführlichen Interpretation des Ablaufs der geographischen Revolution vgl. Eisel 1980: 185-273; zur gesellschaftstheoretischen Reflexion des Vorgangs 494-611 (in diesem Band 90-139).

rung ausgestaltet zu werden, sondern außen. Stattdessen liegen die Notwendigkeiten innen; das sind die Bedürfnisse. Die Lebensgestaltung wird legitimerweise durch sie bestimmt, nicht etwa durch die Seele. Die äußeren Möglichkeiten werden genutzt, um die inneren Bedürfnisse zu befriedigen. Das ist das liberale Menschenbild; es hat Darwin inspiriert. Die Zuordnung von Möglichkeit und Notwendigkeit verhält sich zu innen und außen genau umgekehrt wie in der idiographischen Bewährungsidee. Das macht diese Weltbilder definitiv inkommensurabel und antinomisch. Freiheit bedeutet im egalitären Individualitätskonzept zugleich Emanzipation. Die besteht aus einer Auflehnung gegen die besonderen Umstände, statt aus deren einfühlsamer Nutzung, sowie aus Lernprozessen, die diesen Zwangsapparat der Umstände gegenstandslos macht. Das ist Lamarcks Modell der Anpassung und folgt dem Menschenbild der französischen Aufklärung. Auch hier: Die Bewertung der besonderen Umstände ist konträr zu der des Humanismus. Beide modernen Naturrechtslehren stehen dem Bewährungsparadigma unversöhnlich gegenüber und zugleich politisch zur Seite.

William Warntz hat den *spatial approach* explizit, wenn auch mehr gefühlsmäßig, als Demokratisierung der Geographie apostrophiert (vgl. Warntz 1964). Ich habe ihn außerdem vor Jahren als theoretische Assimilation der industriekapitalistischen Produktionsweise behandelt. Gesellschaftliches Handeln galt als einer Einheit der abstrakten Natur im Sinne der Physik subsumierbar. Das entsprach der Logik der Stellung des Fließbandarbeiters im „Mensch-Maschine-System" der industriekapitalistischen Produktionsweise (vgl. Eisel 1980: 185-213 und 494-541 (in diesem Band 90-106) sowie 1984, 1986).

Parallel setzt sich in der Biologie die sogenannte individualistische Ökologie gegen die holistische Synökologie immer mehr durch. Sie wurde von Gleason explizit unter Berufung auf den liberalen Begriff von Individualität so benannt (vgl. Trepl 1987; Eisel 2002).

Danach folgte in der Anthropogeographie der 1970er Jahre der *behavioral approach*. Er brach mit dem Raumbegriff als Objektkonstituens der Disziplin. Das Objekt sollte nun der Mensch selbst sein. Räumlich bewegte sich der zwar auch, aber das galt nun gesellschaftstheoretisch gesehen als nebensächlich. Jeder, der etwas auf sich hielt, machte Verhaltensgeographie. Das geschah oft auf höchstem methodologischem Niveau. Das humanistische Individuum verdampfte in stochastischen Modellen.[11] Das hohe Lied der Interdisziplinarität wurde gesungen, denn die Fachgrenzen durften jetzt keine Rolle mehr spielen. Das war die Zeit, in der in der Bildungsreform die Schulgeographie mit der Sozialkunde und Geschichte in politischer Weltkunde aufging.

---

11 Zur eingehenderen Interpretation im Kontext der Reverenz auf die industrielle Produktionsweise vgl. Eisel 1980: 214-273 sowie 517-541 (in diesem Band 97-106).

Dagegen regte sich in den 1980er Jahren Widerstand. Der bestand zwar weiterhin auf der Abschaffung der räumlichen Ebene, reklamierte aber wieder den alten Individualitätsbegriff. Der Trend nannte sich *humanistic geography*. Die Protagonisten beriefen sich auf die phänomenologische Philosophie und klagten de facto wieder das idiographische Methodenideal ein. Das war natürlich kein Zufall, denn diese Art der modernisierten Rehabilitation des zerstörten geographischen Paradigmas setzte konsequenterweise unbewusst bei dessen inhaltlichem Kern ein: dem humanistischen Individualitätsbegriff. Husserl hat sich ja explizit auf die Monadologie berufen, so z.B. in den Pariser Vorlesungen (vgl. Husserl 1963: 36) oder in den Cartesianischen Meditationen (ebd.: 137-159).

Von hier an ging es nun ständig vorwärts zurück ins alte Paradigma. Denn der ganze Paradigmenwechsel hatte aus dem mühsamen Versuch bestanden, mit rationalen Argumenten ein Paradigma zu stürzen, das sich noch gar nicht überlebt hatte. Das kam dem Versuch gleich, mit politischen Argumenten die eigene kulturelle Basis abzuschaffen. Und genau das ist tatsächlich – generell in der Moderne – die Situation. Deshalb kreist nun die Geographie – wie alle Wissenschaften und auch die Gesellschaft – im Widerspruch zwischen zwei Individualitätskonzeptionen.[12] Die Geographie macht sich – neben anderen Wissenschaften, Bewegungen und Parteien – kulturell dafür verantwortlich, dass im Abendland die christlich-humanistische Idee der Individualität die Grundlage für die säkularisierten, modernen politischen Ausdifferenzierungen bleibt (vgl. Eisel 1997), die diese Idee in den beiden demokratischen Naturrechtslehren erfuhr.[13] Sie kommt dem mit der Idee der Landschaft und der Eigenart nach. Individualität soll den – unter christlich-humanistischer Perspektive – schäbigen Individualismus in Schach halten, der mit dem Gleichheits- und dem Kontingenzprinzip einhergeht. Der konservative Inhalt dieser Perspektive wird von der räumlich-universalistischen und kosmologischen Rhetorik verdeckt. So ergibt sich eine eigentümliche Vermischung von weltzugewandtem Schein und restriktiver Wirklichkeit des Paradigmas. (Alexander von Humboldt bildet eine Ausnahme, vgl. dazu Eisel 1997: 74-146.)

Andererseits kommt auch die Geographie nicht an der allgemeinen Erkenntnis und Praxis vorbei, dass es gute Gründe dafür gibt, dass die politische Oberfläche dieser Kultur existiert – trotz des Widerspruchs zu den eigenen kulturellen Grundlagen – und wohl irreversibel ist.

---

12 Zu dieser Kreisbewegung vgl. auch Eisel 1982a (in diesem Band 172-191).

13 So ist der Bezug auf den Gott der Christen als Basis der Europäischen Gemeinschaft bei der Verabschiedung ihrer Verfassung zwar knapp gescheitert; aber alleine der Versuch wie auch der übrig gebliebene Bezug auf den kulturellen Wertekanon des christlichen Abendlandes dokumentiert sowohl die Relevanz der kulturellen Ebene im Verhältnis zur politischen als auch die Doppelbödigkeit demokratischer Politik.

Im Hinblick auf die Idee des Lebens als eines vernünftigen Anpassungsprozesses in der Zeit, der auf der Autonomie einzelner organischer Wesen beruht, ergibt sich das gleiche Dilemma. Dafür ist die Ökologie zuständig. Auch sie schwankt zwischen holistischer Organismusidee und sogenannter individualistischer Populationsökologie hin und her.[14]

Heute ist der geographische Weltbegriff ein diffuser Brei aus allem, was er seit dem 18. Jahrhundert einschließlich des Paradigmenwechsels schon einmal bedeutete. Zumal nach der *humanistic geography* so ziemlich alles, was an neueren Philosophien existierte bzw. an kaffeehausphilosophischen Moden aufkam, umgehend adaptiert wurde: Marxismus, Strukturalismus, Postmoderne, Leibphänomenologie, Dekonstruktivismus, Poststrukturalismus, systemischer Konstruktivismus, Kulturalismus, ... Je nachdem, was für eine politische Philosophie damit transportiert werden soll, wird der Raumbegriff verschieden gefasst bzw. ganz ignoriert. Aber dieser Brei enthält eine zähe Strömung: Die kreist um die räumliche Artikulation des humanistischen Menschenideals, demgemäß sich Freiheit nur in konkreten Fällen als Angemessenheit des Handelns bezogen auf die Umstände definieren lässt, nicht prinzipiell als Unabhängigkeit von Umständen überhaupt. Alle „modernen" kulturgeographischen Konzepte, die das ablehnen, lösen sich regelmäßig in Regionalökonomie, Soziologie, Sozialökologie, Ethnologie, Psychologie usw. auf. Das ist für das Fach inakzeptabel. Also wird erneut der Raum als Abgrenzungskriterium bemüht. Unbesetzt durch andere Disziplinen ist aber nur die Landschaft, die Idee des konkreten Lebensraums jener humanistischen Geschichtsphilosophie. Also wird die Landschaft unter „moderner" wissenschaftspolitisch korrekter Terminologie wie Region, regionale Identität usw. wieder eingeführt, um alsbald wieder als längst überwunden geglaubtes Paradigma entlarvt zu werden.[15]

Auf der anderen Seite ist die Tendenz in politischen Bewegungen, Institutionen und diversen Wissenschaften zu beobachten, in Unkenntnis des politisch-philosophischen Hintergrundes des klassisch geographischen Denkens und aus Anlass der Bewältigung von Umweltproblemen permanent die neuzeitliche Basis unserer Kultur neu zu erfinden und auf dem Schnäppchenmarkt der grundsätzlichen Lösungen feilzubieten. Das Allermeiste, was heute in der Diskussion über eine ökologische Wende für diese ins Feld geführt wird, ist von dieser Art. Das geschieht im falschen Bewusstsein einer fundamentalen kulturellen Wendung nach vorn. In der Renaissance und im Rationalismus wurde diese Basis für die Neuzeit formuliert und von Herder für die völkische Moderne und die Geographie in Geschichtsphilosophie übersetzt. So wird permanent erneuert, was abgeschafft werden soll (Eisel 1989, 2003, 2004a, 2004d).

---

14 Zum prekären Verhältnis zwischen der teleologischen Idee des Lebens und den Zwängen der Biologie als Erfahrungswissenschaft vgl. Eisel 2002.
15 Zur Kritik vgl. Hard 1987.

Das ist jene Paradoxie auf der realpolitischen Ebene von Menschen und Parteien, die auf fortschrittliche Art die Natur vor dem Fortschritt retten wollen.

9 Handlungstheorie und Naturanpassung

Das Tagungsthema musste mich natürlich animieren, eine Beziehung des geographischen Weltbegriffs zur soziologischen Theorie herzustellen. Eine bereits zum Lehrbuchwissen gehörende Verbindung zwischen Geographie, Ökologie und Soziologie hatte sich in der *Social Ecology* der Chicagoer Schule ergeben. Das will ich hier nicht vertiefen. Stattdessen werde ich auf der zur Rekonstruktion des geographischen Weltverständnisses gewählten Ebene einige spekulative und in ihrem Zusammenhang nicht sehr systematische Überlegungen anstellen. Diese Ebene betrifft die Wirksamkeit des in der Monadologie reflektierten christlichen Bias von Weltbegriffen bzw. der (zumeist vergeblichen) Emanzipationsversuche von diesem Bias.

Im handlungstheoretischen Paradigma verschiebt sich die Umwelt, an die adaptiert wird, von Natur auf Gesellschaft. Wenn dann Anpassung an Natur dennoch gedacht werden soll, muss das eine Funktion der innergesellschaftlichen Anpassung sein. Je nachdem, mit welcher politischen Philosophie der interne Zusammenhang begriffen wird, folgen daraus unterschiedliche Konzeptionen. Ich hatte drei Fundamentalpositionen benannt, die als politische Philosophien starten und dann in die Natur projiziert werden. Von dort werden anschließend diese politischen Philosophien zirkulär naturalistisch begründet (vgl. Eisel 2002, 2004).

Die handlungstheoretische Begründung der Soziologie folgt dem humanistischen Weltbild in dem, wie wir gesehen haben, ohnehin die Anpassungsrelation zur Natur als Funktion innergesellschaftlicher Anpassungsbeziehungen vorgestellt wird. Aber sie kommt ohne den euphorischen Begriff der Individualität aus. Handlungssinn ist praktisch und sozial, nicht Selbstzweck und einem Endzweck verpflichtet. Er ist eine einzeln erzeugte Systemfunktion. In der Soziologie hat Max Weber die Leistung vollbracht, die Gesellschaftstheorie mit dem lebensphilosophischen und völkischen Zeitgeist vereinbar, aber dennoch gegen dessen kulturelle Idiosynkrasie zu definieren. Er hat gewissermaßen die Soziologie am humanistischen Individualitätsbegriff Herders vorbei an dessen Vorbild angeschlossen. Mit der Idee, dass das objektive Ganze der Gesellschaft sich aus einem Geflecht von subjektivem Handlungssinn von Individuen konstituiert, knüpft Weber wieder an die Monadologie an. Die ist idiographisch, aber universalistisch, nicht relativistisch und regionalistisch wie Herders Adaption in der Geschichtsphilosophie. So entspricht zum Beispiel auch das Teilsystem instrumenteller Vernunft, in einem Sinnganzen subjektiver Deutungs- und Interaktionszusammenhänge bei Weber, Leibniz' Einbindung des mechanischen Aspekts des Universums in die mehr konstitutive Wechselseitigkeit der monadologischen Ganzheit. Der Rickert-Schüler hat gewissermaßen den Kant der

Kritik der Praktischen Vernunft auf Leibniz zurückprojiziert und damit die Theorie von einem vernünftigen nicht-metaphysischen Sinnganzen erhalten. Die Objektdefinition ist am humanistischen Individuum orientiert, ohne dessen geschichtliche und geographische Bindungen an konkrete Natur zu berücksichtigen. Daher konnte Weber sich auf der Ebene der Methodologie im sogenannten Werturteilsstreit einerseits am Subsumtionsprinzip der Gegenseite orientieren. Andererseits musste das brüchig werden, denn das humanistische Individuum verträgt das nicht. Dies zeigt sich zum Beispiel in den methodologischen Grauzonen des paradoxen Typenbegriffs von Weber im Verhältnis zum Wertfreiheitspostulat und der Anerkennung der erfahrungswissenschaftlichen Methodologie.

Das handlungstheoretische Paradigma hat in seiner klassischen Form einen für lange Zeit zentralen Begriff hervorgebracht, der die Übergangsstelle zwischen individueller Handlung und Systemumgebung besetzt. Er muss, der Herkunft der Handlungstheorie gemäß, alle die Paradoxien enthalten, die ich bisher formuliert habe. Das ist der Begriff der Rolle. Er ist die Kategorie, die alle Probleme der monadischen humanistischen Individualität assimiliert hat: im Widerspruch zwischen Spiel und Ernst, Distanz und Konformität, Exzentrizität und Zentrierung, Situationsgebundenheit und Positionsgebundenheit usw. Oder betrachten wir die Teiltheorie, mit der im symbolischen Interaktionismus Rollenverhalten charakterisiert wird. Das mehrfach wechselseitig antizipierend konstitutive Erwartungsgeschehen auf den Ebenen von me, self und I seitens der Rollenträger formuliert präzise die monadologischen Beziehungen der Authentizität durch eine Distanz zum „me", die allen anderen Erwartungen dadurch nachkommt, dass sie das Erwartete eigenständig und überraschend ausgestaltet. Das wäre Ich-Identität. Hier wiederholen sich der humanistische Individualitätsbegriff und das Bewährungsparadigma: Wo kein I, da bei allem me kein self. Aber umgekehrt kommt auch keine Wirklichkeit des I ohne die Spiegelung aller „generalisierten Anderen" im self zustande. Hier wurde die Doppelbindung der Monaden an Antrieb/Möglichkeit und Außenmaßstäbe/ Notwendigkeit einfach auf die Analyse des Verhaltens projiziert. Und natürlich geht das empirisch auf, denn noch strampeln alle, um, wenn schon nicht mehr unbedingt gute Christen, so doch wenigsten respektable Individuen zu werden. Das Spektrum der Schwergewichtung der beiden Seiten der Monadologie reicht in der Rollentheorie von Dahrendorfs mechanistischer Reduktion auf ein Primat des Positionsfeldes bis zu Goffmans Reduktion auf ein Primat der individuellen Deutungszusammenhänge.

Die Soziologien, denen subjektiver Handlungssinn kein Anliegen war, spezialisierten sich folgerichtig eher auf Ratten und Gänse, um menschliche Gesellschaften zu charakterisieren. Das ist eine Art pragmatisch abgespeckter Lamarckismus: Adaption besteht aus Verhaltenstraining, ohne dass die nachfolgende genetische Fixierung noch eine Rolle spielt. Und Freiheit liegt irgendwie in Nutzen maximierender Selbstkonditionierung. Das ist einer der Varianten des wenig euphorischen Individuums der

Moderne. Diese Sorte von Soziologie wurde im geographischen Paradigmenwechsel bevorzugt. Als der *spatial approach* und der *behavioral approach* durch die *humanistic geography* abgelöst wurden, änderte sich das wieder.

Eine andere Variante der Säkularisation der Monadologie, die Einfluss auf die soziologische Theorie hatte, stellt die Semiotik von Ch. S. Peirce dar. Die Dreiteilung in Icon-, Index- und Symbolfunktion von Zeichen sowie deren Funktionszusammenhang entspricht genau dem interaktionistischen Rollenbegriff. Das ist in diesem Fall auch personell und institutionell naheliegend, wegen der Herkunft Meads aus dem Pragmatismus. Die Konstruktion ist unmittelbar einleuchtend monadologisch. Vor allem der Verweisungszusammenhang von Icon- und Symbolfunktion, also zwischen blankem Sosein eines Zeichens und umfassender Repräsentationsfunktion, spiegelt deutlich das Verhältnis von Fensterlosigkeit und prästabilierter universeller Perzeptionsverbindung der Monaden. K.-O. Apel hat deutlich gemacht, dass Peirce' Abwendung vom eigenen Pragmatismus darauf beruhte, dass er gegenüber seinen Interpreten auf dem Aspekt der Erkenntnis als der Ausgestaltung des Denk*möglichen* als Wahrheitskriterium und in Verbindung damit einer Hervorhebung der Hypothesis (Abduktion) unter den Schlussfolgerungen bestand, um einer objektivistischen Positivierung entgegenzuwirken (vgl. Apel 1967 und 1970). Auch die Monaden sind empirisch in die objektive Gültigkeit der prästabilierten Harmonie eingespannt, indem sie in einem heuristischen Zusammenhang ihre Möglichkeiten verobjektivieren. Zudem hat Peirce sich explizit zu einer universalienrealistischen Position bekannt in seinem „sinnkritischen Realismus". Das wäre nichts besonderes, wenn er nicht umgekehrt starten würde: Er vertritt die empiristische Position von Erkenntnis durch induktive Verallgemeinerung praktisch nützlicher Operationen. Das heißt, er hat die Leistung vollbracht, eine empiristische/liberale, d.h. nominalistische, Ausgangsposition konsistent in ihr Gegenteil, den Realismus, zu überführen.[16] Das entspricht – auf erfahrungswissenschaftlicher Basis – dem, was Leibniz – für die Metaphysik – in der Monadologie gemacht hat: Hobbes respektive Spinoza auf der einen Seite mit Descartes auf der anderen Seite zu verbinden. Das geht nur auf der Basis einer gemeinsamen Ebene der epistemologischen und theologischen Gegner: Beide sind Varianten des christlichen Gottesbegriffs.[17] Der hat eine wesentliche, für beide geltende Verbindlichkeit gegenüber dem Judentum (und Islam): die Dreieinig-

---

16 Man könnte Mead und den symbolischen Interaktionismus im Verhältnis zum reduktionistischen Zweig des Behaviorismus bei Watson und Skinner, gegen deren Vorläufer sich Peirce abgrenzte, als eine Art der Zurückgewinnung der monadologischen Ausgangsposition werten. Eine darüber hinaus gehende Diskussion, wie im Behaviorismus lamarckistische und darwinistische Aspekte formal kombiniert werden, würde hier zu weit führen.

17 Zur Diskussion der nominalistischen Strategie der Säkularisierung christlicher Lehre im Empirismus/Liberalismus im Verhältnis zum Universalienrealismus vgl. Kötzle 1999.

keit, d.h. jene Nichtidentität des Identischen, die erlaubt, den realen existenziellen Zustand des kulturellen Musters der in den antiken Geldwirtschaften entstandenen Individualität angemessen zu reflektieren und moralisch zu kodifizieren – und zwar angemessen für die Entwicklungsmöglichkeiten dieser Warengesellschaften (vgl. Eisel 1980: 340-493 sowie 1986).

In der Psychologie ist das dreigliedrige Modell der Identität des Nichtidentischen durch Freud eingedrungen. Die Soziologie hat sich daran orientiert. Parsons und Erikson sind prominente Vertreter der Rezeption. Wenn man Freuds eigene objektivistische Deutung der drei Seelenfunktionen einmal beiseite lässt und stattdessen die Interpretation durch den Strukturalismus bemüht, die an der Arbeitsweise der drei Instanzen in der Traumarbeit orientiert ist, dann kommt, durch die semiotische Operationalisierung, ganz gut die Monadologie zum Vorschein, wenn auch als so etwas wie die prästabilierte Harmonie in Unordnung; das Unbewusste ist eben kein vernünftiger Perzeptionszusammenhang.

Wann immer man nun in den Sozialwissenschaften den durch Weber erzeugten Bruch mit der Geschichtsphilosophie und dem damit einhergehenden Thema der funktionalen Verbindung zwischen autonomer innerer Selbstanpassung der Gesellschaft und äußerer Naturanpassung rückgängig zu machen versucht und die handlungstheoretische Problemwahl mit den ökologischen Problemen verbinden will, weil es diese Probleme nun mal gibt, scheinen mir nur zwei Möglichkeiten offen zu sein:

Man wird entweder den Weg von Luhmann gehen müssen. Der hat die Monadologie konsequent angewandt – für die Autopoiesistheorie wurde diese ideengeschichtliche Beziehung schon beschrieben – und zugleich konterkariert. Naturumgebung ist dann ein systemintern konstruiertes Faktum. Die Konstruktionsweise nennt er, dem Perzeptionszusammenhang der Monaden gemäß, Kommunikation. Bei Luhmann ist Leibniz' Universum gewissermaßen implodiert. Die Gesamtharmonie des Universums, die dem Willen eines guten Gottes entspringt, wird zum willenlosen Zustand eines endlichen Systems, das Gesellschaft heißt. „Gesellschaft ist alles was der Fall ist", könnte man in Anlehnung an Wittgenstein sagen, nicht mehr Gott. Dieses System ist und funktioniert wie eine Monade ohne Entelechie. (Auf der atmosphärischen Ebene scheint es mir denn auch der Hauch der Seelenlosigkeit zu sein, der die Gemeinde der Luhmanngegner verärgert und in ihrer Opposition diffus verbindet.) Alles, was in der Monadologie teleologisch abläuft, ist nun einfach faktisch. Die Vorteile der Monadologie sind gerettet: keine Reduktion auf abstrakte Individualität (Spinoza) bzw. kontingente Individualität (Empirismus) und kein (mechanistischer) Dualismus mit Problemen der Überbrückung der Substanzen in der Idee der Individualität (Descartes). Zugleich sind Gott und die Endzwecke aus dem Spiel. Die Kosten sind klar: Die unendliche Güte Gottes wird zum infiniten Regress von gesellschaftlichen Selbstbeobachtungen in Gesellschaften.

Damit wird das, was in der Welt jederzeit erkennbar *nicht* Gesellschaft ist, vernünftigerweise zum „Thema" *in* der Gesellschaft. Luhmann respektiert die Natur in ihrer Differenz und bestimmt diese Differenz als durch die Funktionsweise von Gesellschaft aufgefangene Undurchsichtigkeit, also ähnlich wie Kant, nur ohne einen euphorischen Subjektbegriff. Anpassung ist dann keine reale Schwierigkeit, die mit den widerständigen Eigengesetzen der Natur zusammenhängt, sondern die spezifische Codierung eines gesellschaftlichen Anliegens. Auf diese Weise kann man die von mir auf politische Philosophien zurückgeführten drei Anpassungsbegriffe vernünftig der soziologischen Theorie einverleiben. Allerdings wird nur deutlich, dass Natur und Anpassung gesellschaftliche Konstruktionen sind; es wird dagegen nicht deutlich, wie das System dieser Konstruktionen sich als ein Feld von Ausschlüssen und Koalitionen organisiert, das heißt, wie Ideengeschichte jene Kommunikation strukturiert.[18]

So wie Anpassung zur Innenrelation wird, ergeht es ihrem Inhalt. In der Systemtheorie wird ihre monadologische Herkunft tradiert durch die Idee der Bewährung. Welt ist und kann werden, was sich in der Kommunikation bewährt. Dieser Begriff ist aber nun nur noch formal, gemessen an der humanistischen Herkunft und idiographischen Weltsicht. Denn fest liegen nicht die inneren Möglichkeiten von Individuen, die ihrer Vollkommenheit entgegenstreben. Stattdessen wird die Gesamtsingularität des gesellschaftlichen Systems als Ort des Möglichen bestimmt. Diese besteht aus der unabgeschlossenen endlichen Menge aller einzelnen Verflechtungen durch Kommunikation und zwar aus der Perspektive der einzelnen Perzeptionen, nicht einer prästabilierten Harmonie des Systems. Nichts an Welt ist möglich, es sei denn, es bewährte sich in Kommunikation bei der Selbstbeobachtung der Gesellschaft. Vermutlich ist das die unchristlichste Form der christlichen Traditionspflege.

Die Geographen und Ökologen sind, von äußerst seltenen Ausnahmen einer *Anwendung* Luhmanns in der Geographie (vgl. Klüter 1986; Hard 1986) einmal abgesehen, natürlich entsetzt über diesen Umgang mit Natur. Sie bestehen auf der idiographischen Auslegung der Bewährung. Damit stärken sie die zweite Möglichkeit, Natur zum Thema der Gesellschaftstheorie zu machen – und die entspricht dem vorherrschenden Trend: Man kann wieder zum Anfang bei Herder zurückkehren und (vgl. hierzu die metatheoretische Analyse von Haß 2000) die geographischen bzw. ökologischen Ganzheiten konkreten Lebens in konkreten Räumen neu erfinden, wie z. B. derzeit in der Humanökologie und im allgemeinen ökologischen Diskurs. Dann hat man zwar Anschluss an den banalen Zeitgeist, aber nicht an die soziologische Theorie.

---

18 Zu den Schwierigkeiten der empirischen Sozialforschung, „Naturbilder" als gesellschaftliche Denkmuster zu verstehen, vgl. Eisel 2004c.

Dieser alte Wein in modischen neuen Schläuchen spricht jedoch nicht gegen die gute alte Geographie. Sie war und ist für eine Welt zuständig, die aus dem Leben in Landschaften besteht. Dieser Gegenstand enthält keine soziologische Fragestellung. Wenn man diese Welt im Sinne der Systemtheorie als gesellschaftlichen Tatbestand soziologisch einfängt, dann ist das nicht nutzlos; es erhöht den metatheoretischen Überblick. Aber die Theorie der Geographie selbst sowie ihre Welt werden sich dadurch nicht verändern.

Literatur

Apel, K.-O. (1967): Der philosophische Hintergrund der Entstehung des Pragmatismus bei Charles Sanders Peirce. In: Apel, K.-O. (Hrsg.): Charles S. Peirce, Schriften I. Zur Entstehung des Pragmatismus, Frankfurt am Main: 11-153.
- (1970): Peirces Denkweg vom Pragmatismus zum Pragmatizismus. In: Apel, K.-O. (Hrsg.): Charles S. Peirce, Schriften II. Vom Pragmatismus zum Pragmatizismus, Frankfurt am Main: 10-211.
Bobek, H. und Schmithüsen, J. (1949): Die Landschaft im logischen System der Geographie. Erdkunde 3, H. 2/3: 112-120.
Bunge, W. (1962): Theoretical geography. Lund Studies in Geography, Ser. C, No. 1, Lund.
Cheung, T. (2000): Die Organisation des Lebendigen. Die Entstehung des Organismusbegriffs bei Cuvier, Leibniz und Kant. Campus Forschung, Band 787, Frankfurt am Main.
Eisel, U. (1980): Die Entwicklung der Anthropogeographie von einer „Raumwissenschaft" zur Gesellschaftswissenschaft. Urbs et Regio, Kasseler Schriften zur Geografie und Planung, Band 17, Kassel.
- (1982): Die schöne Landschaft als kritische Utopie oder als konservatives Relikt. Über die Kristallisation gegnerischer politischer Philosophien im Symbol „Landschaft". Soziale Welt, Jg. 33, H. 2: 157-168.
- (1982a): Regionalismus und Industrie. Über die Unmöglichkeit einer Gesellschaftswissenschaft als Raumwissenschaft und die Perspektive einer Raumwissenschaft als Gesellschaftswissenschaft. In: Sedlacek, P. (Hrsg.): Kultur-/Sozialgeographie, UTB 1053, Paderborn: 125-150.
- (1984): Physik als exakte Gesellschaftstheorie oder Politische Ökonomie als Wissenschaft von der Natur. Der Geltungsanspruch der Objektivität in der Physik aus der Sicht des industriellen Mensch-Natur-Verhältnisses. In: Bahrenberg, G., Fischer, M. M. (Hrsg.): Theorie und quantitative Methodik in der Geographie. Bremer Beiträge zur Geographie und Raumplanung, H. 5, Bremen: 227-245.
- (1986): Die Natur der Wertform und die Wertform der Natur. Studien zu einem dialektischen Naturalismus, Berlin.
- (1989): Brauchen wir Ökologie – Welche Ökologie brauchen wir? Ökologische Wissenschaft und gesellschaftliches Naturverhältnis. Kommune, 7. Jg., H. 10: 71-77.
- (1991): Warnung vor dem Leben. Gesellschaftstheorie als „Kritik der Politischen Biologie". In: Hassenpflug, D. (Hrsg.): Industrialismus und Ökoromantik. Wiesbaden: 159-192.
- (1992): Individualität als Einheit der konkreten Natur: Das Kulturkonzept der Geographie. In: Glaeser, B., Teherani-Krönner, P. (Hrsg.): Humanökologie und Kulturökologie. Grundlagen, Ansätze, Praxis. Opladen: 107-151.

- (1993): Das Raumparadigma in den Umweltwissenschaften. Nachrichtenblatt zur Stadt- und Regionalsoziologie, 8. Jg., Nr. 1: 27-39 (in diesem Band: Orte als Individuen).
- (1997): Triumph des Lebens. Der Sieg christlicher Wissenschaft über den Tod in Arkadien. In: Eisel, U., Schultz, H.-D. (Hrsg.): Geographisches Denken. Urbs et Regio, Kasseler Schriften zur Geographie und Planung, Bd. 65, Kassel: 39-160.
- (2002): Das Leben ist nicht einfach wegzudenken. In: Lotz, A., Gnädinger, J. (Hrsg.): Wie kommt die Ökologie zu ihren Gegenständen? Gegenstandskonstitution und Modellierung in den ökologischen Wissenschaften. Beiträge zur Jahrestagung des Arbeitskreises Theorie in der Ökologie in der Gesellschaft für Ökologie vom 21.-23. Feb. 2001, Theorie der Ökologie, Bd. 7, Frankfurt am Main: 129-151.
- (2003): Tabu Leitkultur. Natur und Landschaft, Jg. 78, H. 9/10 (Themenheft „Heimat – ein Tabu im Naturschutz?"): 409-417.
- (2003a): Braucht Heimatliebe Fürsprecher? Über ein Tabu, das keines ist und eine Selbstverständlichkeit, die tabu ist. Natur und Landschaft, Jg. 78, H. 12: 543-545.
- (2004): Politische Schubladen als theoretische Heuristik. Methodische Aspekte politischer Bedeutungsverschiebungen in Naturbildern. In: Fischer, L. (Hrsg.): Projektionsfläche Natur. Zum Zusammenhang von Naturbildern und gesellschaftlichen Verhältnissen. Hamburg. (im Druck) Inzwischen erschienen ebd.: 29-43.
- (2004a): Vielfalt im Naturschutz – ideengeschichtliche Wurzeln eines Begriffs. In: Piechocki, R.; Wiersbinski, N. (Hrsg.): Biodiversität – Paradigmenwechsel im Naturschutz? Veröffentlichungen des Bundesamtes für Naturschutz. (im Druck) Inzwischen erschienen in: Eisel, U. (2007): Vielfalt im Naturschutz – ideengeschichtliche Wurzeln eines Begriffs. In: Potthast. T. (Hrsg.): Biodiversität – Schlüsselbegriff des Naturschutzes im 21. Jahrhundert? Erweiterte Ergebnisdokumentation einer Vilmer Sommerakademie. Naturschutz und biologische Vielfalt 48. Veröffentlichungen des Bundesamtes für Naturschutz: 25-40.
- (2004b): Das Leben im Raum und das politische Leben von Theorien in der Ökologie. In: Weingarten, M. (Hrsg.): Strukturierung von Raum und Landschaft. Konzepte in Ökologie und der Theorie gesellschaftlicher Naturverhältnisse. (im Druck) Inzwischen erschienen in: Eisel, U. (2005): Das Leben im Raum und das politische Leben von Theorien in der Ökologie. In: Weingarten, M. (Hrsg.): Strukturierung von Raum und Landschaft. Konzepte in Ökologie und der Theorie gesellschaftlicher Naturverhältnisse. Münster: 42-62.
- (2004c): Naturbilder sind keine Bilder aus der Natur. Orientierungsfragen an der Nahtstelle zwischen subjektivem und objektivem Sinn. Gaia, Jg. 13, H. 2: 92-98.
- (2004d): Weltbürger und Einheimischer. Naturerfahrung und Identität. In: Poser, H., Reuer, B. (Hrsg.): Bildung Identität Religion. Fragen zum Wesen des Menschen. Berlin: 135-146.

Gradmann, R. (1924): Das harmonische Landschaftsbild. Zeitschrift der Gesellschaft für Erdkunde zu Berlin: 129-147.

Hard, G. (1973): Die Geographie. Eine wissenschaftstheoretische Einführung, Berlin/New York.
- (1986). Der Raum, einmal systemtheoretisch gesehen. Geographica Helvetica Jg. 41, H. 2: 77-83
- (1987): „Bewußtseinsräume". Interpretationen zu geographischen Versuchen, regionales Bewußtsein zu erforschen. Geographische Zeitschrift Jg. 75, H. 3: 127-148.

- (1999): Raumfragen. In: Meusburger, P. (Hrsg.): Handlungszentrierte Sozialgeographie. Benno Werlens Entwurf in kritischer Diskussion. (Erdkundliches Wissen 130), Stuttgart 1999: 133-166.
Haß, A. (2000): Humanökologie – Gesellschaft als konkreter Ort. Fachbereich 7: Umwelt und Gesellschaft, Technischen Universität Berlin, Berlin (Diplomarbeit).
Hassinger, H. (1929): Können Kapital, Volksvermögen und Volkseinkommen Gegenstände wirtschaftsgeographischer Betrachtung sein? In: Geographischer Jahresbericht aus Österreich XIV/XV (Festband Eugen Oberhummer): 58-76.
Hettner, A. (1927): Die Geographie, ihre Geschichte, ihr Wesen und ihre Methoden. Breslau.
Husserl, E. (1963): Husserliana. Edmund Husserl, Gesammelte Werke, Bd. 1, Cartesianische Meditiationen und Pariser Vorträge. Herausgegeben und eingeleitet von S. Strasser, Haag.
Kirchhoff, Th. (2002): Der Organismus – zur 'metaphysischen Konstitution' eines empirischen Gegenstandes. In: Lotz, A., Gnädinger, J. (Hrsg.): Wie kommt die Ökologie zu ihren Gegenständen? Gegenstandskonstitution und Modellierung in den ökologischen Wissenschaften. Beiträge zur Jahrestagung des Arbeitskreises Theorie in der Ökologie in der Gesellschaft für Ökologie vom 21.-23. Feb. 2001. Theorie der Ökologie, Bd. 7, Frankfurt am Main: 153-180.
Klüter, H. (1986): Raum als Element sozialer Kommunikation. Giessener geographische Schriften, Bd. 60.
Körner, S. (2000): Das Heimische und das Fremde. Die Werte Vielfalt, Eigenart und Schönheit in der konservativen und in der liberal-progressiven Naturschutzauffassung. Münster.
- (2001): Theorie und Methodologie der Landschaftsplanung, Landschaftsarchitektur und Sozialwissenschaftlichen Freiraumplanung vom Nationalsozialismus bis zur Gegenwart. Landschaftsentwicklung und Umweltforschung. Schriftenreihe des Fachbereichs Umwelt und Gesellschaft der TU Berlin, Nr. 118. Berlin.
Körner, S., Eisel, U. (2002): Biologische Vielfalt und Nachhaltigkeit: zwei zentrale Naturschutzideale. geographische revue, Jg. 4, H. 2: 3-20. In überarbeiteter Fassung in: Genske, D. D., Huch, M. und Müller, B. (Hrsg.): Fläche – Zukunft – Raum. Strategien und Instrumente für Regionen im Umbruch. Schriftenreihe der Deutschen Gesellschaft für Geowissenschaften, Heft 37, Hannover: 45-60.
Körner, S., Eisel, U. (2003): Naturschutz als kulturelle Aufgabe – theoretische Rekonstruktion und Anregungen für eine inhaltliche Erweiterung. In: Körner, S., Nagel, A., Eisel, U. (Hrsg.): Naturschutzbegründungen. BfN-Schriftenreihe für Landschaftspflege und Naturschutz, Münster-Hiltrup: 5-49.
Körner, S., Eisel, U., Nagel, A. (2003): Heimat als Thema des Naturschutzes. Natur und Landschaft, Jg. 78, H. 10/11: 382-389.
Kötzle, M. (1999): Eigenart durch Eigentum. Die Transformation des christlichen Ideals der Individualität in die liberalistische Idee von Eigentum. In: Eisel, U., Trepl, L. (Hrsg.): Beiträge zur Kulturgeschichte der Natur, Bd. 10, München.
Neef, E. (1967): Die theoretischen Grundlagen der Landschaftslehre. Gotha.
Piechocki, R., Eisel, U., Körner, St., Wiersbinski, N. (2003): Vilmer Thesen zum Verhältnis von Heimatschutz und Naturschutz. Natur und Landschaft, Jg. 78, H. 6: 241-244.

Popper, K.-R. (1972): Naturgesetze und theoretische Systeme. In: Albert, H. (Hrsg.): Theorie und Realität. Tübingen: 43-58.

Schlüter, O. (1920): Die Erdkunde in ihrem Verhältnis zu den Natur- und Geisteswissenschaften. Geographischer Anzeiger, Jg. 21, H. 7/8 und 10/11: 145-152 und 213-218.

Schultz, H.-D. (1996): Die Geographie in der Moderne: Eine antimoderne Wissenschaft? In: Heinritz, Günter/Sandner, Gerhard/Wießner, Reinhard (Hrsg.): Der Weg der deutschen Geographie. Rückblick und Ausblick. 50. Deutscher Geographentag Potsdam 1995, Bd. 4, Stuttgart: 88-107.

– (1997): Von der Apotheose des Fortschritts zur Zivilisationskritik. Das Mensch-Natur-Problem in der klassischen Geographie. In: Eisel, U., Schultz, H.-D. (Hrsg.): Geographisches Denken. Urbs et Regio, Bd. 65, Kassel: 177-282.

Stewart, J. Q. (1950): The development of social physics. American Journal of Social Physics 18: 239-253.

–, Warntz, W. (1958): Macrogeography and social science. The Geographical Review 48: 167-184.

Trepl, L. (1987): Geschichte der Ökologie. Vom 17. Jahrhundert bis zur Gegenwart. Frankfurt am Main.

Troll, C. (1967): Die geographische Landschaft und ihre Erforschung. In: Storkebaum, W. (Hrsg.): Zum Gegenstand und zur Methode der Geographie. Darmstadt: 417-463.

Warntz, W. (1964): Geography now and then. American Geographical Society, Research Series No. 25, New York.

Liste der Originalpublikationsorte der Beiträge diese Bandes

Eisel, U. (1980): Die Entwicklung der Anthropogeographie von einer „Raumwissenschaft" zur Gesellschaftswissenschaft. Urbs et Regio, Kasseler Schriften zur Geografie und Planung, Band 17, Kassel (Dissertation).

– (1981): Zum Paradigmenwechsel in der Geographie. Über den Sinn, die Entstehung und die Konstruktion des sozialgeographischen Funktionalismus. Geographica Helvetica 36. Jg., H. 4, S. 176-190.

– (1982): Regionalismus und Industrie. Über die Unmöglichkeit einer Gesellschaftswissenschaft als Raumwissenschaft und die Perspektive einer Raumwissenschaft als Gesellschaftswissenschaft. In: Sedlacek, P. [Hrsg.]: Kultur-/Sozialgeographie, UTB 1053, Paderborn, S. 125-150.

– (1982): Geographie – Die Wissenschaft von den Unterscheidungen und Korrelationen, die jedem zugänglich sind; oder: Wie man die Landschaftskunde nicht retten kann. Geographica Helvetica, 37. Jg., H. 3, S. 166-170.

– (1987): Landschaftskunde als „Materialistische Theologie". Ein Versuch aktualistischer Geschichtsschreibung der Geographie. In: Bahrenberg, G. et al [Hrsg.]: Geographie des Menschen. Dietrich Bartels zum Gedenken. Bremer Beiträge zur Geographie und Raumplanung, H. 7, Bremen, S. 89-109.

– (2004): Konkreter Mensch im konkreten Raum. Individuelle Eigenart als Prinzip objektiver Geltung In: Schultz, H.-D. [Hrsg.]: ¿Geographie? Teil 3 (Ergänzungsband): Antworten vom 18. Jahrhundert bis zur Gegenwart. Arbeitsberichte, Geographisches Institut, Humboldt-Universität zu Berlin, Heft 100, Berlin, (ISSN 0947-0360) S. 197-210.

Ein Verzeichnis aller Publikationen des Autors findet sich unter http://www.ueisel.de sowie unter http://www.tu-berlin.de/fak7/ilaup/fg_kultnat

Raumproduktionen: Theorie & gesellschaftliche Praxis

Herausgegeben von Bernd Belina, Boris Michel und Markus Wissen

Raumproduktionen: Theorie & gesellschaftliche Praxis will ein Forum kritischer Raumforschung im Rahmen kritischer Gesellschaftstheorie sein mit dem Ziel, Debatten zugänglicher zu machen, zu bündeln, zu initiieren und zu kritisieren.

2. Auflage

Band 1
Bernd Belina/Boris Michel (Hrsg.)
Raumproduktionen
Beiträge der Radical Geography –
Eine Zwischenbilanz
2008 – 307 Seiten – € 27,90
ISBN 978-3-89691-659-4

Band 2
Uwe Kröcher
Die Renaissance des Regionalen
Zur Kritik der Regionalisierungseuphorie in Ökonomie und Gesellschaft
2007 – 343 Seiten – € 29,90 – ISBN 978-3-89691-660-0

Band 3
Markus Wissen/Bernd Röttger/Susanne Heeg (Hrsg.)
Politics of Scale
Räume der Globalisierung und Perspektiven emanzipatorischer Politik
2008 – 317 Seiten – € 29,90 – ISBN 978-3-89691-669-3

Band 4
Henrik Lebuhn
Stadt in Bewegung
Mikrokonflikte um den
öffentlichen Raum in Berlin
und Los Angeles
2008 – 284 Seiten – € 27,90
ISBN 978-3-89691-739-3

EINSTIEGE
Grundbegriffe der Sozialphilosophie und Gesellschaftstheorie

Band 19 Christine Resch/
Heinz Steinert
Kapitalismus: Porträt einer Produktionsweise
ISBN 978-3-89691-683-9

Band 18 Ceren Türkmen
Migration und Regulierung
ISBN 978-3-89691-684-6

Band 16/17 Gerhard Hauck
Kultur
Zur Karriere eines sozialwissenschaftlichen Begriffs
ISBN 978-3-89691-685-3

Band 15 Boris Michel
Stadt und Gouvernementalität
ISBN 978-3-89691-686-0

Band 14 Carsten Rösler
Medien-Wirkungen
ISBN 978-3-89691-687-7

Band 11/12 Jürgen Ritsert
Ideologie
ISBN 978-3-89691-689-1

2. überarb. Auflage
Band 10 Heiner Ganßmann
Politische Ökonomie des Sozialstaats
ISBN 978-3-89691-690-7

Band 8 Jürgen Ritsert
Soziale Klassen
ISBN 978-3-89691-692-1

Band 7 Christoph Görg
Gesellschaftliche Naturverhältnisse
ISBN 978-3-89691-693-8

Band 6 Hanns Wienold
Empirische Sozialforschung
ISBN 978-3-89691-694-7

3. überarb. Auflage
Band 5 Heinz Steinert
Kulturindustrie
ISBN 978-3-89691-695-2

2. Auflage
Band 4 Rainer Rotermundt
Staat und Politik
ISBN 978-3-89691-696-9

Band 3 Reinhart Kößler
Entwicklung
ISBN 978-3-89691-697-6

Band 2 Claus Rolshausen
Macht und Herrschaft
ISBN 978-3-89691-698-3

Band 1 Jürgen Ritsert
Gerechtigkeit und Gleichheit
ISBN 978-3-89691-699-0

WESTFÄLISCHES DAMPFBOOT
e-mail: info@dampfboot-verlag.de
http://www.dampfboot-verlag.de

PROKLA
Zeitschrift für kritische Sozialwissenschaft

Einzelheft € 12,00
ISSN 0342-8176

Eine der wichtigsten theoretischen Zeitschriften der parteiunabhängigen Linken, deren Beiträge noch nach Jahren lesenswert sind. Keine Tageskommentare, kein Organ einer Partei, kein journalistisches Feuilleton: eher eine Anregung zum gründlichen Nachdenken über den eigenen Tellerrand hinaus.
Die PROKLA erscheint viermal im Jahr und kostet im Abo jährlich € 33,00 (plus Porto) statt € 48,00. AbonnentInnen können bereits erschienene Hefte zum Abo-Preis nachbestellen. Das Abo kann jeweils bis acht Wochen vor Jahresende schriftlich beim Verlag gekündigt werden.

PROKLA 157
Der blutige Ernst: Krise und Politik
(Erscheinen: Dezember 2009)

PROKLA 156
Ökologie in der Krise

PROKLA 155
Sozialismus?

PROKLA 154
Mit Steuern steuern

PROKLA 153
Die USA nach Bush

PROKLA 152
Politik mit der inneren (Un)Sicherheit

PROKLA 151
Gesellschaftstheorie nach Marx und Foucault

PROKLA 150
Umkämpfte Arbeit

PROKLA 149
Globalisierung und Spaltungen in den Städten

PROKLA 148
Verbetriebswirtschaftlichung

PROKLA 147
Internationalisierung des Staates

PROKLA 146
„Bevölkerung" – Kritik der Demographie

PROKLA 145
Ökonomie der Technik

PROKLA 144
Europa

PROKLA 143
Die „Killing Fields" des Kapitalismus

WESTFÄLISCHES DAMPFBOOT
e-mail: info@dampfboot-verlag.de
http://www.dampfboot-verlag.de

EINSTIEGE
Grundbegriffe der Sozialphilosophie und Gesellschaftstheorie

Band 19 Christine Resch/
Heinz Steinert
**Kapitalismus: Porträt
einer Produktionsweise**
ISBN 978-3-89691-683-9

Band 18 Ceren Türkmen
**Migration und
Regulierung**
ISBN 978-3-89691-684-6

Band 16/17 Gerhard Hauck
Kultur
Zur Karriere eines
sozialwissenschaftlichen
Begriffs
ISBN 978-3-89691-685-3

Band 15 Boris Michel
**Stadt und
Gouvernementalität**
ISBN 978-3-89691-686-0

Band 14 Carsten Rösler
Medien-Wirkungen
ISBN 978-3-89691-687-7

Band 11/12 Jürgen Ritsert
Ideologie
ISBN 978-3-89691-689-1

2. überarb. Auflage
Band 10 Heiner Ganßmann
**Politische Ökonomie
des Sozialstaats**
ISBN 978-3-89691-690-7

Band 8 Jürgen Ritsert
Soziale Klassen
ISBN 978-3-89691-692-1

Band 7 Christoph Görg
**Gesellschaftliche
Naturverhältnisse**
ISBN 978-3-89691-693-8

Band 6 Hanns Wienold
**Empirische
Sozialforschung**
ISBN 978-3-89691-694-7

3. überarb. Auflage
Band 5 Heinz Steinert
Kulturindustrie
ISBN 978-3-89691-695-2

2. Auflage
Band 4 Rainer Rotermundt
Staat und Politik
ISBN 978-3-89691-696-9

Band 3 Reinhart Kößler
Entwicklung
ISBN 978-3-89691-697-6

Band 2 Claus Rolshausen
**Macht und
Herrschaft**
ISBN 978-3-89691-698-3

Band 1 Jürgen Ritsert
**Gerechtigkeit
und Gleichheit**
ISBN 978-3-89691-699-0

**WESTFÄLISCHES
DAMPFBOOT**
e-mail: info@dampfboot-verlag.de
http://www.dampfboot-verlag.de

PROKLA
Zeitschrift für kritische Sozialwissenschaft

Einzelheft € 12,00
ISSN 0342-8176

Eine der wichtigsten theoretischen Zeitschriften der parteiunabhängigen Linken, deren Beiträge noch nach Jahren lesenswert sind. Keine Tageskommentare, kein Organ einer Partei, kein journalistisches Feuilleton: eher eine Anregung zum gründlichen Nachdenken über den eigenen Tellerrand hinaus.
Die PROKLA erscheint viermal im Jahr und kostet im Abo jährlich € 33,00 (plus Porto) statt € 48,00. AbonnentInnen können bereits erschienene Hefte zum Abo-Preis nachbestellen. Das Abo kann jeweils bis acht Wochen vor Jahresende schriftlich beim Verlag gekündigt werden.

PROKLA 157
Der blutige Ernst: Krise und Politik
(Erscheinen: Dezember 2009)

PROKLA 156
Ökologie in der Krise

PROKLA 155
Sozialismus?

PROKLA 154
Mit Steuern steuern

PROKLA 153
Die USA nach Bush

PROKLA 152
Politik mit der inneren (Un)Sicherheit

PROKLA 151
Gesellschaftstheorie nach Marx und Foucault

PROKLA 150
Umkämpfte Arbeit

PROKLA 149
Globalisierung und Spaltungen in den Städten

PROKLA 148
Verbetriebswirtschaftlichung

PROKLA 147
Internationalisierung des Staates

PROKLA 146
„Bevölkerung" – Kritik der Demographie

PROKLA 145
Ökonomie der Technik

PROKLA 144
Europa

PROKLA 143
Die „Killing Fields" des Kapitalismus

WESTFÄLISCHES DAMPFBOOT
e-mail: info@dampfboot-verlag.de
http://www.dampfboot-verlag.de